建築請負・建築紛争の法律実務

複雑化する建築問題解決のための手引き

神奈川県弁護士会　編

ぎょうせい

◆ 刊行にあたって ◆

　本書は、2024年度の関東十県会夏期研究会のテーマである「建築請負・建築紛争の法律実務」の研究成果をまとめたものです。

　関東十県会とは、関東弁護士会連合会を構成する13の弁護士会のうち、東京三会を除く十県の弁護士会で組織された会であり、夏期研究会では、十県会に所属する弁護士会が毎年交替で様々な法律上の問題について研究した成果を発表しています。当会、神奈川県弁護士会は、2024年度の担当会となっています。

　当会は、2004年度の夏期研究会において、建築主と建築関連業者の間や建築業者間の建築請負契約を巡る問題をテーマとして採り上げ、その成果として「建築請負・建築瑕疵の法律実務《建築紛争解決の手引》」を執筆発刊しました。

　同書は、ありがたいことに実務書として多くの好評を博することができましたが、その後、耐震強度偽装問題を契機とした建築基準法の改正、欠陥住宅紛争を巡る多数の重要な裁判例の集積を経て、近年では内容の改訂が求められておりました。

　このたび、民法（債権法）が約120年ぶりに改正されたこともあり、当会は、改めて「建築請負・建築紛争の法律実務」をテーマとして採り上げ、2004年度旧版の大幅な改訂を行うこととしました。旧版のタイトルに用いられていた「瑕疵」という言葉は、民法改正により「（契約）不適合」という言葉に置き換えられましたので、新版のタイトルでは「建築瑕疵」の代わりに「建築紛争」という言葉を用いていますが、本書は、「建築請負・建築瑕疵の法律実務《建築紛争解決の手引》」の初めての改訂版ということになります。

　残念なことに建築を巡る紛争は現在でも絶えることがなく、司法実務においても引き続き大きな関心を集めております。今回発刊される新版も、旧版と同様、多くの実務家や建築紛争に関わる方々の業務や研究の一助となれば、これ以上の喜びはありません。

2024（令和6）年8月

神奈川県弁護士会

会 長　岩　田　武　司

「建築請負・建築紛争の法律実務」
執筆・編集担当者

〔執筆者〕

第1部　松田　道佐　　安達　　信　　伊藤　宣子　　関本　和臣
　　　　池田　達彦　　馬奈木　幹

第2部　苑田　浩之　　伊藤　正篤　　清水　規廣　　池田　直樹
　　　　髙橋　健一郎　中原　　茂　　田中　弘人　　小木　正和
　　　　佐々木　好一　飯田　信也　　鈴木　大樹　　川村　健二
　　　　古川　ケニース

第3部　及川　健一郎　大塚　達生　　城田　孝子　　村瀬　景子
　　　　村松　聡一郎　中村　真由美　吉岡　　津　　新倉　　武
　　　　峯崎　雄大　　堤　　大輔　　川原　佑基　　川邊　優喜

第4部　原田　　満　　佐藤　　裕　　佐藤　　元　　菱山　哲平
　　　　吉橋　昂輝　　児島　健介

〔編集委員〕

　　　　劍持　京助　　姜　　文江　　及川　健一郎　大塚　達生
　　　　杉本　　朗　　松田　道佐　　安達　　信　　佐藤　　裕
　　　　苑田　浩之　　原田　　満　　伊藤　正篤

◆ 凡　例 ◆

　本書では、判決裁判所、裁判例の出典及び法令の名称について下記の略号が用いられている。

1　判決裁判所等

判決裁判所については、その裁判所名を次の略号で示した。

大	大審院民事部
最	最高裁判所
○○高	○○高等裁判所
○○地	○○地方裁判所
中央建審	中央建設工事紛争審査会

2　判例の出典

①　公表された判例については、その出典名を次の略号で示した。

民集	最高裁判所民事判例集
	大審院民事判例集
裁判集民	最高裁判所裁判集民事
民録	大審院民事判決録
高民集	高等裁判所民事判例
下民	下級裁判所民事裁判例集
東高民	東京高等裁判所（民事）判決時報
訟月	訟務月報
判時	判例時報
判タ	判例タイムス
新聞	法律新聞
ジュリ	ジュリスト
金法	金融法務事情
金商	金融商事判例
欠陥住宅	消費者のための欠陥住宅判例集
裁時	裁判所時報
商事	商事法務
銀法	銀行法務21
法学	法学教室
法時	法律時報
判例自治	判例地方自治
TKC	LEX/DBインターネット（TKCローライブラリー）

凡　例

D-1 Law	D-1 Law.com（第一法規法律情報総合データベース）
判例秘書	判例秘書INTERNET
Westlaw	Westlaw Japan（ウエストロー・ジャパン）

② 判例の出典及び引用頁については次の例によった。

最高裁判所民事判例集21巻8号216頁　→　民集21・8・216

3　法　令

① 法令名については、次の略号で示した。

民	民法
民執法	民事執行法
再生法	民事再生法
更生法	会社更生法
不登法	不動産登記法
不登準則	不動産登記事務取扱手続準則
商	商法
有限	有限会社法
建基法	建築基準法
建設法	建設業法
建設令	建設業法施行令
宅建業法	宅地建物取引業法
徴収法	国税徴収法
消費契約	消費者契約法
独禁法	私的独占の禁止及び公正取引の確保に関する法律
下請法	下請代金支払遅延等防止法
品確法	住宅の品質確保等に関する法律
品確令	住宅の品質確保等に関する法律施行令
品確法規則	住宅の品質確保等に関する法律施行規則
履行法	特定住宅瑕疵担保責任の履行の確保等に関する法律
PL法	製造物責任法
区分所有法	建物の区分所有等に関する法律
国賠法	国家賠償法
自治法	地方自治法

② 条文の番号等については次の例によった。

民法第111条第1項第1号　→　民111 I ①

③ 本文中の「改正民法」は、特に断りがない限り民法の一部を改正する法律（平
成29年法律第44号）による改正後の民法を指す。また、この改正前の民法を「改
正前民法」と称する。

凡　例

4　文献及び論文

①　以下の文献名については、次の略号で示した。　　　　　　　（五十音順）

我妻・債権（中）　　　我妻榮「債権各論（中巻二）」（岩波書店、1962）

大内・住宅紛争　　　　大内捷司編著「住宅紛争処理の実務」（判例タイムズ社、2003）

岡口・要件事実　　　　岡口基一「要件事実マニュアル2（第6版）」（ぎょうせい、2020）

加藤・要件事実　　　　加藤新太郎編著「要件事実の考え方　第4版」（民事法研究会、2019）

岸ほか・QA建築訴訟　岸日出夫ほか「Q&A建築訴訟の実務—改正債権法対応の最新プラクティス—」（新日本法規、2020）

倉田・契約法上　　　　倉田卓次監修「要件事実の証明責任（契約法上巻）」（西神田編集室、1993）

倉田・契約法下　　　　倉田卓次監修「要件事実の証明責任（契約法下巻）」（西神田編集室、1999）

倉田・総論　　　　　　倉田卓次監修「要件事実の証明責任（債権総論）」（西神田編集室、1986）

来栖・契約法　　　　　来栖三郎「契約法〔法律学全集21〕」（有斐閣、1974）

現代契約法大系(8)　　　遠藤浩ほか編「現代契約法大系8巻」（有斐閣、1983）

後藤・請負実務　　　　後藤勇「請負に関する実務上の諸問題」（判例タイムズ社、1995）

最新裁判実務大系(6)　　齋藤繁道編「建築訴訟（最新裁判実務大系6）」（青林書院、2017）

定塚・主張立証　　　　定塚孝司「主張立証責任論の構造に関する一試論」（判例タイムズ社、1994）

司研・紛争類型〔4訂〕　司法研修所編集「4訂　紛争類型別の要件事実」（法曹会、2023）

新裁判実務大系(2)　　　塩崎勤＝安藤一郎「建築関係訴訟法〔改訂版〕（新・裁判実務大系2）」（青林書院、2009）

新注民(14)　　　　　　　山本豊「新注釈民法(14)債権(7)」（有斐閣、2018）

新版注民(3)　　　　　　川島武宜＝平井宜雄「新版注釈民法(3)総則(3)法律行為(1)」（有斐閣、2003）

新版注民(16)　　　　　　幾代通＝広中俊雄「新版注釈民法(16)債権(7)」（有斐閣、1989）

新版注民(17)　　　　　　鈴木禄彌「新版注釈民法(17)債権(8)」（有斐閣、1993）

専門講座(2)　　　　　　松本克美＝齋藤隆＝小久保孝雄「建築訴訟〔第3版〕（専門訴訟講座2）」（民事法研究会、2022）

滝井・建設工事　　　　滝井繁男「建設工事契約（実務法律選書）」（ぎょうせい、1991）

平井・民法Ⅳ　　　　　平井一雄編「民法Ⅳ（債権各論）」（青林書院、2002）

福永・特殊契約　　　　福永有利「新種・特殊契約と倒産法」（商事法務、1988）

凡　例

プログレッシブ⒁	小久保孝雄＝徳岡由美子編「建築訴訟（リーガル・プログレッシブ・シリーズ14）」（青林書院、2015）
論点体系3	能見善久＝加藤新太郎 編集代表「論点体系　判例民法3〈第3版〉」（第一法規、2018）
論点体系6	能見善久＝加藤新太郎 編集代表「論点体系　判例民法6〈第3版〉」（第一法規、2019）
論点体系7	能見善久＝加藤新太郎 編集代表「論点体系　判例民法7〈第3版〉」（第一法規、2018）
JV制度	建設業共同企業体研究会編著「改訂4版　JV制度Q&A」（大成出版社、2013）

②　文献及び論文を引用する場合は、①を除き、出典として、その文献名及び論文名をフルネームで明示することを原則とした。

　　ただし、引用文中では、「注釈民法」は「注民」、「新版注釈民法」は「新版注民」と略称されている場合がある。

　　また、令和元年民法（債権法）改正に関する法務省法制審議会民法（債権関係）部会で検討された資料は「部会資料」と略称し、資料番号をもって資料を特定した。

目　次

刊行にあたって
「建築請負・建築紛争の法律実務」執筆・編集担当者
凡　例

第1部　工事請負契約関係訴訟における要件事実と証明責任

1 要件事実と証明責任（立証責任）について・・・・・・・・・・・・・・・・・・・・・・・・ 1

2 工事請負代金支払請求訴訟における請求原因・・・・・・・・・・・・・・・・・・・・・ 1

3 工事請負代金支払請求訴訟における抗弁・再抗弁・再々抗弁等・・・・・・・ 10

4 工事請負代金支払請求訴訟を除くその他の工事請負契約をめぐる訴訟
の要件事実と証明責任・・・・・・・・・・・・・・・・・・・・・・・・・・・・・・・・・・・・・・ 29

第2部　建築請負代金請求に関連する法律問題

第1章　建築請負契約の成立と内容

1 はじめに―建築請負契約に関する紛争の特色・・・・・・・・・・・・・・・・・・・・・ 57

2 建築請負契約の種類・・・ 58

3 建築請負契約と代金の定め方・・・・・・・・・・・・・・・・・・・・・・・・・・・・・・・・・ 59

4 建築請負契約における請け負った内容（仕事の内容）・・・・・・・・・・・・・・ 60

5 契約内容の細部が特定されていない建築請負契約・・・・・・・・・・・・・・・・・ 61

6 建築請負契約と建設業法・・・・・・・・・・・・・・・・・・・・・・・・・・・・・・・・・・・・・ 62

7 建築基準法令に違反する内容を請け負った契約の効力・・・・・・・・・・・・・ 63

8 建築請負契約の不成立と契約締結上の過失・・・・・・・・・・・・・・・・・・・・・・ 66

第2章　建築目的物の完成に関する問題

1 請負契約における仕事の完成の意義・・・・・・・・・・・・・・・・・・・・・・・・・・・・ 69

2 仕事の完成を判断する基準・・・・・・・・・・・・・・・・・・・・・・・・・・・・・・・・・・・ 70

3 仕事の完成後における諸問題・・・・・・・・・・・・・・・・・・・・・・・・・・・・・・・・・ 77

第3章　建築目的物が未完成の場合の問題

1 はじめに・・ 79

目　次

2 履行不能の場合・・ 79

3 仕事の完成がなお可能である場合・・・・・・・・・・・・・・・・・・・・・・・・・・・・・ 82

4 民間（七会）連合協定工事請負契約約款・・・・・・・・・・・・・・・・・・・・・ 87

第4章　建築請負契約と出来高算定・報酬算定に関する問題

1 出来高と請負代金（報酬）の請求・・・・・・・・・・・・・・・・・・・・・・・・・・・・・ 89

2 出来高に応じた報酬額の算定方法・・・・・・・・・・・・・・・・・・・・・・・・・・・ 90

第5章　建築請負契約と追加変更契約、追加変更代金請求

1 実際の建築の過程で追加・変更が多い理由・・・・・・・・・・・・・・・・・・ 96

2 追加変更に関する紛争が発生する理由・・・・・・・・・・・・・・・・・・・・・・・ 98

3 追加変更と建設業法、約款・・・・・・・・・・・・・・・・・・・・・・・・・・・・・・・・・・・ 98

4 専門業者としての消費者への説明義務の問題・・・・・・・・・・・・・・・ 100

5 追加・変更の内容面からの類型・・・・・・・・・・・・・・・・・・・・・・・・・・・・・ 100

6 追加変更をめぐる紛争の関係者や工事内容による分類と特色・・・・・・ 103

7 追加変更代金請求の要件事実の問題・・・・・・・・・・・・・・・・・・・・・・・ 105

8 商法512条に基づく請求・・・・・・・・・・・・・・・・・・・・・・・・・・・・・・・・・・・ 107

第6章　建築請負人が有するその他の権利—留置権、建物所有権等

1 はじめに—所有権と留置権・・・・・・・・・・・・・・・・・・・・・・・・・・・・・・・・・・ 109

2 建築建物の所有権の帰属・・・・・・・・・・・・・・・・・・・・・・・・・・・・・・・・・・ 109

3 留置権・・ 113

4 先取特権・・ 122

第7章　建築請負契約と建築請負約款

1 建築工事請負契約約款とは・・・・・・・・・・・・・・・・・・・・・・・・・・・・・・・・・ 124

2 主な建設工事請負契約約款・・・・・・・・・・・・・・・・・・・・・・・・・・・・・・・・ 129

3 約款の内容について・・・・・・・・・・・・・・・・・・・・・・・・・・・・・・・・・・・・・・・ 130

第8章　建築請負契約と設計監理契約

1 設計、施工、監理・・ 138

2 契約の形式‥‥‥‥‥‥‥‥‥‥‥‥‥‥‥‥‥‥‥‥‥‥‥‥ 138

3 設計、監理契約の法的性質‥‥‥‥‥‥‥‥‥‥‥‥‥‥‥‥‥ 139

4 設計契約・監理契約における報酬‥‥‥‥‥‥‥‥‥‥‥‥‥ 140

第9章　建築請負契約と下請け、孫請けに関する問題

1 下請けの意義‥‥‥‥‥‥‥‥‥‥‥‥‥‥‥‥‥‥‥‥‥‥‥ 143

2 下請契約の内容‥‥‥‥‥‥‥‥‥‥‥‥‥‥‥‥‥‥‥‥‥‥ 144

3 下請代金の前払い、出来高払い請求‥‥‥‥‥‥‥‥‥‥‥‥ 145

4 下請代金の支払期日及び支払方法等‥‥‥‥‥‥‥‥‥‥‥‥ 146

5 下請関係、孫請関係における追加変更契約の成否‥‥‥‥‥ 147

6 下請代金（労働者への賃金支払関係を除く）支払いに関するルール及び
　不払いへの対応‥‥‥‥‥‥‥‥‥‥‥‥‥‥‥‥‥‥‥‥‥ 151

7 下請代金の減額‥‥‥‥‥‥‥‥‥‥‥‥‥‥‥‥‥‥‥‥‥‥ 158

第10章　建築請負契約と共同企業体—ジョイント・ベンチャー

1 はじめに‥‥‥‥‥‥‥‥‥‥‥‥‥‥‥‥‥‥‥‥‥‥‥‥‥ 160

2 前提理論・基礎知識‥‥‥‥‥‥‥‥‥‥‥‥‥‥‥‥‥‥‥ 160

3 JVの法律関係—共同企業体協定書—‥‥‥‥‥‥‥‥‥‥‥ 163

4 請負人としての義務（目的物完成義務・契約不適合責任）とJV ‥‥‥ 164

5 請負人としての権利（工事請負代金債権）とJV‥‥‥‥‥‥ 165

6 JV構成員内部の関係について‥‥‥‥‥‥‥‥‥‥‥‥‥‥‥ 167

7 下請負人のJVに対する請負代金債権（材料供給者の代金債権等も同じ）
　‥‥‥‥‥‥‥‥‥‥‥‥‥‥‥‥‥‥‥‥‥‥‥‥‥‥‥‥‥ 172

8 第三者に対する不法行為責任‥‥‥‥‥‥‥‥‥‥‥‥‥‥‥ 178

9 独占禁止法違反による増加費用の負担‥‥‥‥‥‥‥‥‥‥‥ 179

第11章　建築請負契約と倒産処理

1 注文者が破産した場合‥‥‥‥‥‥‥‥‥‥‥‥‥‥‥‥‥‥ 182

2 請負人が破産した場合‥‥‥‥‥‥‥‥‥‥‥‥‥‥‥‥‥‥ 185

3 元請負人が破産した場合‥‥‥‥‥‥‥‥‥‥‥‥‥‥‥‥‥ 190

4 会社更生手続又は民事再生手続が開始した場合‥‥‥‥‥‥ 191

5 特別清算手続が開始されたとき‥‥‥‥‥‥‥‥‥‥‥‥‥‥ 193

3

目　次

6 JVの構成員の倒産 ･･ 193

第3部　建築瑕疵損害賠償請求に関連する法律問題

第1章　建築瑕疵の存否に関する問題

1 はじめに ･･ 195
2 瑕疵の存否を判断する基準 ･･････････････････････････････････ 196
3 建築瑕疵についての裁判例の分類 ････････････････････････････ 204
4 法令等の基準を下回った事例に対する裁判所の判断 ･････････････ 212

第2章　賠償責任に関する問題1─建築業者の損害賠償責任

1 請負人の契約不適合責任 ････････････････････････････････････ 216
2 不法行為責任 ･･ 222

第3章　賠償責任に関する問題2
─建築士及び建築士が属する法人の損害賠償責任

1 建築士の種類とその業務 ････････････････････････････････････ 227
2 建築士事務所と建築士の各責任の関係 ････････････････････････ 228
3 設計契約上の債務不履行責任と設計業務上の不法行為責任 ･･･････ 229
4 工事監理契約上の債務不履行責任と工事監理業務上の不法行為責任 ･･････ 233
5 いわゆる「代願」（名義貸し）の問題 ････････････････････････ 237

第4章　賠償責任に関する問題3
─建築主事及び指定確認検査機関の過誤と損害賠償責任

1 建築確認及び検査の制度 ････････････････････････････････････ 238
2 建築主事及び指定確認検査機関の過誤と賠償責任 ･･････････････ 241

第5章　賠償責任に関する問題4─売主等の損害賠償責任

1 本章の趣旨 ･･ 248
2 売主の契約不適合責任 ･･････････････････････････････････････ 249
3 売主の不法行為責任 ･･ 252

4

4 不動産仲介業者の責任・・・・・・・・・・・・・・・・・・・・・・・・・・・・・・・・・・・・・ 255

第6章　損害賠償額算定に関する問題1
—建替費用相当損害と損益相殺

1 建替費用相当損害を認めた平成14年最判とその後に残った損益相殺
の可否の問題・・ 261

2 建替費用相当損害と居住利益の損益相殺の可否について（平成22年
最判をもとに）・・・ 262

3 建替費用相当損害と賃料収入の損益相殺の可否について・・・・・・・・・・ 263

4 建替費用相当損害と建物の経年減価の損益相殺の可否について・・・・・ 267

第7章　損害賠償額算定に関する問題2—建築瑕疵と慰謝料

1 はじめに・・ 269

2 建築瑕疵による慰謝料請求が認容された裁判例・・・・・・・・・・・・・・・・・ 270

3 慰謝料についての判断要素・・・・・・・・・・・・・・・・・・・・・・・・・・・・・・・・・ 277

第8章　損害賠償額算定に関する問題3
—その他の損害費目、過失相殺

（Ⅰ　その他の損害費目）・・・・・・・・・・・・・・・・・・・・・・・・・・・・・・・・・・・ 278

1 建物価値減少・・ 278

2 営業損害・逸失利益・・・・・・・・・・・・・・・・・・・・・・・・・・・・・・・・・・・・・・・ 279

3 登記費用・・ 279

4 住宅ローン手数料・金利、印紙、固定資産税等（住宅取得関連費用）
・・ 280

5 代替住居費用・引越し費用・仲介手数料等・・・・・・・・・・・・・・・・・・・・・ 281

6 鑑定調査費用・・ 282

7 弁護士費用・・ 283

（Ⅱ　過失相殺）・・・ 285

1 認められた事例・・ 285

2 否定された事例・・ 286

3 その他の事例・・ 287

目　次

第4部　建築紛争解決の手引き

第1章　建築関係訴訟

1 建築関係訴訟の実情 ･･････････････････････････････････ 289
2 建築関係訴訟の概況 ･･････････････････････････････････ 290
3 建築関係訴訟提訴のための準備活動 ････････････････････ 294
4 各紛争類型モデルの訴訟活動 ･･････････････････････････ 299
5 マンション（区分所有建物）紛争における原告適格 ･･･････ 306

第2章　建設工事紛争審査会

1 建設工事紛争審査会 ･･････････････････････････････････ 311
2 建設工事紛争審査会の特色 ････････････････････････････ 311
3 建設工事紛争審査会の構成 ････････････････････････････ 311
4 対象となる紛争 ･･････････････････････････････････････ 313
5 当事者 ･･ 313
6 紛争処理の申請 ･･････････････････････････････････････ 313
7 紛争処理の方法 ･･････････････････････････････････････ 315

第3章　住宅の契約不適合責任の特例及び手続

1 住宅の契約不適合責任の全体構造 ･･････････････････････ 321
2 新築住宅の契約不適合責任の特例（品確法94・95）･･･････ 321
3 住宅性能評価 ･･ 325
4 住宅瑕疵担保責任保険 ････････････････････････････････ 327
5 指定住宅紛争処理機関による紛争の処理 ････････････････ 329
6 住宅紛争処理支援センター ････････････････････････････ 332

〔参考資料〕施工瑕疵一覧表 ･･････････････････････････････ 333

事項別索引 ･･ 334

あとがき

第1部 工事請負契約関係訴訟における要件事実と証明責任

1 要件事実と証明責任（立証責任）について

　本稿の基本的立場は、司法研修所・民事裁判教官室の要件事実論に同調するものである。

　司法研修所・民事裁判教官室の要件事実論では、実体法が規定しているところの、法律効果の発生要件を法律要件又は構成要件、法律効果の発生要件に該当する具体的事実（主要事実）を要件事実と呼ぶ。附款については抗弁説、規範的要件は規範的評価の成立を根拠づける具体的事実を要件事実（主要事実）と考える。

　また、立証責任（客観的証明責任。証明責任ともいう。）とは、訴訟上、ある要件事実（＝主要事実・具体的事実）の存在が存否不明に終わったために当該法律効果の発生が認められないという不利益又は危険をいう。したがって、立証責任は、当該法律効果の発生によって利益を受ける当事者に帰属する。自己に有利な法律効果をもたらす発生要件事実については、その者が立証責任を負う。

　そして発生要件の確定の問題は、いずれも、立証責任の分配という視点に立って行われる実体法規の解釈によって決められるべき事柄であるとされる。

　以上のことは、要件事実論とは、実体法規を、法解釈によって、それぞれの要件事実に分類・分別・仕訳し、これを、請求原因（原告の主張立証責任）、抗弁（被告の主張立証責任）、再抗弁（原告の主張立証責任）、再々抗弁（被告の主張立証責任）、…というように、判決に至る裁判官の思考の流れの論理的順序に従って整序し、配置する作業であることを意味する（「裁判規範としての民法」を構成する作業と見ることもできる。）。

2 工事請負代金支払請求訴訟における請求原因

　工事請負人が、注文者に対し、報酬（工事請負代金）の支払いを請求する訴訟は、工事請負契約をめぐる訴訟の中でも、実務において、もっとも一般的なものである。工事請負代金支払請求訴訟において、原告・請負人が、請求原因事実（いわゆる「広義の請求原因」を構成する事実であり、報酬請求権の発生を根拠づける事実を指す。）として、訴訟において主張立証しなければならない要件事実はどのようなものであるかについて、以下、場合を分けて検討する。

• 1 •

第1部 工事請負契約関係訴訟における要件事実と証明責任

⑴ 請負代金支払請求の請求原因事実（代金額が定額で、支払期限の定めがないとき）

請負代金支払請求の要件事実は、次のとおりである。

> ① 請負契約の成立
> ② 仕事の完成
> （③ 目的物の引渡し）

ア ①の「請負契約の成立（＝請負契約の締結）」の具体的事実は、㋐契約の当事者、㋑契約締結年月日、㋒工事の内容、㋓報酬額（＝請負代金額）で特定し、主張することになる（加藤・要件事実341頁参照）。

㋒の工事の内容については、建物建築請負工事ならば、一般には、建物表示登記に要求される程度の所在・種類・構造・床面積で足りるであろう。ただし、契約した工事内容が実現していないとして仕事が完成したことを注文者が否認し、それに伴って契約した工事内容がどうであったかが問題となってくる場合や（工事内容は、請負人に主張立証責任がある事実である。）、実際に施工された目的物が契約の内容に適合しないとして注文者が抗弁したりする場合には（ただし、契約の内容に適合しないことは抗弁の一部を構成する事実となると考えられ、注文者に主張立証責任がある事実というべきであろう。）、実務的には、当該訴訟の争点に応じて、契約された工事内容がどのようであったかについて、請負人は、準備書面などで更に詳しく具体的に主張する必要がある。

また、㋓の報酬額については、定めが全くなされなかったり、概算額で定められたりした場合でも、請負契約は成立するとするのが判例・通説である。なお、報酬額の定め方が要件事実に及ぼす影響については後述する（**2**⑴キ、⑸及び⑹）。

②の「仕事の完成」の事実についても、どの程度具体的に記述する必要があるかについては、請負契約の成立と同様に問題がある。

仕事の完成（この場合は建築請負工事の完成を指す。契約した請負工事が予定された最終の工程まで一応終了したという意味である。（東京高判昭和36年12月20日高民集14・10・730））が争点になっていないときは、「工事が完成した」という一言ですますことができるが、工程が全部終了したかどうかが当該訴訟の重要な点となることも多く、その場合は、工事が完成したことは、請負人に主張立証責任がある事実であるから、当該訴

・2・

訟の争点に応じて、準備書面などで更に詳しく具体的に主張しなければならないことになる。ただ、実務では、完成の有無が争点となることが予想される場合であっても、訴状の請求原因の段階では、「仕事が完成した」旨の簡潔な記載に止まることも少なくないと思われる。

イ　請負代金債権の発生時期については争いがある（倉田・総論348頁参照）。通説・判例は、請負契約が双務契約であることから、請負契約の締結（＝請負契約の成立）と同時とする（最判昭和42年10月27日民集21・8・2161など）。異説は、仕事の完成と同時とする（来栖・契約法479頁など）。

ウ　仕事の目的物の引渡しを要する請負の場合において、請負代金の支払時期については、支払時期の定めがあるときはそれが特約となるから、それによるのは当然であるが、定めがないときは説が分かれ、仕事を完成した時とする説と引渡しの時とする説とが対立している。

エ　請負代金債権の発生時期について仕事完成時説に立てば、①と②の事実が要件事実となる。仕事完成時説による場合には、②の事実の請求原因としての意味合いは、次に述べる請負契約時説とは異なっており、②の事実は権利発生根拠事実として要件事実となる。

オ　請負代金債権の発生時期について請負契約時説に立ち、支払時期については仕事の完成の時とする説をとれば、①と②の事実が要件事実となる。このように、請負代金債権の発生時期についていずれの立場に立ったとしても、請負代金支払請求の請求原因事実としては、①の事実だけでは足りず、②の事実（「仕事の完成」）も必要となるというのが通説と言えるが、②の事実が請求原因として必要となるというのは自明ではない。この問題については、次のカの項で論じる。

　　引渡しを要する請負契約において、支払時期について引渡時説（末広厳太郎説）をとるとすれば、①と②の事実に加えて、③の事実を請求原因として主張する必要がある。

　　しかし、③の事実（「目的物の引渡し」）については、請求原因ではなく、被告から目的物の引渡しとの同時履行の抗弁が出された場合に、これに対する再抗弁となるというのが通説である（同時履行の抗弁権については、新版注民(16)〔広中俊雄〕133頁、新注民(14)〔笠井修〕129頁同旨）。なお、民法633条本文は、同時履行の抗弁権（民533）を明文で準用していないが、請負人の目的物の引渡義務と注文者の報酬支払義務は同時履行の関係に立つとするのが判例である（大判大正5年11月27日民録22・2120）。

第1部 工事請負契約関係訴訟における要件事実と証明責任

この問題に関しては、次のような指摘もある。「（目的物の引渡し）は、報酬元金のみを請求する場合には、被告からの目的物の引渡しとの同時履行の抗弁が出た場合に、これに対する再抗弁となるべきものである…」（倉田・契約法下694頁）

カ　請負代金債権の発生時期について請負契約時説に立った場合には、②の事実（「仕事の完成」）が請負代金支払請求の要件事実となるのは、いかなる意味合いなのかが問題となる。権利発生根拠事実として請負契約が成立した事実のみで足りないのはなぜかという問題である（売買代金支払請求の場合の請求原因事実は「売買契約を締結したこと」のみで足りるとされているのと比較せよ。司研・紛争類型〔4訂〕2頁参照）。

請負契約においては、請負人は仕事を完成する義務を負っており、請負人に仕事完成義務があることが請負契約が他の労務供給契約と区別される所以である。判例・通説は、民法633条本文は、目的物の引渡しと請負代金の支払いとを同時履行の関係に立たせる趣旨の規定と解している。この規定は、目的物の引渡しが行われる前に目的物が完成していることを当然の前提としており、仕事完成義務が請負代金支払義務の前に履行されていなければならないことを黙示的に規定していると解することができる。請負契約は、仕事の完成という先履行義務を本質的要素（要件）としている。仕事の完成は、附款に属するものではない（中野貞一郎＝下村眞美「請負の証明責任」判タ679・99。なお、同論文は、民法633条の規定は仕事の完成を請負人の先履行義務とする趣旨と解されると述べる。）。

請負契約の締結（＝請負契約の成立）を主張することは、即、仕事の完成という先履行義務があることを主張することになるから、仕事の完成を付け加えて主張しないと、請求原因の段階で、原告の主張は主張自体失当となる。このような場合、請負代金支払いを請求する原告は、被告の「仕事が完成した時が請負代金支払の履行期とされている。」旨の抗弁の提出を待って「仕事を完成した。」旨の再抗弁を提出するのではなく、「仕事を完成した。」旨を請求原因にせり上げて主張立証しなければ、請求原因として完全にならないというべきである（再抗弁事実の請求原因事実への「せり上がり」。岡口・要件事実100頁〜101頁参照）。

仕事の完成が請求原因事実となることについては、次のような説明もなされている。「売買の場合にその代金を請求するには契約締結のみで足りるのであるが、請負の場合には633条の趣旨から仕事の完成が先履行とな

ると解されるので、『工事が完成したこと』も（請求原因として）必要となる。」（倉田・契約法下694頁）。

キ　前記(1)項は、請負代金額が定額で定められており（代金額が確定金額で明確に約定されている請負契約をいう。）、その定額が請負契約の成立の主張に表れていることを前提として論じている。定額請負でなく、請負代金額の定めが全くない請負及び概算請負の場合の請負代金支払請求の要件事実については、後記(5)、(6)において、項を改めて検討する。

定額請負の場合に、請負代金（＝報酬）に関して請負人が主張立証しなければならない要件事実は、次の2点である。

> ①　定額請負であったこと
> ②　その代金額

(ア)　請求原因等において特定の請負代金額を主張している場合には、定額請負である旨を特に明示した主張がなくとも、定額請負の主張であると善解されることになろう（我妻・債権（中）644頁参照）。

(イ)　請求原因において主張した具体的代金額が立証できなかった場合、代金支払請求は棄却されることになる。この問題について、直接には売買契約について論じているのであるが、司法研修所は、次のように言う。

「（原告）の主張した代金額と証拠により認定できる代金額との間に相異がある場合、（原告）は、通常は契約の同一性を損なわない範囲内で異なる代金額をも黙示に主張していると考えられるから、その範囲内であれば（原告）の明示の主張とは異なる代金額による売買契約の成立を認定することは差し支えない。」（司研・紛争類型〔4訂〕3頁）

請負代金額の定めが全くない請負及び概算請負の場合の報酬の定め方や概算額についても、同様の問題が生じ得る。請求原因で主張した報酬の定め方や概算額について、裁判所が、原告　請負人の明示の主張とは異なる認定をするおそれがあり、かつ、その異なる認定が「契約の同一性を失わない範囲内」に納まることについて確信が持てない場合は、実務的には、代金額等の定め方について予備的な主張をしておくことを考える必要があるであろう。

(2)　請負代金支払請求の請求原因事実（支払期限の定めがあるとき）

請負代金は民法633条及び624条1項に従い後払いが原則であるが（論点体

第1部　工事請負契約関係訴訟における要件事実と証明責任

系7　94頁）、契約当事者が、仕事の完成前の全額前払いや一部前払い、ある
いは、その反対に、仕事完成（引渡し）後一定期間経過後の支払いなどの特約
を結んで、民法の原則を変更することは任意にできる。実際の請負契約では、
支払時期について特約が締結されるのが、むしろ一般的である。

　ア　全部又は一部前払いの特約があるときの要件事実は、次のとおりである
　　　（定塚・主張立証157頁。岡口・要件事実99頁〜101頁）。

---

　　①　請負契約の成立
　　②a　報酬の全部又は一部の前払いの特約の成立
　　　b　その特約の内容となっている事実の存在
　　　　（期限の到来や、仕事の一部完成などの事実）

　イ　仕事の完成（又は引渡し）後、一定期間経過後に報酬の全部又は一部を支
　　　払う旨の特約がある場合には、以上とは逆に、この特約の存在が原告の請負
　　　代金支払請求に対する被告・注文者の抗弁となる（定塚・主張立証157頁。）。
　　　　附款について抗弁説をとる場合には、当然、以上のようになるが、附款
　　　について否認説をとるならば、原告が請求原因において、この特約の存在
　　　と特約の内容となっている事実の存在とを主張しなければならない。

(3)　請負代金支払請求の請求原因事実（仕事の一部完成のとき）

　民法634条により、①注文者の責めに帰することができない事由によって仕
事の完成が不能となった場合（当事者双方の責めに帰することができない事由
によって履行不能となった場合、請負人の責めに帰すべき事由によって履行不
能となった場合）又は請負契約が仕事完成前に解除された場合、②仕事の結果
が「可分」であり、かつ、③その給付によって注文者が利益を受けるときは、
既施工部分について仕事の完成があったものとみなされる（完成擬制）。この
場合、請負人は、「注文者が受ける利益の割合に応じて」注文者に対して報酬
を請求することができる。なお、目的物の可分性は、工事場所の物理的な可分
ではなく、観念的に出来高の算定が可能であれば可分である（そこで大抵の場
合は目的物の可分性が認められる）（岡口・要件事実139頁〜140頁）。

　これは、改正前民法下において、請負人が仕事を完成することができなくなっ
たことを理由に請負契約が解除された場合には、①仕事の内容が可分であり、
②その仕事の一部が完成していて、かつ、③注文者が既に完成した部分に関し
て利益を有するときは、既に完成した部分については解除することができない

・6・

（したがって、請負人は既に完成した部分に対応する報酬を注文者に対して請求することができる）とされていた判例法理（最三小判昭和56年2月17日金法967・36）を踏まえ、完成擬制によってより一般化し、この法理の守備範囲を、注文者に帰責性のない履行不能の場合、仕事完成前の解除の場合にも広げて明文化したものである（潮見佳男ほか編「Before／After民法改正〔第2版〕―2017年債権法改正」419頁（弘文堂、2021）、潮見佳男「民法（債権関係）改正法の概要」312～313頁（きんざい、2017））。

注文者の責に帰すべき事由により工事が完成不能（履行不能）となった場合については、通説・判例上、危険負担の問題となり、別に論じる必要があるので、次の(4)項で取り扱う。

請負代金支払請求の要件事実は、以下に述べるとおりである（岡口・要件事実139頁～141頁、司研・紛争類型〔4訂〕209頁～211頁参照）。なお、既施工部分に相応する報酬請求権を請負人に認める場合、特約等がなくとも既施工部分の工事目的物の所有権は注文者に帰属すると解すべきであろう（東京地判昭和48年1月30日判時710・69。引渡しがあった事例では、東京地判昭和40年9月18日判タ183・173）。

---

① 　請負契約の成立
②a　仕事を完成することができなくなったこと
　又は
　b　仕事完成前に請負契約が解除されたこと
　　（bの要件についての場合分け）
　　(a)　民法541条による解除の場合
　　　　解除原因事実及び民法541条に基づく解除の意思表示
　　(b)　民法641条による解除の場合
　　　　民法641条に基づく解除の意思表示
　　(c)　合意解除の場合
　　　　解除の合意
③ 　②までに仕事の一部をしたこと
④ 　仕事の結果が可分であること
⑤ 　既施工部分の給付につき、注文者に利益があること
⑥ 　既施工部分の報酬額（注文者の受ける利益の割合に照らして相当な報酬額）

第1部 工事請負契約関係訴訟における要件事実と証明責任

⑷ 請負代金支払請求の請求原因事実（仕事の完成不能による工事未完成のとき）

　注文者の責に帰すべき事由により工事完成が不能となった場合（注文者による工事拒否など）は、請負人が仕事の一部しか完成させていないときでも、請負人は自己の残債務を免れるとともに、民法536条2項前段により、注文者に対して、工事の既施工部分に応じてではなく請負代金の全額について請求ができる（注文者の危険負担。最判昭和52年2月22日判時845・54）。ただし、請負人は、民法536条2項後段により、自己の残債務を免れたことによる利益を注文者に償還しなければならない。

　この場合の要件事実は、次のとおりである（司研・紛争類型〔4訂〕197頁、198頁。倉田・契約法上179、180頁）。

> ①　請負契約の成立
> ②　仕事の完成が後発的に履行不能となったこと
> ③　注文者の責に帰すべき事由により履行不能となったこと

　ちなみに、請負人の工事代金の全額請求に対する被告・注文者の抗弁（民536Ⅱ後段）は、次のとおりである（司研・紛争類型〔4訂〕197頁、198頁。倉田・契約法上179、180頁）。詳しくは、「**3　工事請負代金支払請求訴訟における抗弁・再抗弁・再々抗弁等**」の⑷項において述べる。

> ①　請負契約が途中で終了して請負人が残債務を免れたことにより得た利益の存在及びその額
> ②　請負人が得た利益の償還請求権をもって請負代金請求権と対当額で相殺する旨の意思表示

⑸ 請負代金支払請求の請求原因事実（代金額の定めが全くないとき）

　請負契約は有償・双務・諾成契約であるが、売買契約と同様、契約の成立のためには代金額（報酬額）がどの程度特定していなければならないかの問題がある。通説・判例によれば、相当な報酬を支払う合意がある限り、報酬額（代金額）が全く定められていない場合でも、請負契約は成立する。

　「報酬額の合意が概算に止まる場合はもとより、…報酬額の定めがないことは請負契約の成立を妨げるものではないと理解することができる。また、商人である請負人は、商法512条を根拠としても『相当の報酬』を請求することができる。」（倉田・契約法下684頁）

2 工事請負代金支払請求訴訟における請求原因

ア　請負代金額の定めがなかった場合の、請負代金額に関する部分の要件事実は、次のとおりである（倉田・契約法下 690 頁）。

> ①　請負代金を支払う旨の合意はあったが、その金額の定めがなかったこと
> ②　請求する請負代金額が相当であること

　②の事実は、建設業界内部の基準、従前の慣行、仕事の規模・内容・程度などの諸般の事情に基づき原告・請負人が明らかにすることとなる。

イ　請負人が商人である場合には、商法512条を根拠として、「相当の報酬」を請求することができる。会社は、商人である（商4Ⅰ・会社法5）。また、不動産に関する工事の請負を営業として行うときは、その行為は商行為となるから（商502⑤・営業的商行為）、その営業を行う者は、商人である（商4Ⅰ）。

　報酬額の定めはなかったが、請負人が商人である場合の請負代金支払請求の要件事実は、次のとおりである（倉田・契約法下 690、691 頁）。

> ①　原告が請負を業とする商人であること
> ②　請負代金額の金額の定めがなかったこと
> ③　請求する請負代金額が相当であること

⑹　請負代金支払請求の請求原因事実（代金額が概算で定められたとき）

　請負代金額が概算で定められた場合の、請負代金額に関する部分の要件事実は、次のとおりである（倉田・契約法下 687 頁）。

> ①　請負代金額の定めが概算でなされたこと
> ②　その概算額
> ③　請求する請負代金額が当該工事全体の観点から見て妥当であること、又は請負代金額を妥当ならしめる事情が存在すること

⑺　請負代金支払請求に附帯する請求の請求原因事実（遅延損害金）

　請負代金の支払時期について特約がないときの遅延損害金請求の要件事実について検討する。

　請負代金の遅延損害金を請求するときは、注文者を遅滞に付さなければならない。通説・判例は、同時履行の抗弁権が存在すること自体を履行遅滞の違法

・9・

第1部 工事請負契約関係訴訟における要件事実と証明責任

性阻却事由としているので（存在効果説）、遅延損害金を請求するには、この同時履行の抗弁権の存在効果（履行遅滞免責効果）を消滅させる必要がある（民633・533）。これを消滅させるための要件事実は、「目的物の引渡し（又はその提供）」である。そこで、遅延損害金請求の要件事実は、次のようになる（司研・紛争類型〔4訂〕198頁、199頁。加藤・要件事実343頁。倉田・契約法下694頁）。

> ① 請負契約の成立
> ② 仕事の完成
> ③ 目的物の引渡し（又はその提供）
> ④ 損害の発生とその数額

　請負代金の元金のみを請求する場合の要件事実に限ってみると、2(1)オの箇所で述べたように、③の事実は、請求原因事実ではなく、被告の同時履行の抗弁に対する原告の再抗弁である。ところが、請負代金の遅延損害金請求の要件事実は何かという観点からすると、③の事実は請求原因事実である（参照；倉田・契約法下694頁）。結局、請負代金支払請求訴訟において、原告が、請負代金元金のみならず、遅延損害金をも併せて請求する場合には、①から③までの事実をすべて訴状に請求原因事実として記載しなければならないことになる（永石一郎「要件事実のすすめ（下）」「自由と正義」第50巻5月号83頁参照。売買代金支払請求の附帯請求として遅延損害金を請求する場合に「売買目的物の引渡し」の事実が請求原因にせり上がってくるという。なお、この問題に関して触れているのは、司研・紛争類型〔4訂〕5頁）。④の事実は、法定利率の割合による遅延損害金を請求する場合は摘示を省略するのが通常であるが、法定利率を超える遅延損害金を請求する場合はその法定利率を超える遅延損害金の利率を合意したことを記載しなければならない。

3　工事請負代金支払請求訴訟における抗弁・再抗弁・再々抗弁等

　工事請負代金支払請求訴訟において、被告・注文者から提出される工事請負契約に特有の抗弁がいくつかある。これらの抗弁は、請負代金支払請求訴訟の帰趨に密接に関連してくるから、典型的なものについて以下検討する。

(1)　公序良俗違反又は取締法規・行政法規違反の抗弁

　請負契約も法律行為の一種として、法律行為に要求される一般的有効要件（内容の確定性・実現可能性・適法性・社会的妥当性）を備えていなければならな

・10・

い（内山尚三＝山口康夫「請負（新版）（叢書民法総合判例研究）」37頁以下（一粒社、1999）。石田穣「民法総則」61頁以下（信山社、2014）。最判平成23年12月16日裁判集民288・297参照）。

　社会的妥当性とは、公序良俗に違反しないことである。いわゆる「原始的不能」の場合は、ローマ法源に由来する「不可能なる事の何らの義務なし」という原則（平井宜雄「債権総論〔第2版〕」60頁（弘文堂、1994）により、法律行為は当然に無効となる（実現可能性の欠如）。

ア　公序良俗違反（民90）の抗弁

　注文者が適正妥当なものと誤信して錯誤に陥っているのを奇貨とし、適正な工事価格の2倍強の請負代金を定めた工事請負契約を締結させ代金を収受した場合、そのような請負契約は、通常の取引における適正妥当な金額を超える部分につき、契約自由の範囲を逸脱した、公序良俗に反する違法なものであるとする裁判例がある（東京地判昭和63年10月28日判時1306・48）。

　また、建築基準法（取締法規）違反の請負契約について、建築基準法違反の瑕疵があるからといって、直ちに契約の効力を否定することはできないが、重大な瑕疵のある建物の建築を内容とする請負契約であるなど、その違反の内容及び程度のいかんによっては、契約そのものが強行法規ないしは公序良俗に違反するものとして無効とされるべきであるとする裁判例がある（東京高判昭和53年10月12日判時917・59）。

　公序良俗違反の抗弁の要件事実は、以下に述べるとおりであるが、公序良俗違反の要件は「規範的要件」であるので注意を要する。規範的要件の場合は、その規範的評価の成立を根拠づける具体的事実が要件事実となる（この具体的事実を司法研修所は「評価根拠事実」と呼んでいる。評価根拠事実と両立し、評価の成立を妨げる事実を「評価障害事実」と呼び、評価根拠事実が請求原因のときは、これに対する抗弁となるとする（司法研修所「増補　民事訴訟における要件事実　第1巻」30、34頁（法曹会、1986）。

> 　請負契約が公の秩序又は善良の風俗に反する事項を目的とするものであること

イ　取締法規・行政法規違反の抗弁

　建築基準法（取締法規）違反の請負契約について、その違反の程度が極めて大きく、建物を建築すべき債務が現実に履行されることが社会通念上不能であると言える場合は、原始的に不能な事項を目的とする契約であるから無効であ

るとする裁判例がある（東京地判昭和56年12月22日判タ470・142）。

　また、都市計画法（行政法規）違反の請負契約について、都市計画法・建築基準法に明らかに違反するばかりでなく、その違反が行政庁に事前に発覚して工事施工停止の止むなきに至ることが社会通念上明らかであったと解される場合、そのような契約は、当初から社会通念上実現不可能な内容を目的とするもので無効であるとする判例がある（東京地判昭和60年9月17日判タ616・88）。

　これらの場合の抗弁の要件事実は、次のとおりである。前記のアの場合と同様、この要件は規範的要件である。

　請負契約が取締法規に違反し、その違反の程度が著しく、社会通念上原始的に不能な事項を目的とするものであること

---

(2) 仕事完成後一定期間経過後払いの特約の抗弁・再抗弁

ア 抗弁

　抗弁の要件事実は、次のとおりである。

　報酬の全部又は一部を仕事完成後一定期間経過後に支払う旨の特約の成立

　これは、**2**(1)の項で述べた、通説による請求原因（①請負契約の成立と②仕事の完成）に対する抗弁である（定塚・主張立証157頁）。

イ 再抗弁

　再抗弁の要件事実は、次のとおりである。

　特約で定められた一定期間が経過したこと

---

(3) 目的物の引渡しとの同時履行の抗弁・再抗弁

ア 抗弁（同時履行の抗弁）

　抗弁の要件事実は、次のとおりである（売買契約の目的物につき、司研・紛争類型〔4訂〕5頁参照。請負仕事の目的物につき、加藤・要件事実342頁）。

　請負人が工事目的物の引渡しをするまで、請負代金の支払いに応じられない（請負代金の支払を拒絶する。）旨の権利主張

これは、前記**2**(1)の項で述べた、通説による請求原因（①請負契約の成立と②仕事の完成）に対する抗弁である（民633・533）。

判例・学説においては、ほとんど触れられていない問題であるが（水本浩「契約法」316頁（有斐閣、1995）、前記**2**(3)の項で述べた「仕事の一部完成」の場合において、既施工部分に相応する割合的報酬の支払いと工事目的物の既施工部分の引渡しとの間に同時履行関係が認められてしかるべきであろう。

なお、同時履行の抗弁権が権利抗弁と呼ばれるものであり、「主張共通の原則」との関係で注意すべき点があることについては、後記**3**(5)ア(エ)以下の記述を参照されたい。

イ　再抗弁

抗弁に対する原告・請負人の再抗弁の要件事実は、次のとおりである。

> （反対給付の履行の再抗弁）
> 　原告・請負人が被告・注文者に対して目的物の引渡しを履行したこと

なお、原告・請負人が引渡債務を履行したのではなく、訴え提起前に履行の提供をしたにすぎない場合は、その提供が継続されない限り、被告・注文者は同時履行の抗弁権を失わない（最判昭和34年5月14日民集13・5・609）とされている。したがって、この場合、「履行の提供をしたこと」は、再抗弁とならない（司研・紛争類型〔4訂〕9頁。加藤・要件事実38、39頁）。

(4)　注文者の責に帰すべき事由により工事完成が不能となった場合に注文者が利益償還請求権を基礎として行う相殺の抗弁（民536Ⅱ後段）

注文者による工事拒否など、注文者の責に帰すべき事由により工事完成が不能となった場合、請負人は報酬全額についての請求権を失わないが（民536Ⅱ前段）、**2**(4)を参照。

なお、被告が訴訟上の抗弁たらしめるためには、請負人が残債務を免れたことにより得た利益の存在及びその額を主張しただけでは足りず、相殺の意思表示までをしなければならない。その理由は、「債務者の反対給付請求権と債権者の利得償還請求権とはそれぞれ別個の原因に基づく独立した債権であって、対価関係に立つわけでもなく、また債務者の控除容認を認めた特別の規定もないからであると説明される。したがって債権者は、相殺しない限り、その反対給付から利益分を一方的に控除して支払えば足りるというものではなく、全額

• 13 •

を支払わなければならない。」からである（倉田・契約法上180、187頁）。

抗弁の要件事実は、次のとおりである（司研・紛争類型〔4訂〕197頁、198頁。倉田・契約法上179、180頁）。

> 抗弁（民536Ⅱ後段）
> ① 請負契約が途中で終了して請負人が残債務を免れたことにより得た利益の存在及びその額
> ② 請負人が得た利益の償還請求権をもって請負代金請求権と対当額で相殺する旨の意思表示

⑸ 請負人の担保責任に基づく抗弁（同時履行の抗弁・相殺の抗弁）・再抗弁等

改正前民法634条は、仕事の目的物に瑕疵があった場合における注文者の修補請求権及び損害賠償請求権を定めていたが、この規定は削除され、民法559条により同法562条乃至564条の規定が請負契約にも準用されることになった（部会資料84-3・16頁）。

請負代金支払請求訴訟においては、被告・注文者から、工事に契約不適合があることを根拠とする訴訟上の抗弁が提出される。

担保責任に基づく抗弁を考えるに当たって実務上確認しておかなければならないのは、契約不適合があるか否かは規範的要件であることから、目的物に契約不適合があるとしても、単に契約不適合があることを主張するだけでは、請負代金支払請求に対する被告の訴訟上の抗弁足り得ず（大判大正8年10月1日民録25・1726。定塚・主張立証160、161頁）、その存在を基礎づける具体的事実を主張立証する必要がある。

また、いかなる場合に契約不適合、すなわち、「種類又は品質に関して契約の内容に適合しない」と言えるかは、契約の解釈の問題となる。もっとも、品質の契約不適合の概念については、「瑕疵」についての判断であるが次の最高裁判例（破棄差戻判決）が重要である。原審は、契約違反はあるが、建築基準法による構造計算上、居住用建物としての安全性に問題はないとして、問題となった主柱の工事に瑕疵があるということはできないとしていた。

「本件請負契約においては、…本件建物の耐震性を高め、耐震性の面でより安全性の高い建物にするため、…の鉄骨を使用することが、特に約定され、これが契約の重要な内容になっていたものというべきである。そうすると、この約定に違反して、…の鉄骨を使用して施工された南棟の主柱の工事には、瑕疵

があるものというべきである。」（最判平成15年10月10日判時1840・18）。

　修補請求権と修補に代わる損害賠償請求権の関係については、新法下でも従前の議論が及び、民法559条の準用する同法415条2項の適用により修補請求の前置を必要とする見解と、修補請求権と修補に代わる損害賠償請求権は選択債権の関係にあり、注文者は、いずれかを選択した上、請負人に対し、その選択した請求権の内容を明らかにして選択権行使の意思表示をしなければならないとする見解（定塚・主張立証158頁）がある。

　なお、民法415条に基づく「修補請求とともにする損害賠償請求権」は、「修補請求権」又は「修補に代わる損害賠償請求権」と併存する。

　注文者による、これらの請求権の行使を前提として、以下に述べるとおり、同時履行の抗弁と相殺の抗弁が構成される。

ア　損害賠償に代えて修補請求（民559・562 I 本文）を選択する場合の抗弁（同時履行の抗弁）・再抗弁等

(ア)　民法改正後も、修補請求権は請負代金請求権と同時履行の関係に立つかが問題となり、従前の議論が妥当する。改正前の学説上は、肯定説が有力である（我妻・債権（中）636頁。新版注民(16)133頁〔広中俊雄〕、145頁〔内山尚三〕。新注民(14)129頁〔笠井修〕同旨。定塚・主張立証161、162頁。論点体系7　115頁）。

　　広中教授は、「注文者が修補を請求する場合に修補の完了まで報酬の全部又は一部の支払を拒絶しうることも認められるべきである（逆に報酬支払がないことを理由として修補を拒絶する権利を請負人に認めることはできないから、533条の関係とは異なる。）」と述べている（広中俊雄「債権各論講義〔第6版〕」270頁（有斐閣、1994）。

　　同時履行の関係にあるのではなく、修補義務は請負代金の支払義務よりも先履行の関係にあるとする有力な見解がある（倉田・契約法下699、700頁）。

(イ)　修補義務と請負代金支払いとが同時履行の関係にあると解されて引換給付判決がなされる場合、強制執行の手続上、実務的に困難な問題が生じることが指摘されている。「修補義務の履行の判定には困難又は微妙なものを伴うから、敢えて請負代金支払との同時履行ということにしても、執行技術上、引換給付を達成することは殆ど不可能と思われることである。」（倉田・契約法下700頁。なお、倉田・契約法上128頁参照）

(ウ)　同時履行の抗弁関係を認めるとしても、修補義務の金銭的評価と報酬

残額（請負代金残額）が対等でないときは、その釣合いが問題となる。請負人の仕事完成義務には、仕事の結果に契約不適合がないことも含まれ、契約不適合のない状態で結果を実現すべき債務を負っている（我妻・債権（中）632頁。平井・民法Ⅳ174頁〔花立文子〕）。契約不適合部分の修補に代わる損害賠償請求の場合に認められる同時履行の抗弁（民533）につき、最高裁判例（最判平成9年2月14日判時1598・65）は、瑕疵の修補に代わる損害額に見合う額の範囲でしか支払いを拒むことができないのではなく、報酬残債権全額の支払いを拒むことができるとしている。以上の判例・学説からすると、修補請求の場合も、契約不適合部分の修補に代わる損害賠償請求の場合と同様、報酬残債権全額との同時履行関係を認めるべきであろう。ただし、同時履行の抗弁権の行使が信義則違反とされる場合もあり得る。信義則違反の問題については、次のイ(イ)の「同時履行の抗弁」を参照されたい。

(エ)　抗弁（同時履行の抗弁）

　　以上のように、実体法上、訴訟法上、強制執行法上の問題が少なからずあるが、同時履行の関係を肯定する立場をとる場合には、修補請求を前提とする抗弁の要件事実は、次のようになる（司研・紛争類型〔4訂〕200頁。倉田・契約法下699頁。岡口・要件事実104、105頁。加藤・要件事実344頁。定塚・主張立証158頁参照）。

---

①　仕事の目的物に契約不適合があること
②　損害賠償に代えて契約不適合部分の修補を請求する旨の意思表示をしたこと（選択権の行使）
③　その契約不適合部分の修補が済むまで請負代金の支払いに応じられない旨の同時履行の抗弁権を行使するとの権利主張

---

　　②の意思表示は訴えの提起（訴状の送達）によってなされてもよい。もっとも、実務上は、③の権利主張に②の趣旨も含まれていると解することができよう（司研・紛争類型〔4訂〕200頁）。

　　なお、同時履行の抗弁は、留置権の抗弁と同じく、権利抗弁であるから、抗弁権の発生原因事実の主張のほか、その訴訟において、「同時履行の抗弁権を行使する」旨の権利主張が権利者である被告によってなされる必要がある。発生原因事実の主張については、事実抗弁であるので、「主張共通の原則」が適用され、請負人、注文者のいずれから弁論に提出さ

れてもよいが、権利行使の事実については「主張共通の原則」が妥当しない（上田徹一郎「民事訴訟法〔第7版〕」319頁（法学書院、2011）参照。定塚・主張立証161、162頁。坂田宏「民事訴訟における処分権主義」251、252頁（有斐閣、2001）。

㋒　再抗弁・再々抗弁・再々々抗弁

a　履行不能（民559・412の2Ⅰ）に基づく再抗弁

　担保責任に基づく抗弁の要件事実に向けられた再抗弁の要件事実は、次のとおりである。

　契約その他の債務の発生原因及び取引上の社会通念に照らして不能であることの評価根拠事実

(a)　改正前民法634条1項但書では、「ただし、瑕疵が重要でない場合において、その修補に過分の費用を要するときは、この限りではない。」として、瑕疵修補請求に対する抗弁を規定していたが、民法改正により同規定は削除された。もっとも、瑕疵が重大でない場合において、その修補が過分の費用を要するときは、民法412条の2第1項「契約その他の債務の発生原因及び取引上の社会通念に照らして不能」の規定の解釈の中で捉えられるものである（法制審議会民法（債権関係）部会第90回議事録45頁以下）。よって、改正法のもとにおいても、履行不能の評価根拠事実の一類型として、「瑕疵が重大でない」ことや「その修補が過分の費用を要する」ことを示す具体的事実が、評価根拠事実として、要件事実となる（倉田・契約法下701頁）。

(b)　この再抗弁事実が証明されたときは、注文者の報酬支払いと修補との同時履行の抗弁は阻まれ、注文者が請負代金支払請求訴訟で敗訴する。その恐れがあるときは、契約不適合部分の修補を請求する抗弁を修補に代わる損害賠償の請求に構成し直さなければならない（加藤・要件事実344頁。倉田・契約法下344頁）。

　　従来の通説は、次のとおりである。「目的物の瑕疵が重要でなく、かつその修補に過分の費用を必要とするときには、請負人は瑕疵修補義務を免れ、注文者は損害賠償を請求できるだけになる。」（新版注民(16)146頁〔内山尚三〕。新注民(14)174頁〔笠井修〕同旨）

(c)　履行不能の再抗弁に関しては、改正前民法下ではあるが、上記の通説との関係で問題となる判例・学説がある。

次のように説く学説がある。「瑕疵が軽微で、修補に過分の費用を要するときは、修補を請求することができない（民634 I 但書）。この場合には、修補に代えて、損害賠償も請求することはできないと解されている（最判昭和58年1月20日判時1076・56）」（平井・民法IV 178頁〔花立文子〕）。また、「（民634 I 但書）の場合は第2項による損害賠償の請求で満足するほかないが、右但書の注意に照らし、修補に代えて修補費に相当する金員を損害賠償として請求することはできない（最判昭和58年1月20日判時1076・56）。」（品川孝次「契約法（下巻）」171頁（青林書院、1998））。これらの学説で指摘されている最高裁判例（最判昭和58年1月20日判時1076・56）は、造船の請負契約において比較的軽微な瑕疵があるがその修補に著しく過分の費用を要する事案に関するものである。次のように説示する。「本件曳船の原判示瑕疵は比較的軽微であるのに対して、右瑕疵の修補には著しく過分の費用を要するものということができるから、民法634条1項但書の法意に照らし、上告人は本件曳船の右瑕疵の修補に代えて所論工事費及び滞船料に相当する金員を損害賠償として請求することはできないと解するのが相当であり…」

この最高裁判例が、建物建築請負契約にも妥当するということになれば、修補に代わる損害賠償請求の場合においても、履行不能の再抗弁が奏功することになろう。上記(b)で述べたような修補を請求する抗弁を修補に代わる損害賠償を請求する抗弁に構成し直すことは無意味となる。

最高裁は、建物建築請負の場合における瑕疵修補に代わる損害賠償請求債権と報酬全額の支払いとの同時履行関係が問題となった事案において、「（民634）1項但書は『瑕疵カ重要ナラサル場合ニ於テ其修補カ過分ノ費用ヲ要スルトキ』は瑕疵の修補請求はできず損害賠償請求のみをなし得ると規定しているところ、…」（最判平成9年2月14日判時1598・65）と判示しており、通説のように、履行不能によって修補請求が認められないときは、注文者はこれに代えて損害賠償を請求することができるとする立場に立っているように解される。

上記判例（最判昭和58年1月20日）が建物建築請負においても直ちに妥当するのか必ずしも明確でなく、むしろ建物建築請負に関する事案でこれと異なる口吻を示す上記の最高裁判決（最判平成9年2月14日）を重視すべきではないかと思われる。

なお、東京地判平成25年12月4日（Westlaw2013WLJPCA12048002ha）

は、ハウスメーカーとの間で締結された建物建築工事及びその外構・造園工事の請負契約に関し、建物に付随する駐車場の設計並びに排水桝及び水道メーターの設置位置に瑕疵があるとして、瑕疵担保責任及び不法行為に基づく損害賠償を求めた事案において、上記判例を引用して、「比較的軽微な瑕疵の修補につき著しく過分の費用を要する場合には、民法634条1項ただし書の法意に照らし、瑕疵の修補に代わる損害賠償として同額の修補費用等を請求することはできない。」と判示している。この裁判例は、建物の建築工事が2987万5650円、外構・造園工事が239万4000円であること、駐車場につき、駐車場としての利用が可能であるが、原告所有の大型車を駐車してアコーディオン式扉を閉めることができないという点で瑕疵があるにとどまることを認定したうえ、500万円以上の費用をかけて建物の配置を変え、外構工事をやり直す修補をすることについて上記のとおり判断したものである。

b　民法636条本文・但書に基づく再抗弁・再々抗弁・再々々抗弁

(a)　民法636条本文は、第562条の履行の追完の請求、報酬の減額の請求に対する抗弁規定であり、報酬請求に対し担保責任に基づく修補請求権又は損害賠償請求権で同時履行又は相殺の抗弁を主張した場合に対する再抗弁規定である（定塚・主張立証164頁参照）。

(b)　再抗弁（民636本文）

　　再抗弁の要件事実は、次のとおりである（司研・紛争類型〔4訂〕200頁、201頁。倉田・契約法下701頁。加藤・要件事実347頁）。

（場合分け）

《a》　目的物の契約不適合が被告・注文者が提供した材料の性質によって生じたものであること

《b》　目的物の契約不適合が被告・注文者の与えた指図によって生じたものであること

　　ここで、「注文者の与えた指図」とは、単に注文者が希望を述べ、請負人がこれに従っただけでは足りず、事実上の拘束力を有する指示あるいは注文者の十分な知識等に基づく指示に限定解釈する見解がある（論点体系7　124、125頁。東京地判平成3年6月14日判タ775・178参照）。

(c)　再々抗弁（民636但書）

　　上記の再抗弁に対する被告・注文者の再々抗弁（民636但書）の要件

第1部 工事請負契約関係訴訟における要件事実と証明責任

事実は、次のとおりである（司研・紛争類型〔4訂〕201頁。定塚・主張立証164頁。岡口・要件事実130頁）。

（場合分け）

《a》　被告・注文者が提供した材料が不適当であったこと
　　及び、原告・請負人がその事実を知っていたこと

《b》　被告・注文者の与えた指図が不適当であったこと
　　及び、原告・請負人がその事実を知っていたこと

(d)　再々々抗弁（民636但書）

上記の再々抗弁に対する原告・請負人の再々々抗弁の要件事実は、次のとおりである（司研・紛争類型〔4訂〕201頁。定塚・主張立証164頁。岡口・要件事実130頁）。

（場合分け）

《a》　原告・請負人は、被告・注文者の提供した材料が不適当であることを告げたこと

《b》　原告・請負人は、被告・注文者の与えた指図が不適当であることを告げたこと

---

c　契約不適合の通知懈怠に基づく再抗弁（民637Ⅰ）

(a)　民法566条は、目的物の引渡し後は履行が終了したとの期待が売主に生じることから、このような売主の期待を保護する必要があること、②種類・品質に関する契約不適合の有無は目的物の使用や時間経過による劣化等により比較的短期間で判断が困難になるから、短期の期間制限を設けることにより法律関係を早期に安定化する必要があること等を考慮し、売買における買主の担保責任の権利行使に期間制限を設けている（部会資料75A・23頁）。

民法637条も、同法566条の上記変更趣旨を受けて、担保責任に係る注文者の権利行使期間に実質的な変更を加え、その期間制限の起算点を注文者が契約不適合を「知った時」とし（民637Ⅰ）、請負人において引渡し時又は仕事が終了した時に、仕事の目的物の契約不適合について悪意又は重過失があるときは第1項の期間制限を適用しないこととした（同法637Ⅱ）。

民法637条の上記改正に伴い、改正前民法638条の特則は、その規律

を維持する必要性が乏しいとされ、削除された（部会資料75A・39頁）。

(b)　再抗弁の要件事実は、次のとおりである（司研・紛争類型〔4訂〕205頁。岡口・要件事実130頁）。

---

①　被告・注文者が目的物について契約不適合を知ったこと

②　上記①から1年が経過したこと

　ここで、「知った時」がいかなる場合であるかは、売買に関する次の最高裁判例が参考となる。

　「買主が売主に対し担保責任を追及し得る程度に確実な事実関係を認識したことを要すると解するのが相当である。」（最判平成13年2月22日判時1745・85）

(c)　再々抗弁（民637Ⅱ）

　上記の再抗弁に対する被告・注文者の再々抗弁（民637Ⅱ）の要件事実は、次のとおりである（司研・紛争類型〔4訂〕205頁、206頁。岡口・要件事実130頁）。

（場合分け）

《a》　被告・注文者が、原告・請負人に対し、目的物の契約不適合を知ってから1年以内にその不適合を通知したこと

《b》　原告・請負人が、引渡し時又は仕事が終了した時において、目的物の契約不適合を知り、又は重大な過失によって知らなかったこと

《c》　民法637条1項に基づく免責をしない旨の特約の成立

　契約不適合の通知として、1年という短期の制限期間内に、担保責任を問う意思を明確に告げ、請求する損害額の根拠まで示すのは容易でないとの理由から、従前の判例法理（最判平成4年10月20日民集46・7・1129）を変更し、裁判外の権利行使に代えて、不適合があることの通知で足りることとした（部会資料75A・37頁）。

d　民法572条（担保責任を負わない特約）に基づく再抗弁・再々抗弁・再々々抗弁

(a)　売買に関する民法572条の規定を民法559条により請負契約にも準用できることから、改正前民法640条は削除された（部会資料88－2・8頁）。

(b)　再抗弁の要件事実は、次のとおりである（定塚・主張立証168頁。岡口・要件事実131頁）。

> 担保責任を負わない旨の特約の成立

(c)　再々抗弁（民559・572、消費契約8Ⅰ⑤）の要件事実は、次のとおりである（岡口・要件事実131頁）。

> （場合分け）
> 《a》　原告・請負人が目的物の契約不適合を知っていたこと
> 《b》　請負契約が消費者契約であること

　　前者の場合における悪意の有無の判断時期はいつか。仕事の完成時に請負人が悪意であったことを要するとされる（定塚・主張立証168頁。岡口・要件事実131頁）。

(d)　民法572条に基づく再々抗弁に対する再々々抗弁の要件事実は、次のとおりである（定塚・主張立証168頁。岡口・要件事実131頁）。

> 　原告・請負人が、被告・注文者に対し、仕事の目的物に契約不適合があると告げたこと

　　この事実が再々々抗弁となるのは、請負人が告げた契約不適合部分に限るのであって、告げなかった契約不適合部分については再々々抗弁とならない（定塚・主張立証168頁）。

e　帰責事由（民562Ⅱ）に基づく再抗弁

　　請負人は、注文者に帰責事由（民559・562Ⅱ）があることも再抗弁として主張することができる。

　　再抗弁の要件事実は、債権総論に関する事項のため、他書（岸ほか・Q&A建築訴訟）を参照されたい。

f　消滅時効（民166Ⅰ）に基づく再抗弁

　　注文者の権利には、民法637条による期間制限の特則とは別に、債権に関する消滅時効の一般原則が適用され、制限期間内の通知によって保存された注文者の権利は、注文者が権利を行使することができることを知った時から5年、または権利を行使することができる時から10年の消滅時効にかかる（民166Ⅰ）。

3 工事請負代金支払請求訴訟における抗弁・再抗弁・再々抗弁等

g 異なる修補方法選択（民559・562 I 但書）の再抗弁

請負人は、注文者に不相当な負担を課するものでないときは、注文者が請求した方法と異なる方法で修補することができるため、同事実を再抗弁として提出することができる。

もっとも、「注文者に不相当な負担を課すこと」が上記再抗弁に対する再々抗弁に位置付けられるとする見解（潮見佳男「プラクティス民法　債権総論（第5版補訂）」84頁（信山社、2020）もある。

イ 契約不適合部分の修補に代えて損害賠償の請求（民559・564・415）を選択する場合の抗弁（同時履行の抗弁・相殺の抗弁）・再抗弁等

(ア) 契約不適合部分の修補に代わる損害賠償の請求を前提とする抗弁には、同時履行の抗弁と相殺の抗弁とがある（倉田・契約法下699頁。岡口・要件事実105頁〜108頁。加藤・要件事実344、345頁。定塚・主張立証159、160頁参照）。

(イ) この同時履行の抗弁について、注文者は、契約不適合部分の修補に代わる損害額に見合う額の範囲でしか支払いを拒むことができないのではなく、報酬残債権全額の支払いを拒むことができる（最判平成9年2月14日判時1598・65。詳しい判例解説と重要論点については、ジュリスト「平成9年度・重要判例解説」平成10年6月10日号・79頁〔森田宏樹〕参照）。ただし、契約不適合の程度や各契約当事者の交渉態度等に鑑み、契約不適合部分の修補に代わる損害賠償債権をもって報酬残債権全額の支払いを拒むことが信義則に反すると認められるときはこの限りでない。この点、最高裁判例の次の部分が参考となる（最判平成9年2月14日判時1598・65頁）。

「（民法634条）1項但書は『瑕疵カ重要ナラサル場合ニ於テ其修補カ過分ノ費用ヲ要スルトキ』は瑕疵の修補請求はできず損害賠償請求のみをなし得ると規定しているところ、右のように瑕疵の内容が契約の目的や仕事の目的物の性質に照らして重要でなく、かつ、その修補に要する費用が修補によって生ずる利益と比較して過分であると認められる場合においても、必ずしも前記同時履行の抗弁が肯定されるとは限らず、他の事情をもあわせ考慮して、瑕疵の修補に代わる損害賠償をもって報酬残債権全額との同時履行を主張することが信義則に反するとして否定されることもあり得るものというべきである。けだし、右のように解さなければ、注文者が同条1項に基づいて瑕疵の修補の請求を行った場合と

• 23 •

第1部　工事請負契約関係訴訟における要件事実と証明責任

均衡を失し、瑕疵ある目的物しか得られなかった注文者の保護に欠ける一方、瑕疵が軽微な場合においても報酬残債権全額について支払が受けられないとすると請負人に不公平な結果となるからである。」

　この最高裁判例によると、①契約不適合の内容が契約の目的や仕事の目的物の性質に照らして重要でないこと（契約不適合の重要度）、②契約不適合部分の修補に要する費用が修補によって生ずる利益と比較して過分であること（修補費用の過分性）、③その他信義則違反を根拠づける事情があること（各契約当事者の交渉態度など）が認められる場合は、同時履行の主張は信義則違反となることがある。この場合の請負人による信義則違反の主張は、注文者の同時履行の抗弁を阻む再抗弁となる。

(ウ)　相殺の抗弁については、「同時履行の抗弁権の存在効果」（同時履行の抗弁権が存在すること自体から相手方の同時履行の抗弁権が付着する債権を自働債権とする相殺は許されないという効果、すなわち、「相殺阻止の効果」が発生することをいう。）との関係もあって、相殺の可否について議論があるが、最高裁判例は、相殺に供される自働債権と受働債権の金額に差異がある場合においても、その対当額による相殺を認めている（最判昭和53年9月21日判時907・54。なお、最判昭和51年3月4日判時849・77頁参照）。

　相互に同時履行の抗弁が付着したという関係にある債権間では、例外として、相殺が許されるわけである（最判昭和53年9月21日判時907・54。倉田・契約法上125頁参照）。

　なお、注文者による相殺が認められるとすれば、請負人による相殺も認められてしかるべきである。前掲の「最判昭和51年3月4日」、「最判昭和53年9月21日」の判例は、いずれも注文者による相殺が問題となった事例であるが、請負人による相殺を排斥する趣旨とは解されない（森田宏樹「請負の瑕疵修補に代わる損害賠償債権と報酬全額の支払との同時履行関係」（ジュリ臨増1135号〔平成9年度重要判例解説〕80頁参照）。前記(イ)で取り上げた「最判平成9年2月14日」も、「仕事の目的物に瑕疵があり、注文者が請負人に対して瑕疵の修補に代わる損害の賠償を求めたが、契約当事者のいずれからも右損害賠償債権と報酬債権とを相殺する旨の意思表示が行われなかった場合又はその意思表示の効果が生じないとされた場合には…」と判示し、請負人による相殺が認められることを当然の前提として論じている。

請負人による相殺は、相殺後の報酬（請負代金）残債権について注文者を履行遅滞に付する効果がある。この問題については、次の(エ)を参照されたい。なお、双方の同時履行の抗弁権が失われるので、判決は、引換給付判決でなく、普通の給付判決となる。

(エ)　上述したように、契約不適合部分の修補に代わる損害賠償債権と報酬債権全額とは同時履行の関係に立つから、注文者は、請負人から契約不適合部分の修補に代わる損害賠償債権の履行（又はその提供）を受けるまで、自己の請負人に対する報酬債務の全額について履行遅滞に陥らない（同時履行の抗弁権の存在効果＝履行遅滞免責効果）。このような状態で、注文者が相殺の意思表示をしたときはどうなるのであろうか。相殺の意思表示の後、なお報酬残債務があるときは、注文者は、請負人に対する相殺後の報酬残債務について、相殺適状になった日の翌日から履行遅滞に陥るのではなく、相殺の意思表示をした日の翌日から履行遅滞に陥るとするのが最高裁判例である（最判平成9年7月15日判時1616・65）。相殺すると、同時履行の抗弁権を失うことになるから、相殺後もなお報酬（請負代金）債務が残る場合は、注文者はその残った債務につき履行遅滞に陥り、遅延損害金が発生してくるので、注意を要する。

　　なお、請負人が相殺した場合も、同様である。すなわち、「請負人の立場からすれば、両債権を相殺しさえすれば、注文者の報酬全額に対する同時履行の抗弁権を斥けて、報酬残債権について注文者を履行遅滞に付することが可能となる。」（前掲森田・ジュリ臨増1135号81頁）。

(オ)　なお、民法637条（担保責任の存続期間1年）所定の除斥期間が経過した契約不適合部分の修補に代わる損害賠償請求権を自働債権とし、請負人の報酬請求権を受働債権としてする相殺も、民法508条（時効消滅した債権を自働債権とする相殺）を類推適用して、これを認めるのが最高裁判例である（最判昭和51年3月4日判時849・77）。

(カ)　抗弁（同時履行の抗弁・相殺の抗弁）

　　抗弁の要件事実は、次のとおりである（司研・紛争類型〔4訂〕202～205頁。）。

---

①　仕事の目的物に契約不適合があること

②　契約不適合部分の修補に代えて損害賠償を請求する旨の意思表示をしたこと（選択権の行使）

第1部　工事請負契約関係訴訟における要件事実と証明責任

> ③　損害の発生とその数額
> ④　（④の要件についての場合分け）
> 　　a　損害賠償金の支払いと引換えでなければ請負代金の支払いに応じられない旨の同時履行の抗弁権を行使するとの権利主張
> 　　b　その損害賠償請求権をもって請負代金請求権と対当額で相殺する旨の意思表示

㈱　再抗弁・再々抗弁・再々々抗弁

a　履行不能（民559・412の2Ⅰ）に基づく再抗弁

> 　契約その他の債務の発生原因及び取引上の社会通念に照らして不能であることの評価根拠事実

　「契約その他の債務の発生原因及び取引上の社会通念に照らして不能」であることは規範的要件であるから、これらの評価を成立させる具体的事実が、評価根拠事実として、要件事実となる。

b　信義則違反の再抗弁（民1Ⅱ）

　前記(イ)で取り上げた「最判平成9年2月14日」によると、前記(カ)のa（同時履行の抗弁）に対しては、以下に述べるような再抗弁が考えられる。

　なお、従前の学説には、「軽微な瑕疵を理由とした報酬支払拒絶」の問題について、次のように述べるものがある。「（改正前民634Ⅰ但書）によって、目的物の瑕疵が重要でなく、かつその修補に過分の費用を必要とするときには、請負人は瑕疵修補義務を免れ、注文者は損害賠償を請求できるだけになる（東京区判昭和6年2月21日新聞3382・11）。したがって注文者は、軽微な瑕疵を理由に、全部の報酬の支払を拒絶することはできない。信義誠実の原則に反し、権利の濫用となるからである。」（新版注釈民法⒃146頁〔内山尚三〕。新注民⒁174頁〔笠井修〕同旨）

> 　被告・注文者の同時履行の抗弁は、信義誠実の原則に違反するものであることの評価根拠事実

　「最判平成9年2月14日」に基づいて、この信義則違反の再抗弁の要件を更に具体化すると、以下に述べるようになるであろう。なお、この再抗弁の要件は、規範的要件であるから、その規範的評価の成立を根拠づける具体的事実が、評価根拠事実として、要件事実となる。

・26・

3 工事請負代金支払請求訴訟における抗弁・再抗弁・再々抗弁等

> ① 契約の目的や仕事の目的物の性質等に照らして契約不適合が重要でないこと（契約不適合の重要度）
> ② 契約不適合部分の修補に要する費用が修補によって生ずる利益と比較して過分であること（修補費用の過分性）
> ③ その他信義則違反を根拠づける事情があること（各契約当事者の交渉態度などの事情）

c 民法559条、636条1項本文・但書に基づく再抗弁・再々抗弁・再々々抗弁

　これらの再抗弁等については、**4(2)ア(イ)c**において述べている箇所を参照されたい。ただし、同箇所において抗弁、再抗弁、再々抗弁とあるのは、再抗弁、再々抗弁、再々々抗弁と、順次、読み替えなければならない。なお、前記ア(オ)bの記述を参照されたい。

d 民法637条1項に基づく再抗弁・再々抗弁

　前記ア(オ)cの記述を参照されたい。

e 民法559条、572条（担保責任を負わない特約）に基づく再抗弁・再々抗弁・再々々抗弁

　これらの再抗弁等については、**4(2)ア(イ)c**において述べている箇所を参照されたい。ただし、同箇所において抗弁、再抗弁、再々抗弁とあるのは、再抗弁、再々抗弁、再々々抗弁と、順次、読み替えなければならない。なお、前記ア(オ)dの記述を参照されたい。

f 民法562条2項に基づく再抗弁

　前記ア(オ)eの記述を参照されたい。

g 法166条1項2号に基づく再抗弁

　前記ア(オ)fの記述を参照されたい。

ウ 契約不適合部分の修補請求とともにする損害賠償の請求（民559・562・564・415Ⅰ）をする場合の抗弁（同時履行の抗弁・相殺の抗弁）・再抗弁等

　民法559条・562条・564条・415条1項に規定する損害賠償の請求を前提とする抗弁には、同時履行の抗弁と相殺の抗弁とがある（岡口・要件事実105〜108頁。加藤・要件事実345頁。定塚・主張立証160、161頁参照）。いずれの抗弁に関しても、問題となる事項については、前記イの項において述べたとおりであるから、ここに繰り返さない。

(ア) 抗弁（民559・562・564・415Ⅰに基づく同時履行の抗弁・相殺の抗弁）

第1部 工事請負契約関係訴訟における要件事実と証明責任

抗弁の要件事実は、次のとおりである。

---

① 仕事の目的物に契約不適合があること

② 契約不適合部分の修補をしても償えない損害の発生とその数額

③ （③の要件についての場合分け）

　　a　損害賠償金の支払いと引換えでなければ請負代金の支払いに応じられない旨の同時履行の抗弁権を行使するとの権利主張

　　b　その損害賠償請求権をもって請負代金請求権と対当額で相殺する旨の意思表示

　なお、この場合の損害賠償債務は、報酬債務と対価的牽連性をもたないから、民法533条ないし類推適用するための基礎を欠くとして、同時履行関係を否定する見解もある（論点体系7　117頁）。

　(イ)　再抗弁・再々抗弁・再々々抗弁

　前記イ(キ)において述べた再抗弁等は、民法562条1項に基づく再抗弁、信義則違反の再抗弁（民1Ⅱ）を除いて、いずれも、再抗弁となるので、ここに繰り返さない。

エ　契約不適合を理由とする催告による解除（民559・562・564・541本文）をする場合の抗弁・再抗弁等

　(ア)　抗　弁

　抗弁の事実は、次のとおりである（司研・紛争類型〔4訂〕208、209頁）。

---

① 請負契約の成立

② 仕事の目的物の引渡し

③ 引渡しの当時、仕事の目的物が種類又は品質に関して請負契約の内容に適合しないものであったこと

④ 修補の催告をしたこと

⑤ 修補の催告から相当期間が経過したこと

⑥ 解除の意思表示

⑦ ④の催告以前に報酬の弁済の提供をしたこと

　(イ)　再抗弁・再々抗弁・再再々抗弁

　再抗弁は、① 請負人の担保責任制限（民636本文）、② 注文者の帰責事由（民543）、③ 期間制限（民637Ⅰ）、④ 不履行の軽微性（民541但書）などがある（司研・紛争類型〔4訂〕209頁）。

①の再抗弁については前記ア(オ)bで、③の再抗弁については前記ア(オ)cで述べたので、ここで繰り返さない。

4 工事請負代金支払請求訴訟を除くその他の工事請負契約をめぐる訴訟の要件事実と証明責任

工事請負代金支払請求訴訟を除くその他の工事請負契約をめぐる訴訟というと範囲があまりに広範となるので、一般の不法行為や一般の債務不履行に関する訴訟などは本稿の検討の対象から除くこととし、工事請負契約をめぐって、実務上提起されることの多い典型的な訴訟に限って検討するものとする。

請負人が注文者に対して行う訴訟は、ほとんどが報酬（請負代金）支払請求訴訟と思われ、その訴訟における要件事実については、**2**（請求原因を扱うもの）と**3**（これに対応する抗弁・再抗弁等を扱うもの）とに、大きく二つに分けて検討し、記述した。以下では、これと反対に、注文者が請負人に対して行う訴訟を中心として検討することになるが、この訴訟は複数の類型に分かれるので、**4**では、訴訟において主張されることの多い請求原因、抗弁、再抗弁等の要件事実を、訴訟の類型毎に項目を立て、その項目においてこれらをまとめて記述することにする。

⑴　**注文者が請負人に対して仕事の目的物の引渡しを請求する訴訟（民632）**
　ア　**請求原因の要件事実（民632）**
　　　原告・注文者の請求原因の要件事実は、次のとおりである（定塚・主張立証156頁）。

> ①　請負契約の成立
> ②　仕事の完成

　　(ｱ)　この訴訟の訴訟物は、「請負契約に基づく仕事目的物引渡請求権」である（民632）。「所有権に基づく返還請求権としての仕事目的物引渡請求権」が訴訟物ではないから、言うまでもなく、完成された仕事目的物の所有権が請負契約の当事者である請負人、注文者のいずれに帰属しているか（所有権の所在）は問題とならない（売買契約における「目的物引渡請求」の請求原因事実については、司研・紛争類型〔4訂〕20頁参照）。
　　(ｲ)　既施工部分の引渡請求について、**3**⑶（「目的物の引渡しとの同時履行の抗弁・再抗弁」）の項において述べた、判例・学説ではほとんど触れら

れていない問題（水本浩「契約法」316頁（有斐閣、1995）が、「未完成建物の所有権の帰属」の題名のもと、論じている。）が、ここでも問題となる。**2**(3)の項で述べた「仕事の一部完成」の場合において、完成した部分に相応する割合的報酬の支払いと工事目的物の既施工部分の引渡しとの間に同時履行関係が認められるかという問題に関連する。注文者が既施工部分に相応した割合的報酬を支払うときなど、「仕事が一部完成」であっても、請負人に対する注文者の既施工部分の引渡請求権を認めるべき場合がある。この場合、既施工部分の所有権がいずれに帰属していると考えるべきかの問題はひとまずおいて、端的に、「請負契約に基づく、またはこれから派生する、既施工部分引渡請求権」（債権的請求権）を注文者に認めるべきであろう。

　この既施工部分引渡請求の要件事実は、**2**(3)に述べた「一部完成の場合の割合的報酬請求」の要件事実と基本的に同じ内容でなければならないであろう。契約関係が中途で破綻したとはいえ、既施工部分と割合的報酬とは、請負契約という有償・双務契約関係において、なお双務的対立性及び対価関係性を維持しているというべきだからである。原告・注文者の請求原因の要件事実は、次のとおりと考えられる。

---

① 請負契約の成立

② a　仕事を完成することができなくなったこと

　　　又は

　 b　仕事完成前に請負契約が解除されたこと

　　　（bの要件についての場合分け）

　(a)　民法541条による解除の場合

　　　解除原因及び541条に基づく解除の意思表示

　(b)　民法641条による解除の場合

　　　民法641条に基づく解除の意思表示

　(c)　合意解除の場合

　　　解除の合意

③　②までに仕事の一部をしたこと

④　仕事の結果が可分であること

⑤　既施工部分の給付につき、注文者に利益があること

イ　抗弁（同時履行の抗弁）

被告・請負人の抗弁の要件事実は、次のとおりである。

> 同時履行の抗弁（民633・533）
> ①　請負人が注文者から受けるべき報酬（請負代金）の額（反対給付請求権の特定・反対給付申立の限度の提示）
> ②　注文者の報酬債務の支払いがあるまで請負人は仕事の目的物の引渡しを拒絶するとの権利主張

(ア)　仕事目的物の引渡しと報酬の支払いとは、同時履行の関係に立つ（民633本文）。

　　なお、同時履行の抗弁権が権利抗弁と呼ばれるものであり、「主張共通の原則」との関係で注意すべき点があることについては、**3**(5)ア(エ)以下の記述を参照されたい。

(イ)　①の要件にかかわって、同時履行の抗弁権は、次のような困難な問題を提起する（詳しくは、中野貞一郎＝下村眞美「請負の証明責任」判タ679・106。なお、売買契約の場合につき、詳しく検討したものとして、倉田・契約法上128頁以下）。この問題は、同時履行の抗弁権の本質論、引換給付判決の法的性格、民事訴訟法246条（「裁判所は、当事者が申し立てていない事項について、判決をすることができない。」）の趣旨にもかかわる問題である。

　　「注文者の提起した目的物引渡請求訴訟で被告たる請負人が原告主張と異なる報酬額を主張してその支払との同時履行の抗弁を提出した場合において、報酬額の証明責任は、いずれの当事者が負担するか。両者の主張する報酬額のいずれかあるいはいずれも証明されないときは、裁判所は、どのように処理すべきであろうか。」（前掲中野＝下村・判タ679・106、107頁）

　　この問題に関連して、直接には売買契約における同時履行の抗弁について論じているのであるが、司法研修所は、次のように、売主が同時履行の抗弁を提出した際に、売主が反対給付として主張する売買代金額は、売主が主張立証責任を負う事実ではないと言う。

　　「買主がある代金額による売買契約の成立を主張して契約の履行を請求したのに対し、売主がより多額の代金額による売買契約の成立を主張して、代金支払との同時履行の抗弁を主張することがある。

これは、裁判所としては売主の求める反対給付の申立の限度までしか引換給付を命ずることが許されないので（「現行・民事訴訟法246条」の類推による。）、売主において右限度を明らかにする方法として代金額を示すものにすぎず、売主が主張立証責任を負う事実として買主の主張とは異なる代金額による売買契約の成立を主張しているものではない。そこで、売主が買主の主張する代金額より多額の代金額を示して同時履行の抗弁を提出したときでも、…売主は、異なる代金額による売買契約成立の事実の主張立証責任を負うものではない。また、売主の主張する代金額が買主の主張する代金額とかけ離れすぎて契約の同一性を損なうものである場合には、売主の主張は、買主の主張する売買契約成立の事実の否認にすぎず、同時履行の抗弁を提出しているものと解すべきではない。」（司法研修所「増補　民事訴訟における要件事実　第1巻」140、141頁（法曹会、1986））

　代金額の主張を原告が主張立証すべき請求原因事実であると認める限り、抗弁事実の中に代金額が登場するとしても、この代金額を被告が主張立証すべき要件事実とみることは、要件事実論の立場からは、容認されないであろう。同一の訴訟物との関係において、同一の要件事実が、原告が主張立証責任を負う請求原因事実にも、被告が主張立証責任を負う抗弁事実にもなることを認めるのは、法律要件分類説・規範説における抗弁（要件事実）の定義に反することだからである。

　司法研修所の所説を請負の場合に引き直すと、①の要件の「請負人が注文者から受けるべき報酬（請負代金）の額」は、売主が主張立証責任を負うという、通常の意味での要件事実などではなく、その意味は、引換給付判決がなされる場合に売主が求める引換給付額（反対給付額）の限度を明らかにするために申し立てる事実であるということになる。

　①の要件は、抗弁事実として主張立証責任を負うというものではなく、請負人が受けるべき反対給付の内容の指摘にすぎないと言われる（倉田・契約法上147頁）。

　次のように言う学説がある。「普通には抗弁権を援用する被告は、請求権に対抗する反対の権利を立証しなければならない。しかし、同時履行の抗弁権の援用は、被告が原告主張の契約と債務を承認する立場で、その当然の半面として反対債務の履行との引換を主張するものである。被告の援用がなければ裁判所が取り上げえない点で表面的に抗弁権であるに止まり、援用の実質は、原告主張の契約の半面を指摘するだけで、

被告が証明すべき何物もない。」（三宅正男「契約法（総論）・現代法律学全集9」52頁（青林書院、1980））

また、②の要件事実は、事実主張でなく、権利主張である。

以上のように、同時履行の抗弁には、本来の事実主張が欠けている。同時履行の抗弁が、「何らの事実主張を含まない抗弁」とされる所以である（倉田・契約法上147頁）。

(ウ)　実務的には、「請負人の主張する請負代金額が注文者の主張する請負代金額とかけ離れすぎて請負契約の同一性を損なうものである場合」などにおいては、請負人は、請負代金額との同時履行の抗弁を提出するのではなく（司研説によれば、同時履行の抗弁を提出しているものと解されないことになる。）、請負代金支払いを請求する反訴を提起するのを相当とすることもあろう。この場合は、請負人が主張する請負代金額について、請負人に主張立証責任があることは言うまでもない。

ウ　再抗弁（「反対給付履行の再抗弁」）

抗弁に対する原告・注文者の再抗弁の要件事実は、次のとおりである。

（反対給付履行の再抗弁）

原告・注文者が請負人に対しその報酬支払債務の履行をしたこと

---

(2)　**注文者が請負人に対して担保責任（契約不適合責任）を追及する訴訟**

ア　契約不適合部分の修補を請求する訴訟（民559・562Ⅰ本文）

(ア)　請求原因の要件事実（民559・562Ⅰ本文）

原告・注文者の請求原因の要件事実は、次のとおりである。

---

①　請負契約の成立

②　仕事の完成

③　仕事の目的物の引渡し

④　引渡しの当時、仕事の目的物が種類又は品質に関して請負契約の内容に適合しないものであったこと

⑤　損害賠償に代えて契約不適合部分の修補を請求する旨の意思表示（選択権の行使）

---

a　この場合の請求原因は、**3**(5)ア(エ)において述べた同時履行の抗弁権を主張する場合に必要となる抗弁の要件事実（目的物の契約不適合・選択

第1部　工事請負契約関係訴訟における要件事実と証明責任

権の行使）に、①の「請負契約の成立」、②の「仕事の完成」、③の「仕事の目的物の引渡し」を加えたものになる。

b　②、③の要件に関しては、目的物の引渡しを要する請負の場合に、担保責任の発生時期について争いがあるため、やや問題となる。

　　改正前民法634条2項（瑕疵修補に代わる損害賠償請求）に関する最高裁判例であるが、相殺適状の成立時期が問題となった事案において、瑕疵修補に代わる損害賠償請求権は、注文者が請負契約の目的物の引渡しを受けた時に発生するものとする（最判昭和54年3月20日判時927・186）。

　　学説は、完成時説（我妻・債権（中）633、636頁）と引渡時説（新版注民⒃138頁〔内山尚三〕）とに分かれている（学説・判例については、船越隆司「実定法秩序と証明責任」379頁（尚学社、1996参照）。ちなみに、船越説は、基本的には引渡時説を正当としている）。

　　前掲の最高裁判例（最判昭和54年3月20日判時927・186）に関連して、判例のとる目的物引渡時説に反対する学説もある。「目的物引渡時説をとれば、除斥期間進行開始時期と一致することになる（637条1項）。学説には、請負人の仕事完成時と解するものもある。注文者が代金を支払うことができず受領が遅滞している場合を考えると、仕事完成時と解するのが妥当である。損害賠償請求権の発生時期と除斥期間の進行開始時期とを一致させる必要はあるまい。」（水本浩「契約法」319頁（有斐閣、1995））

　　目的物の引渡しがないのに、④の「仕事の目的物の契約不適合の存在」について注文者に証明を強いるのは正当でないとの批判がある（船越隆司「実定法秩序と証明責任」381頁（尚学社、1996））。次のような指摘もある。「注文者が目的物の引渡を受けた後にも請負人の担保責任が存続することはもちろんであるのみならず、担保責任が実際に効用を発揮するのは、むしろ引渡の後であろう。建物その他土地の工作物などの契約不適合部分は引渡を受けた後に発見される場合がむしろ多いからである。」（我妻・債権（中）636頁）

　　なお、履行として承認し、引渡しを受けた時から担保責任を適用するとの少数の見解もある。この考え方によれば、未完成でも引渡し後は担保責任の問題となる（平井・民法Ⅳ177頁〔花立文子〕）。この学説によると、③の「（履行として承認した）仕事の目的物の引渡し」のみが要件事実となり、②の「仕事の完成」は不要ということになろう。

c　この訴訟で原告・注文者が勝訴判決を得た場合、実務上、被告・請負

人に対する強制執行手続はどのようになるであろうか。

　請負人からの報酬請求訴訟において、注文者が同時履行の抗弁権を行使した結果、反対給付たる修補請求権の存在について裁判所の判断が示され、修補と報酬の支払いとの引換給付判決を得たとしても、修補請求権はその訴訟において訴訟物ではなかったのであるから、これに既判力が生じることはなく、請負人に対する債務名義にはならない。注文者が、強制執行をすることができる債務名義をとるためには、請負人に対して、給付訴訟（修補請求訴訟）を提起し、勝訴判決を得なければならない。注文者がその訴訟で首尾よく勝訴し、債務名義を得たとしても、請負人が工事のために動かないときは、代替執行の手続をとることになる（民414Ⅰ、民執法171Ⅰ）。すなわち、裁判所の授権決定（民執法171Ⅰ）を得て、他の工事人によって工事を行い（なお、注文者が工事人と締結する請負契約は私的行為に止まるものではなく、「執行手段」の性格を持つ。）、かかった費用を請負人から取り立てるのである（民執法42Ⅳ、171Ⅳ）。

　建物建築工事が代替執行に親しむことについては、学説の指摘がある。「物の製作・修理・運送・撤去などの非個性的労務のほか、…代替的作為に属する」（中野貞一郎＝下村正明「民事執行法〔改訂版〕」854、855頁（青林書院、2021））

　「代替的作為債務でも、その本旨に従う履行の内容に幅がある場合（施工の技術的態様しだいで事実上の影響を異にする工事債務など）には、間接強制をより得策とする…」と言われている（前掲中野＝下村「民事執行法〔改訂版〕」9頁）。

　請負人の工事債務は、「施工の技術的態様しだいで事実上の影響を異にする」ことが少なくないと思われ、代替執行になじまないことも多いであろう。代替執行が不適当と思われるときは、注文者は、間接強制（民414Ⅰ、民執法172Ⅰ）の方法を検討すべきであろう。

d　請負人に対して契約不適合部分の修補を請求する訴訟の要件事実は、請負における担保責任の要件事実論の論理体系（＝実体法規である民法の論理体系）においては、その土台を成すものであるから、まず最初に叙述されなければならないものである。しかし、契約不適合部分の修補を請求する訴訟そのものは、実効性の点では上記のような問題があると言えよう。契約不適合の存否等をめぐって紛争状態になっているときに

は、注文者が請負人に対する信頼を喪失してしまっていることが多く、実務においては、修補請求が訴訟提起にまで至る例は少ないのではないかと思われる。契約不適合部分の修補が必要なときは、注文者は、修補自体は他の業者に施工してもらうこととし、契約不適合のある工事をした請負人に対しては、修補ではなく、修補に代わる損害賠償（他の業者に対して支払が必要となった請負報酬は積極的損害となろう。）を請求する訴訟を提起することが、むしろ多いであろう。この訴訟については、次のイにおいて検討する。

(イ) 抗弁・再抗弁・再々抗弁

抗弁・再抗弁・再々抗弁の要件事実は、次のとおりである。

a 報酬（請負代金）の支払いとの同時履行の抗弁（民533）

抗弁の要件事実は、次のとおりである。

> 注文者が報酬（請負代金）を支払うまで請負人は目的物の修補義務の履行を拒絶するとの権利主張

(a) 3(5)ア(ア)において述べたような、注文者の報酬支払義務と請負人の修補義務とは同時履行の関係にあるという有力説の立場に立つと、このような請負人による同時履行の抗弁も認められなければならないことになる。実務感覚からすると、やや違和感がないわけではない。はたして、有力説のように報酬支払義務と修補義務とが同時履行関係に立つと言ってよいのか、同時履行の関係を認める実務的な実益はどこにあるのかなどの点について、立ち入って検討する価値はあろう。

(b) 上記の違和感を意識して、広中俊雄教授は、「注文者が修補を請求する場合に修補の完了まで報酬の全部又は一部の支払を拒絶しうることも認められるべきである（逆に報酬支払がないことを理由として修補を拒絶する権利を請負人に認めることはできないから、533条の関係とは異なる。）」と述べているのであろう（広中俊雄「債権各論講義〔第6版〕」270頁（有斐閣、1994））。

　　また、同時履行の関係にあるのではなく、修補義務は請負代金の支払義務よりも先履行の関係にあるとする有力な見解もあり、次のように述べている。「瑕疵の修補を請求する右抗弁（注：本稿では請求原因）に対して、原告請負人側（注：本稿では被告請負人側）から代金を支払わなければ修補しないと主張することはできないと解するべきではないか

と思う。…修補と請負代金支払は同時履行の関係になく、修補義務先履行と解したい。」（倉田・契約法下699、700頁）

(c) 問題を実務的に考えてみよう。仕事の目的物である建物が完成したとする。担保責任の発生時期について完成時説に立って、注文者が、請負人が建物を引き渡す前の時点で目的物が契約の内容に適合しないことを発見してその修補を請求した場合はどうなるか。この場合、請負人が修補義務の履行と報酬支払義務の履行との同時履行の抗弁権を主張することは、注文者に報酬の支払いを促す目的ならば、実際的な意味はない。というのは、請負人が建物が完成したと主張したとしても、建物の引渡しがあるまでは、注文者は、「報酬は、仕事の目的物の引渡しと同時に、支払わなければならない」（民633本文）との規定の趣旨に基づき、次のように主張するであろう。①建物を完成させる義務は請負人の先履行義務である、②建物が完成したという事実は、実質的に考えるべきで、契約不適合のない建物を完成して初めて完成したと言えるのであり、契約不適合がある以上、建物は未だ完成していない、と主張して請負人からの報酬請求を拒むであろう（「完成」概念についての理論的な問題はあるが、ここでは両者の力関係に焦点を当てている。）。担保責任の発生時期について引渡時説に立った場合はどうか。注文者は、引渡しの前の修補の請求を担保責任の追及としてはできないが、建物完成とは、本来、契約不適合なき建物の完成のことであるとして、上記の①、②の主張（建物完成先履行義務の主張）をして、報酬請求を拒むであろう。

　請負人は、引渡しの前に建物の修補を完了しておかなければ、結局のところ、注文者から、建物引渡しとの同時履行の抗弁（民633本文）が主張され、報酬請求はこれに阻まれてしまうであろう。ちなみに、建物に契約不適合があっても理論的には建物は完成したというべきであるから注文者には建物引取義務があると主張して、報酬の支払いを受けずに注文者に契約不適合のある建物を引き渡したとしても、次に述べる建物引渡し後の修補の問題の場面に移行するだけで、請負人の報酬請求に関しては事態は何ら改善されないだろう。

　完成したが契約不適合のある建物を請負人が引き渡した後の時点で、注文者が、担保責任の追及権に基づき、修補を請求した場合について検討しよう。請負人が速やかに報酬の支払いを受けようとするならば、実際問題としては、膠着状態を打開するために、報酬支払いがなくとも、

当該の修補工事そのものは先に施工して完了させなければならないであ
ろう（請負人は修補工事義務の先履行を事実上強いられることになる。）。
修補工事の成果が現実となり注文者の目に見えるものとなっていないの
に、たとえば、請負人の必ず修補を履行する旨の言明だけで、注文者
が報酬全額の支払いに応じるというようなことは期待できないからであ
る。ところで、建物そのものは引渡しによって既に注文者の支配下にあ
り、修補の対象となった工事部分は施工とともに引き渡した建物と一体
となってしまうので、請負人が修補工事を完了した場合においては、一
般にはその完了した修補工事部分の引渡しをあらためて観念する余地は
ないと思われる。すなわち、修補工事を先履行する場合には、請負人は、
その完了した修補工事部分の引渡しと報酬支払いとの同時履行の抗弁権
を主張することができないのが一般であるということになる。

　以上の検討からすると、注文者に報酬支払いを促すことを目的とする
請負人による同時履行の抗弁権の行使が有効である場面は、実際にはほ
とんどないのではないかと思われる。ただし、注文者の報酬支払能力に
ついて信用不安があるため、注文者の修補請求を拒むこと自体に請負人
にとって重要な意味があるときなどは別である。

b　履行不能（民559・412の2 I）に基づく抗弁

　抗弁の要件事実は、次のとおりである。

> 契約その他の債務の発生原因及び取引上の社会通念に照らして
> 不能であることの評価根拠事実

「契約その他の債務の発生原因及び取引上の社会通念に照らして不能」
であることは規範的要件であるから、これらの評価を成立させる具体的事
実が、評価根拠事実として、要件事実となる。この抗弁については、3(5)
ア(オ)aを参照されたい。

c　民法636条本文・但書に基づく抗弁・再抗弁・再々抗弁

　この抗弁・再抗弁・再々抗弁については、3(5)ア(オ)bを参照されたい。
ただし、同箇所において再抗弁、再々抗弁、再々々抗弁とあるのは、抗弁、
再抗弁、再々抗弁と、順次、読み替えなければならない。

d　契約不適合の通知懈怠に基づく抗弁（民637 I）

　この抗弁等については、3(5)ア(オ)cを参照されたい。ただし、同箇所に
おいて再抗弁、再々抗弁とあるのは、抗弁、再抗弁と、順次、読み替えな

ければならない。

e 契約不適合責任を負わない特約（民572・559）に基づく抗弁・再抗弁・再々抗弁

この抗弁等については、**3**⑸ア㋔dを参照されたい。ただし、同箇所において再抗弁、再々抗弁とあるのは、抗弁、再抗弁と、順次、読み替えなければならない。

イ　目的物の修補に代えて損害賠償の請求をする訴訟

㋐　請求原因の要件事実

原告・注文者の請求原因の要件事実は、次のとおりである。

---

① 請負契約の成立

② 仕事の完成

③ 仕事の目的物の引渡し

④ 引渡の当時、仕事の目的物が種類又は品質に関して請負契約の内容に適合しないものであったこと

⑤ 契約不適合部分の修補に代えて損害賠償を請求する旨の意思表示（選択権の行使）

⑥ 契約不適合部分の修補が不可能であること、または契約不適合部分の修補は可能であるが請負人が修補を拒絶する意思を表示したこと

⑦ 損害の発生とその数額

---

a ①から⑤までの要件事実については、前記ア㋐において述べたので、ここに繰り返さない（定塚・主張立証159、160頁）。

b 請負人の契約不適合責任に基づく損害賠償請求は、債務不履行の一般原則（民415）により処理されることになった。

したがって、⑦の要件事実も、債務不履行の一般原則（民416）により処理されることになった。

c 修補請求権と修補に代わる損害賠償請求権の関係については、**3**⑸柱書で述べたとおり、民法559条の準用する同法415条2項の適用により修補請求の前置を必要とする見解と、修補請求権と修補に代わる損害賠償請求権は選択債権の関係にあり、注文者は、いずれかを選択した上、請負人に対し、その選択した請求権の内容を明らかにして選択権行使の意思表示をしなければならないとする見解（定塚・主張立証158頁）がある。

前者の見解によると、⑥が要件事実となる（⑤は要件事実とはならない。）が、後者の見解によると、⑤が要件事実となる（⑥は要件事実とはならない。）。

また、後者の見解によると、契約不適合部分の修補が可能な場合でも、修補請求をすることなく、直ちに損害賠償の請求をすることができる（最判昭和54年3月20日判時927・184。新版注民⒃148頁〔内山尚三〕。新注民⒁174頁〔笠井修〕同旨）。

d 契約不適合部分の修補が不能な場合にも、この契約不適合部分の修補に代わる損害賠償を請求できる（民415Ⅱ①。改正法前の議論であるが、我妻・債権（中）638頁。新版注民⒃148頁〔内山尚三〕。新注民⒁174頁〔笠井修〕同旨）。

㈦ 抗弁・再抗弁・再々抗弁

抗弁・再抗弁・再々抗弁は、次のとおりである。

a 目的物の修補を請求する訴訟の場合と共通する抗弁・再抗弁・再々抗弁

目的物の修補請求訴訟について前記ア㈦において述べた抗弁・再抗弁・再々抗弁は、ア㈦aの「報酬（請負代金）支払との同時履行の抗弁」を除き、すべて、目的物の修補に代わる損害賠償請求訴訟においても抗弁・再抗弁・再々抗弁となるので、ここに繰り返さない。

b 履行不能（民559・412の2Ⅰ）に基づく抗弁

この抗弁については、3⑸ア㈠aを参照されたい。

c 報酬（請負代金）の支払いとの同時履行の抗弁

前記ア㈦aの「報酬（請負代金）支払いとの同時履行の抗弁」の要件事実は、次のように、一部修正されなければならない。

> 注文者が報酬（請負代金）を支払うまで請負人は目的物の修補に代わる損害賠償金の支払を拒絶するとの権利主張

なお、注文者による目的物の修補を行えとの請求（現実の目的物修補請求）訴訟においては、請負人による同時履行の抗弁については、前記ア㈦aにおいて述べたような疑問があるが、報酬（請負代金）支払義務と目的物の修補に代わる損害賠償金支払義務とが同時履行の関係に立つことについては、判例でも認められていて、異論はない。

d 相殺の抗弁

相殺の抗弁の要件事実は、次のとおりである。

4 工事請負代金支払請求訴訟を除くその他の工事請負契約をめぐる訴訟の要件事実と証明責任

> 報酬（請負代金）をもって注文者の目的物の修補に代わる損害賠償請求権と対当額で相殺する旨の意思表示

　この相殺については、**3**(5)**イ**(ウ)及び(エ)において、注文者による相殺に関連して、請負人による相殺について述べた箇所も参照されたい。

ウ　目的物の修補請求とともにする損害賠償の請求をする訴訟（民415Ⅰ）

　(ア)　請求原因の要件事実

　　原告・注文者の請求原因の要件事実は、次のとおりである。

> ①　請負契約の成立
> ②　仕事の完成
> ③　仕事の目的物の引渡し
> ④　引渡しの当時、仕事の目的物が種類又は品質に関して請負契約の内容に適合しないものであったこと
> ⑤　契約不適合部分の修補をしても償えない損害の発生とその数額

a　①から④までの要件事実については、前記ア(ア)に述べたので、ここに繰り返さない（定塚・主張立証160頁）。

b　⑤の要件事実に関して問題となる点（損害賠償の範囲）については、前記イ(ア)bに述べたので、ここに繰り返さない。

c　契約不適合部分の修補によっても償えない（契約不適合部分の修補とともにする）損害賠償請求権は、普通の損害賠償請求権であるから民法166条が適用され、注文者が権利を行使することができることを知った時から5年、または権利を行使することができる時である目的物の引渡し時から10年の消滅時効にかかる（民166Ⅰ）。民法637条の除斥期間の適用はない（定塚・主張立証165頁。新版注民(16)155頁〔内山尚三〕。新注民(14)219頁〔笠井修〕同旨）。

　(イ)　抗弁・再抗弁・再々抗弁

　　被告・請負人の抗弁・再抗弁・再々抗弁は、次のとおりである。

　　前記イ(イ)において述べた修補に代わる損害賠償請求訴訟における抗弁・再抗弁・再々抗弁は、履行不能に基づく抗弁を除いて、いずれも、修補とともにする損害賠償請求訴訟においても抗弁・再抗弁・再々抗弁となるので、ここに繰り返さない。ただし、同時履行の抗弁及び相殺の抗弁に関しては、次のように、それぞれ、一部修正する必要がある。

第1部 工事請負契約関係訴訟における要件事実と証明責任

> （同時履行の抗弁）
>
> 　原告・注文者が報酬（請負代金）を支払うまで被告・請負人は契約不適合部分の修補とともにする損害賠償金の支払いを拒絶するとの権利主張
>
> （相殺の抗弁）
>
> 　報酬（請負代金）をもって原告・注文者の契約不適合部分の修補とともにする損害賠償請求権と対当額で相殺する旨の意思表示

エ　代金減額を請求をする訴訟（民563）

　　⑺　請求原因の要件事実

　　　原告・注文者の請求原因の要件事実は、次のとおりである（司研・紛争類型〔4訂〕206、207頁）。

> ①　請負契約の成立
> ②　仕事の目的物の引渡し
> ③　引渡しの当時、仕事の目的物が種類又は品質に関して請負契約の内容に適合しないものであったこと
> ④　修補の催告をしたこと
> ⑤　修補の催告から相当期間が経過したこと
> ⑥　代金減額の意思表示
> ⑦　減額されるべき代金額

　a　①から③までの要件事実については、前記ア⑺に述べたので、ここに繰り返さない（定塚・主張立証160頁。岡口・要件事実121頁）。

　b　⑥においては、減額すべき額を示す必要はないと解されている（岡口・要件事実121、122頁。）。

　c　代金減額請求権は、形成権であるから、⑥のとおり、相手方に対する意思表示によって行使される必要があり、⑦のとおり、減額されるべき報酬額を具体的に主張立証する必要がある（司研・紛争類型〔4訂〕207頁）。

　　⑺　抗弁・再抗弁・再々抗弁

　　　抗弁・再抗弁・再々抗弁は、次のとおりである。

　a　抗弁としては、以下のものがある（岡口・要件事実122頁）

> ①　不適合が注文者のした指図等に起因すること（民636本文）

② 不適合の通知懈怠による免責（民637）
③ 注文者に帰責事由があること（民559、563Ⅲ）
④ 免責特約
⑤ 消滅時効

b 上記①ないし⑤までの抗弁とこれらに対する再抗弁等は、**3⑸ア㈠**を参照されたい。

⑶ 注文者が解除権を行使したとき請負人が注文者に対して損害賠償を請求する訴訟（民641）

原告・請負人の請求原因の要件事実は、次のとおりである（定塚・主張立証172頁。岡口・要件事実137、138頁。加藤・要件事実360頁）。

① 請負契約の成立
② 仕事が完成前であること
③ 注文者が請負契約を解除する旨の意思表示をしたこと
④ 損害の発生とその数額

④の損害の発生とその数額（損害の範囲）が問題である。

請負が仕事の完成前に解除された場合、請負人が既にした仕事の結果のうち可分な部分の給付によって注文者が利益を受けるときは、その部分を仕事の完成とみなし、請負人は注文者が受ける利益の割合に応じて報酬を請求することができる（民634②、改正前は大判昭和7年4月30日民集11・780）。したがって、この場合、請負人は、既施工部分のうち可分で注文者が利益を受ける部分については、工事出来高に相応する、請負契約に基づく本来の報酬（請負代金）として請求し（民634②）、これに加えて、解除により請負人に生じた損害（＝未施工部分の工事をしたならば請負人が得られたであろう利益（得べかりし利益。但し費用相当分は除く）＋解除時までに支出した費用＋解除によって生じた追加費用－解除によって請負人が得た利益（民536後段）（岡口・要件事実137、138頁））を、本条に基づく損害賠償額として請求するのが、通常の事案では簡明な処理と思われるが、事案に応じ、損害額算定法を工夫することが必要であろう。

注文者が破産手続開始決定を受けた場合における破産管財人による解除や請負人が破産手続開始決定を受けた場合における注文者による請負契約の解除に

第1部 工事請負契約関係訴訟における要件事実と証明責任

ついては、第2部第11章を参照されたい。

(4) **請負人が工事目的建物に請負人名義の所有権保存登記をしたとき注文者が請負人に対してその抹消登記手続等を請求する訴訟**

ア 請負人が工事目的物の新築建物について請負人名義で所有権保存登記をすることがある。

また、請負人の意思とは無関係に、請負人の債権者が自己の債権を保全するため、債務者たる請負人の有する登記申請権を代位行使して、請負人名義の所有権保存登記をすることもある（民423）。建物の表示の登記も、請負人の債権者が請負人に代位して申請することによってこれをなし得る。

どのような経緯にせよ、工事目的物たる新築建物が請負人名義で所有権保存登記されてしまった場合、注文者がこれを争うにはどのようにすればよいであろうか。

このような建物所有権保存登記の問題を検討するに当たっては、請負人、注文者のいずれが工事目的物たる新築建物の所有権を原始取得するのかという実体法上の問題を避けることができない。注文者が、訴訟において、自己が所有権を原始取得したと主張するか、請負人が原始取得したが請負人からの引渡しによってその所有権を承継取得したと主張するかによって、訴訟物が異なるし、請求原因事実も異なってくるからである。

イ 建物建築の請負の場合における新築建物所有権の原始取得についての判例（大審院判例多数、最高裁判例2つ）の立場は、次のように整理できる（詳しくは、倉田・契約法下674、675頁参照）。不動産登記が絡む事項については、所有権の所在確定が必要であることから、これらの判例は、今もって実務（不動産登記訴訟実務や法務局の不動産登記手続の実務）を支配していると言える。なお、以下で言う建物の「完成」とは、請負工事が全部終了したという意味での完成ではなく、次のような意味である。「新しい一個の所有権の客体となる段階に達したという意味であり、建物でいえば、屋根・外壁ができて登記ができるようになったことを指す。」（倉田・契約法下678頁）

(a) 注文者が材料（その全部若しくは主たる材料）を供給したとき（大判昭和7年5月9日民集11・824）、あるいは、注文者の資金によって請負人が材料を用意したとき（大判大正10年11月6日法学5・4・115）は、建物の完成と同時に、注文者が建物所有権を原始取得する。

• 44 •

(b) 請負人が材料（その全部若しくは主たる材料）を供給したときは、建物が完成すると同時に、請負人が建物所有権を原始取得し、引渡しによって注文者に所有権が移転する（大判明治37年6月22日民録10・861、大判大正4年5月24日民録21・803など）。

(c) (b)の場合でも、建物の完成と同時に注文者に所有権が移転する旨の特約があるときは、報酬（請負代金）の完済いかんを問わず、注文者が建物所有権を原始取得する（最判昭和46年3月5日判時628・48）。建物の完成の前に報酬（請負代金）全部の支払いがあるとき等は（この特約があると推定され）、引渡しを待つまでもなく、注文者が建物所有権を原始取得する（最判昭利44年9月12日判時572・25）。

ウ 以下では、注文者が、主位的請求としては自己が新築建物の所有権を原始取得したと主張して請負人に対して請負人名義の所有権保存登記の抹消登記手続を請求する訴訟を、予備的請求としては請負人が新築建物の所有権を原始取得したが、引渡しによって注文者がこれを承継取得したと主張して請負人に対して所有権移転登記手続を請求する訴訟を提起した場合を想定事例として検討する（請求の客観的予備的併合がある場合とする。）。

㋐ 請求原因の要件事実

（主位的請求原因）

原告・注文者の主位的請求の請求原因事実は、次のとおりである（倉田・契約法下673頁）。

---

① 注文者がその建物を所有していること
② 請負人名義の所有権登記があること

（予備的請求原因）

予備的請求の原因は、以下のようになるであろう。後に、訴訟物（登記請求権）の違いに応じて場合分けし、その根拠を詳しく検討する。

（物権的登記請求権を訴訟物とする場合の予備的請求原因）

さしあたっては、次のように考えられる（伊藤滋夫＝平手勇治「要件事実論による若干の具体的考察」ジュリ869・35）。

---

① 原告と被告との間で、原告を注文者、被告を請負人とする建物建築請負契約が締結されたこと
② 建物の完成

第1部 工事請負契約関係訴訟における要件事実と証明責任

> ③ 建物の主たる材料は請負人が供給したものであること
> ④ 請負人が注文者に対して完成した建物を引渡したこと
> ⑤ 請負人名義の所有権登記があること

（債権的登記請求権を訴訟物とする場合の予備的請求原因）

さしあたっては、次のように考えられる（前掲伊藤＝平手・ジュリ869・35）。

> ① 原告と被告との間で、原告を注文者、被告を請負人とする建物建築請負契約が締結されたこと
> ② 建物の完成
> ③ 建物の主たる材料は請負人が供給したものであること

（物権変動的登記請求権を訴訟物とする場合の予備的請求原因）

さしあたっては、次のように考えられる（前掲伊藤＝平手・ジュリ869・35）。

> ① 原告と被告との間で、原告を注文者、被告を請負人とする建物建築請負契約が締結されたこと
> ② 建物の完成
> ③ 建物の主たる材料は請負人が供給したものであること
> ④ 請負人が注文者に対して完成した建物を引渡したこと

a 注文者としては、この訴訟の訴訟物（登記請求権）を何にするかが、まず問題となる。訴訟物が何であるかによって、請求原因事実も、抗弁・再抗弁等、そのほかの事実についての要件事実も、影響を受ける（様々な登記請求権の要件事実を、主として売買契約の場合をめぐって詳しく検討したものとして、前掲伊藤＝平手・ジュリ869・31以下）。

　以下、場合分けして検討する。なお、発記請求権に関する判例の立場は多元説と言われ、以下に述べるように、三類型の登記請求権を認めている。各請求権は別個独立に併存し、かつ、行使できるとされており、請求権の法条競合はない。本稿は、裁判実務を支配している、判例の多元説の立場に立つものである。

(a) 注文者の主位的請求は、自己が新築建物の所有権を原始取得したと主張して抹消登記手続を請求するものであるから、物権的登記請求権

・46・

としての所有権保存登記抹消登記請求権を訴訟物とするものと考えてよいであろう。

この場合の請求原因事実は、妨害排除請求権の発生を根拠づける事実、すなわち、①注文者が目的物の建物の所有権を原始取得したことにより建物所有権を有していることを基礎づける事実及び②請負人が注文者の所有権を妨害していることを基礎づける事実（請負人名義の所有権登記の存在）によって構成される。

(b) これに対して、注文者の予備的請求は、本稿の想定事例では、請負人が新築建物の所有権を原始取得したが、注文者が請負人から新築建物の引渡しを受けたことにより、自己が所有権を取得するに至ったと主張し、本来の所有権移転登記手続を請求するものとしているが、本稿の想定事例で考えられる予備的請求の訴訟物（登記請求権）をめぐっては、検討すべき問題が多数あり、単純にはいかない（後述するように注文者が所有権を取得したことが請求原因事実とならない登記請求権もある。）。以下、判例の考え方に従い、場合を分けて検討する。

《a》 物権的登記請求権を訴訟物とする場合

実質的な物権変動（例えば売買に基づく所有権移転）があった結果、当該物権を取得したにもかかわらず、いまだ登記が相手方にある場合に、所有権に基づく物権的請求権の行使として、所有権移転登記手続を請求する場合の登記請求権である（前掲伊藤＝平手・ジュリ869・34、35）。相手方名義の所有権登記の存在そのものが所有権に対する妨害となっている。訴訟物は、所有権に基づく妨害排除請求権としての所有権移転登記手続請求権である。

請求原因事実は、①請負人が目的物の建物の所有権を原始取得したことにより所有権を有していたことを基礎づける事実、②その所有権について、請負人から注文者に対する物権変動（所有権の移転）があったことを基礎づける事実（完成した建物の引渡し等の事実）及び③請負人が注文者の所有権を妨害していることを基礎づける事実（請負人名義の所有権登記の存在）によって構成される。

なお、物権的請求権であるから消滅時効にはかからないが、注文者が目的物の建物を転売した場合等、建物所有権を失うに至ったとき、この登記請求権は失われる（注文者の所有権喪失は請負人の抗弁となる。）。

《b》 債権的登記請求権を訴訟物とする場合

物権的登記請求権ではなく、債権的請求権に基づく登記請求権を訴訟物とする場合が考えられる（倉田・契約法下673頁。前掲伊藤＝平手・ジュリ869・35。売買契約の場合につき、司研・紛争類型〔4訂〕93、94頁）。

請負契約に関して、債権的な登記請求権を明確に意識して論じた判例・学説は見当たらない。請負契約が典型的な有償・双務契約であることから、以下のように言うことができるであろう。

請負人が新築建物の所有権を原始取得した場合において、①請負人が既に表示登記の申請をしており、かつ、自己名義の所有権保存登記も済ませているときは、注文者に対し、その所有権登記の移転登記手続をする義務を、また、②請負人が申請して表示登記を済ませているが、請負人名義の所有権保存登記をまだ申請していないときは、請負人名義の所有権保存登記を申請し、所有権登記を得た上で、注文者に対し、その所有権登記の移転登記手続をする義務を、さらに、③請負人が表示登記をまだ申請しておらず、したがって請負人名義の所有権保存登記も存しないときは、注文者が直接に自己名義で表示登記を申請した後、（注文者名義の）保存登記の申請をすることができるように、注文者に対し、工事完了引渡証明書を交付する等して注文者による表示登記・保存登記申請手続に協力する義務を負っている。これらの不動産登記手続に関して協力する義務は、請負人の「完成した建物を引渡す義務」の一内容であり、請負契約の本質から導き出される義務、請負契約自体から直接に生じる義務と言ってよい。

さて、債権的登記請求権は、物権的請求権とは異なり、純然たる債権であるから、消滅時効にかかる。また、当該請負契約関係が存続している限り、注文者が目的物の建物を他に転売して所有権を失っても、登記請求権を失うことはないから、注文者が所有権を喪失したことは請負人の抗弁とならない（前掲伊藤＝平手・ジュリ869・35頁）。また、債権的登記請求権としての所有権移転登記手続請求に対して、請負人は、報酬（請負代金）支払いとの同時履行の抗弁権を主張できる。

債権的登記請求権としての所有権移転登記手続請求権を訴訟物と

する場合の請求原因事実は、登記に関する当事者間の債権債務を基礎づける事実であり、具体的には、①請負契約が締結された事実、②建物が完成した事実、及び、③請負人が目的物の建物の所有権を原始取得したことを基礎づける事実であると考えられる。請負人名義の所有権登記が存在することは、請求原因事実とならない（売買契約の場合についてこれを論じるのは、前掲伊藤＝平手・ジュリ869・35）。なお、請負人が同人名義の所有権保存登記を有していない場合でも、注文者は請負人に対して所有権移転登記手続を請求する訴訟を提起することができる（売主が売買契約の目的不動産について現に登記上の所有名義を有していない場合でも、買主は売主に対して所有権移転登記手続の履行を訴求できるとするのは、東京高判昭和39年6月30日判タ164・174。鈴木禄弥「物権法講義(四訂版)」143、144頁（創文社、1994）。幾代通「登記請求権」77頁（有斐閣、1979）。幾代通ほか編者「不動産登記講座Ⅰ総論(1)」69頁〔児玉敏〕（日本評論社、1976）。吉野衛「民法と登記・中巻（香川最高裁判事退宮記念論文集）」353頁〔田中康久〕（テイハン、1993））。

　なお、請負契約においては、常に、契約の締結時に目的物の建物は存在せず、その所有権も存在しない。所有権は、建物完成と同時に誕生し、請負人、注文者のいずれか一方が原始的にこれを取得する。注文者が建物所有権を原始取得した場合は債権的登記請求権を問題とする余地がなく（注文者は直接自己名義に建物表示登記及び所有権保存登記をすることができる。保存登記には登記義務者が存在しない。）、請負人が建物所有権を原始取得した場合にのみ、請負契約に基づく債権的登記請求権が注文者にとって意味を持つものとなるのであるから、注文者の請負人に対する債権的登記請求権の発生を根拠づけるためには、請負人が建物所有権を原始取得したことを示す必要があり、請求原因事実として、請負人が建物所有権を原始取得したことを基礎づける事実を主張しなければならない（というべきであろう）。

《(c)　物権変動的登記請求権を訴訟物とする場合

　物権変動的登記請求権は、「例えば、不動産の買主がその不動産を転売して所有権を喪失し、かつ、売買契約に基づく債権的登記請求権も消滅時効にかかっているような場合にこの請求権を認める実

益がある。」（司研・紛争類型〔4訂〕72頁）。

　物権変動的登記請求権は、物権変動の事実に基づいて、その当事者間に発生するものであって、物権の効力に基づくものではないから、注文者が目的物の建物を転売する等してその所有権を失っても、物権変動的登記請求権を失うものではない。したがって、注文者が所有権を喪失したことは請負人の抗弁とならない（前掲伊藤＝平手・ジュリ869・36）。消滅時効にかかることもない。

　請求原因事実は、登記に関する当事者の物権変動の発生を基礎づける事実であり、請負人に所有権があったところ、その所有権は注文者に移転されたが、登記がそのような物権変動の過程と一致していないことである。具体的には、①請負人が目的物の建物の所有権を原始取得したことを基礎づける事実及び②注文者への物権変動（所有権の移転）を基礎づける事実（完成建物の引渡等）である（前掲伊藤＝平手・ジュリ869・36）。請負人名義の所有権登記があることは、請求原因事実ではない（そもそも請負人が所有権登記を有していないことがある。）。上記（b）において述べたように、請負人が同人名義の所有権保存登記を有していない場合でも、注文者は請負人に対し、所有権移転登記手続を請求する訴訟を提起することができると解される。

b　さて、主位的請求原因事実である①の要件（「注文者がその建物を所有していること」）は、要件事実とはいうものの、権利の主張であって事実の主張ではない（被告の権利自白を期待するものである。）。したがって、本件の事例では、請負人がこれを認めることはなく、争うであろうから、注文者は、注文者が所有権を取得するに至った具体的事実を主張立証しなければならない。本事例において、その具体的事実とは何かが問題である。このような不動産登記訴訟の要件事実を考えるうえで、上記イの判例の正確な理解は必須である。

c　主位的請求原因事実である②の要件事実（「建物の完成」）は、原、被告双方に争いはないであろう。実際の争いは、①の請求原因事実の存否である。上記のように、①の請求原因（注文者が建物を所有しているという主張）について争いがあるので、注文者は、以下のように、注文者が所有権を取得するに至った具体的事実を主張しなければならない（倉田・契約法下679、680頁）。

なお、以下の考え方の背景にあるのは、「主たる材料の供給の事実」という要件事実の主張立証責任を注文者と請負人のどちらに負わせるべきかという問題である。本稿は、「主たる材料の供給の事実」を請負人が主張立証すべきであるとの立場に立って要件事実を述べている。

さて、注文者が建物所有権を原始取得したという主位的請求の立場からは、修正を施した請求原因の要件事実は、以下のようになる。なお、これは、予備的請求原因事実の①及び②と同じ事実であるが、訴訟物が異なるので、その機能（いかなる訴訟物を根拠づける事実として機能するのか）は、同じではない。

---

① 原告と被告との間で、原告を注文者、被告を請負人とする建物建築請負契約が締結されたこと
② 建物の完成

上記の2点で、注文者が建物所有権を原始取得したという法律効果が発生すると解される（倉田・契約法下680頁）。

結局、主位的請求原因事実は、全部を記述すると次のようになる。

---

① 原告と被告との間で、原告を注文者、被告を請負人とする建物建築請負契約が締結されたこと
② 建物の完成
③ 請負人名義の所有権登記があること

さて、次に、請負人が建物所有権を原始取得し、注文者が引渡しによってこの所有権を承継取得したという立場に立って予備的な請求をする場合において、物権的登記請求権及び物権変動的登記請求権を訴訟物とするときは、いずれの訴訟物の場合でも、請求原因事実として、予備的に、次の要件事実を加える必要がある。

（予備的請求原因事実）
請負人が注文者に対して完成した建物を引き渡したこと

冒頭において、「さしあたって」と断って述べた、物権的登記請求権、債権的登記請求権及び物権変動的登記請求権を訴訟物とするときの予備的請求原因事実の一つである「建物の主たる材料は請負人が供給したものであること」という要件事実が、ここには出てきていない。その理由

は、次のとおりである。

　上記の「請負人が注文者に対して完成した建物を引き渡したこと」という予備的請求原因事実は、上に述べた修正された主位的請求原因事実である①の事実及び②の事実並びに次の(イ)において述べる被告・請負人の「建物の主たる材料は請負人が供給したものであること」という、主位的請求原因事実に対する請負人の抗弁事実と相俟って、「注文者が、請負人が原始取得した建物所有権を承継取得した」という法律効果を発生させるものなのである（倉田・契約法下681頁）。注文者の主位的請求原因事実に対する請負人の抗弁事実が、注文者の予備的請求原因事実の一部としても機能することになるわけである。予備的請求原因事実として注文者があえて主張しなくとも、主位的請求原因に対応する請負人の抗弁として、この要件事実が訴訟に提出されるはずであるから（本稿の想定事例では主位的請求原因事実については争いがないであろうから、請負人からこの請求原因事実に対応する抗弁が提出されないとすれば、直ちに主位的請求が認容されなければならず、請負人は主位的請求で敗訴することになる。）、そのことを踏まえると、注文者は、予備的請求原因事実として主張しなくともよいことになるのである（倉田・契約法下681頁参照）。

　さて、予備的請求原因が注文者の所有権取得を根拠づけるに至る論理構造をやや詳しく見てみよう。判例によれば、請負人が材料の全部又は主たる部分を供給したときは、建物完成と同時に請負人が建物所有権を原始取得し、請負人の注文者に対する引渡しによってこの所有権が注文者に移転する。したがって、まず、①「建物の主たる材料は、請負人が供給したものであるという事実」は、請負人が建物所有権を原始取得したことを根拠づける事実として機能し、次いで、②「請負人が注文者に対して完成した建物を引き渡したという事実」は、注文者が（承継によって）請負人が有していた所有権を取得したことを根拠づける事実として機能する。こうして、「建物の主たる材料は、請負人が供給したものであるという事実」及び「請負人が注文者に対して完成した建物を引き渡したという事実」は、「請負人が建物所有権を原始取得したが、請負人が注文者に対して所有権を移転したことにより、現在は、注文者が建物を所有している。」という法律効果を発生させるための要件事実として機能するのである。

上記の主位的請求（注文者による原始取得）の請求原因事実と予備的請求（請負人による原始取得）の請求原因事実とは、同一の所有権に関する事柄としては、論理的に相互に両立しない部分を含むことを付言しておきたい（同一建物の所有権についての、注文者による原始取得と請負人による原始取得とは、論理的に両立しない。）。予備的請求が必要となる所以である。まず勝ちたい方の請求を主位的請求とし、次に勝ちたい方の請求を主位的請求が認容されることを解除条件として予備的請求とすることになる。

d　主位的・予備的請求原因事実についてのまとめ

(a)　主位的請求原因事実

前記(ア)項の冒頭に掲げたものは、次のとおり修正された。

---

① 　原告と被告との間で、原告を注文者、被告を請負人とする建物建築請負契約が締結されたこと

② 　建物の完成

③ 　請負人名義の所有権登記があること

(b)　予備的請求原因事実

それぞれ、前記(ア)項の冒頭に掲げたとおりであり、変更はないが、次の(イ)において述べるように、「建物の主たる材料は請負人が供給したものであること」という（予備的）請求原因事実については、本稿の想定事例が客観的予備的併合がある場合であるという特別の事情から、前述したように、請負人の抗弁事実（ただし、請負人の主位的請求の請求原因事実に対するもの）にもそのまま出てくる結果となることが注意されなければならない。

ところで、上記(a)の主位的請求原因事実のうち、①原告と被告との間で、原告を注文者、被告を請負人とする建物建築請負契約が締結されたこと、及び、②建物が完成したこと、という二つの事実は、いずれの登記請求権を訴訟物とする場合でも必要となる（予備的）請求原因事実である。

そして、「請負人が注文者に対して完成した建物を引き渡したこと」という（予備的）請求原因事実は、物権的登記請求権を訴訟物とする場合及び物権変動的登記請求権を訴訟物とする場合の両者に共通である。

また、「建物の主たる材料は請負人が供給したものであること」とい

う（予備的）請求原因事実は、物権的登記請求権を訴訟物とする場合、債権的登記請求権を訴訟物とする場合及び物権変動的登記請求権を訴訟物とする場合のいずれにも共通である。前述したように、この「建物の主たる材料は請負人が供給したものであること」という事実は、特別の位置を占めている。次の(イ)において述べるように、注文者の主位的請求原因事実に対する請負人の抗弁のところで、請負人から抗弁事実として主張されるであろう。請負人からこの事実が主張されれば、注文者がこの事実を主張しなくとも、主張共通の原則により、注文者の（予備的）請求原因事実としても機能する。

　さらに言うと、注文者は、主位的請求原因事実として、既に、「請負人名義の所有権登記があること」という事実を主張している。

　本稿の想定事例の場合は、いずれの登記請求権も訴訟物とすることができるが、実際の所有権移転登記手続請求訴訟においては、請負人名義の所有権登記の有無、注文者が建物所有権を喪失しているか否か、債権的登記請求権が消滅時効にかかっているか否か、報酬支払いとの同時履行の抗弁が可能か否かなどを考慮して、当該の事案に相応しい訴訟物（登記請求権）を選択することになろう。

(イ)　抗弁（主位的請求に関するもの）

　被告・請負人の主位的請求原因事実に対する抗弁の要件事実は、次のとおりである（倉田・契約法下680頁）。

> 建物の主たる材料は、請負人が供給したものであること

　主位的請求に関しては、実務上は、この抗弁の成否が主たる争点になることが多いであろう。

　なお、常に注文者の原始取得を認める学説においては、この抗弁は、所有権の消滅事由とならないから、主張自体失当となる（倉田・契約法下681頁）。

(ウ)　再抗弁（主位的請求に関するもの）

　原告・注文者の上記の抗弁に対する再抗弁の要件事実は、次のとおりである（倉田・契約法下681、682頁）。

> （場合分け）
> a　注文者と請負人との間で、建物を注文者の所有とする特約がある

こと
　b　建物の完成前に注文者が請負人に報酬（請負代金）を支払済みで
　あること

(a)　aの事実も、bの事実も、建物の主たる材料を請負人が供給した事実
　と両立し、しかも、判例上、請負人の建物所有権の原始取得を阻む事実
　であるから、再抗弁たり得るのである（倉田・契約法下681、682頁）。

(b)　bの場合の再抗弁において、注文者が報酬（請負代金）を支払った時
　期を「建物の完成前に」と限定している理由は、次のとおりである。

　　　新築建物所有権の原始取得が注文者に認められるためには、注文者が
　建物完成前に請負代金の全額を支払うことを要するのかどうかは、最高
　裁判例（最判昭和44年9月12日判時572・25）からは、必ずしも明らか
　でないが、全額支払っていることを要するとの本稿の立場をとると、注
　文者が全額支払っていない場合には、判例の原則どおり、建物が完成す
　ると同時に請負人が新築建物の所有権を原始取得することとなり、たと
　え注文者が建物完成後に報酬の全額を支払ったとしても、請負人が建物
　所有権を原始取得したという、既に発生した法律効果が消滅することは
　ないから、注文者は、請負人から引渡しを受けることによって請負人の
　建物所有権を承継取得することができるにすぎないと理解することにな
　る（同旨：倉田・契約法下675頁）。したがって、この立場からは、注
　文者が、建物の完成前に（すなわち、請負人が建物所有権を原始取得す
　る前に）、報酬（請負代金）の全額を支払っている場合に限り、「報酬（請
　負代金）を支払済みである。」という事実が、請負人による新築建物所
　有権の原始取得を阻む事実として、再抗弁の要件事実となるのである。

第2部 建築請負代金請求に関連する法律問題

第1章 建築請負契約の成立と内容

1 はじめに―建築請負契約に関する紛争の特色

　建築請負契約に関する紛争は困難なものが少なくないが、その理由は以下のようなところにあろう。当該案件の困難性が以下のどれに由来しているかを理解しておくことは解決の出発点と思われる。技術的争点が問題であるなら技術の専門家の意見を聞かなければならないし、逆に、合意の不明確性等に起因する紛争は、技術の専門家に相談しても仕方がない場合があり、要件事実や証明責任で解決するほかない場合があるからである。

① **専門技術性**

　建築は専門技術的な要素があるので、素人や法律家には理解が困難な面はある。しかし、これだけの理由で建築紛争が困難な訳ではない。

② **法令の複雑性**

　建築関係の法令（建築基準法施行令等）は技術的内容を含んでいる上、その規定の解釈は、実際上、各種技術基準で補充されており、その解釈は法律的要素と技術的要素の両面がある場合があり、容易でないことがある。

③ **内容の膨大さ、多岐、複雑性**

　一般家庭用の一戸建て建物でも膨大な項目で構成されており、ましてビルなどでは更に膨大な項目があり、建築関係紛争では、多数の瑕疵・契約不適合項目が主張されることが多い。

④ **程度問題の困難性**

　建築瑕疵・契約不適合の判断では、どの程度の染み、クラック、歪みなら瑕疵・契約不適合なのかの程度問題の限界が不明確で判断が困難であることが多い。

⑤ **合意の欠如、不明確性**

　建築請負契約では、細部が煮詰まっていない契約、口頭での合意が多く、合意内容に関する紛争も多い。

⑥ **既成事実を覆すことの困難性**

　既にある程度以上、できあがってしまった建物について、契約不成立、無効、

第2部　建築請負代金請求に関連する法律問題

解除等で覆すことは困難な場合がある。

⑦　できあがった内容の確認の困難性

例えば、既に家ができあがってしまっていると基礎をどう施工したか、写真でも残っていなければ、詳しく判らないことがある。壁や床の下に埋め込まれてしまった部分がどのように施工されたのかを確認することは壁や床をはがさない限り困難である。

2　建築請負契約の種類

一般に、ある者が建物を取得するための契約としては、請負契約による場合のほか、売買契約、委任契約、雇用契約、製作物供給契約などが考えられる。

実際に締結された契約が、上記のいずれかなのか、あるいはそれらの混合形態なのかが問題となることがある。製作物供給契約の性格や上記の契約形態の問題については、新版注民⒃115頁以下、内山尚三＝山口康夫「民法総合判例研究・請負（新版）」3頁以下（一粒社、1999）等参照。

本書では原則として請負契約を対象とする。建築請負契約にも種々の類型があることは当然であるが、初めに各種の建築請負契約について一瞥しておくこととする。

①　当事者による分類

初めに、当事者による分類としては、一般市民と請負業者との請負契約があるが、請負業者の種類としては、個人工務店（伝統的な「大工さん」ないしその延長）、一般建設業者、ハウスメーカーなどがある。

伝統的な大工さんタイプの場合、営業から設計、施工まですべて単独で取り仕切っている形が多く、職人気質で、「信頼関係」に基づいて行動し、契約法的な発想に乏しいケースが多い。

その他の建設会社、ハウスメーカーの場合、契約を締結交渉を担当する営業担当者と設計施工を担当する技術系の担当者が別であるケースが多い。その間の連絡、意思疎通に問題が生ずるケースもある。

次に業者間の契約としては、住宅販売業者（開発業者、分譲業者）と建設業者との請負契約、建設業者同士の請負契約として、下請契約、孫請契約があり、国、地方自治体、公社、公団との公共工事としての建築請負契約がある。

②　建築の範囲による分類

当然ながら、新規建築（建物全部の請負、一部の請負）と増改築、リフォーム契約、補修契約があり、本体契約と追加・変更契約がある。

・58・

第1章　建築請負契約の成立と内容

③　建物の種類による分類

建築する建物としては、当然ながら、戸建て住宅、共同住宅（分譲用、賃貸用）、オフィスビル、店舗用建物等、また、構造等としては、木造建物、鉄骨又は鉄筋コンクリート建物、コンクリート系プレハブ住宅等などがある。

④　他の契約との一体性

設計、施工、監理が一体の場合（建築確認手続の代行等を含む。）と設計、監理と施工が分かれる場合とがある（後記**第8章**参照）。

3　建築請負契約と代金の定め方

建築請負契約は、一般の請負契約と同様、請負人が仕事の完成（建物の建築）を約し、注文主が代金（報酬）の支払いを約して成立するものである（民632）。建築請負契約における仕事の内容については後述するとして、初めに代金の定め方の類型について述べる（以下について、我妻・債権（中）602頁、新裁判実務大系(2)124頁〔後藤勇「建築請負人の報酬請求権」〕、後藤・請負実務41頁以下等）。

①　定額請負

代金が定額で約定されている契約は、当然ながら基本的な形態である。

しかし、定額契約と次に述べる概算契約とは、全く異なるもののように見えるが、実際は、必ずしもそうではない。代金は定額で決められていても、請負の対象となる仕事の中身、つまり、建築されるべき建物の細かな仕様が明確になっていなければ、代金が定額であっても、後に、具体的な仕様の決定の際にもめる原因となり、また、どこまでが追加変更代金として請求できるかの問題を生じ、結局、概算契約と大差がないことになりかねないからである。そして、日本の実際の建築請負契約では、契約時点で、詳細な仕様がすべて特定されていない契約というのは必ずしも珍しくはなく、建築を進めながら施主と請負業者が協議しつつ、細部の設計、仕様を決めていくというやり方も少なくないのである。

②　概算契約

概算契約とは、例えば、代金概算2000万円として、あとは、協議しながら建築を進めていくやり方である。これは双方に信頼関係があって、最後まで信頼関係が維持されれば、問題が生じないが、途中で協議が整わなかった場合、その他途中でトラブルになった場合、解決が困難となるが、上記のとおり、定額の契約でも細部の内容が不特定な場合は、実質的には、概算契約に近いもの

• 59 •

があり、その意味では実質的に見て概算契約的要素のある契約というのは実際にはかなり多いのではないかと推測される。

東京地判昭和47年6月1日判時684・73は、概算契約においては、後日、当事者は精算のための協議を行う義務があるとしている。

③ 代金未定の請負契約

上記の概算契約のもっと極端な形態である。契約交渉段階では代金の点も話題には出ても、結局、契約代金額を概算でも特定せずに建築が始まってしまうケースである。

このような請負契約も有効とする判例として、東京地判昭和48年7月16日判時726・63等がある。

このような代金未定の請負契約においては、工事の規模、内容等を勘案して客観的に合理的な相当額を請負代金と定めることとなろう（我妻・債権（中）646頁、東京高判昭和55年12月25日判時994・45等）。

④ 実費清算方式

建築にかかる実費に請負業者の一定の利益を上乗せした形の契約。あまり多くはないと思われるが、一般の契約にも元請負人と下請負人との契約など業者間の契約にも見られることがある。

⑤ 単価方式

時間、工程その他の一定の単位ごとの単価に数量をかけて計算する方式である。

元請負人と下請負人との関係との契約等に見られる。時間制の場合労務契約に近い。

4 建築請負契約における請け負った内容（仕事の内容）

建築請負契約においては、当然ながら、請け負った仕事の内容（建築する建物の設計、仕様）は特定されなければならないはずである。しかし、実際には、契約締結段階で必ずしも細部の仕様まで特定されているとは限らない。

建築請負契約において、何が契約の内容となったのかは、契約書、見積書、建築確認の設計図書（構造図、意匠図、設備図等）、その他の図面（詳細図、施工図等）、仕様書、交付されたパンフレット、カタログ類等によって特定される。

公的団体から認定を受けた規格によるプレハブ住宅等の場合は、その認定書が設計内容そのものとなっている場合がある。

また、住宅の品質確保の促進等に関する法律による住宅性能評価書が交付さ

れた場合は、それが建築請負契約の内容になる（品確法6）。

建築請負契約の場合、明白な違法建築でない限り、最低限、建築確認申請の際に提出した図面や仕様書は存在するはずである。しかし、建築確認申請の際は、建築基準法令への適合性を判断するために必要な限度での図面や仕様書が要求されるだけなので、建築確認の際の設計図書や仕様書だけでは、建築の細部の仕様等が判明しない例が珍しくない。

例えば、建築基準法令で、構造上の強度や防火性能が問題となる場合に、建築確認の図面、仕様書にはそのような基準、性能が満たされている内容が記載されていればよいわけであるが、それだけでは具体的な仕様は確定しない。

しかし、建築基準法令が契約内容の補充規定として機能する場合もあり、特段の意思表示なき限り、建築基準法の内容が最低限の契約内容となっていると解釈される（東京地判昭和47年2月29日判時676・44等）。

なお、建築請負契約の内容については、約款によって規律されている場面も多いことは言うまでもなく、この点については、第7章参照。

5 契約内容の細部が特定されていない建築請負契約

実際の建築請負契約では、見積書や図面があったとしても、それだけでは細部まで特定できていない場合が少なくない。程度の差はあれ、細部において未確定な部分が存在する例が多い。その場合、契約後に、注文者と請負人との間で、契約内容についての細部の協議、調整を行わざるを得ない。

内容によって、追加費用の発生の有無が問題となることもあり、協議が整わずに紛争となるケースが生ずる。その場合、請負業者としては、どのように対応すればよいか。工事をしないと、債務不履行となるか、発注者が内容を特定してくれないので、工事を進行できない場合、請負人は代金請求できるのか、等の問題が生ずる。

内容の不特定がグレードの問題であれば、理論的には、請負人としては、中等の品質の物を設置すればよい場合もあろうが、単にグレードに解消できない場合も多いであろう。

注文者の希望によれば、費用が高くなると言われた場合、当初契約がどの程度の物を想定していたのかの当初契約の解釈の問題となる。

協議が整わないで、そのまま推移した場合、請負人の債務不履行になるのかについては、当初契約の解釈として、請負人が施工すべき内容が特定される場合は、債務不履行になろうが、特定されない場合は請負人の責めに帰すべき事

第2部 建築請負代金請求に関連する法律問題

由とは言えない。

判例には、契約後、注文者が変更を求めつつも、変更の内容が特定しない等の事情がある場合に、請負人が工事を中止しても債務不履行にならないとしたものがある（東京高判昭和59年11月28日判時1138・85）。

例えば両者の協議が暗礁に乗り上げ打ち切りになったが、注文者側にも請負人側にもその責任がないという場合、どちらの責めに帰すべき事由にもよらない履行不能となろう。この場合、請負代金請求権については、従前、危険負担の問題と考えられていたが、改正民法634条1項により、請負人は、既施工部分の出来高報酬を請求することができる。

逆に、注文者が合理的理由がないのに、いつまでも具体的仕様を決断、特定しないので、請負人は施工したくともできないというような場合もあり、そのような場合には、請負人側から債務不履行解除することも可能となりうる。

請負人が債務不履行解除をした場合、請負人は、改正民法634条1項により、既施工部分の出来高報酬を請求することができる。

請負契約の内容の細部に未確定な部分が存在し、その内容が具体化、特定しないことにより生ずる問題は、定額請負の場合でも概算請負の場合でも問題となる。

6 建築請負契約と建設業法

建設業法は、建設業についての行政規制法規としての性質を有しているが、請負契約に関する規定も置かれている。すなわち、建設業法18条は、「建設工事の請負契約の当事者は、各々の対等な立場における合意に基づいて公正な契約を締結し、信義に従って誠実にこれを履行しなければならない。」と定め、同法19条1項は、「建設工事の請負契約の当事者は、前条の趣旨に従って、契約の締結に際して次に掲げる事項を書面に記載し、署名又は記名押印して相互に交付されなければならない。」と規定し、工事内容から紛争の解決方法まで14の事項を列挙している。また、同条2項は、請負契約の変更についても書面を取り交わすべきことを定めている。

さらに、同法のそれ以下の条文にも契約や見積り等に関する若干の規定が置かれている。

しかし、これら建築請負契約に関する建設業法の規定は、契約の効力規定とは解されておらず、請負契約当事者を指導するための注意規定又は取締規定とされており、これらの規定に違反した契約も無効ではないと解されている（新

• 62 •

潟地高田支判昭和28年11月14日下民4・11・1687、東京高判昭和51年5月27日金商510・33等参照）。

また、建設業法3条に基づく許可を得ていない無許可業者の締結した建築請負契約も必ずしも無効とは言えないとされた（上記東京高判昭和51年5月27日）。

もっとも、建築士の資格を持たない大工の設計した軽量鉄骨3階建ての建築請負契約は、建築基準法5条の2に違反し、強い違法性を帯びるとして強行法規違反又は公序良俗違反として無効とされた（東京高判昭和53年10月12日判時917・59）。この事案は、違反内容が安全性に関わるものであったためであると思われる（後記参照）。

7 建築基準法令に違反する内容を請け負った契約の効力

(1)　建築基準法令、建築関係法令に適合している建築請負契約を締結したにもかかわらず、できあがったものが当該法令に違反している場合には、建築瑕疵の問題となるが、建築請負契約の内容自体が、建築基準法令、建築関係法令に違反している場合の契約の効力はどのように考えるべきであろうか。

　この問題は、一般に、民法90条の公序良俗違反との関係で、取締法規違反と公序良俗違反の関係いかんの問題として論ぜられる問題である（新版注民(3)109頁以下等参照）。

　建築基準法令、建築関係法令の取締法規違反といっても、安全上の重要な基準を定めた法令違反もあれば、都市政策的な規制の法令違反など、違反する法令条項も様々であり、また、軽微な違反から著しい違反まで、違反の程度も様々である。

　一般に、安全上の重要な基準を定めた建築基準法令違反などは無効とされやすく、都市政策的な規制を定めた都市計画法令違反は、前者と比較すれば無効とされにくいであろう。しかし、都市計画法令違反といっても、建ぺい率、容積率、高さ規制などは、災害時の避難や消火活動等のために空地を確保しておくことなど安全上の規制としての意味も有するものであり、都市政策的な規制であっても民法90条にいう「公の秩序」と見れば、それに違反する契約は原則として無効となろう。

　裁判例としては、建築基準法の高さ制限に大きく違反した建物の請負契約を無効としたもの（東京地判昭和56年12月22日判タ470・142）、市街化調整区域内において建築できない建築物の請負契約について無効としたもの

第2部 建築請負代金請求に関連する法律問題

（東京地判昭和60年9月17日判タ616・88）などがある。なお、軽微な違反
の場合には、無効とまではいえないとされたもの（東京高判昭和53年10月
12日判時917・59参照）もある。

(2)　ところで、この建築基準法令、建築関係法令に違反している契約の効力の
問題は、具体的に検討すると、取締法規違反と公序良俗違反の問題にとどま
らず、実に多面的な要素を持っており、非常に難しい問題である（この問題
については、新裁判実務大系(2)111頁〔田山睦美「建築法規違反の請負工事」〕、
後藤・請負実務93頁〔倉沢千厳「建築関係法規に違反する建築請負工事」〕
等参照）。

　　それは、取締法規の内容や違反の程度のみならず、それらについての契約
当事者の認識や、当該契約の履行状況等の局面によって、様々なことを考慮
しなければならないからである。

①　まず、契約当事者の認識の問題としては、双方が法令違反であることを
認識した上で契約している場合と、一方当事者（特に、一般人である注文
者）が法令違反であることを知らないで契約をしている場合がある。

　　例えば、契約当事者双方が法令違反を認識した上で契約を締結している
場合には、契約を無効としやすいとしても、建築の専門家である請負業者
だけが法令違反を認識し、一般人である注文者が法令違反を認識していな
かったような場合において、契約を無効とするともっぱら当該一般人であ
る注文者にだけ不利益が生ずるような場合には、当該契約を無効とはしに
くいと考えられよう。

②　次に、当該契約の履行状況等の局面としては、契約が未履行の局面で契
約の効力が問題になる場合と、既に建築が進んだり、完了したり、代金が
支払われた局面で契約の効力が問題になる場合がある。契約を無効とする
か否かについては、これら局面の違いも問題となる。

　　例えば、双方が法令違反を認識して建築請負契約を締結し、注文者が完
成した建物の引渡しを受けた後、代金を支払う局面になって、注文者が、
契約は無効だから代金支払義務はない、引渡しを受けた建物は不法原因給
付だから返還する必要はないという結論は、必ずしも妥当とは言えないで
あろう。

　　しかし逆に、双方が契約未履行の局面で、違反建物の建築請負契約が有
効であるとすると、理論的には、注文者は、建物建築の履行を求めて訴訟

・64・

第1章　建築請負契約の成立と内容

提起し、強制執行できることになるが、そうなると、裁判所が違法建築に手を貸すことにもなりかねず、妥当とは言えないであろう。

このように、この問題を考えるにあたっては、取締法規違反と公序良俗違反の問題にとどまらず、諸事情を多面的に考慮せざるを得ない。

⑶　最判平成23年12月16日判タ1363・47は、賃貸マンションの建築において、建築基準法所定の確認及び検査を潜脱するため、確認図面のほかに実施図面を用意し、確認図面を用いて建築確認申請をして確認済証の交付を受け、一旦は建築基準法等の法令の規定に適合した建物を建築して検査済証の交付も受けた後に、当初計画に従って、耐火構造に関する規制違反や避難通路の幅員制限違反など、居住者や近隣住民の生命、身体等の安全に関わる違法を有する危険な建物を建築することを内容とする契約で、施工者である建築工事請負業者が上記計画を全て了承して契約締結に及んでいたという事案において、本件建物の建築は著しく反社会性の強い行為であり、公序良俗に反し無効であると判示して、建築工事請負業者による請負代金の残金の請求を認めなかったという判例である。

諸事情の多面的な考慮、具体的には、建築工事請負業者の認識、すなわち、建築工事請負業者が法令違反を了承して契約締結に及んでいたということや、既に建築が完了し、請負代金の大部分が支払われていたという事情も考慮されて、無効とされたと思われる判例である。

⑷　建築基準法令、建築関係法令に違反している建物請負契約の効力については、結局のところ、前記判例のように、事案に応じて、諸事情を多面的に考慮して、有効、無効を決するほかないということになろう。

この点に関しては、学説には、履行前は無効を主張できるが、履行後は無効を主張できないとするものもあるが（民事法判例研究会「判例民事法⒇—昭和15年度（復刊）284頁〔川島武宜〕（有斐閣、1954）、米倉明「民法講義（第43回）法学教室56・87）、判例・通説となっていないのみならず、履行の前後で画一的に区分してしまうことも必ずしも妥当な結論をもたらすとは限らないであろう。

また、違法な建築を内容とする請負契約について、「原始的不能」であるとするものもある（東京地判昭和60年9月17日判タ616・88等）。確かに、違法の程度が著しく、役所からも禁止を命じられているような場合には、原

• 65 •

始的不能とも見得るであろうが、違法建築でも実際に施工される例は必ずし
も稀ではないことからすれば、違法な内容の建築請負契約がすべて原始的不
能とは言えないと思われる。

⑸　この他、建築基準法令、建築関係法令に違反している建築請負契約を締結
した場合の問題点について、以下のようなものもある。

　　1つは、当該建築請負契約が、建築基準法令、建築関係法令に違反してい
ることを、一方当事者だけが認識していなかった場合、特に、一般人である
注文者だけが知らされていなかったような場合には、一般人である注文者は、
契約の錯誤、詐欺取消の主張や、債務不履行（建築業者の専門家としての説
明義務違反（信義則上の付随義務違反）による債務不履行など）、不法行為
による損害賠償請求をすることが考えられることである。

　　もう1つは、建築基準法令、建築関係法令に違反する建物請負契約が締結
され、請負人がこれを建築した後、注文者が当該建物の引渡しを受けて使用
する場合には、当該建築請負契約が無効になるとしても、注文者には一定の
使用利益があるとも言え、請負人の相当な代金請求を注文者は信義則上拒否
できないものとするなど、信義則による調整が必要な場面もあるのではない
かと考えられることである。

　　これらの問題も、事案に応じて、諸事情を多面的に考慮して、結論を導く
ということになるのであろう。

8　建築請負契約の不成立と契約締結上の過失

　　当事者間で契約締結折衝が行われたが、結局、契約不成立に終わった場合、
契約締結自由の原則（民521Ⅰ）からすれば、各当事者は何ら責任を負わない
はずである。しかし、契約が不成立に至る前に、当事者の一方が、相手方の言
動により契約が締結されるものと信頼して行動していた場合には、相手方は、
他方当事者に対し損害を賠償する義務を負う場合がある（契約締結上の過失）。

　　契約締結上の過失が認められる根拠は、「契約準備段階に入ったものは、…
信義則の支配する緊密な関係にたつのであるから、…相互に相手方の人格、財
産を侵害しない信義則上の注意義務を負う。」（東京高判昭和58年11月17日）
ことに求められる。

　　契約締結上の過失による責任を負うか否かは、契約交渉の進展に伴い3段階
に分けて説明されている（新裁判実務大系⑵93頁〔西口元「建築請負契約の

第1章 建築請負契約の成立と内容

成立と契約締結上の過失」」、論点体系6　12頁〔有賀恵美子〕。）

①　接触、事前折衝段階（契約締結準備段階前）

契約締結上の過失が問題となるには、実質的な交渉が開始して契約締結準備段階に入ったことが必要である。したがって、この段階では、契約締結上の過失は問題とならない。

契約締結準備段階（契約準備段階）に入っていないと判断された裁判例として、原告〔編注：請負人〕は仲介者の言動等により建築請負契約を締結できると確信していたが、原告の代表者が被告〔編注：注文者〕の代表者に一度会っただけで、原告の施工能力を一切検討しないで被告から20億円もの工事を競争によらない方法で受注できると考えたこと自体が軽率の誹りを免れないとして、信義則上契約準備段階に入ったと評価できないとしたものがある（東京地判昭和59年1月26日判時1128・58）。

その他の裁判例として、具体的交渉がない、重要事項の合意がない、先行的準備行為が一方的になされたがこれについて相手方の明示ないし黙示の承認を得ていないとして契約の準備段階に入っていないとされたものがある（久須本かおり「契約締結交渉の不当破棄における責任（2・完）」（愛知大学法学部法経論集177・64）。

②　契約締結準備段階

建築請負契約の締結に向けてその内容についての実質的な交渉に入った段階である。当事者は、相手方に対して、信義則上、背信的な行為をとってはならない義務を負う。具体的には、矛盾行為禁止義務、相手方の誤解を指摘・是正する義務が挙げられる（西口・前掲92頁）。

一方の当事者が、相手方に対して契約の成立が確実であるかのような言動をとり、相手方がそれを信じた場合には、矛盾行為禁止義務違反等により、契約締結上の過失が成立する場合がある。

建築予定者が工事を発注することが確実であるかのような言動をとったので、建築業者が注文を受けることができると誤信して設計図書の作成等の準備行為を行い、建築予定者がそれを知りながら何らその誤解を解く行動をとらなかった場合には、建築予定者は、建築業者に対し設計図書作成費用等の右誤信に基づく損害を賠償しなければならないとしたものがある（最判昭和59年9月18日判時1137・51）（西口・前掲94頁）。

③　事実上の合意段階

契約の具体的内容について、当事者間にほぼ合意が成立し、後は契約書の作

• 67 •

成を残すのみとなった段階である。この段階では、契約成立への相手方の期待を保護するために、誠実に契約成立に努めるべき信義則上の義務を負う。

この段階で、一方の当事者が正当理由がないのにもかかわらず、契約締結を拒否すれば、相手方に対し、右義務違反に基づく賠償責任を負う（東京地判昭和56年3月23日判時1015・84等）。

契約締結上の過失による損害賠償の範囲は、契約が成立すると信頼したために被った損害（信頼利益）であるが、事実上の合意段階では、実質上契約成立に近い段階であるので、契約が履行されれば得たであろう利益（履行利益）の賠償を認める見解もある（西口・前掲95頁）。

なお、裁判所は、損害賠償の範囲に関しては、相当因果関係説に立ち、交渉過程において生じた損害のうち、どこまでを交渉破棄者に賠償させるのが相当かといった判断を個別具体的に行っているとの指摘がある（前掲久須本・75頁）。

建築請負契約においては、契約内容の細部を詰めるために多くの協議が必要とされる場合が多いことや、事実上の合意がなされても契約書が作成されない場合も多いことから、契約締結上の過失が問題とされる場面も少なくないと思われる。具体的な事案においては、契約不成立に至った場面が、前記①、②、③のどの場面であるか、①と②、②と③の境界等は必ずしも明確ではないが、事案ごとに具体的な事情をもとに、契約締結上の過失の有無とその責任の内容を判断して行く必要があろう。

第2章 建築目的物の完成に関する問題

第2章　建築目的物の完成に関する問題

1　請負契約における仕事の完成の意義

⑴　仕事の完成と請負報酬請求権

　請負とは、当事者の一方（請負人）がある仕事を完成することを約し、相手方（注文者）がその仕事の結果に対して報酬を与えることを約することによって成立する契約である（民632）。

　仕事の完成は、請負契約における請負人のもっとも基本的な義務である。そして、仕事の完成は、報酬と対価関係にあるだけでなく、報酬の支払時期とも関係するので、その確定はきわめて重要である。

　通説・判例は、請負契約は双務契約であるから、請負人の報酬請求権は、たとえ後払いであるとしても工事の完成によってはじめて成立するわけではなく、請負契約の成立と同時に発生するものとする（最判昭和42年10月27日民集21・8・2161等）。

　しかし、その支払いがいつなされるかは、当事者間の約定によるが、特段の定めのない限り、請負人が仕事を完成したときに注文者に対し目的物の引渡しと引き換えに報酬の支払いを請求することができるようになるのであり（民633）、原則として、請負人の報酬請求権の行使は、請負の目的である仕事の完成が前提となっている（なお、立証責任については、第1部を参照）。

⑵　仕事の「完成」「未完成」による法的効果の差異

　①　注文者は、仕事が未完成の間は、請負人に対し報酬の支払いを拒むことができ、また、請負人に債務不履行等の事実がなくても、請負人に損害賠償をなすことを要件として任意に請負契約を解除することもできる（民641）。

　　なお、任意に請負契約を解除する権利（任意解除権）を排除する合意があるときは、その合意が優先する（東京地判平成29年11月29日TKC25550775）。

　　（もっとも、未完成の場合でも、工事が可分であり既施工部分の給付につき注文者にも利益があるときなどに請負代金の支払いを請求できる場合（改正民634）や契約を解除できない場合があることについては、第1部2⑶「請負代金支払請求の請求原因事実（仕事の一部完成のとき）」を参照。）

　②　民法改正前において、仕事が完成した後は、目的物における修補を要す

・69・

る箇所に関して、注文者は、請負人に対し、債務不履行責任は問い得ないとされ（東京高判昭和36年12月20日判時295・28、東京高判昭和47年5月29日判時668・49、東京地判平成25年5月28日D-1Law29028010、東京地判平成28年3月30日D-1Law29017924等）、代わりに瑕疵担保責任（改正前民634以下）を追及することにより、瑕疵の修補と損害賠償の請求ができることとされていた（改正前民634）。つまり、改正前民法下では、仕事の完成前は債務不履行、仕事完成後は瑕疵担保責任の適用となるため、仕事の完成が重要な意味をもつこととなる。

　他方で、担保責任につき、契約責任説（債務不履行責任）を前提とする改正民法では、仕事の完成前後で契約不適合責任の適用を区別していない（改正民559・562・563・564（541・542・415））ため、契約不適合責任との関係においては、仕事の完成は重要な意味を持たないとも考えられる（岸ほか・QA建築訴訟51頁）。

③　しかしながら、請負人の報酬請求権が認められるためには、仕事の完成及び仕事の目的物の引渡しが必要であることについて、民法改正による変更はないことから（改正民633）、仕事の完成は、改正民法においても重要な概念であることに変わりはない。

2　仕事の完成を判断する基準

　それでは、具体的に、建築請負契約において、どのような場合に仕事が完成したと判断されるのであろうか。

(1)　予定工程終了説（判例）

　仕事の完成の意義についての判例は、瑕疵担保責任との関係で問題となった事例と請負代金請求の関係で問題となった事例とに分けることができる。

　いずれの事例においても、判例は、ア以下で紹介するとおり、建築請負契約における仕事の完成の意義につき、「工事が途中で中断し予定された最後の工程を終えない場合には、工事の未完成ということになるが、他方予定された最後の工程まで一応終了し、ただそれが不完全なため修補を加えなければ完全なものとはならないという場合には仕事は完成したが仕事の目的物に瑕疵があるときに該当するものと解する。」（東京高判昭和36年12月20日判時295・28等）との「予定工程終了説」を判断基準としており、この「予定工程終了説」は、実務上ほぼ定着しているものということができる。

第2章 建築目的物の完成に関する問題

「予定工程終了説」によれば、請負工事における予定の工程が終了していない場合には、工事は「未完成」であるとされ、注文者は、工事が「完成」されるまで請負代金の支払いを拒絶することができる（民633）。そして、予定の工程が一応終了したことによって請負工事の目的物が「完成」したものとされる場合、請負人は、目的物の引渡しと引き換えに請負代金の支払いを請求できる（民633）。

このような「予定工程終了説」を前提とする仕組みは、建築物に些細な契約不適合しか存しない場合であっても、請負人が請負代金を一切請求できないとすれば、請負人に極めて酷な結果となることに鑑み、目的物の「完成」概念をできるだけ緩やかに解し、このような場合には一応の「完成」を認めて請負代金請求を可能としつつ、他方、「契約不適合」があるために注文者に生ずる不利益は、請負人に対する担保責任の追及により解消することとするものであると解される。

そして、請負人に対する担保責任の追及においては、注文者は、契約不適合部分に対する修補の請求をし、この修補が完了するまで代金支払いを拒絶するか、代金減額請求や修補に代わる損害賠償請求権と請負代金債権との相殺を主張することができるだけでなく、さらに修補に代わる損害賠償の支払いと請負代金支払いとの同時履行（民533）を主張することによって、信義則に反すると認められるときを除き、請負残代金全額の支払いを拒むことができ（最判平成9年2月14日民集51・2・337）、かつ、相殺の意思表示後の報酬残債務部分を除いて、履行遅滞責任を負わないとされており（最判平成9年7月15日民集51・6・2581）、公平妥当な結論を導くことができるものと解される（なお詳細は、第3部第2章「賠償責任に関する問題1―建築業者の損害賠償責任」の1「請負人の契約不適合責任」の項目を参照。）。

他方で、後記(2)「予定工程終了説を採っていない判例等」の裁判例のように、判例実務の中には、予定工程終了説を採れば「完成」したものと判断される事案の場合でも、「瑕疵（契約不適合）」の内容・程度・修補の可能性（費用）、請負残代金の金額、またそもそも注文者が担保責任の追及をしているのかどうか（主張・立証責任の問題）など、具体的事案における請負人・注文者双方の事情を勘案し、妥当な解決を図ろうとあえて仕事を「未完成」なものとして評価したものもある。

ア　請負代金請求の関係で問題となった事例

①　東京高判昭和36年12月20日判時295・28

予定工程終了説のリーディングケースとなった判決であり、請負人からの請

• 71 •

負代金請求に対し、注文者が、工事の未完成を主張して支払いを拒絶した事案である。

判決は、「仕事の結果が不完全な場合に、それを仕事の未完成と見るべきか又は仕事の目的物に瑕疵があるものとみるべきかの明らかでないことがあり得るけれども、工事が途中で廃せられ予定された最後の工程を終えない場合は工事の未完成に当たるものでそれ自体は仕事の目的物の瑕疵には該当せず、工事が予定された最後の工程まで一応終了し、ただそれが不完全なため修補を加えなければ完全なものとはならないという場合には仕事は完成したが仕事の目的物に瑕疵があるときに該当するものと解すべきである」とした。

そして、本事案においては、建物の増改築工事につき、欄間のガラスのはめ込み、蛍光灯箱のすりガラスのはめ込み、飾板の塗装、廊下の床板や階段のラッカー塗装などが施工されていなかったことから、工事は未完成であるとし、注文者は請負報酬金残額全部の支払いを拒むことができるとした。

② 大阪高判昭和61年12月9日判タ640・176

請負人からの請負代金請求に対して、注文者が工事の未完成を主張して支払いを拒絶した事案であるが、判決は、本件においては、屋上の防水の不完全、便所の据付位置の不備その他細部につき注文者から修補工事のクレームがあったものの、工事は予定された最終工程までを一応終えた完成したものとし、注文者の支払義務を認めた。

イ 瑕疵担保責任との関係で問題となった事例

① 東京高判昭和47年5月29日判時668・49

本件は、立体駐車場の建築請負工事において、うちエレベーター設備部分については引渡しがなされた当初から不備があったり故障しがちであったりした事案で、請負人からの請負残代金の請求に対して、注文者からは債務不履行を主張、工事完成の遅延を理由とする違約金債権との相殺を主張したものである。

判決は、予定工程終了説に立ち、本件のエレベーター設備には引渡し当時から不完全な部分があったとはいえ「完成」したものとし、注文者からは、瑕疵担保責任に基づく損害賠償請求をするのはともかく債務不履行に基づく違約金請求は認められないとした。

② 東京地判平成25年5月28日D-1Law 29028010

判決は、瑕疵担保責任の趣旨を「請負の目的物の瑕疵について、その瑕疵が請負人の過失によって生じたか否かを問わず、また、その瑕疵が隠れたものか否かを問わず、請負人に担保責任を課している。この規定は、注文者に完全な

目的物を取得させるという注文者の保護のためのものであると同時に、請負人は仕事の目的物が完成しないと報酬請求権を有しないことから、請負人に重い瑕疵担保責任を課す一方で、目的物の完成を比較的緩やかに解して請負人の報酬請求を確保させ、目的物に不完全な点があれば、債務不履行の一般原則によるのではなく、瑕疵担保責任の規定によって処理しようとするものであると解すべきである。」とした上で、「目的物が不完全である場合に、これを仕事の未完成とみるべきか（この場合には債務不履行の一般原則で処理される）、仕事は完成しており目的物に瑕疵があるものとみるべきか（この場合には瑕疵担保責任の規定によって処理される）については、工事が予定された最後の工程を終えない場合は仕事の未完成とみるべきであり、工事が予定された最後の工程まで終了し、それが不完全なため補修を加えなければ完全なものとはならないという場合には、仕事は完成したが、仕事の目的物に瑕疵があるときに該当するものと解すべきである。」と、予定工程終了説により仕事の完成の有無を判断し、仕事の完成前は債務不履行、仕事完成後は瑕疵担保責任の適用となるとした。

ウ　「完成」「未完成」を判断した諸事例

予定工程終了説に立ち、建築請負工事の「完成」「未完成」を判断した判例としては以下のものがある。

①　大阪地判昭和49年6月6日判時779・91

本件建築請負契約において建築された建物は、全体として西側に約20センチメートル、約2度傾斜しており、かつ数箇所に雨漏りがあるものであったが、判決はこれを完成したものとした。

本件は、注文者が工事代金支払いのために振り出した約束手形に基づき手形金請求がなされた事案であったが、判決は、注文者が瑕疵担保責任に基づく瑕疵修補ないし損害賠償との同時履行の抗弁ないし相殺の抗弁の主張をするのは格別、単に瑕疵があるとのみ主張しても支払拒絶の抗弁とはなりえないとしたものである。

②　東京地判昭和57年4月28日判時1057・94

請負人からの請負代金請求に対して、注文者から工事の未完成を主張ないし瑕疵担保責任による損害賠償請求権との相殺を主張した事案である。判決は、本件において、建物の基礎部分に当初の設計図にある割栗が入っていないが、基礎工事としてベタ基礎、一部連続フーチング基礎・鉄筋コンクリート造りで一応の工程が終了しているとして、完成したものとし、かつ瑕疵部分について

・73・

第2部 建築請負代金請求に関連する法律問題

は既に補修がなされて存在しないものとした。

③ 山形地新庄支部判昭和60年2月28日判時1169・133

請負人からの請負代金請求権に対し、注文者から工事の未完成ないし瑕疵担保責任による瑕疵修補に代わる損害賠償請求権等との相殺を主張した事案であり、判決は、「工事完成とは」「工事がその予定された最後の工程まで一応終了し、かつ、構造上、用途上重要な部分が社会通念上約旨に従って施工されていること」とした。

本件においては、請負人が細かい注文に怒って工事を切り上げてしまったとはいえ、その工事は補修すべき部分は残してはいるものの予定された最後の工程まで一応終了しており、補修部分も、調整、交換、清掃、補強、貼付、貼換、取付、設置、塗装等といった細々したやり直し的な部分が大部分であり、これらが補修されなければ居住するうえにおいて社会通念上到底受忍しがたい程度とはいえず、完成したものとした。そのうえで、注文者による瑕疵担保責任に基づく瑕疵修補に代わる損害賠償との相殺を認めた。

④ 東京地判平成25年5月28日D1-Law 29028010

本件は、注文者が、請負人に対し、請負人が行った工事に不具合等があり、未だ工事は完成していないとして、債務不履行による損害賠償請求を求めた事案である。判決は、注文者の主張する不完全な工事は、工事の仕上がり又はそれに類するものに対する不満を主張するもの、注文者の意図した施工方法とは異なる施工が行われたと主張するもの、工事全体からするとごく一部分についての未施工との主張であるもの、目的物のわずかな型違いを主張するものであって、いずれも予定された工程を終えなかったと評価すべきようなものではない。また、請負人は、注文者に本件建物を引き渡しており、そして、注文者は、注文者の主張する不完全工事のうち、少なくとも、一部を除いて特に補修等をすることなく、賃貸している。以上からすると、請負人が注文者に本件建物を引き渡した時点において、予定された工程は終了していた、すなわち本件工事は完成していたと認められるとした。

⑤ 東京地判平成26年6月2日D1-Law 29041510

本件は、注文者が、請負人に対し、請負人が行った工事には未施工、施工不良等の複数の瑕疵があるため完成しているとはいえないとして、債務不履行又は瑕疵担保責任等による補修費用相当額等の支払い等を求めた事案である。判決は、本件建物については、一定の未施工部分があるものの、注文者に引き渡されていること、その前後に注文者は賃借人を募集し、賃借人が本件建物に入

• 74 •

居していること、本件請負契約においては完成引渡しの時に最終金を支払うとの合意がされているところ、注文者は本件請負契約に係る代金全額を支払っていることなどからすれば、本件請負契約に係る予定工程は一応終了していたと認めるのが相当である。以上によれば、本件請負契約に係る請負人の仕事は完成していたといえるとした。

⑥　東京地判平成28年3月30日D1-Law 29017924

本件は、注文者が、請負人に対し、工事に多数の瑕疵があるなどとして、債務不履行又は瑕疵担保責任等による補修費用相当額等の支払い等を求め、これに対し、請負人が注文者に対して、請負代金の支払いを求めた事案である。判決は、注文者と請負人は、平成21年12月3日に本件工事を中止し、その後、工事を再開しないまま、平成22年5月10日に本件請負契約を合意解除したことが認められるから、本件工事が最後の工程まで一応終了したといえないことは明らかであるとした。

⑦　東京地判令和4年1月14日D1-Law 29068745

本件は、請負人が、注文者に対し、工事及びその追加工事を完成させ、仕事の目的物を注文者に引き渡したとして、未払請負代金の支払いを求めた事案である。判決は、本件請負契約の工事は、追加変更部分も含めて、いずれも旅館の増改築工事であるところ、注文者は、本件旅館の営業を再開しており、請負人が工事を施工していないことにより、本件旅館の営業それ自体が妨げられたような事情は認められない。本件請負契約の工事は予定された最後の工程まで一応終了したものと認められ、本件請負契約の工事は、完成に至ったと認めるのが相当であるとした。

⑧　東京地判令和4年2月10日D1-Law 29069323

本件は、請負人の担当者は、本件工事を終了したとして、注文者に対し、完了確認書に記名押印するように求めたが、注文者は記名押印せず、その後、請負人は、洗面台のコーキング等の補修工事を実施し、請負人の担当者は、注文者に対し、再度、完了確認書に記名押印するように求めたが、注文者は記名押印しなかった事案であるところ、判決は、本件工事において予定していた工程は一応終了していたものと評価することができ、請負人は、その頃までに本件工事を完成させて注文者に引き渡したものと認めることができるとした。

⑵　予定工程終了説を採っていない判例等

予定工程終了説を採らずに仕事の完成・未完成の判断につき、独自の基準に

• 75 •

よった判例や、予定工程終了説を前提としつつも、それによらずに結論を出した判例もある。

① 東京地判昭和48年7月27日判時731・47

請負人からの請負代金の請求に対して、注文者から工事の未完成ないし瑕疵担保責任による損害賠償請求権との相殺を主張等した事案である。

判決は、「建築請負契約の場合、建築された建物が社会通念上建物として完成されているかどうか、主要構造部分が約定とおり施工されているかどうかのほか、それが建築基準法上も適法として是認されるかどうかも含めて完成の有無を判断すべき」とした。そして、本件においては、「本件請負契約が、建物外壁をモルタル塗とし、内壁を漆喰塗りとする約束で」「本件建築が準防火地域にありながら、外壁がモルタル張りとなっておらず、内壁もベニヤ板張りとしていることは、建築の重要な設計仕様に反するものであり、また建築基準法に違反するものであって、建築工事を完成したとはいえない」として、請負人には工事の完了割合に応じた代金請求権しか発生しないとした。

② 横浜地判昭和50年5月23日判タ327・236

本件は、建物の新築工事において、床が肉眼でも判明する程度に傾斜しており、ドアに隙間が生じ、鴨居・敷居と柱が傾斜によって平行四辺形になっているという事案であり、請負人からの請負代金請求に対し、注文者から工事の未完成ないし不完全履行による損害賠償請求権との相殺等を主張した事案である。判決は、本件建築工事は予定された最終の工程まで一応終了して引き渡されたものであるから、仕事は完成したものとしたが、基礎工事等の不完全な箇所については不完全履行を免れないとして請負人の損害賠償責任（修補によっても補正回復できないための本件建物の価値逸失額を含む。）を認めた。

③ 大阪高判昭和59年12月14日判タ549・187

一応外形上は完成したとされる建物につき、もろもろの不良、建築基準法にも違反し、現状のままでは使用不能であり、欠陥を補修するとなると全面的に作り替えるしかなくその費用は請負代金の2倍を超えてしまうという事案において、判決は、「目的物が完成して請負人より引渡の提供を受けた」「が、目的物の瑕疵が重大であってほんらいの効用を有せず、注文者が目的物を受領しても何らの利益を得ない場合には、仕事が完成していない場合に準じ、注文者は請負代金の支払いを拒むことができるものと解するのが相当である。けだし、右のような場合は仕事がまだ完成していない場合と実質的に異なるところはなく、かかる場合に注文者が必ず目的物を受領して代金を支払う義務があるもの

とすれば当事者間の利害の均衡を失し有償双務契約の本旨に反する」とし、本件においては、「瑕疵の重大さ」から「完成していない場合と実質的に異ならない」として、請負人からの請負代金請求を認めなかったものである。

本判決は、注文者が、その瑕疵の重大さから一応完成した目的物を受領しても何らの利益も得られない場合は、瑕疵担保責任を追及するまでもなく、代金の支払いを拒絶することができるとしたものである。

3 仕事の完成後における諸問題

ア 請負工事の目的物が「完成」し、すでに引き渡されている場合、注文者は、単に目的物に契約不適合があるというのみで代金の支払いを拒絶することはできない。この場合、注文者は、目的物の契約不適合を主張して請負人に修補（追完）を請求し（民562）、修補が完了するまで代金の支払いを拒絶するか（なお、民法改正後も、修補請求権は請負代金請求権と同時履行の関係に立つかについては、**第1部3(5)**「請負人の担保責任に基づく抗弁（同時履行の抗弁・相殺の抗弁）・再抗弁等」参照）、代金減額請求をするか（民563）、または、修補（追完）に代わるないしこれとともに損害賠償を請求して（民564）、これと請負代金債権との相殺を主張することになる（なお、最判平成18年4月14日民集60・4・1497、最判令和2年9月11日民集74・6・1693）。

イ 請負工事の目的物が「完成」したものとされる場合、請負人は、目的物の引渡しと引き換えに請負代金の支払いを請求できる（民633）が、ここにいう「引渡し」とは、「請負人から注文者に請負工事の目的物の占有を移転すること」を意味するものと解されるから（我妻榮ほか「我妻・有泉コンメンタール民法―総則・物権・債権―〔第5版〕」（日本評論社、2018）、その態様がどうであれ、注文者が請負工事の目的物を利用できる状態に至っていれば、引渡しの事実は認められることになる（岸日出夫ほか「建築訴訟の審理モデル」判タ1453・14）。「引渡し」に関する裁判例は次のものがある。

① 広島高判平成5年7月20日民集51・2・355

請負契約の目的物である建物に、約定の工事の未施工部分や欠陥が存在するものの、居住に使用するのに支障がない程度に出来上がっているが、注文者の親が浴室部分を利用するほかは現実に利用されていないとの事案において、「目的物の引渡は、特に反対の事情が認められない限り、注文者が竣工検査に立会っ

・77・

たのち注文者自身もしくはその占有補助者が建築された建物のたとえ一部にでも入居しあるいはこれを使用するに至ったような場合には、あったものと認めるのが相当である。」として、引渡を認めた。

② **大阪高判昭和61年12月9日判タ640・176**

注文者が正月だけ新居で過ごしたに過ぎず、正式の引渡証の交付もないので未だ建物の引渡を受けていないと主張した事案において、「「引渡」とは正式の引渡証の交付の有無を問わず目的物の占有ないし、実力的支配の任意の移転を指すものである。」として、引渡を認めた。

第3章 建築目的物が未完成の場合の問題

第3章　建築目的物が未完成の場合の問題

1　はじめに

⑴　「第1部　工事請負契約関係訴訟における要件事実と証明責任」でも述べたとおり、請負契約においては「仕事の完成」が請負代金支払請求の請求原因事実とされている（第1部2⑴、仕事の完成の意義については、第2章2参照）。

　　もっとも、仕事が未完成であっても、注文者の責に帰することができない理由によって仕事を完成することができなくなったとき、あるいは請負が仕事の完成前に解除されたときにおいて、工事が可分であり、施工済み部分の給付につき注文者が利益を受けるときは、その部分を仕事の完成とみなし、その部分に相応する請負代金支払請求が認められる（改正民634。なお、改正以前も同様に解されていた。）。

　　本章では、仕事が未完成の場合において、請負人が請負代金の支払請求をするための要件及びこれに関連する法律関係について検討する。

⑵　仕事が未完成の場合において、請負人が請負代金の支払請求をするケースとは、⒜仕事の完成が不可能となった場合すなわち履行不能の場合と、⒝仕事の完成はなお可能である場合に大別される。なお、⒝の場合、仕事の完成は報酬支払債務の先履行であることから、何らかの形で仕事の完成義務を消滅させる必要があるかも問題となろう。

　以下では、まず、履行不能の場合、次に、仕事の完成がなお可能である場合について、順に検討する。

2　履行不能の場合

⑴　履行不能の意義

　上記のとおり、仕事が未完成の場合に請負人が請負代金の支払いを請求するケースは、仕事の完成が履行不能となった場合と、仕事の完成がなお可能である場合とに大きく分けられる。

　まず、いかなる場合に仕事の完成が履行不能となるのであろうか。

　履行不能とは、「債務の履行が契約その他の債務の発生原因及び取引上の社会通念に照らして不能である」ことをいう（改正民412の2Ⅰ）。

• 79 •

この点の事例判断として東京地判平成30年6月29日（判タ1457・194）がある。この事案は、注文者が請負人に対して、今後工事を行わせないことを決意し、現場監督に対して工事の中止を告げ、請負人にも現場からの撤退を求めるなどしたことにより工事が進められなくなったというものであるが、判決では、仕事完成債務の履行が客観的に不能となったと判示した。

このほか、履行不能の例として、注文者の指示・作業を待って工事する予定であるのに、注文者が必要な指示や作業をせず、今後もこれらをする見込みがないと評価される場合や、注文者が合理的な理由がないにもかかわらず、請負人に工事の中止を命じ、別の業者に依頼して工事を完成させてしまうか、あるいは今後も施工者に工事を再開させる見込みがない場合（最新裁判実務大系(6)287頁）、建築途中で瑕疵が発見されたとして注文者がその修補を指示して工事が中止されたが、請負人が合理的な修補案を示さず、工事が再開されないまま長期間が経過し、工事完成債務全体が履行遅滞あるいは社会通念上履行不能になったと評価できる場合等があるとされる（同275頁）。

なお、既施工部分が滅失するなどした場合であっても直ちに債務の履行が不能になるわけではなく、この場合も上記のような社会通念上履行不能になったと評価できる事情がない限り、請負人は仕事の完成義務を負う（同275頁）。

履行不能には、注文者又は請負人に帰責性がある場合といずれにも帰責性がない場合が考えられるため、以下、それぞれに分けて論じる。

⑵　注文者に帰責性がある場合

この場合、改正民法536条2項が適用され、請負人の請負代金支払請求権は消滅せず、請負人は、注文者に対して請負代金全額の支払いを請求することができる。ただし、請負人が自己の債務を免れたことによって利益を得たときは、これを注文者に償還することになる（同項後段、筒井健夫＝村松秀樹編「一問一答 民法（債権関係）改正」338頁注1（商事法務、2018））。

なお、改正前民法下においても判例は同様の考え方を採っており（最判昭和52年2月22日民集31・1・79）、改正前民法536条2項により報酬全額の請求が可能であるが、同項但書により、請負人は自己が債務を免れたことによって得た利益についてはこれを注文者に償還しなければならないとされていた。

この債務免脱利益の償還については、その主張立証責任が注文者に存することになることは、第1部2⑷、同3⑷で述べたとおりである。

なお、笠井修『建設工事契約法』297頁（有斐閣、2023）によれば、この場合、

割合的報酬とそれほど大きな差が生じるわけではないと述べ、岸ほか・QA建築訴訟237頁注(3)は、実際には請負人にて利益の額を控除して請負代金請求がなされていることも多いと思われると述べる。

⑶　請負人に帰責性がある場合

改正民法634条1項は、請負人に帰責性があるかどうかを問わず履行不能の場合に注文者が受ける利益の割合に応じた報酬請求を認めている（前掲・笠井285頁）。

そのため、この場合、請負人は、工事が可分であり、既施工部分の給付につき注文者にも利益があるときは、既施工部分にかかる出来高報酬を請求することができる。

なお、この考え方は、改正前民法における判例も同様であった（改正前の判例として最判昭和56年2月17日判時996・61）。

既施工部分に相応する請負代金の具体的な算定方法等については、第4章「建築請負契約と出来高算定・報酬算定に関する問題」で述べる。以下、施工済み部分に相応する請負代金の算定が問題となる場合の算定方法等についても、すべて同様である。

⑷　注文者にも請負人にも帰責性がない（不可抗力の）場合

注文者にも請負人にも責に帰すべき事由なく履行不能となった場合、請負人は、工事が可分であり、既施工部分の給付につき注文者にも利益があるときは、既施工部分にかかる出来高報酬を請求することができる（改正民634①）。

改正前民法の下においては、民法536条1項（危険負担の債務者主義）により、請負人の請負代金支払請求権は消滅するとしていたが、この場合も、工事が可分であり、既施工部分の給付につき注文者にも利益があるときは、消滅するのは未完成部分に相応する請負代金債権だけであり、施工済み部分の請負代金支払請求は認められると解釈されていた。改正民法634条はかかる見解を明文化したものといえる。

⑸　既施工部分に相応する請負代金の支払請求ができる場合の未完成建物に対する権利

⑺　ところで、請負人が前述のように既施工部分に相応する請負代金の支払請求ができる場合、請負人は、この請負代金支払請求権を現実に確保する

第2部　建築請負代金請求に関連する法律問題

ために、未完成建物について、所有権を主張しあるいは留置権を主張することはできるであろうか（第6章参照）。

(イ)　この点、仕事が未完成であっても、施工済み部分が独立の建物として不動産と認められる状態にまで仕事が進んでいれば、建物として所有権の客体となるので、請負人がこれに対し所有権を主張することも考え得ることになる。しかし、最近の判例は、所有権は原始的に注文者に帰属するとする傾向が強く、請負人の所有権主張が認められるのは、原材料の大半を請負人が供給し、かつ、請負代金がほとんど支払われていないような事情のある場合に限られるであろう（第6章2参照）。他方、注文者の所有権を前提とした場合には、請負人による建物に対する留置権の主張が認められ得ることになるが、これについては第6章3を参照されたい。

　以上に対して、既施工部分が独立の建物として認められる状態にまで仕事が進んでいない場合には、建物に対する所有権ということを考えることができない。そのため、請負人としては、原材料についての所有権や留置権の主張を、あるいは、これらが土地に附合しており独立した所有権を観念できない状態となっている場合には、土地に対する留置権の主張などを検討することになろう。

　専門講座(2)124頁は土地に対する留置権の問題は平成29年改正法によっても残された問題であるとしているが、近時の裁判例として大阪地判令和5年1月19日（判タ1512・173）は、「土地上に存在する建物全体に関する被担保債権を有し、建物を留置できる場合に…土地上に存在する建物に生じる留置権の効力は、建物の留置に必要な限りでその敷地の留置も認められると解すべきである」としている。

(ウ)　なお、仕事が未完成の場合の目的物の注文者への引渡義務等の問題については、第1部4(1)も合わせて参照されたい。また、仕事が未完成の場合の所有権と留置権の問題は、履行不能の場合に限らず、債務不履行解除の場合など、次項以下の場合にも共通する問題であるが、基本的にはすべて同様の問題である。

3　仕事の完成がなお可能である場合

　仕事が未完成であり、その完成がなお可能である場合であっても、「請負人の仕事の完成義務が消滅していること」を理由として、報酬の請求が認められるべきケースがある。以下では、請負人の仕事の完成義務が消滅する原因を(1)

第3章 建築目的物が未完成の場合の問題

請負人が主導的に仕事完成義務を消滅させる場合、(2)請負人と注文者が合意して仕事完成義務を消滅させる場合、(3)注文者が主導的に仕事完成義務を消滅させる場合とに分けた上で、報酬の請求が認められるべきか否かをそれぞれ検討する。

なお、請負人の仕事の完成義務が消滅していない場合であってさえも、一定のケースでは報酬の請求を認めるべきという見解もあるが（前掲・笠井265頁）、実務的には極めて例外的なケースであると考えられるので、ここでは立ち入らないこととする。

(1) 請負人が主導的に仕事完成義務を消滅させる場合

① 請負人が主導的に仕事完成義務を消滅させる場合とは、具体的には、注文者の債務不履行を理由に契約を解除する場合が考えられる。

この場合、請負人は、注文者に対し、改正民法634条2号に基づき、既施工部分にかかる報酬の支払いを請求できると解される。なお、改正前民法の場合も同様に考えられていた。

② 請負人は、仕事を完成させていない以上、未施工部分にかかる報酬の請求はできないが、注文者に対し、債務不履行による損害賠償請求として、履行利益相当額を請求できることになる（もっとも前掲・岸ほか241頁注(7)、最新裁判実務大系(6)297頁注(3)は、具体的な事案における逸失利益の算定には困難を伴う場合も多いと述べる。）。

このため、既施工部分の請負代金の支払請求と履行利益の損害賠償請求を合わせて行うことにより、請負人は、実質的（経済的）には、請負代金全額について支払請求を認めたうえで請負人が債務免脱利益を注文者に償還すべきとする民法536条2項の場合（注文者の責に帰すべき事由に基づく履行不能の場合）と極めて類似した結果を得ることになる。

しかし、主張立証責任という点では、注文者の責に帰すべき事由に基づく履行不能の場合には、請負人は契約上の請負代金額の主張立証さえなせば、前述のように、償還すべき債務免脱利益については注文者が主張立証責任を負うことになる（第1部2(4)参照）のに対し、注文者の債務不履行を理由とする解除の場合には既施工部分の請負代金額や損害賠償金額については請負人が主張立証責任を負うことになり）、大きな違いが生じることになる。

そのため、請負人としては、注文者の責に帰すべき事由に基づく履行不

• 83 •

能を主張立証できる場合には解除ではなく履行不能を主張した方が有利ということになろう。

⑵ 請負人と注文者が合意して仕事完成義務を消滅させる場合

合意解除の場合である。

この場合、解除の合意の際に請負代金額につき何らかの合意がなされていれば、その合意に従うのは当然である。

しかし、請負代金額（より一般的には、不当利得や損害賠償その他を含む金銭的な精算）について何らの合意をしないまま、仕事を続行しないことだけが合意された場合には、施工済み部分に相応する請負代金をどう考えるかが問題となる。

基本的には当事者の合理的意思解釈の問題と考えられるが、工事が可分であり、施工済み部分の給付につき注文者にも利益があるときには、施工済み部分については、本来、請負代金債権が発生するということを前提として、その他合意解除に至った諸事情を踏まえ、合理的な意思解釈がなされるべきである。

この点に関して、合意解除の経緯を踏まえ、特段の合意がなくても工事出来高に応じた代金の支払義務があるとした事例（東京高判昭和46年2月25日判時624・42）や、主として注文者の責めに帰すべき事由によって仕事の完成が妨げられたことによって信頼関係が崩壊し、合意解除があったと同視しうる状態が生じた場合には、注文者は出来高に応じた金額の請求を拒絶することができないとした事例（東京高判昭和58年7月19日下民34・5〜8・574）などがある（前掲・笠井265頁参照）。

⑶ 注文者が主導的に仕事完成義務を消滅させる場合

注文者が主導的に仕事完成義務を消滅させる場合とは、具体的には、①請負人の債務不履行を理由とする契約解除（なお、改正前民法においては債務者に帰責性がなければ契約の解除はできないとされていたが、改正民法541、542条は契約の解除に債務者の帰責性は不要とした。）、②民法641条による解除（注文者は仕事が未完成である間はいつでも損害を賠償して無理由で解除できる。）が考えられる。

請負人としては、上記の事由で注文者により契約が解除された場合に、何らかの請負代金支払請求ができるかが問題となる。

以下、順に検討する。

第3章 建築目的物が未完成の場合の問題

㋐ 請負人の債務不履行を理由とする解除の場合

a 債務不履行解除

仕事が未完成であれば、いかなる段階であっても注文者は請負人の債務不履行を理由として契約を解除できる（この点、改正前民法635条但書は仕事の目的物に瑕疵があって契約の目的を達することができない場合であっても、建物その他土地の工作物については注文者は契約を解除できないとしていたが、平成29年改正により同条項は削除された。）。

もっとも、この場合も注文者は未施工部分についてのみ契約を解除することができると解される。そして、請負人は、既施工部分にかかる請負代金の支払いを請求することができることとなる（改正民634②）。ここで、改正前民法下の判例として最判昭和56年2月17日判時996・61がある。同判例は、請負人の債務不履行を理由とする解除について、「工事内容が可分であり、しかも当事者が既設工部分の給付に関し利益を有するときは、特段の事情のない限り、既設工部分については契約を解除することができず、ただ未施工部分について契約の一部解除をすることができるに過ぎないものと解するのが相当である」としており、改正前後において同じ取扱いとなる。）。

b 請負人の損害賠償義務

なお、請負人の債務不履行を理由とする解除であるから、請負人は、施工済み部分に相当する請負代金の支払請求ができるとしても、これとは別に注文者からは損害賠償責任を問われ得ることになる。例えば、未完成の仕事をその後注文者が完成させた場合、その完成に要した追加費用は、それが相当なものである限り全額が損害賠償額と認められるべきである。

もっとも、この請負人の債務不履行を理由とする解除の後に未完成の仕事を完成するのに要する費用というものは、前述のように損害賠償額の一要素と考え得るものであるが、後記**第4章**「建築請負契約と出来高算定・報酬算定に関する問題」でも述べるとおり、特に債務不履行責任を負う請負人の施工済み部分の請負代金額を算定するに際しては、未完成の仕事を完成するのに要した費用を本来の請負代金金額から控除するという方法でこの請負代金債権を算定している裁判例も多々見られるところである。この点については、**第4章**で詳述する。

なお、この場合であっても、最判昭和60年5月17日判タ569・48は「請負において、仕事が完成に至らないまま契約関係が終了した場合に、請負

• 85 •

人が施工ずみの部分に相当する報酬に限ってその支払を請求することができるときには、注文者は、右契約関係の終了が請負人の責に帰すべき事由によるものであり、請負人において債務不履行責任を負う場合であっても、注文者が残工事の施工に要した費用については、請負代金中未施工部分の報酬に相当する金額を超えるときに限り、その超過額の賠償を請求することができるにすぎないというべきである。」と判示している点は注意が必要である。

(イ) 民法641条による解除の場合

a 解除の可否

民法641条は、注文者は、仕事を完成させる前であれば、いつでも損害を賠償して契約を解除することができると規定する。改正前民法とは異なり民法635条但書が削除されたこともあり、時期的な問題はないと解される。

b 債務不履行解除と民法641条による解除の関係

注文者が債務不履行解除を主張しているが、請負人の債務不履行が認められない場合、裁判所は民法641条による解除を認めることができるかという問題がある。

基本的には注文者の意思表示の解釈の問題となるが、民法641条の解除が、債務不履行に基づく解除と異なり、注文者が損害賠償債務を負うことになることから、当然には民法641条による解除を認めることはできないと考えられる（最新裁判実務大系(6)294頁）。

もっとも、いったん契約解除を主張している以上、契約の継続は望めないことから、民法641条の解除の意思表示が含まれていると解釈できる場合もあるだろうし、そうでないとしても注文者の帰責事由により工事完成債務が履行不能になったと評価される場合もあると考えられる（同295頁）。

c 請負代金支払請求の可否

改正民法634条2号の解除には民法641条に基づく解除を含むと解される（前掲・笠井261頁。新注民197頁）ことから、請負人は、注文者に対し、同条に基づき、既施工部分にかかる請負代金の支払いを請求することができる。なお、改正前民法も同様であった（大判昭和7年4月30日民集11・780）。

また、この場合、注文者は、請負人に対して生じた損害の賠償をしなけ

ればならない（民641）。

　注文者の債務不履行の場合ではないので、請負人は注文者に債務不履行を理由として履行利益を請求することはできないが、本条により注文者に対し履行利益も損害賠償として請求することができることになる。この結果、民法641条に基づく注文者の無理由解除に伴う法律関係は、注文者の債務不履行を理由とする解除の場合と類似することになるが、請負人にとっては、注文者の債務不履行も民法641条に基づく注文者による無理由解除も請負人には何ら責がなくもっぱら注文者の責に基づき契約関係が終了となるのであるから、もっともなことであろう。

4　民間（七会）連合協定工事請負契約約款

(1)　いかなる場合に履行不能となるか、その場合にどういった請求ができるかについては、上記のとおり事例ごとの個別の事情によるところが多い。そのため、これらの点についてある程度合意しておきたいと考える契約当事者のために、民間（七会）連合協定工事請負契約約款においては、仕事の中止、解除やその場合の取り扱いについて、注文者側と請負人側とでそれぞれ規定をしているので、以下に紹介する。

(2)　注文者からの中止等

　　㋐　任意の解除等

　　　注文者は、請負人が工事を完成させるまでの間、必要によって、書面をもって通知をすることで、工事を中止し、契約を解除することができる（約款31(1)）。上記民法641条の規定とは異なり、「必要によって」とされているがこれは注文者が必要があると認めるときは任意に解除できるという趣旨である（笠井274頁）。これによって生じる請負人の損害について、注文者は賠償しなければならない（同(1)後段）ことは民法641条と同様である。

　　　注文者は工事の再開を求めることができ、この場合、請負人は工期の延長を求めることができるとされており（同条(2)、(3)）、民法にはない規定も設けられている。

　　㋑　債務不履行等を理由とした解除等

　　　請負人が正当な理由なく着手期日を過ぎても工事に着手しない場合などの場合、注文者は、書面による催告をした上で、工事の中止や契約の解除をすることができる（約款31の2(1)）。また、目的物を完成させることがで

きないことが明らかであるなどの場合には、注文者は、催告によらずに契約を解除することができる（約款31の3(1)）。民法541条や542条の債務不履行の解除の規定と同様の規定であるが、解除事由を詳細に規定している。

もっとも、契約及び取引上の社会通念に照らして債務不履行が軽微な場合には工事の中止や契約解除をすることができない（約款31の2(1)但書）とされている点は、民法541条但書と同様である。

工事を中止した場合の再開の規定は設けられているが、中止等が請負人の責任にあるため、工期の延長などの規定は設けられていない。

なお、各条で規定する事由が注文者の責めに帰すべき事由による場合には契約の解除はできない（約款31の4）。

⑶ 請負人からの中止等

㋐ 中止権

注文者が支払いを遅滞したなどの場合、請負人は、書面による催告の上、工事を中止することができる（約款32(1)）。

中止事由が解消した場合に請負人は工事を再開するが、必要な工期の延長を請求することができる（約款32(2)）。

㋑ 解除権

注文者に債務不履行がある場合、請負人は、書面による催告の上あるいは無催告で、契約を解除することができる（約款32の2(1)、32の3(1)）。

ただし、催告による解除に関しては、契約及び取引上の社会通念に照らして債務不履行が軽微であるときは解除は認められない（約款32の2(1)但書）。

なお、各条で規定する事由が請負人の責めに帰すべき事由による場合には契約の解除等はできない（約款32の4）。

⑷ 解除に伴う措置

契約が解除された場合、注文者は出来形部分や検査済みの工事材料及び設備の機器を引き受けた上、利益の割合に応じて請負代金を支払わなければならない（約款33(1)）。

これは民法の規定と基本的には同じであるが、工事材料などを引き取る旨などの点が規定されている。

第4章　建築請負契約と出来高算定・報酬算定に関する問題

第4章　建築請負契約と出来高算定・報酬算定に関する問題

1　出来高と請負代金（報酬）の請求

　請負契約の原則に照らせば、建築請負契約においては、工事の施工が全部完了していない場合には、特約がない限り、一部の既施工部分（出来形）の出来高に応じた報酬の請求は認められないこととなるはずである（一般に、出来形とは物理的な既施工部分〔工事の施工が完了した部分〕を言い、出来高とは出来形を金銭に換算した金額を言うものとされている。なお、専門講座(2)620頁〔中原隆文〕によれば「現場に搬入済みの材料費用も含めて、出来高という場合もある。」とされている。）。

　しかし、民法改正により新設された民法634条においては、①注文者の責めに帰することができない事由によって仕事の完成が不能となった場合、または、請負契約が仕事完成前に解除された場合、②仕事の結果（既施工部分）が可分であり、かつ、③その既施工部分の給付によって注文者が利益を受けるときは、既施工部分について仕事の完成があったものとみなされ（完成擬制）、請負人は、特約がなくても、注文者が受ける利益の割合に応じて注文者に対して報酬を請求することができる（すなわち、既施工部分の出来高に応じた報酬請求が認められる）ものとされている。上記の①の事態が生じた場合、建築請負契約では、一般的に上記の②③の要件をみたすことが多いと言えるので（最新裁判実務大系(6)278頁〔平山俊輔〕では、「基本的に、既施工部分が他の施工業者によって完成させられる状態になっているときは、その既施工部分まで工事は可分であるということができると考える。」とされており、また、「客観的に見て、既施工部分全体をやり直さなければならないことに合理的理由があるような場合には、有益性を否定することになると考える〔編注：すなわち、それ以外では、基本的に、有益性が肯定されるということであろう。〕。」とされている。）、既施工部分の出来高に応じた報酬請求が認められるケースが多いものと思われる。

　民法改正により民法634条が新設された趣旨、要件事実、既施工部分の出来高に応じた報酬請求が認められる場面等については、**第1部2(3)**及び前章を参照していただきたい。

　なお、注文者の責めに帰すべき事由により工事完成が不能となった場合は、請負人が仕事の一部しか完成させていないときでも、請負人は、自己の残債務

• 89 •

第2部 建築請負代金請求に関連する法律問題

を免れるとともに、民法536条2項により注文者に対して既施工部分の出来高に応じてではなく報酬の全額について請求ができるものとされている（最判昭和52年2月22日判時845・54）。この点については、第1部2(4)を参照していただきたい。

2 出来高に応じた報酬額の算定方法

請負の目的である仕事が未完成である場合の既施工部分の出来高に応じた報酬額の具体的な算定については、それぞれのケースごとに裁判所の事実認定ないし裁量に委ねられており、必ずしもその基準が明確ではなく、事実上かなりのばらつきがあるが、一般には、以下の3つの方式が用いられている（岸ほか・QA建築訴訟261頁〔平山俊輔〕、岸日出夫ほか「建築訴訟の審理モデル～出来高編～」判タ1455・11）。

(ア) 出来高割合方式：全工事に対する既施工部分の割合（出来高割合）を算出し、全報酬額にその割合を乗じることによって出来高に応じた報酬額を算定する方法

(イ) 実費積上方式：請負人が既施工部分の工事に費やした費用に利潤等を加算することによって出来高に応じた報酬額を算定する方法

(ウ) 控除方式：全報酬額から未施工部分を完成させるために要する費用及び利潤を控除することによって既施工部分の出来高に応じた報酬額を算定する方法

(1) 出来高割合方式

出来高とは工事の施工が完了した一部分を金銭に換算したものであるから、全工事に対する既施工部分の割合（出来高割合）を算出する出来高割合方式は、当事者の合理的意思にも合致しているとされている（前掲・岸ほか・QA建築訴訟261頁〔平山〕）。

裁判例でも出来高割合方式によるものが多く、東京地方裁判所民事第22部がホームページにおいて公開している「出来高一覧表」は出来高割合方式を前提とした一覧表になっている（https://www.courts.go.jp/tokyo/vc-files/tokyo/file/20170314-min22-ex-dekidaka.pdf〔2024.07.23〕）。

出来高に応じた報酬額の算定方法としては、出来高割合方式が基本ということになろう。

・90・

第4章 建築請負契約と出来高算定・報酬算定に関する問題

　ただ、出来高割合の算出は、結局、裁判所の事実認定の問題に帰することになり、ある程度出来高割合が認定し得るケース（前掲・専門講座(2)634頁〔中原〕は、一つの例として「工事代金についての見積書があり、その内訳明細が比較的詳しい請負契約」を挙げている。）では妥当な結論となり得るであろうが、そうでないケース（前掲・専門講座(2)635頁〔中原〕は、一つの例として「工事が中止された後、第三者においてすでに工事が完成されている事案」を挙げている。）では妥当な結論を導くのが困難な場合があり得る。また、残工事を完成させるために余分な支出をしたケース（例えば、新たに足場が組み直された場合）では、出来高割合方式においては注文者がその負担をすることになりかねず、不当な結果になることがあり得る。

　出来高割合方式を基本としつつも、これに拘泥することなく、事案に応じて他の方式も検討すべきである。

　なお、出来高割合方式と実費積上方式の両者を考慮した裁判例（福岡高判昭和55年6月24日判時983・84）がある（この裁判例については、後記の実費積上方式の箇所で取り上げることとする）。

〈参考裁判例〉

　① 大阪地判昭和41年1月19日判タ189・175

　建築工事が中途で中止されたケースにおいて、請負人である原告において請負代金90万円の工事のうち出来高80パーセントの工事を終わっているものと認定して、原告が注文者である被告に対して請負代金90万円の80パーセントに当たる72万円を報酬として請求し得るとした。

　② 岡山地判昭和46年1月18日判時625・90

　店舗改造工事が中途で中止されたケースにおいて、請負人である原告が工事を93パーセントないし95パーセントは仕上げていることを認定し、これに見合う報酬について、合意の請負代金が80万円であることを基準として、報酬を75万円とするのが相当であるとした。

　③ 東京高判昭和46年2月25日判時624・42

　道路改良工事が中途で中止されたケースにおいて、請負代金が162万円であることを基準として、請負人は注文者に対し、本件工事の出来高分30パーセントに相当する報酬として45万6000円を請求することができるものとした。

　④ 東京地判昭和46年12月23日判時655・58

　住宅新築工事のうちの大工工事が中途で中止されたケースにおいて、請負人である原告による大工工事の出来高について、金尾邸宅につき60パーセント、

• 91 •

清友邸宅につき20パーセントと認定し、請負代金が、金尾邸宅につき39万9000円、清友邸宅42万6300円であることを基準として、注文者である被告は原告に対して、出来高に相当する報酬支払義務、すなわち金尾邸宅につき23万9400円、清友邸宅につき8万5260円、合計32万4660円の支払義務を負うものとした。

⑤ 東京地判平成3年5月30日判時1408・94

建築設計業務の委託契約の業務が中途で中止されたケースにおいて、受託者である原告のした設計業務は、本来なすべき全設計業務の約30パーセントと認めるのが相当であるとし、原告が実際にした設計業務遂行割合（約30パーセント）を設計完成業務の報酬額528万円に乗じ、相当な報酬額は160万円であるとして、これを委託者である被告に請求できるものとした。

⑥ 東京地判平成5年10月5日判時1497・74

設計監理委託契約（請負契約）の業務が中途で中止されたケースにおいて、請負人である被告が完了した業務の量は予定総業務量の約4分の1に過ぎないものとし、完了した業務量が予定されていた全業務量の多くとも約4分の1に過ぎず業務遂行も遅れ気味であったことに鑑み、危険負担の規定（民536Ⅱ）により債務者である被告が報酬全額を取得できるとするのは、信義則上相当でなく、被告が請求できるのは出来高に応じたものに限定されると解するのが相当であるとした。そして、被告が完了した業務量は多くとも全業務量の約4分の1であるから、それに対する報酬としては、総報酬額1億2000万円の4分の1の3000万円を超えることはないというべきであるとした。

⑦ 東京地判平成8年6月21日判タ938・147

マンション建設の設計・管理等業務の委託（請負契約）の業務が中途で中止されたケースにおいて、裁判所は、この場合の報酬額は請負代金額の総額に現に実施した業務の割合を乗じた額になるというべきであるとした。そして、本件において現に実施された業務の割合は47.97パーセントとなるとして、既施工部分の出来高に応じた報酬額を、請負代金額の総額である1353万円の47.97パーセントにあたる649万0341円とした。

⑧ 東京地判令和4年3月29日判例秘書L07730861

給排水衛生設備工事が中途で中止されたケースにおいて、本件請負契約1の出来高は、配管完了分が3.93パーセント、施工途中・検査未済分が8.05パーセントであり、本件請負契約2の出来高は、配管完了分が1.06パーセント、施工途中・試験未済分が13.83パーセントであると認められるものとし、既施工部分の出来高に応じた報酬額を算定した。

⑵　実費積上方式

　請負人は原価に利潤を加えた金額で見積りをしているのが通常であることに鑑み、請負人が既施工部分の工事に費やした費用に利潤等を加算することによって出来高報酬額を算定する実費積上方式にも合理性があるとされている（前掲・岸ほか・QA建築訴訟267頁〔平山〕）。また、建築訴訟において、一式見積の工事の出来高が問題となる事例では、施工者が出来高請求額を特定する根拠として最も多く用いられる方法であるとされている（プログレッシブ⒁296頁〔溝口優〕）。

　ただし、建築請負契約では、ある工事項目では赤字を抱えつつそれを他の工事項目の利幅で吸収しているような場合もあり、このような場合には実費積上方式による出来高報酬額は、全体の対価である請負代金額と施工割合に照らして高額になりすぎる可能性があるので、実費積上方式による場合には、工事全体の対価である報酬額に照らして合理性があるかどうかの検討も必要であるという指摘がなされている（前掲・岸ほか・QA建築訴訟267頁〔平山〕）。

〈参考裁判例〉

①　福岡高判昭和55年6月24日判時983・84

　前述のとおり、出来高割合方式と実費積上方式の両者を考慮した裁判例と評価できる。

　建物建築工事が中途で中止されたケースにおいて、建物の建築工事請負契約において出来高に応じて支払いを命じることができる場合の支払われるべき金額は、それまでに当該工事に支出された金員であると言うことができるとしつつ、請負人の既支出分と出来高の占める割合とが一致しないような特段の事情がある場合には別の考慮をすることも必要と解するのが相当であるとした。そして、本件工事中止時の出来高の割合は80パーセントから85パーセントと認められると認定し、追加工事額を含む全請負代金789万円に上記割合額を乗じると631万円から670万円（万未満切り捨て）となるとし、さらに、この種の供述が極めて大雑把であることを考慮しながら、本件工事が中止されるまでに請負人が支出した金額が767万8658円であることも併せ考慮し、請負人が本件請負契約に基づく工事の中止をやむなくされた時点での出来高は663万円をもって相当と認めるとした。

②　東京地判令和4年3月16日判例秘書L07730792

　これも出来高割合方式と実費積上方式の両者を考慮した裁判例と評価できるのではないかと思われる。

第2部 建築請負代金請求に関連する法律問題

　建物建築工事が中途で中止されたケースにおいて、注文者である原告の主張は以下のとおりであるところ、裁判所は、これを認め、本件建物の4室分の床工事等について請負人である被告による施工が終了していたと認められるとして、その既履行部分の評価について、170万円と認めるのが相当であるとした。

（原告の主張）

　請負人である被告による工事の進展があったのは、入口近くの1、2階部分計4室のみであり、この4室に投入された建築用資材を積算すると、各部屋用の柱や内階段など主要構造物は、建物全体ではおよそ2200万円（被告が原告に既に支払っていた金額）の2割に当たる440万円程度であって、この時点での当該物件は16室の計画であったので、1部屋当たりに換算すると27.5万円（440万円÷16室＝27万5000円）となる。これ以外に、被告の指示で完成を目指していた手前4室について、シャワー室やキッチン・トイレなど内装主要部材はなく、1部屋に注ぎ込んでいた資金はクロス代等15万円のみであった。したがって、4室については15万円を加算できるとして、建物全体の資金投入状況は、170万円（（440万円÷16）×4＋（15万円×4室）＝170万円）となる。

(3)　控除方式

　未施工部分が比較的少なくなっておりその未施工部分完成のための報酬額の認定がしやすいような場合には、全報酬額から未施工部分を完成させるために要する費用及び利潤を控除する控除方式を用いることが考えられる。

　未施工部分が比較的少なくなっている場合、この方法は、出来高割合を数字で算定するということに伴う事実認定の困難さを回避でき、各工事の段階に対応する請負代金の合意も確定し得ないようなきわめて大雑把な口頭契約によるケース等において、有用であるといえる。

　ただ、全報酬額から控除されるのは請負人がそのまま工事を続行したものと仮定した場合の費用及び利潤であって、他の業者が工事を引き継ぐことによって生じた増加費用は含まれない（前掲・岸ほか・QA建築訴訟267頁〔平山〕、なお、本書前章も参照していただきたい。）。また、他の業者に発注した工事に施工者との関係では追加工事となるべき工事が含まれていたりグレードが上がったりしていることがあり、他の業者が施工した工事の内容が必ずしも施主・施工者間において予定されていた残工事の内容と合致するわけではないことに留意する必要があるという指摘もなされている（前掲・プログレッシブ(14)

・ 94 ・

294頁〔溝口〕)。

〈参考裁判例〉

① 東京地判昭和48年7月27日判時731・47

建物建築工事が中途で中止されたケースにおいて、完成割合は、結局未完成部分を完成させるに要する費用から逆算する(全代金額から完成に要する費用〔瑕疵の修補にあたるものは含まない〕を差し引く)方法によるほかないとした(その理由として、ことに本件においてはそれぞれの工事段階に対応する代金の合意も認定しえないようなきわめて大雑把な口頭契約だからであるとしている)。そして、この工事を完了するに要する費用について、外壁のモルタル塗の工費は39万3200円、内壁を漆喰塗りとする工費は14万4700円、合計53万7900円となることが認められるとし、本件建物の請負残代金は、請負人である原告が請求する残額56万2500円(全部完成すればこの額となることに争いがない)から、上記53万7900円を差し引いた2万4600円となるとした。さらに、湯殿の内部模様替工事は、未完了部分であるタイル張り工事の費用が2万7000円であると認められるとし、内部改装工事の代金7万円から控除すると、残代金は4万3000円となるとした。

② 東京地判昭和51年4月9日判時833・93

建物改造工事が中途で中止されたケースにおいて、本件は、各工事の段階に対応する代金の合意も確定しえないようなきわめて大雑把な口頭契約によるものであるから、完了割合は、未完成部分を完成させるに要する費用から逆算する方法すなわち全請負代金額から上記の完成に要する費用を差引く方法によるほかないとした。そして、全請負代金300万円から未完成部分の完成に要する費用77万8000円を差し引き、既施工部分の出来高に応じた報酬額を222万2000円とした。

③ 東京地判令和4年6月29日判例秘書L07732140

解体工事が中途で中止されたケースにおいて、本件請負契約の報酬のうち未施工部分に対応する報酬額は、請負人である原告主張の3291万8454円(税込み)であると認められるとし、本件請負契約に係る仕事の出来高は、本件請負契約の報酬額から上記の3291万8454円を減じた金額となるものとした。そして、本件請負契約に基づく報酬額(税込み)が17億9738万8047円になるものとして、原告による本件請負契約に係る仕事の出来高は、本件請負契約に基づく報酬額17億9738万8047円から未施工部分に対応する報酬額3291万8454円を減じた17億6446万9593円であると認められるとした。

第2部 建築請負代金請求に関連する法律問題

第5章　建築請負契約と追加変更契約、追加変更代金請求

　建築請負契約に関する紛争のうち、追加・変更工事又は追加・変更代金をめぐる問題が含まれている例は非常に多いと思われる。

　本書旧版刊行後、建築紛争に関する実務家等の論稿が多く公表され、特に、追加変更工事に関して、東京地裁、大阪地裁、名古屋地裁の各建築専門部の裁判官の論稿が公表されており、実務上重要である（プログレッシブ⑭223頁以下（大阪地裁）、永野圧彦ほか編著「請負報酬請求事件における追加変更工事に関する実務上の諸問題」判タ1412・87（名古屋地裁）、岸日出夫ほか編著「建築訴訟の審理モデル〜追加変更工事編〜」判タ1453・5（東京地裁）、最新裁判実務大系⑹364頁以下（東京地裁））。なお、それら以前の文献で裁判官執筆によるものとして、齋藤隆編著「三訂版建築関係訴訟の実務」364頁以下（新日本法規、2011）。

　追加・変更代金請求紛争の解決方法を考えるについて、初めに、なぜ追加・変更が多いのかと、追加・変更と言われるものの類型について簡単に見ておくこととする。

1　実際の建築の過程で追加・変更が多い理由

　実際の建築の過程で、追加・変更が多く発生する理由は以下のような事情と思われる。

⑴　施主の決定能力の欠如、不足

　一般人が自宅の建築を注文するという場合、建物の細部の仕様を特定し、決断するということは、専門家のアドバイスを受けるとしても容易ではなく、したがって、細部の仕様がなかなか決められず、また、一度決めても、迷ったりしてしばしば変更するということになりがちである。

⑵　請負業者の側の省力化や怠慢、設計積算費用や時間の節約削減

　請負業者の側としても、当初の段階で仕様を細部まで明確にして設計して積算をするためには、それなりの綿密な設計作業、積算作業を要するし、施主との打合せにも時間がかかる。時間をかけて細部の設計仕様を確定しようとしても、施主は容易に決断がつかず、時間ばかりかかる。また施主と細部について取り決めても、施主の方でしばしば変更してくれと言われたりする。そこで、

・96・

いきおい、当初契約の段階では、各項目についてある程度概算で見積もりをして契約をしてしまい、その後に施主と話し合って細部を詰めていくという方法になりやすい。

(3) 請負業者の営業上の理由

建築業者によっては、顧客との契約締結交渉で、最初の段階から高い金額の見積もりを提示すると、顧客が契約締結を躊躇するので、取りあえず比較的安い金額を提示して、付随的な設備等は、追加変更契約の中で処理しようとするというような場合がある。

このように最初から計画的に、追加変更契約を見越して、当初契約では比較的安価で顧客を誘引するのはかなり悪質なケースもありうるが、このような計画的な例でなくとも、契約段階では、顧客も安く値切ろうとするし、請負業者側も、なんとか契約を取りたいとギリギリの安い価格を出して契約に至るが、契約後に、実際の細部を詰める段階では、請負業者側としては、できるだけ契約段階で値引きしてしまった分を追加費用で取り戻したいという動機が働くケースもありうると思われる。

そして、これは、当初の契約の段階だけでなく、追加・変更の合意の段階でもある。例えば、当初契約でドアの細かな仕様が決まっていない場合に、業者が顧客の所へドアのカタログを持ってきて、「どのドアにしますか。」と聞き、顧客があるドアを選んだとするとき、業者が「そのドアを選ぶと追加費用として10万円かかります。」と明確に言えば、施主の方はそれならもう少し安いドアで我慢しようという考えになったかも知れないが、顧客が選択したドアについて、業者側はその段階では追加費用が発生することを説明せずに、単に「わかりました。」と言ってその施主が指定したドアを施工し、施工が終了した後に、追加代金として10万円の請求書や見積書を持参したりする例もある。

また、住宅建設等の請負契約では、細部が未確定なまま契約されている例が少なくなく、それが追加変更をめぐる紛争を引き起こす原因となるが、それでは、なぜ細部が未確定なまま契約されるのであろうか。

施主側に、いつまでに入居したいという事情があれば、それに間に合わせるために、取りあえず細部未確定で契約して着工し、工事を順次進めながら細部を確定していくということになる場合があり、その場合は施主の事情により細部未確定の契約がされたことになる。しかし、施主側にそのような事情がないのに、細部未確定の契約がなされるのは建設業者側の事情ということになる。

• 97 •

第2部　建築請負代金請求に関連する法律問題

本来、建設業者は、内容が細部まで確定してから請負契約をすべきであるが、施主と建設業者との契約前の施工内容の打ち合わせは、細部まで確定するまでには回数も日数もかかるので、あまり期間がかかると、その間に契約を他の業者に取られてしまうリスクがあるので、ある程度の時期に細部未確定の状態でも契約書を取り交わし、その余の細部は以後協議して進めるという方法をとることになりがちである。

⑷　業者間のビル建築等の場合

オフィスビルやマンションといったビルの建築の場合、建築確認申請自体でかなり詳細な構造図、設備図、意匠図、仕様書等が作成されるが、それでも細部がすべて特定しているわけでなく、それだけでは建築はできない。通常、建築確認の取得や請負契約の締結後、更に詳細図、施工図を作成しないと実際の建築はできないというのが実状ではないかと思われるし、また現場の収まり具合等によって事前の図面通りではなく、現場での調整が必要な場合も生ずる。

したがって、その過程で種々の細かな調整又は追加・変更が発生するが、どこまでが当初の契約の範囲内での調整なのか、どこからが追加・変更なのか、微妙な場合も多い。また、ビルの建築の場合、施主と請負業者との調整もあるが、元請け、下請け、孫受けという重層的建築システムの中で調整されることも多く、その過程で追加・変更を巡るトラブルが発生することもある（後記**6**参照）。

また、施主と請負業者と設計者・監理者の3者の3面紛争になる場合もある。

2　追加変更に関する紛争が発生する理由

建築請負契約に関する紛争において、追加変更がしばしば問題になる理由としては、追加変更に関する当事者の合意が口頭でなされるなど不明確なことが多いことと、当初契約の内容自体が不明確な場合が多いことがあげられよう。

追加変更とは、当初の契約を出発点として追加・変更があったか、なかったかが問題とされるわけであるが、そもそもその出発点としての当初契約の合意内容自体が細部について不明確であれば、後に決定された仕様等が、当初の契約に含まれていたか否かが争点とならざるを得ないからである。

3　追加変更と建設業法、約款

建設業法19条2項は、建設工事請負契約の内容を定めた同条1項を受けて、

「請負契約の当事者は、請負契約の内容で前項に掲げた事項に該当するものを変更するときは、その変更の内容を書面に記載し、署名又は記名押印をして相互に交付しなければならない。」と定めており、このとおり実行されることが望ましいが、実際には、履行されるとは限らないし、書面が取り交わされなくとも追加変更契約が不成立とか無効となる訳ではないが、建設業法の規定が建築紛争の解決の場面で全く機能しないような状況があるとすれば疑問もある。

次に、建築請負契約に関する約款には種々のものがあるが、民間の個人住宅など小規模建設工事を対象とする「民間建設工事標準請負契約約款（乙）」（中央建設業審議会決定）を例にとると、関連条項は以下のとおりである。

（工事の変更）

第二十条 発注者は、必要によって工事を追加し、若しくは変更し、又は工事を一時中止することができる。

2 前項の場合において、請負代金額又は工期を変更する必要があるときは、発注者と受注者とが協議して定める。

（請負代金の変更）

第二十二条 発注者又は受注者は、次の各号のいずれかに該当するときは、相手方に対して、その理由を明示して必要と認められる請負代金額の変更を求めることができる。

一 工事の追加又は変更があったとき。

二 工期の変更があったとき。

三 契約期間内に予期することのできない法令の制定若しくは改廃又は経済事情の激変等によって、請負代金額が明らかに適当でないと認められるとき。

四 中止した工事又は災害を受けた工事を続行する場合において、請負代金額が明らかに適当でないと認められるとき。

2 請負代金額を変更するときは、原則として、工事の減少部分については監理者の確認を受けた請負代金内訳書の単価により、増加部分については時価による。

より大規模な工事を対象とする「民間建設工事標準請負契約約款（甲）」にも類似した規定があるが、より詳細な定めとなっている（同21条、23条）。

これらの約款の規定は、追加変更工事の追加変更の決定権限は、あくまで施主の方にあることを定めている。もとより、両者が合意して決定するのが妥当であるが、請負人の方で作業の都合や収まり具合等で勝手に変更してしまう権限は基本的に認められていない。

第2部 建築請負代金請求に関連する法律問題

4 専門業者としての消費者への説明義務の問題

　近年は、種々の分野の専門家や専門業者は、契約上、一般人、一般消費者への説明義務があることについての認識が深まっており、法令で規定される例も増えている。医師のインフォームドコンセントの問題、説明義務の問題も議論が深められているし、宅建業法、金融商品販売法等の個別法令で業者の説明義務が規定されている例もあるし、また、一般的な責務として消費者基本法5条1項2号、消費者契約法3条1項にも事業者の消費者に対する説明義務が規定されている。

　事業者と一般人との請負契約において、追加変更の合意の書面もなく、合意の成否、趣旨が不明確なために紛争になるのは、建設業法違反と同時に事業者の説明義務が果たされていない場合が多いと思われ、その点も追加変更代金の紛争解決に当たって考慮されてしかるべきと考えられる（建築事件における説明義務の問題については、最新裁判実務大系(6)314頁以下に解説があるが、追加変更との関係では詳しい説明は見られない。秋野卓生編著「住宅建築業・設計事務所・部材メーカーの説明義務と警告表示」（新日本法規、2011）は様々な事例について解説している労作であるが、変更工事費用に関する説明について同書183頁以下。）。

5 追加・変更の内容面からの類型

　ところで、実務上、広く「追加・変更工事」、又は「追加・変更代金」の問題のように扱われている問題といっても、実際には、種々雑多な性質のものが含まれている。

(1) 単純追加型

　例えば、当初、主たる建物（母屋）のみの建築を注文していたが、後に、物置の建築も追加して注文したというような例は、典型的な追加・変更契約、あるいは原型としての追加契約である。

　上記のような例以外に、「追加・変更代金の請求の可否」という観点で実際上、問題となる例は以下のとおり様々である。

(2) 設計変更型

　当初契約の設計内容が変更され、追加代金が発生する場合である。部屋の間

• 100 •

取りを変更したとか、洋間を和室に変更したというような例である。この場合、設計変更によって建築費用が上昇する場合に、当初の費用との差額が追加変更代金として請求されることとなる。

(3) グレードアップ型

　これも設計変更の一種とも言えるが、建物のある部分の構造、ある設備に基本的な変更はないが、グレードの高いものに変更になったという場合である。
　例えば、ある部分の施工方法に基本的な変更はないが、使用する材質が高価なものに変更になったとか（単純な例としては、杉の柱が檜の柱に変更になった等）、ある部分にドアや窓を付けることに変更はないが、より高価なドアやサッシに変更になったという場合である。
　この場合に、高価な仕様にグレードアップしたことにより、当初の費用との差額が追加・変更代金として請求されることになる。
　この場合に、当該事項が「グレードアップ」といえるためには、当該事項についての当初の設計内容が特定できており、かつ当該項目についての代金額が確定していることが必要なはずである。
　例えば、玄関ドアの仕様が細部まで特定されていてその代金が30万円とされているのであれば、後に、より高級なドアに変更され、その高級なドアが40万円であってその旨合意されていれば、そのグレードアップについて追加・変更代金10万円が請求されることは問題がないであろう。
　しかし、当初の契約の段階で、ドアのこまかな仕様まで特定されていれば問題ないが（例えば、どこのメーカーの、アルミ製の何色の型番何番のドア）、実際には、当初契約の段階でこまかな仕様が特定されていない場合は、後に、ある仕様のドアを付けることになった場合、それが当初契約よりグレードアップしたことになるのかどうか紛争になることがある。その場合に、当初契約でドアの代金が特定されている場合もあるが、全体の価格やもっと大雑把な項目の代金しか決められておらず、ドア代金がいくらなのかは特性されていないことも少なくない。そうなると、例えば、最終的に通常価格40万円程度のドアを付けることとなった場合、当初契約よりグレードアップしたことになるのか、グレードアップしたとしていくらグレードアップしたのか紛争となる余地が生ずるのである。
　以上のような類型の、追加変更に関する紛争は、実は追加変更自体についての紛争というより、当初契約の内容と解釈の問題であるという面が多分にある

• 101 •

のである（この場合の証明責任については後記のとおり）。

⑷　予想外の事態発生型ないし事情変更型

　追加・変更に関する次の類型としては、当初契約後、作業を続けていくうち
に、予想外の事態が発生し、予想外に費用がかさんでしまったという類型の事
案である。

　例えば、当初契約の時点で予想していたよりも、予想外に地盤が軟弱であっ
たために、基礎工事に予想外に費用がかさんでしまったというような場合で、
追加工事代金を請求するというような事例である。

　東京高判昭和59年3月29日判時1115・99は、定額請負契約において、当該
建築現場の地質が請負人の予期したより軟弱だったため、基礎杭の長さや本数
が増加し、基礎工事費用が当初の見込みよりかさんだという事案について、専
門業者である請負人は見積もりの段階で基礎工事費用の増加を予想できなくは
なかったこと、基礎工事の変更の必要が明らかになっても直ちに注文主に知ら
せなかったことなどを理由として、請負人の追加代金請求を否定した。

　この種の事案では、地盤についての調査義務や事前にどれだけ地盤の軟弱に
ついて知り得たのかということが、技術的な予見可能性と契約上の義務の内容
（地盤調査まで契約内容に含まれていたか否か等）か否かという面から事案に
則して検討される必要があろう。

　他の例としては、役所の行政指導でより丁寧な設計を要求され、費用がかさ
んだとか、当初の予想より工程に日数を要し、費用がかさんだとなどという場
合である。

　これらの場合、請負業者の当初の想定が悪かったために、実際には、当初予
算よりも余分な費用がかかってしまったという場合には、当然、追加代金は請
求できないであろう。

　この予想外の事態の発生により費用がかさんだという類型の場合は、本来の
追加変更工事の問題というより、事情変更の原則の適用の場面の場合が多いで
あろう（後記の横浜地判昭和50年2月7日判時792・73は請負契約にも事情変
更の原則の適用があることを判示している。）。

　したがって、事情変更の原則の一般原則の適用の問題となるが、事情変更の
原則の適用の要件は、一般に次のように定式化されている（我妻栄「債権各論
上巻」26頁（岩波書店、1954）等）。

　⑴当事者の予見せず、また予見し得ない著しい事情の変更を生じたこと、⑵

第5章　建築請負契約と追加変更契約、追加変更代金請求

その変更が当事者の責に帰すべからざる事由によって生じたものであること、(3)契約の文言どおりの拘束力を認めては信義の原則に反した結果となること、である。

建築紛争の場合、この原則の適用に当たっては、上記のとおりの契約上の義務や、その事態の発生についての技術的な予見可能性や帰責事由等を吟味して検討されることとなろうが、基本的に上記の3要件（予見し得ない事情の変更や請負人に帰責事由がないこと等）の証明責任は事情変更の原則の適用を主張する請負人側にあるというべきであろう。

⑸　値上げ増額型

建築内容、設計内容に変更はないが、材料費や労賃等が値上がりしたため、代金の増額を請求する、つまり追加代金を請求するという類型も存在する。

定額請負の場合、資材の値上がり等があっても、代金の増額を請求することはできないのが原則であるが、請負契約から仕事の完成まで時間を要する場合で、「当事者の全く予期し得ない経済事情の大変動が生じて資材の価格や労賃が暴騰し、当初の約定報酬額で仕事の完成を強いることが著しく公平に反する結果を招く」場合には事情変更の原則の適用により報酬額の増額を請求する権利を認めるのが相当であるとされる（横浜地判昭和50年2月7日判時792・73、ただし、同判決は、約款に基づく代金変更請求権は形成権ではないとした。）。

なお、民間の約款については、前述したが、公共工事標準請負契約約款（中央建設業審査会作成）には、いわゆるスライド条項、インフレ条項と言われる条項（賃金又は物価の変動に基づく請負代金額の変更）が規定されている（同約款26条）。

6　追加変更をめぐる紛争の関係者や工事内容による分類と特色

追加変更をめぐる紛争は様々な態様で起こるが、当事者の属性の面で見ると、まず、一般人の施主と建設業者との請負契約において起こる紛争と、建設業者同士、特に元請け建設業者と下請け建設業者との請負契約（さらに、下請けと孫請けとの契約や、建設会社と一人親方的な個人業者・職人との契約も含む）における紛争との違いがある。最近の言い方では、前者がBtoC型取引、後者がBtoB型取引とも言える。

追加変更をめぐる紛争の解決が困難となる理由は、当初契約の内容が不明確であることと、追加変更の合意も書面もなかったり、合意の趣旨も不明確だっ

・103・

第2部 建築請負代金請求に関連する法律問題

たりするからであるが、上記のBtoC型取引では、多くの場合、建設業者の方がきちんとしていれば、当初の契約の内容を明確にすることも、また、追加変更の合意を明瞭に書面に記載すること（追加変更の契約書や見積書はなくても、打ち合わせメモを作成して施主の簡単なサインをもらえば足りることである。）も可能であり、また、そうすべきことは建設業法にも明記されていることである。それが実行されないのは、建設業者側の努力不足ないし怠慢であることが多いと思われる。

このような事情により、追加変更に関する紛争が発生したときに、裁判所が、建設業法の規定は訓示規定にすぎない、請負契約は要式契約ではなく、諾成契約、黙示の合意も成立しうる、施主からの依頼もないのに追加変更工事をするはずがないから、施主の同意は推認できるなどといって、本来立証責任を負っている建設業者の請求を認め、建設業法が求める書面を作成せず、説明義務も果たさない怠慢な建設業者を「救済」してしまうことが妥当な解決なのか、建設業界のコンプライアンス意識の向上にプラスなのか疑問を感ずるケースもある。

他方で、上記の元請け建設業者と下請け建設業者とのBtoB型取引では状況は異なる。ビルの建設などでは、設計から出発し、建設作業が進む過程で、前記のとおり様々な調整作業が行われ、元請業者から下請業者に対して施工上、多種多様な指示が出されることも多いと思われる。そのうち、どの部分が追加変更なのか、どの部分が本体工事の具体化に過ぎないのかは、微妙な場合も少なくなく、本来、書面で確認すべきとも言えるが、この場合は、元請けと下請けの実際上の取引上の力関係からして、下請けが元請けに対して書面による確認を求めることは困難なことが多いと思われる。元請事業者は、当該工事全体の予算管理をしていく中で、当該工事全体で潤沢に利益が確保される状況であれば下請けに対して充分な追加変更代金を支払おうとするが、収支上、元請けの利益がギリギリの場合は、下請けに対して「次の工事で調整する。」などと言って追加変更代金を支払わないケースもあると思われる。その場合、下請けとしては、継続的取引関係を重視してそれに従うことも多いであろうが、ひどい場合は紛争となる。このような紛争の場合、追加変更代金を請求する下請業者について、追加変更について明確な書面を作成していないことを責めるのは酷な場合が多いと思われる。

以上のように、同じ追加変更をめぐる紛争といっても、BtoC型取引とBtoB型取引では、その様相がかなり異なる。

追加変更をめぐる要件事実の立証責任は、理論的にどの類型でも同じであろうが、その具体的適用、また経験則の適用等を含めた事実認定のあり方は紛争の具体的状況に応じた適切なものが求められるように思われる。また、BtoC型取引の場合は、業者側の建設業法違反、説明義務違反をどのように考慮するのかという問題がある。

以上の説明は、請負人と施主との関係のみで見てきたが、建築請負契約において、設計監理者が選任されている契約においては、設計監理者が追加変更工事に該当する内容を施工業者に指示して施工されたが、施主が、そのような追加変更は了承していないとしてその追加変更代金の支払いに応じないというケースがある。この場合は、施主と設計監理者との契約の内容やその前後の経緯等によって、設計監理者のそのような事項についての代理権の有無や表見代理の成否等が問題となる。

7 追加変更代金請求の要件事実の問題

⑴ 追加変更代金請求の要件事実

追加変更代金請求は、請負契約に基づく請負代金請求の一態様であるから、請負人である建設業者が、追加変更工事の内容とその金額に関する合意、工事の完成を主張立証しなければならないのが基本である。

そして、追加変更工事は、本工事の存在を前提としつつ、本工事には含まれていなかったものであるから、施工者は、当該工事が本工事には含まれていなかった工事であること、施主・施工者が追加変更工事として、その工事を施工する合意をしたこと、当該追加変更工事の施工代金に関する合意（少なくとも、その工事が有償であることの合意）をしたこと、当該工事が完成したこと、を主張立証しなければならないとされている（最新裁判実務大系(6)367頁以下）。

ところで、追加変更代金請求をめぐる紛争では、確定した報酬額の合意を認定できる事案はあまりないから、確定額の報酬の合意が認定できなくとも、問題となっている追加変更工事を有償で行うことについての合意（前述参照）が認定できれば、それは社会通念上相当と認められる額を代金額とする旨の合意が成立していると考えられる場合が多いと思われる。

そうすると、実際上、追加変更工事が問題となる多くの事案では、施工者が、当該工事が完成したことを前提に、追加性（当該工事が本工事には含まれていなかったものであること）、有償性（施主・施工者が当該工事について有償であることを合意していたこと）、報酬額の相当性を主張立証する必要があり、

かつそれで足りるものとされている（前掲・最新裁判実務大系(6)367頁以下）。

　なお、追加変更代金請求訴訟でも、争点整理のための一覧表が利用されることが多い。東京地裁の例として、判タ1453・5以下のうち、別紙4－1、4－2参照。

　以下では、上記の3つの要件（追加性、有償性、報酬の相当性）について検討する。

⑵　追加性

　当該工事が本工事には含まれていなかったものであることの主張立証は、本工事との比較が必要となるが、本工事の内容が細部において不明確な場合はこの主張立証は困難となる。本工事の図面や見積書等や交渉の経緯等の検討がなされることになるが、この追加性が立証できなければ追加変更代金請求はできないこととなる。

　本工事の図面や見積書等に記載されていない工事であっても、本工事で当然想定されていたものであれば、追加変更工事に当たらない場合がある。

　手直し工事は、施工者が既に施工した箇所について、その不具合を是正するためのもので、当然、施工者がその費用負担で行うべきものであるから、手直し工事と評価されるものについては、追加変更代金請求はできない。

⑶　有償性（有償施工の合意）

　民法632条からも明らかなように、仕事の完成に対して報酬を支払う約束は、請負契約の構成要素であるから、報酬を支払うとの合意、すなわち有償性は、追加変更代金請求においても請求原因となることになる（前掲・最新裁判実務大系(6)参照）。

　追加変更代金をめぐる紛争では、施主から、当該変更工事はあったが、無償工事、サービス工事との約束ないしその趣旨だったと主張されることがあるが、有償性が請求原因であるとすれば、サービス工事の主張は抗弁ではなく積極否認ということになる。本書旧版でも、施主による「サービス工事である。」旨の主張を抗弁としていたが改める。

　訴訟において、有償性に関する合意が認められるかどうかについて争われる場合、上記のとおり、その立証責任は施工者にあると解されるが、合意を直接裏付ける契約書、注文書・注文請書等が存在しないことが多いので、その立証は状況証拠（間接事実）からの推認、経験則の適用が問題となる。

　この点について、施工者は、頼まれてもいないのに無償で追加変更工事をす

第5章　建築請負契約と追加変更契約、追加変更代金請求

ることは通常考えられないから、経験則上、原則として、有償施工の合意は事実上推定されるという見方もある（プログレッシブ⑭228頁以下参照）。

　しかし、上記のような経験則を安易に用いて結論を導くことについては、有償合意の存在が追加変更代金請求の要件事実（請求原因）であるのに、その立証責任を軽視することになることや、また、本工事では施主との契約交渉の段階で利益が低めに押さえられているのに、追加変更工事を多く施工することによって最終的な利益を確保しようとする施工者も存在することも踏まえると、上記経験則が全ての建築工事に当てはまる絶対的なものとはいえないと思われる（前掲・最新裁判実務大系(6)373頁）。そもそも追加変更工事についての明確な書面が存在しないことは施工者側の怠慢であり、建設業法違反であること等をも踏まえれば上記のような経験則を一般顧客との関係で安易に用いることは疑問があると思われる。

⑷　報酬の相当性

　追加変更工事の追加性、有償性が認定できれば、次に報酬の相当性が判断されることになる。

　報酬の相当性の判断については、積算方式、実費精算方式などがあるとされている（前掲・プログレッシブ⑭264頁以下参照）。

　こうして、当該追加変更工事の内容に照らして、一般的に妥当な価格、費用が判断されることになるが、本工事の契約で一定の値引きがされている場合に、追加変更工事だけ標準価格とするのが当事者の合理的意思に適合するか、また、部材の価格について、本工事ではメーカー標準価格から一定の値引きをしている場合にどのように算定するのかという問題等がある。

　これは、追加変更工事の内容や本工事の契約の内容（見積書の内容等）、この間の経緯等を勘案して判断されようが、追加変更工事には、本体工事の値引き率は原則的に適用されないという考え方（前掲・プログレッシブ⑭269頁）と、原則的に本工事の値引き率を適用するという考え方（前掲・最新裁判実務大系(6)381、382頁、実際もこの考え方で運用されているとされている。）とがある。

8　商法512条に基づく請求

　商法512条は、「商人がその営業の範囲内において他人のために行為をしたときは、相当な報酬を請求することができる。」と規定している。

・107・

第2部 建築請負代金請求に関連する法律問題

　追加変更代金請求訴訟において、前記のとおり、要件事実（請求原因）として、追加性、有償性、報酬の相当性の立証が求められるが、その立証が認められない場合に備えて予備的に商法512条に基づく請求がされることもある。

　しかし、上記の商法の条文のうち、「他人のために行為をした」の要件は、その行為が他人において法律上承認しなければならないものをいうと解されている（石井照久＝鴻常夫「商行為法（商法Ⅴ）」70頁（勁草書房、1978）、前掲・プログレッシブ⑭231頁）。

　建築訴訟における追加変更工事の場面において、「他人のため」の行為であるというためには、それが事務管理（民697）に該当すること、つまり、①施主の利益のためにする意思に基づいて行われ、②施主の意思及び利益に反しないことが必要であるとされている。

　だとすると、追加変更工事の本来の請求原因が立証できないのに、商法512条によって請求が認められるという事例はあまり多くはないと思われる（前掲・最新裁判実務大系⑹384頁参照）。

第6章　建築請負人が有するその他の権利─留置権、建物所有権等

第6章　建築請負人が有するその他の権利 ─留置権、建物所有権等

1　はじめに─所有権と留置権

　競争相手が多いため請負工事を受注するに当たり注文者に対し工事代金支払いの保証や担保を求めることが叶わないことから「請け負け」と自嘲する建設業界にあって、請負人が、完成した建物の所有権は自らに帰属していると主張して完成建物の表示登記及び保存登記等の手続をする、建物やその敷地について留置権を主張して占有する、さらには敷地の競売裁判所に対しその旨の届出や上申をすることなどがある（ゼネコンによる留置権行使の実情については、「座談会　ゼネコン倒産処理をめぐる法的諸問題」金法1508・43以下に詳しい。）。

　そこで、本章では、請負代金回収の実効性の視点から、これら議論を整理し、どのような主張を行うのが代金回収に効果的に結びつくのかを実践的に考察してみたい。

2　建築建物の所有権の帰属

(1)　所有権主張の理由

　請負人が完成建物の所有権を主張する場面は、注文者が工事代金を支払わないがため建物の引渡しを拒絶し、あるいは引き渡した後に完成建物の返還を要求する場面であり、また注文者の他の債権者による完成建物の差押え・担保提供・所有権移転等を阻止する場面である。

　そうであるのならば、完成建物の所有権が一義的にいずれに属するのかを論ずるよりは、所有権を主張した方が代金回収に結びつくケースであるのか、それとも注文者に完成建物の所有権が注文者に帰属することを前提に民事・商事留置権を行使することによって完成建物から事実上の優先弁済を受ける方が代金回収が図られるのかといった観点からケースバイケースで法的主張の内容を選択すべきであろう。

　以下、請負人が注文者から約定に従った代金の支払いを受けられないとき、どのように対処するべきかを決めるに当たっての必要な資料を提供したい。

・109・

第2部 建築請負代金請求に関連する法律問題

(2) 所有権帰属をめぐる学説

　完成建物の所有権は注文者に帰属するのか請負人に帰属するのかをめぐっては、古典的なものとしてすでに議論が出尽くされている感がある（所有権の帰属に関する文献については、我妻・債権（中）616頁、滝井・建設工事116頁以下、米倉明「建設請負における完成建物の所有権の帰属について」自由と正義1996年3月号72頁以下などに詳しい。）。

　請負人帰属説は、建物工事の原材料を請負人が負担していることをあげ、原始的に請負人に帰属するとする。しかし、請負人帰属説には次のような弱さがある。すなわち、現実の工事では前渡金・中間金・出来高等工事の進捗度にあわせて代金が支払われる契約のものが多く、注文者が工事代金をまったく支払っていないケースは稀である。なによりも請負人は、当初から注文者に完成建物を引き渡す目的で工事に着手しており、究極的に所有権を取得する目的で工事を行うわけではない（経理処理上も請負人は完成建物を資産として計上していないケースがほとんどであろう。）。また、請負人には恒久的な敷地利用権があるわけではないから注文者が代金を支払わなかったからといって完成建物の所有権を他に移転することもできないのである（公共工事標準請負契約約款、民間工事標準請負契約約款、民間（七会）連合協定工事請負契約約款などいずれも契約の目的物を第三者に譲渡・貸与することの禁止を明記している。）。

　近時は、注文者帰属説が通説といわれるようになっている。

(3) 所有権の帰属をめぐる判例

　従来の判例は、原則請負人帰属説に立ち、あくまでも材料の全部又は主要部分を提供して建物を完成、あるいは出来形部分を築造した者が原則として完成建物・出来形部分の所有権を原始的に取得するとする（東京地判昭和34年2月17日下民10・2・296、判時184・24、判タ91・67、東京高判平成9年7月31日金商1052・33など）。ただし、注文者が代金の大部分を支払っている場合には、注文者が支払った代金で注文者が材料を提供したと見たり、所有権に関する特約や暗黙の合意の存在を推認するものがある（最判昭和44年9月12日裁判集民96・579、判時572・25、最判昭和46年3月5日裁判集民102・219、判時628・48）。

　判例の全体的な傾向としては、原則請負人帰属説から原則注文者帰属説へ変わりつつあるといえよう。しかし、所有権の帰属に関する特約がなく、注文者が工事代金の大部分を未払いで、引渡しも未了であるなどの事情があるときは、

第6章　建築請負人が有するその他の権利─留置権、建物所有権等

請負人に帰属すると判断されることもあるようである。

　なお、全体としてみれば、建物の所有権をめぐる判例において建物の「完成」は必ずしも重要なメルクマールとされてはいないので、建物完成の前か後かで議論が特に大きく異なることはないと思われる。建物完成と同時に注文者に所有権が帰属するとの合意を認定した判例（前掲最判昭和46年3月5日など）も多少あるものの、特約や黙示の合意を認めて、完成前から建物の所有権は（原始的に）注文者に帰属することとなると認定するものが多い（大阪高判平成10年7月21日判タ999・258）。

⑷　下請けと建物所有権

　元請負人に代金支払済みの注文者と元請負人から下請代金の支払いを受けていない下請負人との利害の調整をどう行うべきか。この問題について、最判平成5年10月19日民集47・8・5061、金法1380・27は、注文者と元請負人との間に契約が中途で解除された際の出来形部分の所有権は注文者に帰属する旨の約定がある場合に、元請負人からの一括下請負人が自ら材料を提供して出来形部分を築造したとしても、注文者と下請負人との間に格別の合意があるなどの特段の事情のない限り、当該出来形部分の所有権は注文者に帰属するとした。工事代金3500万円で受注した元請負人が注文者の承諾なくして下請負人に一括して工事を2900万円で請け負わせたところ、注文者は元請負人へ1950万円支払ったが自ら資材を提供して建前まで出来高26.4%の工事を行った下請負人は元請負人から代金の支払いを受けないまま元請負人が破産した。その後、注文者は別業者に残工事を請け負わせて建物を完成させ、所有権保存登記をした。

　原審は、下請負人に建前までの出来形部分の所有権を認め、注文者に対し加工に伴う償金（民248）の支払を命じた。

　これに対し、最高裁は、一括下請負の形で請け負う下請契約は、その性質上元請契約の存在及び内容を前提とし、元請負人の債務を履行することを目的とするものであるから、下請負人は、注文者との関係では、元請負人のいわば履行補助者的立場に立つものにすぎず、注文者に対して元請負人と異なる権利関係を主張し得る立場にはないとして、注文者・元請負人間の出来形部分の所有権帰属に関する約定により注文者に出来形部分の所有権を認めたものである（可部恒雄裁判長の補足意見では、子亀は親亀の行方を知ってその背中に乗ったもの、子亀は親亀の背の上でしか生きられないとして、注文者に対する関係においては、下請負人は独立平等の第三者ではないとしている。）。

• 111 •

第2部 建築請負代金請求に関連する法律問題

(5) 所有権主張のメリット、デメリット

　以下、建物の所有権を主張することが、請負代金回収にとって効果があると思われる（メリットになる）点と、逆にマイナスの効果を招きかねない（デメリットになる）点を挙げる。

【メリット】

① 完成建物の所有権を主張し表示登記及び保存登記を経由することによって、注文者の他の債権者から完成建物を差し押さえられる事態や他者へ担保提供や所有権移転等されることを阻止し、工事代金回収をやり易くする効果がある（なお、請負人の債権者からの仮差押について、登記名義のない注文者が対抗できないとした判例として大阪高判昭和36年5月22日金法276・6がある。）。

② 登記実務上、請負人が自己の材料をもって注文者のために建物を築造したときは引渡しによって初めてその所有権が注文者に移転するとの判例（大判大正4年5月24日民録21・803など）はまだ生きているので、請負人が材料の全部又は主要部分を提供して建物を完成させ引渡しを拒絶している場合には、完成建物にかかる請負人単独申請の表示登記、所有権保存登記も可能である。その実例もある。

　また、完成した建物の所有権は実質的に請負人にあるとして、民法575条を準用し、第三者へ賃貸した賃料取得を可能とした判例もある（東京高判平成9年3月13日金法1486・98）。

③ 設定登記当時更地であった敷地の抵当権者がその後建築された地上建物との一括競売を民法389条1項により申し立てれば、請負人としては完成建物の所有者として単独で建物の価値相当分の配当を受けることができる。

【デメリット】

① 敷地への商事留置権が否定されたときには、請負人には土地の使用権原がないことになり、土地所有者から完成建物の収去請求がなされることが想定される（大阪地判昭和40年9月27日下民16・9・1458：借地人の注文により借地上に建物を建築した請負人の建物所有による敷地占有について社会通念上相当と認められる期間の範囲内である限りにおいて受忍されるべきだが、本件ではその相当期間を超えているとして、土地所有者の土地明渡請求を認めた。）。

② 請負人は、依然として完成品の引渡義務を負い、引渡しまで新築の状態

・112・

第6章 建築請負人が有するその他の権利―留置権、建物所有権等

を保持しなければならない。なお、留置権行使には民法299条があるのに
比して、所有権を主張した場合の完成建物の光熱費・警備費等の保持費用
や修繕費用等を注文者に負担させ得る明確な根拠規定はない（東京高判昭
和48年2月27日東高民24・2・29、判時702・68、判タ302・199は、請負
人が、第三者へ所有権移転登記をしたために、履行不能による損害賠償責
任を負うとした。）。

③　表示登記や保存登記手続費用の負担のほか新築された日から6月を経過
すると地方税法73条の2第2項但書により不動産取得税（名古屋高判平成
8年4月17日判タ921・172）や、固定資産税が課税される。

④　完成建物が分譲マンションその他の商品であるときは、未完成時に顧客
に対して説明した所有者名と登記上の所有名義が相違してしまうことから
商品価値の低下や住宅ローン手続への支障などを招き、かえって工事代金
回収から遠ざかることになりやすい。また、完成から1年を経過すると新
築住宅に該当しなくなり（品確法2Ⅱ）、特定住宅瑕疵担保責任の履行の
確保等に関する法律（履行法）による瑕疵担保保険や新築住宅の減税措置
などが受けられなくなるなど商品価値が下がってしまう。

3　留置権

(1)　問題の所在

請負人は完成建物について民事留置権があり（民295・85・86）、すべての
者に対抗できるものとされ、抵当権の実行においても買受人がこれを引き受け
るべきものとされている（民執法59Ⅳ）。また、建物はその敷地を離れて存在
しえないのであるから、建物を占有使用する者はこれを通じてその敷地をも占
有するものである（最判昭和34年4月15日裁判集民36・61）。したがって、そ
の敷地が注文者所有であるときには少なくとも留置権行使の反射的効果として
敷地も占有しているので注文者からの土地明渡請求に対しては対抗することが
でき、注文者所有の建物土地双方が競売に付されて買受人が生じても同様に引
換給付を求めて土地明渡を拒否することができる（淺生重機「建物建築請負人
の建物敷地に対する商事留置権の成否」金法1452・16）。

ところが、完成建物の敷地の担保権者や担保権実行後の競落人等との関係で
は、建物に対する民事留置権だけでは土地への占有権限を伴わないとの考え（牽
連性なし）から、請負人はこれらの権利者に対してあるいは競売手続中で、注
文者が商人のとき、敷地に対する商事留置権（牽連性不要―商521）を主張す

• 113 •

第2部 建築請負代金請求に関連する法律問題

ることになり、不動産に対する商事留置権の成否の問題が発生した（この場合、完成建物について、請負人が所有権を主張する場合と注文者に所有権があることを前提に民事・商事留置権を主張する場合の両方が考えられる。）。具体的には建物敷地への商事留置権の成否、無剰余による競売手続の取り消しなどが課題となった。

この問題は、地価が安定又は上昇している時期には顕在化していなかった。注文者が倒産しても注文者・担保権者（金融機関）・請負人間で土地建物の一括処分及びその代金配分について合意が成立し易かったからである。ところが、1990年代初頭のいわゆるバブル崩壊後の地価の極端な下落で、土地担保権者が設定時に把握した更地価値及び想定した土地建物の一括処分価額が著しく減額したため、請負人と担保権者との攻防が顕在化し、注文者・担保権者・請負人間での土地建物の一括処分及びその代金配分に関する合意ができなくなったのである。

内閣の下に設置された司法制度改革審議会の平成13年6月12日付意見書を受けて開始された法務省法制審議会における担保法改正審議では、当初、留置権の効力を見直し留置権者に優先弁済権を与えるものとすること及び商事留置権は不動産については成立しないものとすること（「担保・執行法制の見直しに関する要綱中間試案」）などが審議された。（社）日本建設業団体連合会他建設業6団体は、平成14年7月、審議していた担保・執行法制部会宛に「商事留置権は建設会社が請負代金債権を確保するためにあたって唯一効果的な手段であるにもかかわらず、不動産工事の先取特権や民事留置権など他に十分な法的手当てをすることなく見直しを行おうとする姿勢には疑問を感じる。」などを理由に商事留置権は不動産に成立しないとする見直しの方向には反対するとの要望を提出していた。その後、留置権見直し問題は審議対象から外され、平成15年の担保執行法改正項目には入らず、以後、不動産に対する商事留置権の成否に関する立法的解決の見込みは立っていない。

不動産に商事留置権が成立するか否かについては、これまで裁判例や学説において、古くから議論があり、統一的な見解はなかった。成立を否定する見解は、建物請負人による土地への商事留置権を認めると請負人に土地からの事実上の優先弁済権を認め、土地の担保権者に事実上請負人が優先することになってしまう（競売手続中の土地の評価額から残工事代金を控除したものが最低競売価額となり無剰余取消や配当金減少の問題が生じる。）。このため、衡平の観点からこれを否定するものとして、商法521条は不動産を客体としないとする

もの、宅地造成では商事留置権が客体となるものの建築請負での土地は商事留置権の客体とならないとするもの、請負人には土地に対する留置権の成立要件である「占有」がないとするもの、担保権の登記時点と留置権による建物の占有時点とを基準にして決定されるとするものなどが唱えられていた（竹田光広編著『民事執行実務の論点（裁判実務シリーズ10）』249頁以下〔日向輝彦「不動産競売手続における商事留置権の成否」〕（商事法務、2017）参照。）。

⑵　不動産に対する商事留置権を認めた最高裁判決

　その後、後記最一小判平成29年12月14日が不動産にも商事留置権が成立することを鮮明に判示したことにより、不動産に対する商事留置権の成否問題は解決した。しかし、建設工事代金による留置権については、不動産評価を巡る敷地抵当権等との優劣問題や留置権に基づく競売手続などについて多くの課題を抱えている。

　最一小判平成29年12月14日（民集71・10・2184、金法2090・50）の事案は、生コンを製造販売する甲社は、その製造販売した生コンを運搬してもらうために乙社と継続的な運送委託契約を締結し、甲社所有の土地を生コンミキサー車等の駐車場として乙社に対し賃貸していたが、乙社が債務不履行をしたとして駐車場賃貸借契約を解除し駐車場用地の明渡を求めたところ、乙社が未受領の運送委託料債権を被担保債権とする商事留置権を主張して争ったというものである。本判決は、不動産は商法521条が商人間の留置権の目的物として定める「物」に当たるとして不動産にも商事留置権が成立することを判示した。その理由として、第1に民法（85・86ⅠⅡ・295Ⅰ）及び商法（521）の定める「物」は不動産をその目的物から除外していないという条文の文理解釈、第2に不動産を対象とする商人間の取引は広く行われている実情からすると、商人間の信用取引保護のため商行為による債権を担保するものとして債務者所有物を占有する債権者に留置権を特に認めたとする商法521条の趣旨をあげる。

　本判決は、建築紛争に伴う事案ではないし、留置権を巡って抵当権との競合事案でもないが、その法理は留置権と抵当権との競合案件についても適用され、不動産につき商事留置権は成立しないとするこれまでの裁判例は基本的に否定されたといえる（内田義厚「不動産に対する商事留置権の成否に関する最一小判平29.12.14の意義と今後—議論の終焉のための整理—」金法2101・56、土井文美「不動産は、商法521条が商人間の留置権の目的物として定める「物」に当るか」『最高裁判所判例解説民事篇平成29年度（下）』740）。

第2部 建築請負代金請求に関連する法律問題

⑶ 留置権と抵当権との対抗関係

本最高裁判決により建物請負人による土地への商事留置権が認められると土地の抵当権に基づき土地の競売を申し立てても引受主義（民執法59Ⅳ）により建物工事代金等につき債権を有する商事留置権者は買受人に対して土地の引渡しを拒絶でき土地からの事実上の優先弁済権を認め、土地の担保権者等に対して請負人が事実上優先することになってしまう（競売手続中の土地の評価額から残工事代金を控除したものが最低競売価額となる。）。このため、衡平の観点から抵当権を優位にするべきとする以下のような裁判例やこれに沿う学説がある。

① 不動産への商事留置権の成立を認めながらも建物建築請負人の敷地に対する「（独立の）占有」や「商行為による占有取得」を否定する裁判例（東京高決平成6年12月19日金法1438・40、東京高決平成10年6月12日金法1540・65、東京高決平成10年12月11日金法1540・66、東京高判平成11年7月23日金法1559・36、東京高決平成22年9月9日金法1912・95など）。

しかし、宅地造成工事においては請負人が占有する土地に対する民事留置権が認められる（最三小判平成3年7月16日民集45・6・1101、金法1310・26）。このことから、建物建築に伴う宅地造成工事や建物の基礎工事（シートパイルの土留め杭打設工事など）にも牽連性を認めて土地に対する民事留置権を認めようとする見解もあるくらいである（道垣内弘人「建物建築請負人の敷地への商事留置権の成否」金法1460・55）。建物を占有する者はその敷地をも占有するものである（前掲最判昭和34年4月15日）。土地に立ち入っていることが契約の趣旨の範囲に止まること自体は、所有権以外の占有は一定の限定を伴うもので賃貸借契約など他の契約類型などでも同じことであり、問題は限定ある占有か否かではなく事実上の支配があるかであり、不法占有でも占有は占有であって占有権限（契約の有無）ではないはずである、板で囲んで施錠をしておけば事実上の支配が認められるのが普通である（山本和彦「建物建築請負人の敷地に対する商事留置権の成否と債権者破産の場合の処遇」判時1706・206（判例評論496・28）、ましてや現在の建設工事現場は労働安全上や近隣対策上から頑丈な仮囲いが施され工事注文者ですら許可なしに立ち入りできない状態が通例である。したがって建物完成後はもちろん完工前の状態であっても敷地への占有は認められるべきではあるまいか。

② 両権利の対抗問題として捉え、留置権者の占有取得ないし留置権成立の

第6章　建築請負人が有するその他の権利―留置権、建物所有権等

時期と抵当権設定登記時との先後で優劣を決するべきとする前掲大阪高裁決平成23年6月7日金法1931・93。債務者が破産宣告を受けたことにより商事留置権が消滅し転化した特別の先取特権と抵当権との間の対抗問題とする裁判例として福岡地判平成9年6月11日金法1497・35、東京高決平成10年11月27日金法1540・61など。

　しかし、留置権の成立要件である民法295条1項の「他人の物」とは、債権者以外の者の所有する物をいい、債務者以外の者の所有する物をも含むと解すべきで（最三小判昭和38年2月19日民集21・9・2489）、所有権変動があり対抗要件が具備された場合にもその後に前所有者に対し留置権を有する者は後所有者に対しても留置権を主張できるし、差押えに遅れて成立した留置権についても買受人の引き受けになる。また、留置権は債務者の処分によって成立するものではない。このように留置権は一定の法律要件が具備された場合に対抗要件の優先順位とは関係なく発生する法定の権利であって、民事執行法上も引受主義（民執法59Ⅳ）により存続することが予定されている権利である。そのような権利発生の要件である占有を対抗要件に加えて登記との先後で優劣を決するという明文上の根拠にも乏しいのである（伊藤眞ほか編「条解民事執行法第2版」575頁以下〔菱田雄郷〕（弘文堂、2022）。法律が占有を認めた権限である以上抵当権者と競合しているというだけで当然に抵当権が保護されるということはできないのではあるまいか（前掲・土井763頁）。

　また、①②の裁判例やそれに沿う学説は、更地で担保価値を評価した抵当権がその後建物が建築されたことにより、土地の評価や配当率が下がり、不測の損害が発生するという。しかし、不測の損害が発生する場面は、バブル崩壊等により担保対象地の地価が下がったことによることが多いのであり、建物が建築されたことによる土地評価額の低減は少なく、むしろ建物については土地と共益的な関係にあり、土地建物一括して交換価値を増すことになる方が多いのである。また、土地の取引価格は、当該土地上に建築されるであろう建築物の種類、構造、建ぺい・容積率など都市計画法や建築基準法等の公法的規制の内容によって大きく影響され、金融機関等抵当権者が更地を抵当対象物として担保価値を把握し融資額を決定する際には、地価の6〜8掛け（更地価格の60〜80％相当額）でもって融資するものである。したがって、抵当権設定にはある程度の余力をもって担保価値を把握しているものであるから、その後建築された建物があるため競

• 117 •

第2部　建築請負代金請求に関連する法律問題

売対象物件は建付地価格を控除されても1番抵当権者に不測の損害が発生することは少ないはずである。

⑷　執行現場での取扱い

東京地裁執行部では、以前、敷地の担保権実行の競売手続において敷地に対する建物請負人の商事留置権を認め（肯定説）、土地評価額から留置権の被担保債権額を控除して物件明細書の作成及び最低売却価額決定をし（そのために、無剰余と計算されて競売が取り消される事案が頻出するという問題が生じた。）、請負代金の事実上の優先弁済を認める運用であった（山﨑敏充「建築請負代金による敷地への留置権行使」金法1439・62、畑一郎「東京地裁における最近の民事執行事件の処理状況」金法1616・6）。

しかし、その後、同執行部では否定説に立った物件明細書作成及び最低売却価額決定をしているようである（東京地裁民事執行センター「さんまエクスプレス第二回」金法1634・60）。

執行現場からは、本問題の判例的ないし立法的解決が強く望まれているとしていたが（前掲・畑15頁、前掲・内田59頁）、商事留置権成立を肯定した最判以降どのような取扱いをしたかを示す公刊物はないようである。

⑸　留置権行使のメリット、デメリット

【メリット】

①　残工事代金が少額であるとき、工事目的物が注文者にとって価値のある物、流通性の高い物件であるときなどは、所有権を主張するまでもなく留置的効果のみで早期解決につながりやすい（逆の場合は長期留置になりやすい。）。

②　引渡しを拒絶しておけば、登記手続なしで、いつからでも主張することが可能である。ただし、地方税法73条の2第2項但書により建物完成から6か月を経過すると注文者に代わって不動産取得税を賦課されることがあることは所有権主張のデメリットで記した。

③　注文者の同意を得れば（民298Ⅱ）留置物を他へ賃貸するなどしても、その後の第三者に対抗することもできる（最判平成9年7月3日民集51・6・2500、判時1614・68）。

④　留置物が国税滞納処分を受けたときでも請負人は国税債権、他の担保権より先立って配当を受け得る（徴収法21Ⅰ）。

• 118 •

注文者が破産した場合、民事留置権は消滅するものの（破産法66Ⅲ）、商事留置権は特別の先取特権とみなされ別除権として扱われるから（破産法66Ⅰ、65Ⅱ）、破産手続によらないで競売を申し立て売得金から優先弁済を受けることができる（破産法65Ⅰ、但し66Ⅱ）。しかし、敷地の抵当権との関係では、民事留置権がなくなり（占有権限がなくなる）、また(3)②にあげた裁判例のように商事留置権から転化した特別の先取特権では劣後するとの解釈がなされるおそれがある。建物については商事留置権があることの争いがないため、実務上は、破産管財人が土地抵当権者と建物請負人との間で調整し、土地と建物を一括して任意売却し売得金を配分し合うという対応をしているケースが多い（全国倒産処理弁護士ネットワーク編「注釈破産法（上）」465頁以下〔島田敏雄〕）（きんざい、2015）。商事留置権は、民事再生手続では別除権（再生法53）、会社更生手続ではそのままの形で更正担保権（更正法2Ⅹ）として取り扱われる。

【デメリット】
① 注文者が留置物に価値を感じないと放置され、長期留置・紛争の膠着化につながりやすい。

② 請負人は、完成品の引渡義務から免れず、留置物の善管注意義務もある（民298Ⅰ）ので、留置物の保守・警備や品質維持に費用がかかる（例えばゴルフ場留置の場合、クラブハウスの配管関係維持及び芝のメンテナンスのため水・電気の供給は不可欠であり、芝メンテナンス費用も膨大となる。）。しかし、これら必要費の償還（民299Ⅰ）は、明文規定はあるものの、実際には償還されずに不良債権と化すことが多い。その労力が多大にわたるとか、その費用が高額になる場合などでも放置することは許されず、保存行為の範囲を越える場合は注文者側に伝え注文者が自ら必要とする措置を講ずる機会をあたえておくことなどが必要になる。

③ 注文者からの同意がないと留置物を他へ賃貸するなど有効利用することもできない（民298Ⅱ）。

④ 所有権のデメリット④と同様に完成建物の引渡しが遅れることによる商品価値の低減などの事態が発生して、かえって請負代金回収の支障となる。

(6) 提言―一括競売と一括売却
① 留置権は、債務者の意思のもとに設定登記される抵当権等と違って、本来、占有する債務者所有物を留置して債務者側の任意履行を間接的に強制

・119・

する、いわば「受け身」の担保権であり（河野玄逸「抵当権と先取特権、留置権との競合」銀法511・96）、抵当権者との関係で優先弁済を主張できる権利ではない。競売手続における請負業者の意思としては、工事により建築された建物や造成され増加した土地の価値に見合う金額の回収を求めているのであって、底地部分からの回収までをも求めているものではない。日本建設業団体連合会等による前記要望でも、敷地抵当権者と商事留置権者である請負人とを優劣関係に立たせるのではなく、建物価格部分は請負人が取得し敷地価格部分については抵当権者が取得する、土木の造成工事については、造成工事による増加部分と底地価値部分とを配分して調整するなどの考え方による法改正の制度設計を提案している。この考え方からして、留置権者としては、まず工事注文者（破産管財人等を含む。）及び抵当権者等との間で土地と建物を一括して任意売却し売得金を配分し合う協議を行うべきであろう。

② 　債務者側の不同意や売却金の配分率などで任意売却が不調となったとき、建物の留置権者として抵当権者に対し土地と建物を一括競売（民389）に付するよう働きかけるべきである。抵当権者としても一括競売されることにより競落人の出現が期待され、土地が高く評価されやすいこと、請負人としても、土地建物それぞれの価値が競売手続の中で一括評価され、競落後、建物評価額は請負人へ配当されることなど両者にとってメリットがある。なお、この場合、建物の所有権の帰属先が注文者、請負人いずれであっても、請負人は、土地への留置権を主張しないことが必要である（民389Ⅱ）。完成建物の所有権が注文者又はその譲受人にあるとされた場合でも、建物に対する留置権の負担は競落人に引き継がれるのであるから、請負人は競落人から残工事代金相当額との引き換えに建物を引き渡せばよいことになる（競落人としては、今後、民法301条の実効化が課題となろう。）。なお、土地の抵当権者が土地のみの競売申立て後に、抵当権設定後に建築された建物に対して追加的に行う一括競売の申立ても可能である（中村さとみ＝釼持侚子編著「民事執行の実務〔第5版〕不動産執行編（上）」116頁（きんざい、2022）。また、一括競売のとき、事案に応じて建物の場所的利益として建付地価格の0〜10%を考慮されることがあり得る（前掲・中村＝釼持500頁）。

③ 　次に抵当権者が抵当地に対する競売申立てや地上建物との一括競売の申立てをしないとき、留置権者が留置権に基づき建物単独、または土地建物

第6章 建築請負人が有するその他の権利—留置権、建物所有権等

の競売申立て（形式競売）を行う方法を考えてみよう。留置権者は留置権に基づいて競売をすることができる（民執法195）。先行する抵当権に基づく土地への競売事件があるときで土地建物相互の利用関係からみて同一人に買い受けさせることが利用性や市場価値が高く且つ同一の裁判所に係属する複数の不動産である場合、後行の留置権に基づく建物競売事件と一括売却（民執法61）によることもできる。

④ ところで、かつては、留置権による競売申立には民執法181条1項4号を準用して留置権の存在を証する文書をもってできるとする見解が多かった（竹田稔「民事執行の実務Ⅰ　抵当権実行・強制競売・強制管理編」228頁（酒井書店、1980）。また、同項4号を準用して法定公文書なしに不動産の留置権競売開始決定を出していた例もある。しかし、東京地裁民事執行センターでは、留置権による競売申立には留置権の存在を証する確定判決、審判書、公正証書等の謄本又は正本を提出することを求めているとしている（前掲・中村＝剱持（下）451頁）。この取扱いと同旨の裁判例として東京高決平成13年1月17日（別冊判タ24・231）がある。同決定は、法が留置権による競売は担保権の実行としての競売の例によるとされ（民執法195）、私文書で足るとされた民執法181条1項4号の一般先取特権は賃金債権など特定の債権を保護するという政策的配慮により、同じく私文書で足るとされた193条の債権その他の財産権に対する担保権の実行の場合は財産的価値の低いものを対象とし債務者等への影響が比較的小さいから規定されたもので、留置権とは異なりこれら規定を準用することはできないことなどを理由としている。

　しかし、不動産留置権には担保不動産競売のように181条1項3号の登記事項証明書は考えられず、確定判決又は公正証書が必要とすると留置権者の競売申立権を有名無実化するに等しい。195条で定める担保権の実行としての競売の「例による」とは、他の法令上の制度とか規定をあてはめる立法技術としての「適用」や「準用」よりもさらに広く、包括的に他の同種のことがらにあてはめようとする場合に用いられるものであり（林修三「法令用語の常識」31頁（日本評論社、1975）、法はどのような売却手続により競売を実施するかについてすべて解釈に委ねることとしたのであるから（園尾隆司「留置権による競売および形式的競売の売却手続」金法1221・6）、必ずしも担保不動産競売の規律をそのまま準用しなければならないわけではなく留置権のもつ特質に則して運用するべきではあるま

• 121 •

いか。留置権の成立は、債務者の同意や占有以外の対抗要件を必要とせずに、一定の法律要件の充足により直ちに成立する担保権であることからすると、同項4号の一般先取特権同様にその存在を証する文書（留置権者の上申書、写真などによる留置状況の特定、当該物件の登記情報証明書、被担保債権を証する工事契約書、請求書など）で足るとするべきではあるまいか（鈴木忠一＝三ケ月章編「注解民事執行法(5)」371頁〔近藤崇晴〕（第一法規、1985）、前掲・伊藤ほか1798頁〔山木戸勇一郎〕）。

(7) 下請けと留置権

注文者が元請に支払っていないために元請が下請に代金の支払ができないときは、元請がその請負代金債権を被担保債権として請負契約の目的物である建物及びその敷地を留置することができるのと同様に、下請もこれらを留置することで注文者に対して代金支払を間接的に強制することが許される。しかし、元請が注文者から代金を受領済であるにもかかわらず元請が下請に代金を支払っていないときは、元請が注文者に留置権を行使できない以上、注文者との関係で元請の履行補助者的立場にある下請も同様に留置権を行使することはできない（大阪地判令和5年1月19日判タ1512・173）。

4 先取特権

(1) 不動産工事先取特権の実情

不動産工事先取特権（民327）は、実務上ほとんど利用されていない。工事開始前に登記（不動産の所有者と共同申請による）が必要であるがため（民338）、建物の新築の場合には登記目的物たる建物も存在しないのであるから登記手続自体大変であるうえ（不登法18、27、85 ～ 87）、完成後も建物所有者（工事注文者）による建物所有権保存登記がなされないと先取特権の実効性はない。また、建築業者間の受注競争が激しい中で、工事着手までに注文者に対し先取特権の登記手続を要請できる場合も少なく、工事予算額も登記事項とされるため設計変更等に対応できないなどの理由から問題点が多い（論点体系3　87頁以下〔今村与一〕）。

(2) 動産の売主による請負工事に使用された動産の代金回収について

請負工事に使われた動産の売主が請負代金に対して動産売買先取特権（民321）に基づく物上代位権を行使することの可否については、判例では原則と

• 122 •

第6章　建築請負人が有するその他の権利─留置権、建物所有権等

してこれを否定していた（大判大正2年7月5日民録19・609）。

　しかし、最三小決平成10年12月18日（民集52・9・2024、金法1540・47）では、上記原則論を維持しつつも、機械コンプレッサーの設置工事を請け負った業者（工事代金2080万円）に対し工事代金の8割に相当する代金1740万円で同機械を売却したとして動産売買先取特権を行使した下請業者による債権差押事件について、請負代金全体に占める当該動産の価額の割合や請負契約における請負人の債務の内容等に照らして請負代金債権の全部または一部を動産の転売代金債権と同視できる特段の事情があれば、動産の売主が、請負代金債権に対して物上代位権を行使することができるとされた。この事例では、動産代金と元請工事代金との比率の他に「特段の事情」として、請負代金中での動産相当額の特定明示があることや、当該動産の売主から注文者へ直接引渡しが行われた事実などが重視された。

　しかし、元請負人の工事代金全体に占める下請負人納入の動産類の価格割合が低い場合は、従来通り動産売買先取特権に基づく物上代位権は認められていない（東京高決平成20年5月26日金法1863・29）。

　また、当該動産が建物に附合して注文者に所有権が帰属してしまっているような場合は、このような先取特権行使は困難である（東京高判昭和50年9月25日判タ335・222）。

• 123 •

第2部 建築請負代金請求に関連する法律問題

第7章　建築請負契約と建築請負約款

1　建築工事請負契約約款とは

　一般に、建築工事請負契約は、工事請負契約書に工事請負契約約款と設計図、仕様書等の設計図書を添付して行われている。そこで、本章では、多くの建築工事請負契約においてその内容とされている建築工事請負約款について概観する。

⑴　約款について

①　約款の法的性質

ア　約款とは、多数の契約に用いるために予め定式化された契約条項の総体のことをいう（民法（債権法）改正検討委員会編「詳解債権法改正の基本方針Ⅱ」81頁（商事法務、2009））。事業者がその多数の顧客との取引に当たって個別的に契約内容を締結する煩雑さを避けて、取引開始やその履行に必要となるコストを下げ、また、トラブルが生じた場合の解決の可能性を高めるために、一律に適用すべき契約条件を予め定型的に定めておき、同種の取引については、共通に画一的にその条件によって契約を締結できるようにした。約款は、顧客にとっても、低廉な価格で取引ができるメリットがある。典型例として、銀行取引約款、保険約款、旅行約款、クレジット約款等があげられる。

イ　約款の拘束力の法的根拠については、附合契約説、商慣習法説、自治法規説等、多様な理論が提唱されており、中でも、白地商慣習法説（当該取引圏において「取引は一般に約款による」ということが商慣習法又は事実上の商慣習と認められる場合にその拘束性を承認する立場）が有力であったが、現在は、約款も本質的には契約と変わらず、約款を契約に組み入れる合意によって初めて当事者を拘束するとする契約説が多数説である。

　　最近では、「約款の拘束力」についての法的根拠論からその拘束力があることを前提として約款中の個別条項の内容の適正化についての議論に移行しており、約款条項の合目的性・合理性・不当性や、信義則、公序良俗、権利濫用等の一般条項などを基準に内容の適正化を図るべきだとされ、裁判例も信義則などを理由に約款の個別条項の効力を制限しているものがある。

• 124 •

第7章　建築請負契約と建築請負約款

　　判例は、約款の拘束力につき、基本的には、契約締結時に約款の内容を
　知らなかったとしても、契約当事者が約款による意思をもって契約したも
　のと推定するとし、契約当事者の意思の推定に根拠（意思推定説）を求め
　ているものが多い（リーディングケースとして大判大正4年12月24日民
　録21・2182。最判昭和42年10月24日裁判集民88・741）。

② **約款の拘束力の制限**

ア　**約款が開示されていない場合**

　　約款の拘束力の根拠を当事者の意思の推定に求める立場からは、約款が開
　示されていなくとも当事者間に当該約款に従って契約する意思が認められる
　のであれば基本的には約款の拘束力が認められるが、一方当事者が当該約款
　の内容を知り得る状態になかった場合には拘束力は否定される（札幌地判昭
　和54年3月30日判時941・111「自動車保険約款の免責条項につき否定した
　例」参照）。

イ　**約款の制限的解釈**

　　約款の条項の合理的解釈から拘束力を制限したものがある（最判昭和62
　年2月20日民集41・1・159「自動車保険通知義務懈怠免責条項につき、義
　務を課す目的及び義務の法的性質から適用を制限した例」等）。

ウ　**一般条項の適用**

　　約款中の個別的条項について、信義則、公序良俗、権利濫用等の一般条項
　の適用により効力を否定した裁判例がある（責任制限条項につき大阪地判昭
　和42年6月12日判時484・21、東京地判昭和53年9月20日判時911・14、違
　約金条項につき名古屋高判昭和52年11月9日判時884・69等）。

エ　**消費者契約法の適用**

　　消費者契約法の適用により、約款の条項が無効となる場合がある（事業者
　の債務不履行・不法行為責任や契約不適合責任を免除する条項につき、同法
　8条。消費者が支払う損害賠償額を予定する条項につき、同法9条。消費者
　の利益を一方的に害する条項につき、同法10条。）。また、不当条項として、
　使用差止請求の対象となる場合がある（同法12条3項・4項）。

③ **定型約款**

ア　近時はインターネットを利用した電子商取引（EC）などが急速に発達し、
　約款が多く用いられているにもかかわらず、改正前の民法では約款に関す
　る規定がなかった。

　　また、契約の当事者は契約の内容を認識しなければ契約に拘束されない

・125・

のが原則であるが、約款を用いた取引をする顧客は約款に記載された個別の条項を認識していないのが通常で、改正前の民法では、どのような条件を充たせば約款が拘束力を持つのかが不明確で、法的に不安定であった。

さらに、契約の内容を事後的に変更するには、個別に相手方の承諾を得るのが原則であるので、実務では約款に一方当事者が相手方の承諾なく変更ができる条項を設けることもあるが、この有効性については議論があり、確立した見解はなかった。

そこで、約款についての拘束力が解釈に委ねられていて、法的に不安定な状況を解消し、現代社会における大量の取引を迅速かつ安定して行うことができるようにするため、民法改正により定型約款に関する規定が新設された（民548の2以下）。

イ　定型約款の定義

「定型約款」とは、ある特定の者が不特定多数の者を相手方とする取引で、内容の全部又は一部が画一的であることが当事者双方にとって合理的な取引（定型取引）において、契約内容とすることを目的として、その特定の者により準備された条項の総体のことをいう。

ウ　「定型約款」の要件・「定型約款の契約への組入れ」要件

「定型約款」の要件：定型約款に該当するためには、次の要件を充足する必要がある（民548条の2Ⅰ本文）。

　(ア)　ある特定の者が不特定多数の者を相手方として行う取引であること

　(イ)　その内容の全部又は一部が画一的であることが当事者双方にとって合理的なものであること

　(ウ)　契約の内容とすることを目的として、当該定型取引を行うその特定の者により準備された条項の総体であること

「定型約款の契約への組入れ」要件：定型約款が契約に組み入れられるためには、次のいずれかの要件を充足する必要がある（民548の2Ⅰ①②）。

　(ア)　定型約款を契約内容とする旨の合意をしたとき

　(イ)　定型約款を契約内容とする旨を相手方に表示していたとき

エ　定型約款とされることによる定型約款準備者の主なメリット

定型約款に記載された個別の条項の内容を相手方が認識していなくても契約内容となることや、一定の条件を満たせば、個別に相手方の承諾がなくても契約内容を事後的に変更することができることが定型約款準備者にとって大きなメリットである。

オ　建築工事の請負契約の定型約款該当性について

　受注者側であるハウスメーカーや工務店側が提示する契約条項について、一般消費者である発注者側に法的または建築に関する専門的な知識も少なく、修正することも少ないと考えられる。また、公共工事に用いられる地方公共団体が用意する約款については、「公共工事の公平性からすれば、相手方が特定されていることはあり得ず」「地方公共団体が契約条件について交渉することはなく、請負会社も条件を変更する可能性はないことから、双方にとって合理的ということができる」と考え、定型約款に該当するとしている見解（大村敦志＝道垣内弘人編「解説 民法（債権法）改正のポイント」380頁（有斐閣、2017）もある。

　しかし、建築工事の請負契約については、個々の取引主体の個性が重視され、内容の全部又は一部が画一的であることにより、発注者が利益を享受することは少なく、画一的であることが当事者双方にとって合理的であるとはいえず、定型約款に当たらないと解されている。中央建設業審議会建設工事標準請負契約約款改正ワーキンググループでは、「鎌田・内田他「重要論点実務民法（債権関係）改正」によれば、定型約款の定義は①不特定多数要件と②合理的画一性要件とされているが、建設工事の請負契約についてはこのいずれにも該当しないことから、定型約款に当たらないものと考えられる。」と指摘している。

　　（注）　以上につき、渡辺達徳編「新注釈民法⑾　債権⑷」326頁（有斐閣、2023）〔後藤巻則「第5款　定型約款」〕参照。

⑵　建築工事請負契約約款の性質

①　建築工事請負契約約款の特徴

　建築工事請負契約は、契約内容が複雑であるのに当事者の意思表示が不明確であることも多く、契約の内容をめぐる紛争も生じやすい。そのうえ、従来、建設業は非近代的な体質を有し、契約においても力関係の支配することが多く、公正、適正な建築工事請負契約が締結される必要があったことから、建設業法（昭和24年制定）では、工事内容、請負代金の額・支払いの時期、工事着手時期・完成時期、出来高払いの規定等の一定の事項を書面化することを定めた（建設19）。さらに、中央建設業審議会は建設工事の標準請負契約約款を作成し、その実施を勧告できるとされ（建設法34Ⅱ）、今日、建築工事請負契約においては、中央建設業審議会の作成した標準約款のほか、企業や民間団体の作成し

た約款が利用されている。

このように、建築工事請負契約約款の場合、他の典型的な約款と比較すると、企業側が大量の定型的取引を迅速に画一的に処理するために作成したものではなく、公正・適正な建築請負契約を実現することを目的とし、さらに、個々の契約において自由に修正されうるものであることなど、典型的な約款とは基本的に性格を異にする面がある。

② 建築工事請負契約約款の拘束力

定型約款の制度が創設される前の議論として、建築工事請負契約約款は現在多数の取引に用いられていることから、既にこの約款の内容は事実たる慣習となっているとして拘束力の根拠を説明する見解がある（遠藤浩＝珍田龍哉「建築・鑑定・監理」69頁〔山本重三＝五十嵐健之＝坂田隆史〕中川善之助＝兼子一編『不動産法体系Ⅴ（改訂版）』（青林書院新社、1975））。また、建築工事請負契約約款は、利用が始まってから50年以上経過し、その存在についての認識が広がっていることや内容に格別不合理な点がないことを根拠に、約款による意思が表示されている以上、約款が添付されていなくても約款を契約内容とすることを肯定する見解もある（新裁判実務大系(2)96頁〔滝井繁男〕）。

しかし、前記のとおり、建築工事請負契約約款は必ずしも定型的取引を前提としておらず、自由に修正されうることから、約款全体を事実たる慣習として拘束力を肯定するには根拠に欠けるとの批判がある。

また、建築工事請負約款は、今日では、一般消費者を注文者、大手ハウスメーカーを請負人とする請負契約が数多く締結されており、建築工事の工法や構造は複雑・多様化・専門化している上、情報も建築業者に集中していることから、一般消費者は建設業者に対して対等な知識や理解のないままに契約を締結せざるを得ない傾向があることは、他の典型的な約款と同様である。民間連合協定工事請負契約約款は、建設業者のみならず設計・監理関係者らも参加して作成されたものではあるが、建設業者にのみ有利な条項もみられ、消費者は、約款の内容を十分に理解しないまま契約を締結した場合、消費者は一方的に不利な条項に拘束される危険があり、安易に約款の拘束力を肯定すべきではない。

そこで、契約当事者が、当該約款を認識した上で、契約内容とする意思を有して契約を締結しているのであれば、契約の効力として、約款の拘束力が認められると解するべきである（建築工事請負契約約款の拘束力については、前掲・新裁判実務大系(2)94頁以下参照）。また、旧四会（現七会）連合協定工事請負契約約款については、その存在や内容が広く一般社会に知られているとみるこ

とはできないので、契約書に約款が添付されていない場合には、業者間はともかく、一般の消費者との間では、この約款によって契約するとの意思を認めることができるケースは少ないとされている（齋藤隆編「三訂版　建築関係訴訟の実務」136頁（新日本法規、2011））。

　また、約款の個別の条項について、その合目的性・合理性・不当性や、信義則、公序良俗、権利濫用等の一般条項に照らし、拘束力の有無について判断する必要がある。

〈参考判例〉

　注文者が請負契約上の違約金条項に基づく違約金債権と請負代金債権の相殺を主張した事案において、違約金条項は公序良俗違反に当たらないとした（東京高判平成13年1月30日訟月48・6・1439、福岡高判平成30年9月21日金法2117・62）。

2　主な建設工事請負契約約款

(1)　中央建設業審議会作成の約款

　中央建設業審議会は、建設業法34条2項に基づき、これまでに公共工事標準請負契約約款、民間建設工事標準請負契約約款、建設工事標準下請負契約約款を作成している。

　公共工事標準請負契約約款は、国の機関、地方公共団体、政令指定都市、公団等の政府関係機関の行う公共工事において利用されるばかりでなく、電力会社、ガス会社、JR各社、NTT等の常時建設工事を発注する民間企業の工事においても用いることができるよう作成されており、これらの民間企業に対しても、中央建設業審議会の実施の勧告が行われている。

　民間建設工事標準請負契約約款は、

　　(甲)　民間の比較的大きな工事を発注する者と建設業者との請負契約についての標準約款

　　(乙)　個人住宅建築等の民間小工事の請負契約についての標準約款の二種類が作成されている。

　建設工事標準下請負契約約款は、第一次下請段階における標準的な工事請負契約を念頭において、下請段階における請負契約の標準的約款として作成されたものであり、「個々の契約にあたっては、建設工事の種類、規模等に応じ契約の慣行又は施工の実態からみて必要があるときは、当該条項を削除し、又は変更するものとすること。この場合において、契約における当事者の対等性の

• 129 •

確保、責任範囲その他契約内容の明確化に留意すること。」との注が付されている。

⑵　民間連合協定工事請負契約約款（七会連合協定工事請負契約約款）

　民間工事で多く用いられている民間連合協定工事請負契約約款は、当初、一般社団法人日本建築学会、一般社団法人日本建築協会、公益社団法人日本建築家協会、一般社団法人全国建設業協会の四会によって作成され（旧四会連合協定工事請負契約約款）、後に一般社団法人日本建設業連合会、公益社団法人日本建築士会連合会、一般社団法人日本建築士事務所協会連合会も参加して改正されたものであり、建設業者と設計・監理関係者が合同して作成した点に特徴がある。また、この約款は、雛形としての標準約款ではなく、そのまま契約に使うことができる実施約款である（民間（七会）連合協定工事請負契約約款委員会編著「民間（七会）連合協定工事請負契約約款の解説」（大成出版社、2020）参照）。

　なお、これとは別に、四会連合協定建築設計・監理業務委託契約約款が公益社団法人日本建築士会連合会、公益社団法人日本建築家協会、一般社団法人日本建築士事務所協会連合会、一般社団法人日本建築業連合会により作成されている（大森文彦監修「四会連合協定　建築設計・監理業務委託契約約款の解説」（大成出版社、2020）参照）。

　設計・監理については、「**第8章　建築請負契約と設計監理契約**」以下及び第3部の「**第3章　賠償責任に関する問題2—建築士及び建築士が属する法人の損害賠償責任**」以下を参照されたい。

⑶　日弁連「消費者のための家づくりモデル約款」

　日弁連の消費者問題対策委員会は、消費者が注文者として建築請負契約を締結する際に多く使用されている民間連合協定工事請負契約約款には、請負者に有利、注文者である消費者に不利な条項が含まれていることから、注文者（消費者）を保護する観点から、「消費者のための家づくりモデル約款」を作成し、公表している（日本弁護士連合会消費者問題対策委員会編「消費者のための家づくりモデル約款の解説」（民事法研究会、2001）参照）。

3　約款の内容について

　これらの約款の主な内容について、民間連合協定工事請負契約約款（以下「民

第7章　建築請負契約と建築請負約款

間連合約款」とする。）を中心に述べる。

(1) 請負代金について

① 請負代金支払時期

ア　民法633条は報酬の支払いは目的物の引渡しと同時履行と定めるが、通常は、前払い（契約成立時）、部分払い（工事出来高による場合、工事期間を適宜分割する場合等）、完成引渡時払い等に分割して支払う旨の契約とすることが多い。出来高払いによる場合の請求額は、民間連合約款では、監理者の検査に合格した工事の出来形部分と検査済の工事材料・建築設備の機器に対する請負代金相当額の9／10に相当する額とされている（同約款26Ⅱ）。

　　請負目的物に契約不適合があり、注文者が請負人に対し修補請求又は損害賠償請求を行使している場合、請負人の報酬請求権とは同時履行の関係に立つので、信義則違反と認められる場合は別として、原則として、注文者は、請負人が修補又は損害賠償をするまで請負代金の支払いを拒むことができる（最判平成9年2月14日判時1598・65参照）。

イ　注文者が請負代金額の大部分は約定どおり支払い済みであるが、完成引渡時に支払うべき金額のみ支払いを遅滞している場合、請負人は目的物の引渡しを拒むことができるか。同約款26Ⅰは、部分払いの約定がある場合を想定しつつ、目的物の引渡しと同時に請負代金の支払いを完了することとしているので、信義則違反のような場合は別として、原則として引渡しを拒めることとなる。この点、日弁連約款では、支払遅滞額が請負代金額の10分の1を下回る場合には請負人は目的物の引渡しを拒めないとしている（日弁連約款27Ⅳ）。

② 請負代金額の変更

　　請負契約においては請負代金額が定められ、契約締結後速やかに請負人は請負代金内訳書を監理者に提出して承認を受けるとされている（同約款4）が、契約締結時後に一定の事情が生じた場合には、契約で定められた請負代金額が変更される場合がある。

　　民間連合約款では、「工事の追加・変更（同約款29Ⅰa）、工期の変更（同条項b）、関連工事の調整に従ったために増加費用が生じたとき（同条項c）、支給材料等について品目・数量・受渡時期・受渡し場所又は返還場所の変更があったとき（同条項d）、その他予期することができない経済事情の激変

• 131 •

や長期にわたる契約で物価や賃金の変動等の事情の変更が生じた場合（同条項e、f、g）」に、理由を明示して、必要と認められる請負代金額の変更を求めることができるとされる（同29Ⅰ）。

この場合、原則として、「工事の減少部分については監理者の確認を受けた請負代金内訳書の単価により、増加部分については変更時の時価による」とされている（同条Ⅱ）。

なお、請負代金変更請求権を形成権であるとの主張が排斥された裁判例がある（横浜地判昭和50年2月7日判時792・73、札幌地判平成10年3月20日判タ1049・258。ただし、約款には、請負代金の変更をするときは当事者が協議してその金額を定めるとされていた事例である。）。一方、約款に当事者の協議を要する旨の定めが少ない場合には、形成権的性質を認めた裁判例もある（東京地判令和元年7月5日D1-Law2905785）。

また、日弁連約款においては、請負代金額を変更する場合には当事者が協議して合意の上で定めるとされ、発注者が書面で同意しない限り、請負人は費用の増額を請求できないものとして、発注者を保護している（日弁連約款26Ⅱ）。

（工事の追加・変更による請負代金請求について、「**第5章　建築請負契約と追加変更契約、追加変更代金請求**」参照。工事出来高と請負代金額について、「**第4章　建築請負契約と出来高算定・報酬算定に関する問題**」参照）。

⑵　工事の変更、工期の変更

工事の変更、工期の変更について、民法には特段の定めはない。民間連合約款においては、注文者は必要によって工事を追加・変更することができ、工期の変更を求めることができる（同約款28Ⅰ・Ⅱ。請負人に損害を及ぼしたときは、請負人はその補償を求めることができる。同約款28Ⅴ）とし、また、請負人は、工事の追加・変更、不可抗力、関連工事の調整、その他正当な理由があるときは、その理由を明示して必要と認められる工期の延長を請求することができる、とされている（同約款28Ⅵ。その他、同約款17Ⅳ（破壊検査の結果、図面・仕様書に適合していた場合）、19Ⅴ（第三者に損害の生じた場合や第三者との間で紛争が生じた場合）、20Ⅱ（注文者の責任による遅れにより施工について損害が生じた場合）、31Ⅲ・32Ⅲ（中止された工事が再開された場合）、等にも工期延長の定めがある。）。

第7章　建築請負契約と建築請負約款

⑶　契約の中止権、解除権

①　中止事由・解除事由

　民法上、発注者は完成までの間いつでも損害を賠償して契約を解除することができる（民641）ほか、契約当事者に債務不履行のある場合には相手方は契約を解除することができ（民541、542）、目的物に契約不適合がある場合には契約を解除できる（民559、564）。

　民間連合約款では、これらの場合に、解除権のほか、その前段階として工事の中止権を認めている。発注者からの中止・解除（同約款31Ⅰ、31の2Ⅰ）、請負人からの中止（同約款32Ⅰ）、請負人からの解除（同約款32の2、32の3）の場合には、相手方に対し、損害賠償の請求ができる（同約款33Ⅴ、Ⅵ）。

　注文者に帰責すべき理由があり請負人が中止権を行使した場合には、中止事由が解消したときは工事は当然に再開し（同約款32Ⅱ）、注文者が中止権を行使した場合には書面で請負人に通知することにより工事を再開させることができる（同約款31Ⅱ）。

　請負人に帰責すべき理由があり中止された場合を除き、請負人は、理由を明示して必要と認められる工期の延長を請求できる（同約款32Ⅲ）。

　なお、請負人が中止権を行使した場合、工事遅延期間中一定期間については違約金の発生を否定した裁判例がある（東京高判昭和56年1月29日判タ437・112）。

②　解除に伴う措置

　民法上、契約を解除した場合には相互に原状回復義務が生じ（民545）、建物工事の場合に契約が解除されると、原状回復として施工済の出来形部分を撤去しなければならず、社会経済的損失が大きなものとなりかねない。

　そこで、民間連合約款では、契約が解除された場合には、注文者が工事の出来形部分と検査済の工事材料・建築設備の機器を引き受けるものとし、発注者が受ける利益の割合に応じて受注者に請負代金を支払わなければならないとしている（同約款33Ⅰ）。これは、改正民法634条の考え方を反映したものである。

　契約解除については、「第3章　建築目的物が未完成の場合の問題」以下を、倒産の場合の契約解除については、「第11章　建築請負契約と倒産処理」以下を、解除の場合の損害賠償については、第3部の「第2章　賠償責任に関する問題1―建築業者の損害賠償責任」以下を参照されたい。

⑷　履行遅滞と違約金

　民間連合約款においては、請負人の帰責事由により契約期間内に目的物を引

・133・

第2部 建築請負代金請求に関連する法律問題

き渡すことができない場合には、注文者は、遅滞日数に応じて、請負代金額に対し年10%の割合で計算した額の違約金（損害賠償額の予定）請求できる。注文者が請負代金の支払いを遅滞している場合には、請負人は、遅滞日数に応じて、支払遅滞額に対し年10%の割合で計算した額の違約金を請求できるとされている（同約款30条Ⅱ、30条の2Ⅱ）。

　なお、違約金が認められなかった例としては、東京地判昭和50年7月16日金商491・39を参照されたい。

　また、破産手続における違約金と報酬請求権の相殺については、第11章を参照されたい。

⑸　契約不適合責任

①　民間連合約款では、契約不適合責任について、同約款27条で次のように定めている

【民間（七会）連合協定　工事請負契約約款】

第27条　契約不適合責任

⑴　発注者は、引き渡されたこの契約の目的物に契約不適合があるときは、受注者に対し、書面をもって、<u>目的物の修補又は代替物の引渡し</u>による履行の追完を請求することができる。ただし、<u>その履行の追完に過分の費用を要するときは、発注者は履行の追完を請求することができない。</u>

⑵　本条⑴本文の場合において、受注者は、発注者に不相当な負担を課するものでないときは、発注者が請求した方法と異なる方法による履行の追完をすることができる。

⑶　本条⑴本文の場合において、発注者が相当の期間を定めて、書面をもって、履行の追完の催告をし、その期間内に履行の追完がないときは、発注者は、その不適合の程度に応じて、書面をもって、代金の減額を請求することができる。ただし、次の各号のいずれかに該当する場合は、催告をすることなく、直ちに代金の減額を請求することができる。

　a.　履行の追完が不能であるとき。

　b.　受注者が履行の追完を拒絶する意思を明確に表示したとき。

　c.　この契約の目的物の性質又は当事者の意思表示により、特定の日時又は一定の期間内に履行しなければ契約をした目的を達することができない場合において、受注者が履行の追完をしないでその時期を経過したとき。

　d.　本項a、b及びcに掲げる場合のほか、発注者が本項本文の催告をしても履行の追完を受ける見込みがないことが明らかであるとき。

第7章　建築請負契約と建築請負約款

② **この約款では、契約不適合責任について、主に以下の点が改正民法の規定と異なっている**

ア　履行の追完請求の内容として、「修補」と「代替物の引渡し」しか規定せず、「不足分の引渡し」が入っていない。

　　この理由は、不足分の引渡しを定めていない建設業法19条1項13号や宅建業法35条1項13号などの規定に合わせたことと、建築請負契約に添付される数量表が契約内容とされて、数量不足が直ちに契約不適合だとされるのを避けるためであると前掲・「民間（七会）連合協定工事請負契約約款の解説」58頁、158頁では説明されている。

　　ただ、この解説書では、数量不足も品質に影響する場合には、品質に関する契約不適合と評価できるとしたり、約款に明記してはいないが、数量不足による契約不適合責任の民法の規定を排除するものではなく、履行の追完請求の内容として「不足分の引渡し」も請求できると解説しており、分かりにくい規定となっている。

イ　改正前民法で規定されていた634条1項ただし書の「瑕疵が重要でない場合において、その修補に過分の費用を要するとき」には請負人は修補義務を負わないとの規定が民法改正により廃止されたが、この約款では、27条1項ただし書きで、同趣旨の規定を置いている。

　　民法改正時の議論のとおり、民法412条の2の履行不能の解釈の中で同じことを検討することもできるが、この議論は発注者にとって分かりにくく、契約書に書かれていない民法の議論を持ち出してトラブルになるのを避けるために、約款では明記している。

③ **民間連合約款では、契約不適合責任の期間について、同約款27条の2で次のように定めている**

【民間（七会）連合協定　工事請負契約約款】

第27条の2　契約不適合責任期間等

(1)　発注者は、引き渡されたこの契約の目的物に関し、第25条又は第26条の引渡しを受けた日から2年以内でなければ、契約不適合を理由とした第27条に定める履行の追完の請求、代金の減額の請求、第30条(1)に定める損害賠償の請求又は第31条の2(1)もしくは第31条の3(1)に定める契約の解除（以下「請求等」という。）をすることができない。

(2)　本条(1)の規定にかかわらず、建築設備の機器本体、室内の仕上げ、装飾、家具、植栽等の契約不適合については、引渡しの時、発注者が検査して直ちにその

• 135 •

第2部 建築請負代金請求に関連する法律問題

履行の追完を請求しなければ、受注者は、その責めを負わない。ただし、当
該検査において一般的な注意の下で発見できなかった契約不適合については、
引渡しを受けた日から1年を経過する日まで請求等をすることができる。

(3) 本条(1)及び(2)の請求等は、具体的な契約不適合の内容、請求する損害額の
算定の根拠など当該請求等の根拠を示して、受注者の契約不適合責任を問う
意思を明確に告げることで行う。

(4) 発注者が本条(1)又は(2)に規定する契約不適合に係る請求等が可能な期間（以
下本条において「契約不適合責任期間」という。）内に契約不適合を知り、そ
の旨を受注者に通知した場合において、発注者が通知から1年が経過する日ま
でに本条(3)に規定する方法による請求等をしたときは、本条(1)又は(2)に規定
する契約不適合責任期間内に請求等をしたものとみなす。

(5) 発注者は、本条(1)又は(2)に規定する請求等を行ったときは、当該請求等の
根拠となる契約不適合に関し、民法の消滅時効の範囲で、当該請求等以外の
請求等をすることができる。

(6) 本条(1)、(2)、(3)、(4)及び(5)の規定は、契約不適合が受注者の故意又は重過
失により生じたものであるときには適用せず、契約不適合の責任については、
民法の定めるところによる。

(7) 民法第637条第1項の規定は、契約不適合責任期間については適用しない。

(8) 発注者は、この契約の目的物の引渡しの時に、契約不適合があることを知つ
たときは、本条(1)の規定にかかわらず、直ちに書面をもってその旨を受注者に
通知しなければ、当該契約不適合に対する請求等をすることができない。ただし、
受注者が当該契約不適合があることを知っていたときは、この限りでない。

(9) この契約が、住宅の品質確保の促進等に関する法律（平成11年法律第81号）
第94条第1項に規定する住宅新築請負契約である場合には、この契約の目的物
のうち住宅の品質確保の促進等に関する法律施行令（平成12年政令第64号）第
5条に定める部分の瑕疵（構造耐力又は雨水の浸入に影響のないものを除く。）
について請求等を行うことのできる期間は、第25条又は第26条の引渡しを受け
た日から10年とする。この場合において、本条前各項の規定は適用しない。

(10) 引き渡されたこの契約の目的物の契約不適合が第17条(5)各号のいずれかの
事由により生じたものであるときは、発注者は当該契約不適合を理由として、
請求等をすることができない。ただし、第17条(6)本文に該当するときはこの
限りでない。

④ **この約款27条の2では、契約不適合責任の期間について、主に以下の
点が改正民法の規定と異なっている**

ア 改正民法の規定では、「契約不適合を知ったとき」から1年以内にその

第7章 建築請負契約と建築請負約款

旨を通知しなければ権利を保存できないとされ（民637）、これとは別に債権一般の消滅時効が適用され、権利行使可能を知った時から5年または引渡しから10年という規定が重畳的に適用される。

イ　約款(1)では、権利を保存するためには、原則として「引渡し」から2年以内に通知をしなければならないとしている。

約款(2)では、建築設備の機器本体、室内の仕上げ、装飾、家具、植栽等の契約不適合については、引渡しの時、発注者が検査して「直ちに」履行の追完を請求しなければならいとし、検査において一般的な注意の下で発見できなかった契約不適合については、「引渡しを受けた日」から1年以内に追完請求しなければならないとしている。

ウ　しかも、この約款(3)では「通知」として、細目にわたるまでの必要はないものの、不適合の内容を把握することが可能な程度に不適合の種類・範囲を伝えることを想定している民法の規定と異なり、単に契約との不適合がある旨を抽象的に伝えるのみでは足りず、売買の瑕疵担保責任に関する判例を採用し、通知の内容として「具体的に瑕疵の内容とそれに基づく損害賠償請求をする旨を表明し、請求する損害額の根拠を示す」必要があるとしている（最判平成4年10月20日民集46・7・1129）。

また契約不適合責任については、第3部第2章を参照されたい。

(6)　紛争の解決

民間連合約款では、当事者間に紛争が生じた場合には、第三者に解決を依頼するか、建設工事紛争審査会のあっせん（建設法25の12）又は調停（建設法25の13）によって解決を図るとしている（同約款34Ⅰ）。

また、上記によっては解決できない場合には、仲裁合意書に基づいて建設工事紛争審査会の仲裁に付することもできる（同約款34Ⅱ）。この場合、請負契約書、約款とは別に仲裁合意書の書式が用意され、仲裁の合意が成立した場合には仲裁合意書を作成することとして、当事者が仲裁の意義を十分に理解せずに仲裁契約を締結してしまうことを防止している（建設工事紛争審査会について、第4部の「第2章　建設工事紛争審査会」参照）。

• 137 •

第2部　建築請負代金請求に関連する法律問題

第8章　建築請負契約と設計監理契約

1　設計、施工、監理

(1)　設計とは「その者の責任において、設計図書（建築物の建築工事実施のために必要な図面（現寸図その他これに類するものを除く。）及び仕様書）を作成すること」をいう（建築士法2⑥）。

　　工事監理とは「その者の責任において、工事を設計図書と照合し、それが設計図書のとおりに実施されているかいないかを確認すること」をいう（建築士法2⑧）。

(2)　建物の建築には、設計、監理、施工の三つが不可欠である。すなわち、どのような建物を建てるかの設計、その設計を実現する建築工事段階、及びその工事が設計に沿って正しく行われているかをチェックする監理段階の三つを踏んではじめて無事に建物が完成する。

　　それでは、内容の異なるこれら三つの段階は、契約上どのような形で表されているのであろうか。

　　以下のような形式がある。

2　契約の形式

(1)　**設計・監理契約プラス施工契約型**

　　設計、監理を同一の設計事務所に依頼し、施工を建築業者に依頼する方式である。

　　この方式のメリットは、設計者自身が監理するため、監理上の注意点が明白であり、監理がしやすい点にある。デメリットは、設計そのものにミスがあった場合、これが見落とされやすいという点にある。

(2)　**設計・施工・監理独立型**

　　設計と監理をそれぞれ別の設計事務所に依頼し、施工を建築業者に依頼する方式である。

　　この方式のメリットは、前述の設計・監理契約プラス施工契約型のデメリットを回避できる点にある。デメリットは、設計を担当する事務所と監理を担当する事務所が別なので、かえって設計図書の読取りが杜撰になる可能性も否定できない上、高コストとなる点にある。

・138・

第8章　建築請負契約と設計監理契約

⑶　設計・施工契約プラス監理契約型

　設計、施工をまとめて建築業者に依頼し、監理を設計事務所に依頼する方式である。

　この方式のメリットは、設計者自身が施工するため、施工上の注意点が明白であり、施工しやすい点、また設計そのものにミスがあっても、監理を担当する事務所による是正が期待できる点にある。デメリットは、設計を担当する事務所と監理を担当する事務所が別なので、前述②のデメリットが依然として当てはまる点にある。

⑷　設計・監理・施工一貫契約

　設計、監理、施工をひとつの業者に依頼する方式である。

　この方式のメリットは、すべてを一括して契約するので、依頼者・注文者と建築請負人との連絡を容易に行うことができ、煩雑さを回避できる点にある。また、突然の設計変更や、細かなトラブルにも迅速に対応できる。デメリットは、すべてを建築請負人に「お任せ」してしまうので、設計チェックや施工チェックが杜撰になり、これにより実際の工事も杜撰になる恐れがある点にある。業者の信頼性により、評価が大きく左右される方式といえる。

3　設計、監理契約の法的性質

　いずれの契約についても、請負契約とする見解、準委任契約とする見解がある。具体的な契約内容ないし契約の法的効果は、契約条項に基づき当事者の意思を合理的に解釈することによって確定されるが、当該契約の内容に不明確な部分がある場合等においては、契約の法的性質に関しいずれの見解を採るかによって、その法的効果の解釈が分かれる余地がある。この点に関する裁判例は後述**4**で触れる。

⑴　請負契約説

　設計も監理も、仕事の完成を目的としているので、請負であるとする考え方である（設計について東京地判平成13年1月31日　監理について東京地判平成8年6月21日）。

⑵　準委任説

　設計も監理も、設計という事務、監理という事務を委託するので、準委任で

• 139 •

第2部 建築請負代金請求に関連する法律問題

あるという考え方である（設計について京都地判平成5年9月27日、監理について東京地判平成4年12月21日）。

⑶ 請負説と準委任説の対立の意味

請負説、準委任説により、以下の違いが生ずる。

まず、実際の設計や監理が契約内容に適合しない場合の法的責任について、請負説によれば契約不適合責任を追及することになり、準委任説によれば債務不履行責任を追及することになる。

すなわち、契約不適合責任に基づけば、追完請求、代金減額請求、損害賠償請求、契約解除ができる。これに対し、債務不履行責任に基づく場合は、損害賠償請求、契約解除はできるが、追完請求、代金減額請求はできない。また、責任追及期間については、契約不適合責任に基づけば、契約不適合を知ったときから1年以内の通知を要するが、債務不履行責任に基づく場合は、そのような制限はない。

次に、契約が中途で終了した場合の報酬請求については適用条文が異なるが、結論として差異はない。

	依頼者に 帰責事由あり	依頼を受けた者に 帰責事由あり	双方に 帰責事由なし
請　負	報酬全額の請求可能 （民536②）	割合報酬の請求可能 （民634）	割合報酬の請求可能 （民634）
（準）任用	報酬全額の請求可能 （民536②）	割合報酬の請求可能 （民648③）	割合報酬の請求可能 （民648③）
（準）任用 （成果完成型）	報酬全額の請求可能 （民536②）	割合報酬の請求可能 （民648の2②・634）	割合報酬の請求可能 （民648の2②・634）

最後に、設計者あるいは監理者（依頼を受けた者）による契約の中途解除について、請負説と準委任説により違いが生ずる。

すなわち、請負説によれば依頼を受けた者による契約の中途解除はできない（民641）。これに対し、準委任説によれば、依頼を受けた者はいつでも契約の中途解除ができる（民656・651）。

4 設計契約・監理契約における報酬

⑴ 報酬支払請求権

設計契約、監理契約において報酬額あるいはその算出方法が明示されていれ

・140・

第8章 建築請負契約と設計監理契約

ば、同明示に沿って報酬を請求できる。

設計契約、監理契約が締結されていない場合でも、事務管理（民697）あるいは報酬請求権（商512）に基づき報酬を請求する余地がある（設計監理について福岡高判平成2年3月28日、設計について東京高判昭和58年12月20日）。

また、各契約において報酬の合意があっても、その額や算出方法が不明確で特定できない場合にも、同じく報酬請求権（商512）に基づき「相当な報酬」を請求できる。

(2) 報酬の算出方法

前記(1)のとおり、契約が締結されていない、締結されていても報酬額やその算出方法が不明確で特定できない場合は、別途報酬額を算出すべきことになるが、その方法としては、例えば以下が考えられる。

① 国土交通省告示第98号

建築士事務所の開設者が建築物の設計、工事監理、建築工事契約に関する事務又は建築工事の指導監督の業務に関して請求することのできる報酬を、業務経費、技術料等経費及び消費税に相当する額を合算する方法により算定することを標準とするものである。

また、報酬額の算定には、以下のような裁判例もある。

② 東京高判昭和58年12月20日 Westlaw1983WLJPCA12200007

設計者が請求する基本設計にかかる報酬280万円について以下のとおり検討を加え、196万円を相当とした。

- ・設計の依頼者が他の設計事務所に設計監理等を依頼した金額は750万円
- ・日本建築士連合会の報酬規定では、基本設計業務の報酬額は、設計監理を依頼した場合の報酬額を30％とする旨の定めがある（750万円×30％=250万円程度で請求額は不合理ではない）。
- ・ただし、実際には依頼された基本設計が完了していたとはいえないため、280万円の7割にあたる196万円をもって相当の額とする。

③ 京都地判平成5年9月27日 Westlaw 1993WLJPCA09270015

設計者が請求する基本設計にかかる報酬97万8912円について以下のとおり検討を加え、29万7000円を相当とした。

- ・原告は、建設省告示第1206号に基づき報酬を主張する。しかし、原告被告間で締結された設計契約には、報酬金額、その額を定める方法についての合意もなく、報酬の約定を要件とする請負契約であるとはいえない。同

• 141 •

告示は請負契約の性質をもつ設計・工事監理契約にかかる報酬を定めたものなので、これを本件の報酬算出方法として適用することはできない。

・委任事務の履行に対する本件の報酬は、諸般の事情に照らし、設計図作成に要する日数に一日あたりの人件費を乗じて算出された金額を相当とすべきである。

・最終的には、日額3万3000円×日数26日×25%=29万7000円とした。

④　大阪地判平成24年12月5日Westlaw2012WLJPCA12058001

設計と工事監理を400万円にて受託した者が、同契約が設計の中途で解除に至ったところ、業務の割合に応じた報酬として351万円を請求したところ、以下のとおり検討を加え、304万円を相当とした。

・同契約には、設計報酬と監理報酬の内訳について合意がない。

　この点については、公的な基準である平成21年国土交通省告示第15号を参照し、同記載の業務量割合「設計：工事監理等=76.65%：26：35%」に、同告示上認められた諸般の事情も考慮のうえ、「設計報酬：監理報酬=80%：20%」とするのが相当である。

・そして、諸般の事情に照らし、設計業務が終了した割合を95%としたうえで、400万円×80%×95%=304万円を相当とした。

第9章　建築請負契約と下請け、孫請けに関する問題

第9章　建築請負契約と下請け、孫請けに関する問題

1　下請けの意義

⑴　下請けとは、請負人（元請人）がその請け負った仕事の全部ないし一部を
　第三者に請け負わせることをいう。

⑵　請負は、仕事の完成を目的とするものであるから、仕事の性質上又は当事
　者間の特約により請負人自ら労務を提供することを要する場合を除き、請負
　人は、原則として、仕事を完成させるにつき他の第三者を利用することがで
　きる。

　　特に、建築工事においては、工事が細分化・専門化されている（建設法別
　表参照）ことから、請負人が引き受けた仕事の全部を自ら完成させることは
　希であり、他の第三者を利用することが通常である。

⑶　下請関係は、建設業界における元請け、下請け、孫請けという構造的な階
　層序列を基盤とするものであり、当事者の意思のみによる規律に委ねるなら
　ば、社会的経済的に劣位に立つ下請負人が不当に過酷な条件を強いられる結
　果となる。

　　そこで、下請契約については、下請負人保護の観点から、以下のとおり、
　建設業法、私的独占の禁止及び公正取引の確保に関する法律（独禁法）、下
　請代金支払遅延等防止法（下請法）等の法令が規制している。以下、適用さ
　れる法範囲について述べる。

①　下請契約が「建設工事（土木建築に関する工事で同法別表の上欄に掲げ
　　るもの）を他の者から請け負った建設業を営む者と他の建設業を営む者と
　　の間で当該建設工事の全部又は一部について締結される請負契約」である
　　場合には、建設業法が適用される（建設法2Ⅳ、2Ⅰ、なお、同法24）。

　　　ただし、同法の適用に際しては、元請負人が「注文者」、下請負人が「請
　　負人」となる（同法2Ⅴ）。

②　元請負人が建設業者等独禁法第2条に規定する事業者であるときには、
　　独禁法が適用される。

　　　公正取引委員会は、独禁法19条に規定する「不公正な取引方法」を認
　　定するための基準として、「建設業の下請取引に関する不公正な取引方法
　　の認定基準」（昭和47年4月1日公正取引委員会事務局長通達第4号〔改正・
　　平成13年1月4日公正取引委員会事務総長通達第3号〕。以下「認定基準」

• 143 •

第2部 建築請負代金請求に関連する法律問題

という。）を定めている。

元請負人の行為が「不公正な取引行為」に該当するときには、建設業法42条、42条の2が適用される。

③　下請法において、建設工事を目的とする下請契約は、その適用対象とはされていない（下請法2Ⅳ括弧書）。もっとも、元請負人が「親事業者」に該当し、下請契約が「下請事業者」に対する㋐「物品の製造委託」、㋑「物品の修理委託」、㋒「情報成果物作成委託」、㋓「役務提供委託」を目的とするものである場合には下請法が適用される。下請法2Ⅰ～Ⅳ）

④　なお、国土交通省は、年2回、各都道府県に対して建設業者への指導の配慮を要請するものとして、建設業者団体の長、都道府県主管部局長、公共発注者および主要民間団体の長宛て、総合政策局長及び建設業課長から「下請契約及び下請代金支払の適正化並びに施工管理の徹底等について」と題する通知を行っている（国土交通省、「下請契約及び下請代金支払の適正化並びに施工管理の徹底等について」、https://www.mlit.go.jp/totikensangyo/const/sosei_const_tk1_000006.html（2024.4.16））。

2　下請契約の内容

(1)　下請契約の契約内容

下請契約の契約内容は、原則として、元請負人と下請負人との間の合意に従う。契約内容につき不明瞭な事項については、両者間の実質的な法律関係（請負契約、委任契約等）を考慮した上、決することになる。

なお、下請契約においては、中央建設審議会により「建設工事標準下請契約約款」が作成されている（詳細は、129頁参照）。

以下、下請契約に適用のある法令に規律されている内容を述べる。

(2)　下請契約に建設業法の適用がある場合

ア　下請契約の原則（建設法18）

「建設工事の請負契約の当事者は、各々の対等な立場における合意に基いて公正な契約を締結し、信義に従つて誠実にこれを履行しなければならない」

イ　建設工事の請負契約の内容の書面交付（建設法19）

ウ　現場代理人の選任等に関する通知（建設法19の2）

エ　注文者の取引上の地位を不当に利用した行為の禁止

不当に低い請負代金の禁止（建設法19の3）、及び不当な使用資材等の購

第9章 建築請負契約と下請け、孫請けに関する問題

入強制の禁止（建設法19の4）

　これらの規定に違反した発注者に対しては、当該建設業者の許可をした国土交通大臣又は都道府県知事から必要な勧告がなされうる（建設法19の6）。

オ　一括下請けの禁止（建設法22ⅠないしⅢ）

　元請負人及び下請負人の双方が禁止義務を負っている。

　ただし、一括下請けの禁止に違反した下請契約は、私法上は無効とならない（東京高判昭51年5月27日金商510・33）。

　違反した場合は、国土交通省大臣又は都道府県知事による監督処分の対象となる（建設法28Ⅰ④Ⅲ・Ⅳ・Ⅴ）。

　なお、公共工事の入札及び契約の適正化の促進に関する法律に規定する公共工事においては、一括下請けは一切認められていない（建設法12）。

カ　下請負人に対する特定建設業者の指導等（建設法24の7Ⅰ・Ⅱ）

⑶　下請契約に下請法の適用がある場合

　著しく低い下請代金の禁止（建設法4⑤）。

3　下請代金の前払い、出来高払い請求

⑴　下請負人は、元請負人に対し、前払いあるいは出来高払いの特約を結ぶことにより、初めて、かかる合意内容に基づいて前払いあるいは出来高払いを請求できる。

⑵　下請代金の前払い、出来高払いについて、建設業法は以下の規定を置く。

①　元請負人が出来高払い又は工事完成後における支払いを受けたときにつき、建設法24条の3第1，2項。

　下請契約における下請代金の支払期日が本条に違反するときには、当該条項は無効となり、元請負人が支払いを受けた日から1か月目に当たる日が支払期日となる（建設業法研究会「逐条解説　建設業法解説（改訂13版）」273頁（大成出版社、2022））。

　なお、下請契約に出来高相応の下請代金支払いの合意がなくとも、元請負人の下請代金の不払いが独禁法19条に違反するとき（認定基準3参照）は、建設法42条・42条の2が適用される。

②　元請負人が前払金の支払いを受けたときにつき、建設法24条の3第3項。

　下請負人は、前払いの特約を結ぶことなく、本条のみに基づいて、前払

• 145 •

いを請求することはできない（工事紛争実務研究会「問答式　建設工事紛争予防・解決の手引（加除式）」887頁（新日本法規、1982））。

(3)　公共工事にかかる前払金については、下請負人（保証事業会社と保証契約を締結した元請負人と下請契約を締結した下請負人に限る。）の請求により下請負人の口座へ振込みが可能である（**1**(3)④平成15年12月1日付通知参照）。

4　下請代金の支払期日及び支払方法等

(1)　建設業法の規定

①　特定建設業者が元請負人となった下請契約（ただし、下請負人が特定建設業者又は資本金額が政令で定める金額（建設法24の6Ⅰ、建設令7の2、現在は4000万円。後記認定基準が定められた当時は1000万円であった。）以上の法人であるものを除く。）については、下請代金の支払いの期日及び支払遅延の場合の遅延利息等につき特別の定めがある（建設法24の6Ⅳ）。

認定基準4参照。なお、遅延利息の率は、建設業法施行規則14条により、年率14.6パーセントである。

②　上記①と同様の下請契約については、下請代金支払いの方法に制限がある（建設法24の6Ⅲ）。認定基準5参照。

(2)　下請法の規定

ア　下請代金の支払期日の遅延防止

下請代金の支払期日及び支払遅延の場合の遅延利息につき特別の定めがある（建設法2の2・4の2）。なお、遅延利息の利率は、下請代金支払遅延等防止法第4の2の規定による遅延利息の率を定める規則により、年率14.6パーセントである。

イ　下請代金の支払方法の制限（建設法4Ⅱ②）。

〈参考〉
・那須・本間法律事務所「よくわかる建設工事の下請け契約—建設工事標準下請契約約款・逐条解説—」（大成出版社、2020）

第9章 建築請負契約と下請け、孫請けに関する問題

5 下請関係、孫請関係における追加変更契約の成否

(1) 問題の所在

請負契約において、追加変更に関する紛争が発生する理由については、第5章で述べたとおりである。追加変更に関する紛争は、注文者と請負人との間だけではなく、元請負人・下請負人間、さらには下請負人・孫請負人間でも生じうる問題である。

現実には、口頭での約束など曖昧不明確な約束のもとで、追加変更工事が進み、追加変更工事が終了した時点で、発注した側が追加変更契約の成立自体を認めず、支払いを拒む傾向が強い。

そこで追加変更の請負契約の成否、つまり下請負人が追加変更工事を行い、注文者たる元請負人がそれに対して追加報酬を支払うことを内容とする合意の有無が争いとなる。

(2) 元請負人・下請負人間（若しくは下請負人・孫請負人間）の追加変更契約に関連する建設業法の定め

まず建設業法の対象となる場合に同法において追加変更契約についてどのような規律が存在するのかを概観する。

建設業法19条は、請負契約に関する一定の事項について書面を作成する義務を定めるところ、同条2項は、「請負契約の当事者は、請負契約の内容で前項に掲げる事項に該当するものを変更するときは、その変更の内容を書面に記載し、署名又は記名押印をして相互に交付しなければならない。」と定めており、変更契約の場面においても書面の作成、取り交わしを義務付けている。

当該規定について、建設業法令遵守ガイドライン2－2では、建設業法19条2項違反となる事例として以下の事例を挙げている。

【建設業法上違反となる行為事例】

① 下請工事に関し追加工事等が発生したが、元請負人が書面による変更契約を行わなかった場合

② 下請工事に係る追加工事等について、工事に着手した後又は工事が終了した後に書面により契約変更を行った場合

③ 下請負人に対して追加工事等の施工を指示した元請負人が、発注者との契約変更手続が未了であることを理由として、下請契約の変更に応じなかった

第2部 建築請負代金請求に関連する法律問題

場合

④ 下請負人の責めに帰すべき理由がないにもかかわらず、下請工事の工期が当初契約の工期より短くなり、残された工期内に工事を完了させるため労働者の増員等が必要となった場合に、下請負人との協議にも応じず、元請負人の一方的な都合により変更の契約締結を行わなかった場合

⑤ 略（後述**7**(1)）

その上で、以下のような点に注意を促している。

・建設業法第19条第2項では追加工事等の着工前に変更の内容を書面に記載し、署名等をして相互に交付しなければならないこととなっている
・工事状況によって追加工事の全体数量の内容がその着工前の時点では確定できない等の理由から都度の契約締結が不合理な場合には、以下の事項を記載した書面を追加工事等の着工前に取り交わした上で、契約変更の手続については、追加工事等の全体数量の内容が確定した時点で遅滞なく行うものとする

① 下請負人に追加工事等として施工を依頼する工事の具体的な作業内容
② 当該追加工事等が契約変更の対象となること及び契約変更等を行う時期
③ 追加工事等に係る契約単価の額
・追加工事等が発生しているにもかかわらず、例えば、元請負人が発注者との間で追加変更契約を締結していないことを理由として、下請負人からの追加変更契約の申出に応じない行為や元請負人が合理的な理由もなく一方的に変更契約を行わない行為は建設業法19条2項違反である

⑶ 追加変更契約の成否をめぐる論点

建設業法の適用対象であるか否かにかかわらず、現実的には書面等による明確な追加変更契約書が交わされていないことは多く、追加変更契約の成否や内容をめぐって紛争となることがある。

ただ追加変更契約の成否は下請契約に限った問題ではなく、第5章ですでに触れられているので、ここでは下請契約における特有の問題について触れる。

以下では、注文者A―元請負人B―下請負人C（―孫請負人D）という関係を想定し、また理解の促進のため裁判例・判例を引用する場面でもこのA～Dに合わせた記載を挿入する。

① 追加変更工事の合意の有無が争われる場合

追加変更工事の合意が争われる場合の一つの類型として、元々の本工事に含

• 148 •

まれるとの主張がなされることがある。これは本工事の範囲内かどうかの問題であり、設計図書や見積書の記載などに照らし合わせて判断される。

ア　設計図書に記載がある工事について見積書に記載がないようなケースで注文者Ａが非専門家である場合には、図面に書いてある以上通常本工事代金に含まれるものと解される場合が多いであろう。

　　一方、専門家同士である元請負人Ｂ・下請負人Ｃ間では、図面で議論している、つまり図面から数量を拾っている中で、お互いに見積もり漏れがあったような場合には、当該工事部分の代金の合意が未了となっており、追加報酬を請求できると判断する余地が事案によってはある旨の見解が示されている（東京弁護士会弁護士研修センター運営委員会編「弁護士専門研修講座建築紛争の知識と実務」196〜197頁〔酒井良介〕（ぎょうせい、2011））。

イ　本契約の設計図書や見積書に記載がないケースで注文者Ａが非専門家の場合、注文内容が本契約の図面に記載がないことに気付かず、当該追加工事により費用が増加することを認識できない場合もあろう。

　　一方、双方が専門家といえる元請負人Ｂ・下請負人Ｃの間では、本契約の設計図書等への記載の有無は把握しやすく、また追加変更工事により費用が増加することも認識しやすいという事情があり、より追加変更工事についての合意の認定は容易となるであろう（追加変更工事の合意を認めた裁判例として、東京地判平成19年5月30日判例秘書L06232351（平成17年(ワ)第7569号）、名古屋地方裁判所民事プラクティス検討委員会「請負報酬請求事件における追加変更項に関する実務上の諸問題」判タ1412−93の注23）。

②　発注者が誰かが争われる場合

　下請契約特有の問題としては、ア　元請負人Ｂの置いた現場代理人が下請負人Ｃに発注した場合での現場代理人の代理権限有無の問題、イ　注文者Ａから下請負人Ｃに直接発注がなされ元請負人Ｂと下請負人Ｃの間に追加変更契約が成立していないのではないかという問題、などが考えられる（ＣＤ間でも同様）。

ア　現場代理人に権限がないとして争われるケース

　現場代理人は、一般に請負契約の履行に関し、工事現場に常駐し、その運営、取締りを行うほか、当該契約に基づく受注者の権限を行使することができる者をいう。現場代理人に関しては、民間連合協定工事請負契約約款10条(3)では、請負人が現場代理人を定めるとした上で、「現場代理人は、この契約の履行に関し、工事現場の運営、取締りを行うほか、次の各号に定める権限

を除き、この契約にもとづく受注者のいっさいの権限を行使することができる」として現場代理人の権限を定め、権限除外事項として、「a請負代金額の変更　b工期の変更」等を規定している。

注文者A・元請負人B間の請負契約において、当該約款類似の約定が取り交わされている場合には、当該契約に基づきおかれた現場代理人には、aやbの権限が除外されているため、下請負人Cとの間で追加変更契約を締結する代理権があるとは通常考えにくく、権限の存在を主張する下請負人C側において、立証を尽くすことになるであろう。（松本克美編「建築訴訟第2版」569頁など）。

現場代理人に一定の作業を依頼する権限を認めた例としては、東京地判平成19年2月23日（平成17年（ワ）第24481号、前掲・名古屋地方裁判所民事プラクティス検討委員会、判タ1412－99の注49）があげられる。ただし、この裁判例では「本件工事に付随し、本件工事の施工のために必要な作業であって、かつ、その費用を客観的かつ容易に算出することができるもの」と依頼できる作業内容を限定しているため、裏を返せば、当該限定に該当しない作業に関する権限については否定的に解釈される可能性もあろう。

なお、代理権が認められない場合でも、本人（本件では元請負人B）の承諾、特に事後的な追認がある場合に追加変更契約について本人Bに効力が生じる場合がある（民113Ⅰ）。本人の承諾の有無に関し、明示の承諾を裏付ける証拠はないのが通常であるから、事前事後の黙示の承諾なども、注文者への効果帰属についての検討の対象となることを指摘するものがある（岸日出夫ほか「建築訴訟の審理モデル～追加変更工事編～」判タ1453－14）。

イ　注文者Aからの直接発注であるとして争うケース

元請負人Bが下請負人Cに指示を出さず、注文者Aが、下請負人Cに直接指示を出しているような場合に、元請負人Bが、発注主体は注文者Aであり、B自身は追加請負契約の発注主体ではないと争うことが考えられるが、この場合にBC間に追加変更契約の成立を認めることができるか。

この点について、事前に元請負人Bが注文者Aに代理権を授与していたという事情や、注文者Aから下請負人Cに指示がある場合に一定の範囲ではこれに従う旨の合意が元請負人B・下請負人C間にあったという事情があれば合意の成立の認定可能性を示唆する見解がある（前掲・名古屋地方裁判所民事プラクティス検討委員会、判タ1412－99）。

当該文献では、注文者Aが単に打ち合わせに立ち会ったり、指示したり

第9章　建築請負契約と下請け、孫請けに関する問題

したにすぎないのか、また見積書や注文書が誰から誰に当てられているのか、などが判断に影響を与える旨も述べられている。

⑷　追加変更契約について書面作成に応じない場合の対応策

　元請負人と下請負人間の関係において、追加変更の合意が発生している場合には、変更後の仕様や代金等を明示した書面を作成して元請負人の署名、押印等を得ておくことが重要である（建設業法19条2項が追加変更契約においても書面化を要求していることについては前述の⑵）。

　元請負人が追加変更の合意の書面化に応じようとしない場合には、下請負人は、締結した下請契約の内容において下請負人として工事を中止できる場合に該当するかどうかを検討し、工事を中止する等の手段をとるべきであろう。

6　下請代金（労働者への賃金支払関係を除く）支払いに関するルール及び不払いへの対応

⑴　下請代金の支払いに関する建設業法の定め、ガイドライン

　下請契約における下請代金について、建設業法の対象となる場合に、建設業法24条の3（下請代金の支払）1項が、「元請負人は、請負代金の出来形部分に対する支払又は工事完成後における支払を受けたときは、当該支払の対象となった建設工事を施工した下請負人に対して、当該元請負人が支払を受けた金額の出来形に対する割合及び当該下請負人が施工した出来形部分に相応する下請代金を、当該支払を受けた日から一月以内で、かつ、できる限り短い期間内に支払わなければならない。」と定める。

　これについて、建設業法令遵守ガイドライン10－1では、以下の行為事例が業法違反となるおそれのあるものとして列挙されている。

> ①　下請契約に基づく工事目的物が完成し、元請負人の検査及び元請負人への引渡しが終了しているにもかかわらず、下請負人からの請求行為がないことを理由に、元請負人が下請負人に対し、法定期限を超えて下請代金を支払わない場合
>
> ②　建設工事の前工程である基礎工事、土工事、鉄筋工事等について、それぞれの工事が完成し、元請負人の検査及び引渡しを終了したが、元請負人が下請負人に対し、工事全体が終了（発注者への完成引渡しが終了）するまでの長期間にわたり保留金として下請代金の一部を支払わない場合
>
> ③　工事全体が終了したにもかかわらず、元請負人が他の工事現場まで保留金

• 151 •

第2部 建築請負代金請求に関連する法律問題

を持ち越した場合

④　元請負人が注文者から請負代金の出来形部分に対する支払を受けたにもかかわらず、下請負人に対して、元請負人が支払を受けた金額の出来形に対する割合に相応する下請代金を、支払を受けた日から1月以内に支払わない場合

(2) 不払いへの対応

事例：注文者A、元請負人B、下請負人C（さらに孫請負人D）がある場合において、BがCに履行期の到来した下請代金を下請契約通りに支払わない場合（CがDに支払わない場合も同様）。

※以下では、裁判例等を引用する場面でも上記A～Dに合わせた記載を挿入する。

① 元請負人B下請負人Cの関係において考えられる論点（CD間も同様）と下請負人の対応策

ア　入金リンク条項（B自身が元の注文者Aからの請負代金の支払を受けた後に下請負人Cに対して請負代金を支払う旨の合意）について

　この点に関して、当該条項は停止条件ではなく不確定期限の合意が定められたものと判断した最一小判平成22年10月14日（判タ1336・46）がある。不確定期限の合意とされると、BがAから支払を受ける見込みがなくなったときは、その時点で、BのCに対する代金の支払期限が到来することが合意されたものとされる点に停止条件とされる場合との違いがある。

　当該事案においては、複数の下請関係の介在の上、発注された最終の請負人（上告人）と注文者（被上告人）との間において注文者が請負代金の支払を受けた後に請負人に対して請負代金を支払う旨の合意（入金リンク条項）について、請負代金の支払は確実であった（公共工事）などの判示の事情の下において、「上告人（筆者注：事例の下請負人C）と被上告人（筆者注：事例の元請負人B）とが、本件請負契約の締結に際して、本件入金リンク条項のある注文書と請書とを交わし、被上告人（筆者注：事例の元請負人B）が本件機器の製造等に係る請負代金の支払を受けた後に上告人（筆者注：事例の下請負人C）に対して本件代金を支払う旨を合意したとしても、有償双務契約である本件請負契約の性質に即して、当事者の意思を合理的に解釈すれば、本件代金の支払いにつき、被上告人（筆者注：事例の元請負人B）が上記支払を受けることを停止条件とする旨を定めたものとはいえず、本件請負契約においては、被上告人（筆者注：事例の元請負人B）が上記請負代金

・ 152 ・

の支払を受けたときは、その時点で本件代金の支払期限が到来すること、また、被上告人（筆者注：事例の元請負人B）が上記支払を受ける見込みがなくなったときは、その時点で本件代金の支払期限が到来することが合意されたものと解するのが相当である」と判示した。

当該判断の理由として「一般に、下請負人（筆者注：事例の下請負人C）が、自らは現実に仕事を完成させ、引渡しを完了したにもかかわらず、自らに対する注文者である請負人（筆者注：事例の元請負人B）が発注者（筆者注：事例の注文者A）から請負代金の支払を受けられない場合には、自らも請負代金の支払が受けられないなどという合意をすることは、通常は想定し難いものというほかはない」との考え方を示していることが参考となる。

イ　完成部分の引渡しを拒んで同時履行を求める

ウ　債権者代位権に基づき元請負人の注文者に対する代金債権を代位行使する（民423）

エ　未払下請代金債権を被保全債権として元請負人の財産を仮差押する

オ　建設業法あるいは下請法に基づき、行政庁に対し監督処分の発動を求める

② 注文者Aと下請負人Cの関係において考えられる論点（BD間も同様）

ア　AC間に直接の請負契約が成立したと認定できる場合を除き、下請負人と注文者との間には請負契約関係は存せず、下請負人は原則として注文者に対し未払下請代金を請求することはできない。

イ　注文者Aの下請負人Cへ立替払いに関する問題

BD間も同様であり、ともに建設業者であるBD間の方が問題となりやすいので、ここでは、BD間を前提として述べる。

⑺　元請負人B・下請負人C間で、Bから孫請負人Dに対する立替払いを認める約定のある場合

a　立替払いの可否、立替払後の法律関係

元請負人B・下請負人C間で下請負人Cの孫請負人Dに対する孫請代金を立替払いできる旨の約定が結ばれている場合、元請負人Bは、かかる約定に従って、孫請負人Dに対し立替払いすることが考えられる。

そして、立替払いをした元請負人Bは、立替払相当額につき下請負人Cに対し立替金請求権を取得する。これは約定に基づく求償権なので、基本的には委任に基づく受任者による費用等の償還請求と位置付けられよう（民650）。そして、当該求償権を自働債権として、下請負人Cに対する自

• 153 •

第2部 建築請負代金請求に関連する法律問題

らの請負代金債務と相殺することになる。

b 倒産手続との関係

a記載のように約定に基づいて行った立替払いにより取得した求償権を自働債権とする相殺と倒産手続における相殺禁止条項の関係

a) 問題点

立替払約款付きの請負契約（元請負人B・下請負人C間）→下請負人Cの破産申立→孫請負人Dに対する元請負人Bの立替払い、という順番で事案が進んでいる場合に、元請負人Bが下請負人Cの破産申立てを知った上で孫請負人Dへの立替払いを行い取得した求償権を自働債権とし、下請負人Cに対する請負代金債務を受働債権として相殺することに関して、当該相殺は破産法72条1項4号（破産手続開始の申立後の破産債権取得）により無効とされるのか、それとも立替払いに基づく求償権の取得が相殺禁止の例外を定める破産法72条2項2号の「前に生じた原因」に基づくものであるとして有効となるのか。元請負人Bが立替払いにより求償権を取得するのがCの破産申立後であることから問題となる。

b) 東京高判平成17年10月5日（判タ1226・342）における判断（相殺禁止されないとの判断）

この点について、民事再生法における同趣旨の規定について判断した東京高判平成17年10月5日がある。

まず当該判決においては、破産法と民事再生法の相殺禁止関連の条項は同趣旨であることを前提とした上で、元請負人から孫請負人への立替払いやその求償権を自働債権とする相殺が「できる」とする立替払約款および相殺約款が存する事案について、これらの約款を相当な必要性がある合理的な契約内容とした上で、求償権の取得は、あらかじめ締結されていたこれらの約款に係る合意による成立された法律関係（原因）に基づくものと認められるとし、「前に生じた原因に基づくとき」として相殺禁止の例外に当たると判断した。

ただし、同判決においては、これらの約款があればつねに相殺できるとしたわけではない。元請業者による立替払いにつき、社会的な必要性と合理性（孫請業者の連鎖倒産防止や工事施工の中断などによる施主や施主からの購入者など多方面への悪影響を防ぐことなどを指す趣旨）が何ら認められずこれらの約款の趣旨を逸脱するような、不当で濫用的な

• 154 •

立替払い・相殺は社会的正当性を欠き権利の濫用となることがあるとしている。その例として、工事が完成してもはや当該孫請業者による続行工事の必要性が残っていないような場合には、元請業者が立て替え払いする必要性は通常認められないとも示している。

c)　その後の相殺禁止条項及びその例外に関する最高裁判例とその影響

　相殺禁止とその例外に関する一般的な判例としては、上記東京高裁判決以降にも、最二小判平成24年5月28日（判タ1375・97）、最一小判平成26年6月5日（判タ1406・53）、最三小判令和2年9月8日（判タ1481・25）が出ており、上記東京高裁判決がこれらの最高裁判例に照らしてどのように評価されるかは慎重な検討を要する。

　特に、最二小判平成24年5月28日においては、無委託保証人が主たる債務者の破産手続開始前に締結した保証契約に基づき同手続開始後に弁済をした場合に、保証人が取得する求償権を自働債権とし、破産者が保証人に対して有する債権を受働債権とする相殺は、許されないと判断している。

　上記最二小判平24年5月28日の分析として、「破産者に対して債務を負う者が、破産手続開始後に、何らの義務もないのに、ある破産債権者の債務を弁済して、それによる事後求償権を自働債権として、破産者に対する債務と相殺することはどうか。…実質的には他人の債権を取得したのと同じであるという理由で、従前から、破産法72条1項1号の類推適用により禁止されると解されてきた。本判決の事案とは異なるので、直接射程が及ぶ関係にはないが、上記解釈が相当であることが、本判決によって更に明確になったといえようか。」とする解説がある（名古屋民事実務研究会永野圧彦ほか「破産と相殺—最高裁平成24年5月28日第二小法廷判決を題材として—」判タ1402・43）。

　この解説を踏まえると、上記東京高裁の事案では、もともと立替払いの「義務」を有していたわけではないことに留意する必要がある。元請負人が、破産手続開始後に立替払いを行った場合の相殺への期待の合理性を社会的な必要性と合理性をもって裏付ける上記東京高裁の理屈がそのまま通るのかについては、不明である。

　以上の点を考慮すると、立替払いを一定の場合に元請負人の「義務」と位置付けるような定めを設ければ、当該問題点を踏まえても相殺が許される可能性は高くなるといえよう。

第2部　建築請負代金請求に関連する法律問題

(イ)　元請負人Ｂ・下請負人Ｃ間で立替払いの約定がない場合

a　立替払いの可否、立替払後の法律関係

　立替払いの約定がない場合、元請負人Ｂによる孫請負人Ｄに対する立替払いは第三者弁済に当たる（民474）。

　同条第1項では、「債務の弁済は、第三者もすることができる。」としつつ、同条第2項において「弁済をするについて正当な利益を有する者でない第三者は、債務者の意思に反して弁済をすることができない。ただし、債務者の意思に反することを債権者が知らなかったときは、この限りでない。」としている。

　通常、ＢはＣのＤに対する債務の弁済について正当な利益を有する者とはされていないので、債務者つまり請負人Ｃの意思に反してＤに弁済することはできないが、Ｂによる立替払いが下請負人Ｃの意思に反することを孫請負人Ｄが知らない場合には立替払いが有効となる。

　この債務者Ｃの反対意思は、第三者であるＢが弁済をする際に確定的なものであり、しかもこれを認識しうる客観的な事情も相当に顕著なものであることを必要とすると解すべきとされていたところ（我妻榮「新訂債権総論」245頁（岩波書店、1940）など）、平成29年の民法改正により債権者Ｄ保護の観点から、債務者Ｃの意思に反することを債権者Ｄが知らなかったときには、第三者Ｂの弁済は有効とすることが定められた（民474Ⅱ但書）。

　このことからは、元請契約の中に立替払約款が存しない場合でも、元請負人Ｂが孫請負人Ｄに立替払いを行う時点で、下請負人Ｃが確定的に当該立替払いに反対の意思を表示し、かつこれを孫請負人Ｄが知っていたというような場合でなければ（現実にはこのような場合は少ないであろう。）、立替払自体は有効と判断される可能性が高いものと考える。なお、ＣＤ間の契約において第三者弁済禁止条項がある場合には、立替払いはできないことに注意が必要である（民474Ⅳ）。

　以上の定めに従いＢによる立替払いが有効とされる場合には、元請負人Ｂは、下請負人Ｃに対して求償権を取得する。この場合には立替払いは合意に基づくものではないので、事務管理に基づく求償権（民702）となるのが通常であろう。Ｂは当該求償権を自働債権として、自らのＣに対する請負代金債務と相殺することになる。

第9章 建築請負契約と下請け、孫請けに関する問題

b 倒産手続との関係

なお、ここでも(ア)で述べた破産法等の相殺禁止規定との関係が問題となりうる。先に触れた東京高裁の裁判例においては、あらかじめ締結されていた約款に係る合意により成立された法律関係（原因）に基づくことで、「前に生じた原因に基づくとき」として相殺禁止の例外に当たる場合があると判断している。この考え方によると、立替払約款がない場合には、相殺禁止の対象となると考えられ、相殺が禁止されることとなる。

ウ 下請負人Cから注文者Aに対する請求権についての考察

（DからBへの請求権についても同様）

(ア) 保証契約による構成〜書面性の要件〜

注文者Aが、元請負人Bの下請負人Cに対する請負代金債務について連帯保証したものと認定できないかが過去においては議論されていたが、保証契約において書面作成が要件とされたため、書面での取り交わしがない場面で事後的に保証契約の成立が認定されることは考えにくい。

この書面性の要件については、「同項の趣旨は、保証契約が無償で情義に基づいて行われることが多いことや、保証人において自己の責任を十分に認識していない場合が少なくないことなどから、保証を慎重にさせるにある」とした上で、「保証人となろうとする者が保証契約書の作成に主体的に関与した場合その他その者が保証債務の内容を了知した上で債権者に対して書面で明確に保証意思を表示した場合に限り、その効力を生ずることとするものである。」とする裁判例が参考となる（東京高判平成24年1月19日（平成23年（ネ）第4633号）金法1969・100）。

(イ) 債務引受による構成

保証契約の書面性の要件が設けられたためか、その後の裁判例において注文者Aの併存的債務引受（民470）の成立を下請負人C側が主張する裁判例が見受けられる。

この点について、債務引受自体は書面作成が成立要件とされている訳ではない。ただ、債務引受の合意の認定において書面の存否を相当程度考慮している傾向が見受けられる（東京地判平成27年5月19日（平成26年（ワ）第24432号）、東京地判平成25年11月27日（平成24年（ワ）第19591号）など。また、債務引受に関する体裁の整った書面を作成できなかった特段の事情はないなどとの理由で、債務引受の成立を否定した東京地判平成27年2月26日（平成24年（ワ）第22421号））。以上のような裁判例の傾向からすると、

・ 157 ・

第2部 建築請負代金請求に関連する法律問題

結局のところ書面により合意がなされていないような場合には、債務引受が認められることは少ないものと思われる。

(ウ) 実務における留意点

したがって、例えば工事進行が停滞しそうな状況で注文者Aが工事の進行を強く望み、下請負人Cに直接工事進行を促してくるような場面では、支払いを確実に行うことを約する適切な書面を注文者Aとの間で交わすことを心掛け、連帯保証や債務引受の成立を確実にしておくことが求められる。特に元請負人Bが孫請負人Dに対し、仕事を完成させないと注文者からお金が入らない、ペナルティもかかる、支払いについては下請負人Cを飛ばして払う、などの甘言によって工事の進行を強く求めるような場面が考えられる。孫請負人Dとしては、そのような場面において書面による約束、合意を元請負人Bから取りつけることが重要である。

エ　建設業法の定め（BD間に限る）

建設業法の適用がある場合において、元請負人Bが発注者から直接建設工事を請け負った特定建設業者であるときには、元請負人Bは、下請負人Cが、「下請負に係る建設工事の施工に関し、この法律の規定…に違反しないよう」に指導に努めることとされ、また規定に違反しているときは、違反事実を指摘し、その是正を求めるように努めるものとされている（建設法24の7Ⅰ・Ⅱ）。孫請負人Dは孫請代金不払いの事実をBに報告し、当該指導等を事実上促すことが考えられる。また一定の場合に、元請負人Bの許可者である国土交通大臣又は都道府県知事は、元請負人Bに対する立替払い等を勧告することができるとされているので（同法41Ⅲ）、これを事実上促すことが考えられる。

7　下請代金の減額

(1)　減額に関する建設業法の定め、ガイドライン

下請契約における下請代金について、建設業法の対象となる場合に、建設業法19条の3（不当に低い請負代金の禁止）が、「注文者は、自己の取引上の地位を不当に利用して、その注文した建設工事を施工するために通常必要と認められる原価に満たない金額を請負代金の額とする請負契約を締結してはならない。」と定める。

これについて、建設業法令遵守ガイドライン4では、以下のような行為事例が業法違反となるおそれのあるものとして列挙されている。

• 158 •

第9章 建築請負契約と下請け、孫請けに関する問題

「④元請負人が、契約後に、取り決めた代金を一方的に減額した場合
　⑤元請負人が、下請負人と合意することなく、端数処理と称して、一方
　的に減額して下請契約を締結した場合」

また同ガイドライン4(4)では、「建設業法第19条の3により禁止される行為
は、…契約締結後元請負人が原価の上昇を伴うような工事内容の変更をしたの
に、それに見合った下請代金の増額を行わないことや、一方的に下請代金を減
額することにより原価を下回ることも含まれる。」と明記されている。

さらに前述5(2)でも触れた同ガイドライン2-2においては、

「⑤納期が数ヶ月先の契約を締結し、既に契約金額が確定しているにもか
　かわらず、実際の納入時期における資材価格の下落を踏まえ、下請負
　人と変更契約を締結することなく、元請負人の一方的な都合により、
　取り決めた代金を減額した場合」

について、契約通りの履行を行わない場合には、建設業法19条の3違反ともな
るおそれがある旨が示されている。

⑵　不公正な取引方法とされる場合（独禁法、認定基準）、下請法

元請業者に独禁法19条（「事業者は、不公正な取引方法を用いてはならな
い。」）違反の事実があるときには、公正取引委員会が勧告、排除等の措置をと
る対象となる。

同条にいう不公正な取引方法の認定に関して、「認定基準」においては、「下
請契約の締結後、正当な理由がないのに、下請代金の額を減ずる」元請負人の
行為は不公正な取引方法に該当するものとして取扱う行為の一つとして示され
ている。

また下請契約に下請法が適用される場合、下請金額の減額が同法4条1項3
号（「下請事業者の責に帰すべき理由がないのに、下請代金の額を減ずること。」）
に該当するときには、公正取引委員会が勧告等の措置をとる対象となる（独禁
法7Ⅱ）。

• 159 •

第2部　建築請負代金請求に関連する法律問題

第10章　建築請負契約と共同企業体 ―ジョイント・ベンチャー

1 はじめに

　ジョイント・ベンチャー（頭文字をとった略称がJV）は、広くは、複数の企業が共同・提携して行う事業経営方式の一つをいい、合弁事業、事業提携などとも呼ばれ、近時では合弁会社に関する諸問題の解明が盛んになされているが、本書で扱うのは建築業で活用されている建設共同企業体である（そのメリット・デメリットについてはJV制度47頁参照）。

　建設共同企業体（以下、「JV」という）とは、複数の建築業者が共同で建設工事の施工を行うことを合意して結合した事業組織体をいう。

　したがって、JVをめぐる諸問題の解決もその契約内容に依ることが多いが、わが国ではJVが建設省（現・国土交通省）の主導の下に始められて普及し、その内容・形態が形成されてきており、現在でもJVの結成は国土交通省が作成した共同企業体運用準則（「共同企業体の在り方について」）や通達（共同企業体運営指針、共同企業体運営モデル規則等）、各種の共同企業体協定書[※]に準拠してなされているので、その内容も定型化しているといってよい（JVの変遷については前掲・JV制度8頁以下参照）。

※各種の協定書は、国土交通省の共同企業体制度（JV）に関するホームページで閲覧することができる。

　https://www.mlit.go.jp/totikensangyo/const/1_6_bt_000101.html（2024.04.21）

2 前提理論・基礎知識

⑴　JVの法的性質

　JVは法人ではない（民33。法人法定主義からの帰結）。

　JVの法的性質について、判例・通説（現代契約法大系(8)336頁〔平井一雄〕、平井一雄「建設共同企業体の法律的性質」ジュリ852・207、来栖・契約法下633頁、新裁判実務大系(2)238頁〔堀井敬一〕、新版注民(17)18頁等）は民法上の組合と解している。他方、権利能力なき社団との考え方（栗田哲男「建設業における共同企業体の構成員の倒産」判タ543・25頁以下）や、一元的に考えるべきではないとの主張（滝井・建設工事222頁、大西武士「共同企業体の代表者名義預金の帰属」判タ1017・87）もある。

・ 160 ・

第10章　建築請負契約と共同企業体─ジョイント・ベンチャー

典型契約としての民法上の組合とは言えないが、①2名以上の当事者が、②出資をして、③共同の事業を営むことを約することから、民法上の組合に準拠して考えて不合理なところはないし、従前の訴訟当事者の主張もこれに従っている。東京地判令和2年2月13日は、JVの成立を否定する根拠の一つに、組合としての性質を有していると認められないことを挙げている。

〈参考判例〉

・**鹿児島地判昭和48年6月28日判時720・86**

甲型JVの従業員が工事現場における労災事故で死亡し、遺族がJVの全構成員を被告として損害賠償を求めた事案で、構成員全員が不真正連帯債務を負うと判示した。その結論を導くのにJVの法的性質論は不要であると批評されている。

・**最大判昭和45年11月11日**（後述166頁）
・**東京高判昭和56年4月27日**（後述175頁）
・**最判昭和59年3月8日**（後述175頁）
・**大阪地判昭和59年6月29日**（後述165頁）
・**大阪高判昭和59年9月28日**（後述177頁）
・**東京地判平成9年2月27日**（後述174頁）
・**最判平成10年4月14日**（後述170頁）
・**最判平成11年4月16日**（後述168頁）
・**函館地判平成12年2月24日**（後述174頁）
・**東京地判平成14年2月13日**（後述175頁）
・**東京地判令和2年2月13日 TKC25585207**

JVの構成員である原告が、JV契約の成立を前提に、別の構成員である被告の出資債務を原告が代わりに履行したとして金銭請求した事案（有益費償還請求又は不当利得返還請求）。業務執行の方法について何の取り決めもなされていないこと等から、組合契約の成立を否定して原告の請求を棄却した。

⑵　JVの行為の商行為性

① 商行為性は、代理についての顕名主義、構成員の債務の性質論、表見法理の主観的要件論に関係する（**第1章参照**）。

② JVの構成員はその性質からして会社もしくは商人となる。

判例はJVの事業に関する行為の商行為性を認める。

ア 最判平成10年4月14日（後述170頁）は、組合員の構成員の商人性に注目する。JVは会社間で結成され、したがって会社がJVを結成して事業を

・161・

行う行為は営業のためにする行為（附属的商行為。現会社法5）となる、との理由でそれを肯定する。東京地判令和4年9月27日、函館地判平成12年2月24日（後述174頁）や東京地判平成14年2月13日（後述175頁）はこれに従っている。

イ　これに対し、東京地判平成9年2月27日（後述174頁）は、組合の行為の商行為性や組合の商人性に着目し、JVが「他人のためにする加工に関する行為」（商502②）を引き受ける行為を営業として行うことなどを理由としてその商行為性を肯定する。

ウ　商法502条2号は営業的商行為の規定であり、営業的商行為は反復継続の意思を持って行うことが要件されるところ、JVの場合はその要件に該当するかの疑問があるので、最高裁は組合構成員の商人性に着目した理論構成をとったと評されている（最高裁判例解説平成10年度18事件442頁）。

(3)　JVの性格などの分析

①　活用目的を基準として、特定建設工事共同企業体（特定JV）、経常建設共同企業体（経常JV）、地域維持型建設共同企業体（地域維持型JV）及び復旧・復興建設工事共同企業体（復興JV）の4種類に区別・分類される。

また、施工方式を基準として、甲型（共同施工方式）と乙型（分担施工方式）の2種類に区別・分類される。

発注は工事の性質等によりそれぞれの分類を組み合わせてなされる。共同企業体協定書の雛形も8種類公表されている（国土交通省ウェブページ参照）。それぞれの分類の意義を以下に述べる。

②　活用目的を基準とした分類

特定JVは、大規模・技術的難度の高い工事等について、工事ごとに結成されるJVである。経常JVは、優良な中小・中堅建設業者の振興を図って、中小の建設企業が継続的に協業関係を確保し、経営力、施工力を強化するために結成されるJVである。なお、この2つの類型のいずれかによって考察すべき事項に差異が生じることは基本的にない（福永・特殊契約157頁〔福永有利〕、新裁判実務大系(2)236頁〔堀井敬一〕）。

地域維持型JVは、地域維持事業の持続的な実施を目的に、災害応急対応、除雪、パトロールなどの工事・役割を担うJVであり、安定的に工事施工が行えるように契約期間が複数年になることが多い。

復興JVは、大規模災害からの復旧・復興工事を円滑かつ迅速に行うた

めに結成されるJVである。

③　施工方式を基準とした分類

　甲型JVは工事全体について構成員が共同施工する方式であり、乙型JV
は構成員の合意により工事を分割・分担して施工する方式である。この区
別はJVの工事下請契約等の発注者に関連して意義がある（後掲**7**）。乙型
は甲型に比べて少数だが、たとえば異業種間でJVを締結する場合等に利
用されている。

⑷　制度の病理現象

　JVの工事請負が形式的な契約上のものに止まり、実質は構成員の一部が工
事施工をするペーパージョイントベンチャー（以下「ペーパーJV」という）
が存し、これは下請契約者等との関係で実質関係を主張して自社の契約当事者
性を否定するような主張が許されるかという問題を生じさせる（後述175頁）。

　また、逆に、外部的な契約は一社の請負だが、実質的には数社が共同施工す
るものを裏ジョイント（裏JV）と言っている（岩崎脩「建設工事請負契約の
研究（改訂増補版）222頁（清文社、1993）。

　旧建設省（現国土交通省）の通達（昭和58年建設省計建発第108号）に定め
られた「協力施工方式（下請の利用）」が裏JVの隠れ蓑にされることもある（前
掲・JV制度60頁）。

⑸　企業共同体と独占禁止法

　共同企業体結成のために競争事業者同士が集まって話し合うことは、自ずと
独占禁止法との緊張関係を孕む。公正取引委員会の「公共的な入札に係る事業
者及び事業者団体の活動に関する独占禁止法上の指針」[※]によれば、情報提
供活動と経営指導活動は原則として独占禁止法違反とならないとされている
が、公正取引委員会から措置排除命令等が出されているケースも多い。措置排
除命令等が確定した場合に、発注者が受注者であるJV構成員に損害賠償請求
を求める事案も見られ、この点については最高裁判例も出ている（本章**9**）。

※ https://www.jftc.go.jp/dk/guideline/unyoukijun/kokyonyusatsu.html（2024.04.25）

3　JVの法律関係―共同企業体協定書―

⑴　共同企業体協定書は、JVの構成員間の組合契約の内容（権利義務を定める）
　となるものだが公共工事においては自治体等から提出を求められることがあ

・ 163 ・

り、その場合には発注者に対しても一定の法的拘束力を持つことがある。

(2)　国土交通省が公表している共同企業体協定書の雛形においては、①当事者の出資割合（乙型では負担割合。8条）、②共同事業の内容（1条）に加え、③代表者（業務執行者）の定めと権限（6条・7条。甲型については代表者変更の規定も17条の2で置かれている）、③運営委員会の設置（9条）、④構成員間の連帯責任（10条）、⑤取引金融機関（11条）、⑥剰余金の配当や欠損金の負担（乙型では必要経費の分配や共通費用の負担。12条・13条）、⑦構成員間の責任の分担（14条）、⑧構成員の脱退（16条。甲型については除名の規定も16条の2で置かれている）、⑨構成員の破産・解散に対する処置（17条）、⑩解散後の瑕疵担保責任・契約不適合責任（19条。復旧復興JV以外の雛形では「かし担保責任」がそのまま使われている）等が定められている。なお、この雛形は平成14年に改正が行われている。各条項の趣旨・内容についてはJV制度156頁、山本史枝＝志々目昌史「新版　建設業JVの実務—会計・税務と法務」381頁（清文社、2013）参照。

(3)　もっとも上記はあくまで雛形であり、これと異なる定めを置くこともももちろん可能である。以下、JVの建築請負に関する問題を、第11章で扱う倒産関連問題を除き、検討する。

4　請負人としての義務（目的物完成義務・契約不適合責任）とJV

(1)　債務者・債務の性質

　JVは民法上の組合と解されるから、発注者に対し目的物完成義務を負担する者はJVの構成員である。その債務の性質は、請負作業が完結した一個の設計を実現させるものであるから、協定書等で「連帯して責任を負う」と記載されていても、不可分債務と解される（新裁判実務大系(2)239頁〔堀井敬一〕）。このことから、JVは法人でないにもかかわらず、判例等では便宜上JVが契約の主体と扱われていることがあり、本書もこれに従うことにする。

(2)　工事施工（JVの運営）

　JVの運営は各構成員をもって組織される運営委員会が重要な役割を担っているが、工事の共同施工の関係で言えば、運営委員会が工事の基本方針や施行の基本計画を決定し、工事事務所の組織や編成を行い、取引業者や下請負人等

第10章　建築請負契約と共同企業体—ジョイント・ベンチャー

の選定などを行っている（全ての業者を審議・選定するのは事実上困難であるため、一定の金額以上の場合に審議とする等、基準を設けていることも多いようである。）。工事施工は現場の運営組織である工事事務所が担い、その意思決定機関である施工委員会の具体的決定に従って工事が施工されている（前掲・山本＝志々目95頁以下）。

(3)　契約不適合責任・瑕疵担保責任

　工事に瑕疵・契約不適合があった場合、発注者は、JVに対し修補や損害賠償を請求することができ、JVの構成員は発注者に対し連帯して責任を負う。この修補に代わる損害賠償請求権と請負代金支払請求権は同時履行の関係に立つ（民634Ⅱ）。JVは、工事を完成させ発注者に引渡し、請負代金を受領・分配した後に（工事完成後数ヶ月程度で）解散する。解散後に瑕疵・あるいは契約不適合が発見された場合に（瑕疵担保責任の一般論については第3部参照）、その処理をどうするかが問題となる。この点につき共同企業体運営モデル規則（平成4年3月27日建設省経振発第33、34、35号）では、共同体企業解散後も構成員間で協議を行い出資の割合に応じて責任を負担するよう定めている。

5　請負人としての権利（工事請負代金債権）とJV

(1)　法的性質

　不可分債権である。工事代金債権は金銭債権として本来的には可分債権だが、これに対応する注文者に対する債務が一個の工事の完成義務を不可分的に負担しているためそのように解される（滝井・建設工事224頁）。

〈参考判例〉

・**大阪地判昭和59年6月29日判時1142・80**

　　A社、Y社を構成員とする甲型ペーパーJVが金融機関Xに対し、請負代金の代理受領権限を与えた後、A社が倒産したためJVを解散し、Y社単独の請負契約に変更しY社が工事を完成させた事案で、工事代金債権はペーパーJVであっても注文者に対する関係ではJV構成員に不可分に帰属すると判示した。なお、事件の解決としては、請負変更契約は代理受領権者の利益を害するけれども違法性がないとし損害賠償責任を否定して原告の請求を棄却している。

・**東京地判昭和52年8月30日判時880・46**

　　債権者不確知を理由に供託された工事代金の還付請求権の帰属を、（禁止

• 165 •

第2部 建築請負代金請求に関連する法律問題

特約に反する）工事代金債権の譲受人（原告）や倒産した請負人に代わって
工事を完成させた工事完成保証人（被告）などが争った事案で、請負人と工
事完成保証人の履行すべき請負作業は完結した一個の設計を目的とするもの
であるからこれに対応する請負代金債権は不可分に両者に帰属すると判示し
た。

(2) 権利の行使者とその方式

ア 権利の主体

　共同の建築工事によって取得した財産であって、権利者はJVである。乙
型JV又はペーパーJVであっても、少なくとも注文者との関係ではJVが契
約当事者でありその結論に異なるところはない（滝井・建設工事225頁）。

イ 権利の行使者

　多くの場合、権利の行使者は代表者（業務執行者）に限られる。JV協定
書により、代表者が定められるのが通常であり（標準協定書6、7条）、多く
は構成員のなかの幹事会社（スポンサー）が代表者となるが、それは業務執
行者の定めとして、業務の範囲内の一切の事項に関する代理権（訴訟追行権
を含む。下記昭和45年最高裁判例）が付与され、各構成員が業務執行権を
失うと解されるからである（大判大正7年10月2日民録24・1848。現代契約
法大系(8)338頁〔平井一雄〕）。

　仮に、代表者の定めがないとすれば、総組合員によらなければこれを請求
しえない（最判昭和41年11月25日民集20・9・1946）

　なお、判例は代表者の定めのある民法上の組合には訴訟当事者能力を認め
ている（最判昭和37年12月18日民集16・12・2422）。

〈参考判例〉

・**最大判昭和45年11月11日判時611・19**

　工事請負契約を一方的に破棄した注文者に対しJVの代表者が既に支出し
た工事費用を損害として、その賠償を求めた事案で、JVの債権についての
訴訟追行権の有無が争われたが、JVの代表者に任意的訴訟信託がなされて
おり、それは合理的必要性があるとして許容した。

ウ 権利行使の方式

　権利行使は、JVの代表者である旨を表示して行うべきだが（標準協定書7
条参照）、現実にはJVの名を出さない場合も多いし（東京地判平成14年2月
13日後述175頁）、それは代理についての顕名主義の特則（商504）との関係

・166・

から肯定される。JVと第三者との取引は通常商行為と解されるから（前述161頁）、JV代表者がJV本人の名を明らかにしなくても、JVと第三者との間に法律関係が生じる。東京地判平成9年2月27日（後述174頁）がこれを明言するし、函館地判平成12年2月24日（後述174頁）は、さらに構成員がJVの代表者の締結した契約上の効果（債務）を負担しないことを希望するのであれば、その代表権限に制限することを明確に合意し、かつ外観法理の適用を排除するために契約の際にその旨を明記すべきである、とまで言っている。

エ　JVの預金口座取引

注文者の代金支払いはJVの預金口座に送金されることが多いが、その口座はJVの名称を冠した代表者名義で開設される（標準協定書11条）。

その預金の払戻しは通常の預金と異なるところはなく、通帳と届出印鑑によりなされるので、払戻しを受けられるのは代表者に限られる（菅原胞治「建設共同企業体の法律的性質」手形研究375・43頁）。JVの名称を冠していない預金の帰属者をJVではないとした最判平成11年4月16日については後述する（後述168頁）。

オ　特有な権利消滅事由

有力な構成員が脱退し（後述169頁）注文者が残存構成員による工事に不安を感じた場合、脱退が請負契約の解除事由となりうるかが問題とされ、学説は、事情変更・不安の抗弁を根拠として、これを肯定する（福永・特殊契約179頁）。また、ペーパー JV が解除原因となりうるとする学説も存する（滝井・建設工事228、64頁）。

大阪地判昭和59年6月29日（前述165頁）は、発注者がなした契約解除の効力について明示的な判断をしていないが、この見地から肯定的に評価すべきであって、自己都合解除（民641）の問題として扱うべきではない（前掲栗田・19頁）。

契約解除が認められれば代金債権は（出来高を除き）消滅する。

6　JV構成員内部の関係について

(1)　JV構成員の利益（工事代金）分配請求権

JV構成員はJVに対し、工事代金の分配を受ける権利を有する。

なお、ペーパー JV の場合、名目的構成員は工事施工構成員に対し、約定に基づくいわば名義料的手数料請求権を有する（滝井・建設工事228頁）。ペー

パー JV の存在は公序良俗違反ではないし、その請求権行使が一般的に権利濫用にあたるということもできない。東京高判昭和56年4月27日（後述175頁）、最判昭和59年3月8日（後述175頁）、長野地判平成11年7月7日（後述176頁）、東京地判平成26年11月14日、東京地判平成29年4月20日はその存在を肯定し、函館地判平成12年2月24日（後述174頁）は、昭和52年11月10日付建設省経発第153号「共同企業体の適正な活用について」と題する通達によってペーパーJV は存在する余地がないとの原告の主張を排斥している。

- **東京地判平成26年11月14日 TKC25522776**

　　JV の一員である原告が他の一員である被告に対し、JV 契約に基づき利益配当金の支払を求めた事案で、原告の出資割合（40%）に応じた配当を認めた。

- **東京地判平成29年4月20日 TKC25553678**

　　JV の一員である原告が他の一員である被告に対し、出来高報酬分配金等を求めた事案で、合意に基づいた出来高配分（17%）に応じた配当を認めた。なお当該事案では工期が当初の予定から延長された場合に、裁判所が本件覚書に基づき分配金の配分割合を変更できるかが争点となったが、裁判所は、覚書の「出来高払いのため、計画数量…の達成度合いにより、上記出来高配分の割合の増減について、甲乙にて別途協議の場を設けるものとする。なお、協議に入る条件として、…場合等が挙げられる。」という規定からは賃料増額請求権のような形成権を創設したとみることはできないとしてこれを否定した。

ア　各構成員の請負代金の法的性質

　　代表者が注文者から代金の支払いを受けると、それは JV の財産であるから、JV 構成員全員に共同に帰属し、当然の分割債権とはならず、構成員は債権全額について計算的な割合としての持分を有すると解される（民668。民法上の組合財産についての共有論には争いがあり、合有とするのが多数説であるが、判例はそこまで言い切ってはいない（新版注民(17)・63、79頁））。

　　その持分割合は、通常出資割合により決められる（民674、標準協定書8、13条）。

イ　JV への帰属時期

　　(ア)　最高裁は、注文者が JV 代表者名義の預金口座に振り込んだ請負代金は JV でなくその代表者に帰属するとし、JV への移転行為があってはじめて JV の財産になると解している。

〈参考判例〉

- **最判平成11年4月16日金法1554・77（前掲大西・判タ1017・87）**

　　X 社と A 社で結成された JV で、代表者は A 社であり、その協定書では JV

の取引口座としてＡ社神戸支店・支店長Ｂとすることが決められた。注文者よりその取引口座に請負代金が振り込まれ、その後引き出されてＡ社名義の別口座に振替入金したところでＡ社につき会社更生手続が開始されたので、Ｘ社が更生管財人に対しその預金（請負代金）の2分の1につき取戻権等を主張して、預金の帰属を争った事案。

(イ)　民法上の組合理論（新版注民(17)・57頁）を踏襲したものと思われるが、結果的妥当性を欠くし、前記(1)のとおり工事代金がJV構成員の共同財産であることとも整合しないので、不当である（大西・92頁）。

　　民法671条や646条との関係は、代表者や取扱口座のJV協定書の定めが「自己の名で直接組合員全員に効果を帰属させる法律行為を行う権限」を与えたものとし、民法の規定を修正したと解すればよい。このような権限付与も許されるし（東京地判平成14年2月13日後述175頁、我妻・債権（中）786、795頁）、それがJV結成にあたっての構成員の通常の意思であるということができるのではあるまいか。厳密には、構成員が代表者にそのような権限を授与したか否かの意思解釈の問題となる（関口剛弘「建設共同企業体の代表者名儀の預金口座に振り込まれた請負代金（預金債権）が代表者個人に帰属するとされた事例」判タ1036・93）。

(ウ)　この判例を受けて、建設省が、次いで国土交通省（総合政策局建設振興課）が、JV預金口座はJVの名を冠した代表者名義のものとすべきであるとの指導を行っている（平成14年3月に通達された「国総振第165号、163号、161号」など）。実務的処理は、この指導に従った方が無難である。

ウ　権利行使（団体的制約）

(ア)　清算（工事終了）前の分割請求はできないが（民676Ⅲ）、構成員全員の合意で分割することは妨げないし、JVの運用では注文者から工事代金の支払いを受けるとその都度出資割合に応じて構成員に分配されるのが通常である。

(イ)　構成員の持分の処分は債権的効力しか有せず、JV及び債権者には対抗しえない（民676Ⅰ、新版注民(17)・79、146頁）。

エ　特有な権利阻止・消滅事由（脱退）

(ア)　脱退の可否

　　JVでは通常任意の脱退は否定され、破産が非任意の脱退とされている（標準協定書16、17条）。しかし、注文者も加えた合意脱退が許されるし（大

• 169 •

阪地判昭和59年6月29日前述165頁、下記最判平成10年4月14日）、やむを得ない事由があれば脱退できる（民678、最判平成11年2月13日判時1671・71。現代契約法大系(8)342頁〔平井一雄〕）。

　なお、脱退により構成員が1人となってもJVは存続し、残存構成員が工事を完成させる義務を負担する（昭和56年建設省通達、前掲・平井ジュリ207頁）。

　また、広く法的倒産手続に入った場合にも非任意脱退事由となると解する見解があり（福永・特殊契約175頁）、その旨協定することも可能だが、再建型倒産手続では脱退させないとの運用事例が多い。

　㈡　脱退した場合の工事代金債権の処遇

　脱退した場合、請負代金債権は全体として残存組合員に帰属し、脱退者は工事竣工後になされる決算の時に出資金の返還を求めうるのみである（標準協定書16条）。ただし、脱退時に別の定めをした場合はそれに従う。

〈参考判例〉

・**最判平成10年4月14日判時1639・122**

　工事途中でJVから離脱して和議申請をした元構成員が、残存構成員に対し、離脱時にそれまでの出来高工事相当の請負代金2分の1を支払う旨の合意をしたとして精算金請求をした事案で原審の名古屋高裁は合意の存在を肯定し、精算金の存在は認め、この判断は最高裁も支持した。なお、この判例は相殺の可否に関する原審の判断を違法として原判決破棄・差し戻した。

⑵　JV構成員の損失（費用）負担義務について

　ア　JV構成員はJVに対し費用を負担する義務を負う。その割合は出資割合によることが多い（東京地判平成25年2月28日、東京地判平成27年4月14日。赤字が存在していない段階での負担割合を確認する旨の訴訟について、訴えの利益を欠くとして却下した事例がある（東京地判平成23年6月29日。後述171頁）。

・**東京地判平成25年2月28日TKC25510857**

　JVの一員である原告が他の一員である被告に対し未払売掛金及び遅延損害金の支払を求めた事案。最判平成10年4月14日を引用し、企業体の構成員が会社である場合には、共同企業体がその事業のために第三者に対して負担した債務につき構成員が負う債務は、商法511条1項により連帯債務になるとしてこれを肯定した。

第10章　建築請負契約と共同企業体─ジョイント・ベンチャー

・東京地判平成27年4月14日 TKC25525697

　　JVで行った工事に欠損金が生じたとして、JVの代表であった原告が、代表（スポンサー）以外の構成員である被告に対し、出資割合に基づく精算金又は出資金の支払いを求めた事案。精算金の請求については決算書の承認が得られていないとしてこれを否定したが、出資金の請求については経理規則の規定を根拠にこれを認めた。なお、原告にスポンサーとしての善管注意義務違反等があったとして反訴で損害賠償請求をしたが認められなかった。

・東京地判平成23年6月29日判タ1378・243

　　JVの一員である原告が他の一員である被告に対し、JV契約締結の際に赤字はすべて被告が負担する旨の合意ができていたとして、原告の出資比率に相当する額を超えてそれぞれ存在しないことの確認を求めた事案で、将来の法律関係の確認を求めるものであって確認の対象としての適格を欠き、将来の法律関係を確認することに即時確定の利益があるともいえないとして却下した。

　イ　この費用負担債務につき、JVに対して報酬債権等の反対債権を有していれば相殺が認められる（民505Ⅰ。東京地判令和4年2月3日）。

・東京地判令和4年2月3日 TKC25604605

　　原告が組合契約に基づく費用償還ないし建設共同企業体協定書10条に基づき工事費用の未払分について代表者である被告に支払いを求めた事案。出資割合に応じて原告が負う欠損金の支払債務との相殺が認められ原告の請求は棄却された。

　ウ　また、赤字の原因が企業体の代表者である場合に信義則で損失負担を求めることを否定した事案がある（信義則に反する例として東京地判平成22年12月22日。信義則に反しない例として東京地判平成27年3月12日）。

・東京地判平成22年12月22日判時2121・91

　　高速道路の連結通路工事の請負を目的とするゼネコン2社からなる共同企業体の請負工事施工に当たり損失が発生した場合において、企業体の代表者である建築業者が把握しそこなった工事原価の計上漏れ分の一部について他の建築業者に出資割合による損失の負担を求めることが信義則に反して許されないとされた事例。

・東京地判平成27年3月12日判時2281・111

　　発注者から建設工事を共同請負することを目的とする組合契約締結により成立したJVの構成員が当該工事費用が赤字になり増加費用が生じて以降当該企業体に出資金の支払を拒むようになったので、代表者が当該構成員に対して

• 171 •

出資履行請求権と取下金（分配金）を相殺する意思表示をしたところ、構成員から代表者に対して、財産管理権限に対応する工事原価管理義務及び損失回避義務に違反したのだから当該企業体に生じた増加資金を構成員に負担させることは信義則に反して許されず、当該相殺は無効であるとの主張がなされた事案。当該JVの構成員の定めた組合契約及び経理取扱規則により不正支出であると疑われるような特段の事情がない限り原価管理義務違反とはならず、そのような特段の事情は認められないので、増加資金を構成員に負担させることは信義則に反するとはいえないとされ、当該相殺は有効とされた。

7 下請負人のJVに対する請負代金債権（材料供給者の代金債権等も同じ）

(1) 契約当事者（債務者）をめぐる争い

ア 背景事情

下請工事代金や資材売買代金の債務者、いいかえればそれらの発注者がJVかその構成員かが争われることが多い。その一因はペーパーJVの存在や、JVで受注した後JVと構成員との間で下請契約を締結して工事施工するという変態型（乙型ではない。東京地判平成14年2月13日（後述175頁）、大阪高判昭和59年9月28日（後述177頁）、岩崎脩「建築工事請負契約の研究（改訂増補版）」220頁（清文社、1993））の存在にある。これに、本来であれば、下請負人の選定や資材購入の決定はJV運営委員会がJVの名で行うこととされるが（標準協定書9条）、現実的には構成員が自己の常用下請負人を下請業者に選定し、その際注文書等を構成員名義とすることもままあること（東京地判平成14年2月13日（後述175頁）などが重なって生じる。

イ 甲型と乙型との違い

公刊判例は甲型JVの事案であり、学説も甲型を念頭に置いた論議をしているので、甲型と乙型との違いについて考えておきたい。乙型は各構成員による分割受注の集合に近い実態を有することが多いし（現代契約法大系(8) 342頁〔平井一雄〕）、構成員の常用下請負人を使い、法形式上も例えば注文書を自社の定型用紙を使用して自己固有の工事下請契約と同様の処理をするので、甲型とは異なり、乙型の場合の下請契約は一般的に構成員との単独契約と考えるべきではないかがここでの問題である。

学説の多くは、乙型であっても、JV結成が工事受注とそれによる利益獲得という共同目的のためになされ、仕事完成義務や瑕疵担保責任も全構成員が連帯して負うことに着目し、甲型と区別すべき理由はないと考えている（福

永・特殊契約160頁、滝井・建設工事227頁、新裁判実務大系(2)237頁〔堀井敬一〕）。

しかし、一方で分割・分担した工事をどのように施工するかは担当構成員の裁量に属することであり、自己責任の下に下請使用の有無、下請業者の選定をすることは許される。構成員の意識としても、損益計算が別であるし、他の構成員の下請契約上の債務を連帯して負担するとまで考えていないのが通常である。

したがって、所詮は個別的な当事者の意思解釈の問題に帰するが、前記実情も踏まえると乙型の方が構成員単体が契約者とされることが多いと考える。ただし、建設省・国土交通省の近時の指導では、乙型でも下請契約にJVの名を冠して締結するように指導しており（平成10年1月30日付建設省経振発第8号など）、JVの名が冠されればそれはJVとの契約であると認定される重要な一要素となると考える。

ウ　判断要素

さて、発注者が誰かは、現実の工事施工や運営委員会等の組織化などJVの実態、注文書・見積書・請求書・納品書（受領書）等契約関係書類の名義人とそれらの交付状況や具体的方法、既払いの下請代金の支払者や代金支払用約束手形の振出人などによって判断される。

裁判例は、東京地判平成9年2月27日（後述174頁）、長野地判平成11年7月7日（後述176頁）、下記函館地判平成12年2月24日、東京地判平成14年2月13日（後述175頁）は共同企業体であると事実認定しており、構成員としたのは、ペーパーJVの実態を第三者に対抗できるとした東京高判昭和56年4月27日（後述175頁）、最判昭和59年3月8日（後述175頁）、変態型の事例の大阪高判昭和59年9月28日（後述177頁）である。

なお、学説は、共同体工事と関連してなされた取引は、特段の事情のない限りJVと取り引きしたものと解している（前掲・栗田15頁、前掲・平井ジュリ208頁、滝井・建設工事226頁）。

エ　JVと認定した判例

(ア)　次の地裁判例は、JVの代表者A社だけが工事現場に従業員を派遣して工事監督にあたり、他の構成員は直接的には工事に関与しなかったもので、いわゆる限界事例と評されており、それだけにその事実認定・JVとした根拠事実も詳細であり参考になる。

• 173 •

第2部 建築請負代金請求に関連する法律問題

〈参考判例〉

・**函館地判平成12年2月24日判時1723・102**

　　甲型JVの代表者A社との間で建築工事下請契約を締結したX社がその工事を完成させたが、Aが和議申請して下請残代金を支払わなかったのでその構成員Y社、Z社にその連帯支払いを求めたところ、Y社らはJVがペーパーJVであり、JV結成合意は通謀虚偽表示であると主張した事案。JVと認定した根拠とした事実は下記のとおりである。

① 　運営委員会が結成・開催されて、出資割合や工事施工体制の決定、運営委員会・作業所・経理取扱等の規則の制定、工事実行予算・決算の決定（承認）がなされたこと。

② 　注文書（ゴム印付加）、領収書、前渡金請求書がJV名義であったこと。

③ 　JVの収支とA社固有工事の収支とを帳簿上明確に区別していたこと。

④ 　前渡金をJV預金口座にプールし各構成員からの出資に振り替える方法を採って各自の出資としたこと。

⑤ 　JV名義の預金口座からの引出しは支払先への支払依頼書による送金に限られていたこと。

⑥ 　労災保険・建設工事損害保険をJV名義で加入したこと。

⑦ 　工事現場の外観上・JVの表示があり、各構成員の社旗が掲示されていたこと。

⑧ 　各月に下請工事実績、工事金収支明予定書を交付したこと、その交付等により構成員はJVの業務・財産状況の把握ができ、監督権も有していたから間接的に工事施工に関与したと評価できること。

　(イ) 　次の地裁判例は、各構成員が従業員を工事現場に配置して現実に工事施工にあたっており（ペーパーJVではない。）、発注にあたってJV作業所長の意を得ていたこと、JVのためのものであることを示して電話等で発注していたこと等の注文の具体的方法、物品納品書の納入先がJVであったし、その受領欄にはY社従業員の署名もあったことからJVと認定した。

〈参考判例〉

・**東京地判平成9年2月27日判時1648・151**

　　X社が、A社、Y社で結成された甲型JVに建築資材を売り渡したとして、事後破産したA社から破産配当を受けた後の残代金をY社に請求をした事案。Y社はA社がJV代表者として顕名しておらず、自社独自の業務として

・174・

第10章　建築請負契約と共同企業体―ジョイント・ベンチャー

発注したものであると争った。

　　請求書がＡ社宛であり・またＡ社の他の固有工事についての請求も混在していたし、代金の一部がＡ社から支払われ、破産配当による代金支払いもなされていた事情が存した。

　㈦　次の地裁判例は、事案が特殊である。構成員２社が韓国の建設業者であって、日本において建築工事を行う物的設備、人的能力がなく、下請業者とも接触がほとんどなかったため、日本の構成員が下請業者の選定、下請契約の締結、下請代金の支払いをしていたとの事情があってもＪＶと認定した。

〈参考判例〉

・東京地判平成14年2月13日判時1793・97

　　構成員が日本法人Ａ社（民事再生中）と韓国法人Ｙ、Ｚ社（代表者はＹ社）である甲型ＪＶが請け負った建設工事の一部を施工した下請業者Ｘ社がＪＶ及びＹ、Ｚ社に対し請負代金請求したが、見積書がＪＶ宛であって、発注者に提出した施工計画書にＪＶ施工と記載したこと・一括下請禁止条項が存したこと、工事指示書（ＦＡＸ）の発信元がＪＶであったこと、ＪＶの工事事務所長がＹ社の建築部長であり、同人は工事に関する打ち合わせにしばしば出席していたこと等から発注者はＪＶと認定した（Ａ社の行為は自己名義であったが、そのような権限をＪＶから授与されていたと判示した。）。

　オ　ペーパーＪＶの事案

　　ペーパーＪＶの場合は、ＪＶの外観・仮装の程度が問題となる。保護に値する外観に乏しい場合、その実態を第三者に対抗できるかが争われる。

　　次の各判例は、大手企業と中小企業とのＪＶ（大手企業倒産）で下請業者が大手企業の支払能力に着目して下請契約を締結しており外観法理による救済を問題としえない案件であったので、下請業者にペーパーＪＶの実態を対抗できると判示している。

〈参考判例〉

・最判昭和59年3月8日金法1070・36

　　次の判例の上告審であり、その判断を支持した。

・東京高判昭和56年4月27日判タ452・100

　　Ａ社とＹ社とが甲型ＪＶを結成し代表者をＡ社と定めて工事を受注したが、事後の両者間の合意により工事をＡ社が単独で行い（ペーパーＪＶ）、Ｘ社との下請契約もＡ社単独名義でなされていたが、Ａ社が破産したためＸ社がＹ

• 175 •

社に下請代金を請求した事案。なお、残工事はA社破産後Y社が単独契約にあらためた上で工事を完成させて注文者に引き渡している。

工事現場にJV施工である旨の工事標識板を掲げていたこと、自己の名入り現場保護用シートを貸したこと、下請工事完了報告書には総合施工業者としてJVの名が記載されていたが、見積書、注文書、注文請書、納品書の宛先がA社であって、代金の約半分がA社から支払われ、残金の支払いのため交付された約束手形の振出人もA社であったこと、A社がJVを代表したとの事実が認められず、逆にX社は下請契約締結にあたってA社の支払能力に着目していたこと、Y社のシートが現場で使用されたのはX社の工事完成後であったことから、ペーパーJVによる工事施工の実態をX社に対し主張し得ないとすべきほどの違法性はないと判示した。

次の判例は、JV解消の合意が秘匿されてJV存続が仮装されており、下請業者はその外観から契約相手をJVであると誤認して追加・変更工事を行った事案であったので、商法23条、民法109条、112条の法意に照らし、JV解消の合意(ペーパーJV)を対抗できないとして下請業者を救済した。その要件として、善意・無重過失を要求しているが、JVの行為の商行為性に基づくものである(前述161頁)。

〈参考判例〉
・長野地判平成11年7月7日判タ1035・166
A社、Y社で構成された甲型JVから建築工事を下請けしたX社がその下請工事につき追加・変更工事があったとしてY社に対し(A社は会社更生申立)その代金請求したところ、Y社は下請工事発注前に合意によりJV解消(ペーパーJV)がなされていたからJVとの下請契約でなくA社との契約であると争った事案。

下請工事の誘引はY社からなされ、X社がY社宛に見積書を出したところ、Y社からJVの幹事会社であるA社宛に出すように言われてそれに従ったとの事情があった。

力 変態型
JVでも構成員がJVの下請負人になった変態型の場合に、契約当事者は構成員と判断された事例として次の判例がある。

この判例の事案では、主要下請業者、資財納入業者の選定及びその取引金額の決定は運営委員会が行っており、下請業者がJVの請け負った工事であ

第10章　建築請負契約と共同企業体—ジョイント・ベンチャー

ることも了知していたのであるから、結論は反対になってもよい事例であった（前掲・平井ジュリ208頁）。

〈参考判例〉

・大阪高判昭和59年9月28日判タ544・140

　構成員A社、B社（代表者）、Y社の甲型JVが請け負った工事に必要な生コンクリート等建築資材の販売をしたX社がY社に対し（A社、次いでB社倒産）その代金請求をしたところ、Y社は、本件ではJVから構成員に工事の一部が下請負人に出されておりX社はその下請業者としてのA社に資材を販売した者であると争った事案。なお、X社は従来A社と取引のあった下請業者であった。

　注文書がA社でなされ、下請代金、納入資材代金支払いがJV代表者から各構成員に支払われ、さらにその構成員から下請業者等に支払われていたし、代金支払いのため振り出された約束手形も各構成員の単名であることを重視し、売買契約がX社とJVとの間で成立したとの証拠もなく、甲型JVの構成員が第三者と単独で資材の購入をすることができないとする理由がないとしてA社との契約であるとして請求棄却。

　主要下請業者、資材納入業者の選定及びその取引金額の決定を運営委員会が行っていたことをJVの各構成員に対する統制作用とし、JVが結成されJVが施主から工事を請け負ったことをX社が了知していたことは代金支払いが確実であるとして取り引きした動機にすぎないと言い、コンクリート圧縮試験の報告書がJVあてであり、生コンの受領書（納品書控）にはJVの構成員の従業員のいずれかのサインがあったことは製造業者が間違いなく現場に納入したことの確認文書であるとしている。

⑵　下請負人のJVに対する権利

　下請負人がJVに対して工事代金債権を有することは当然だが、各構成員から見てそのJVの債務は数額的に分割されず、全員に共同（合有）に帰属する。内部的には各構成員は債務全額について計算的割合をもって負担していることになる。

・東京地判平成24年2月22日TKC25492087

　JVから工事を請け負った原告が、JVの構成員である被告に対し代金の支払いを求めた事案。本件JVの構成員である被告に対し商法511条1項を適用して、上記未払代金の支払いを求めることができるとした。

• 177 •

第2部 建築請負代金請求に関連する法律問題

⑶ 下請負人のJV構成員に対する権利

　下請業者は、JV構成員各自にも併存的に工事代金債権を有し、各構成員からみて、その債務の性質は連帯債務である。JVの事業に関する行為は商行為であり（前述161頁）、商法511条1項の適用を受けるからである。最判平成10年4月14日（前述170頁）、東京地判平成14年2月13日（前述175頁）、函館地判平成12年2月24日（前述174頁）がこの見解に立っている。

　東京地判平成9年2月27日（前述174頁）は商行為性の根拠を異にするが、やはり商法511条1項により連帯債務となると判断し、JVは大規模な建築請負工事を協同連帯して施工されるため複数の単独企業により結成されるものであり、その取引業者はJVの経済的信用を重視して取引を行うのが通例であるから構成員に分割責任の原則を貫徹することは取引の安全を害するとの実質的理由を付加している。

　なお、構成員が商人でなければ、民法上の組合構成員として損失分担の割合に応じて分割債務を負担することになる（民675、現代契約法大系⑻339頁〔平井一雄〕）。

⑷ JV構成員間の内部負担

　JV協定書によるが、特約がなければ、出資の価格額に応じて損失分担が定まり、その割合により分割債務を負担する（民674・675）。

8 第三者に対する不法行為責任

　JVの構成員が第三者に損害を与えた場合に他の構成員も責任を負うか。判例はJVが組合契約であることを前提に、民法44条（現一般法人法78条・197条前段）の類推適用により、JVが損害賠償債務を負担することを認めた上で、組合契約の約定から各構成員の不真正連帯債務となることを認めている（鹿児島地判昭和48年6月28日（前述161頁））。使用者責任（民715）による請求も考えられるが（大阪地判平成21年10月21日）、基本的には共同不法行為として位置づければ足りる（札幌地小樽支判平成25年10月28日、名古屋高判平成27年3月24日）。

・**大阪地判平成21年10月21日判時2081・39**

　JVの代表者が、第三次下請業者として埋立工事における揚土作業を行っていた被告に対し、被告所有の船が強風によって係留場所から漂流し神戸市所有の連絡橋に衝突・破損した事故につき、必要な係留強化措置を取らな

かったことを過失として、主位的に損害賠償請求の代位行使（民499）、予備的にJVの複数使用者に対する求償権を主張した。

本件JVの指揮監督は、揚土船の係船作業に対しても及ぶとして、本件JVの船長に対する事実上の指揮監督関係を肯定した。主位的請求は理由がないものと判示し、最二小判平成3年10月25日民集45・7・1173を引用し各使用者間の責任の内部的な分担の公平を図るため求償が認められるとしてJVと第三次下請Yの求償割合について3：7とした。

・札幌地小樽支判平成25年10月28日判時2212・65

町の公共工事として行われた下水道工事により自己所有の建物に不同沈下の被害が生じたとして、町に対しては国家賠償法2条に基づき、工事を行った共同企業体の構成員に対しては共同不法行為に基づき損害賠償を請求した事案。本件下水道工事と建物に生じた変状との間の因果関係を認定できないとして請求棄却。

・名古屋高判平成27年3月24日判時2260・37

臨海用地造成事業護岸工事において、契約と異なる材料が混入していたため、目的物に瑕疵が生じ対策工事を余儀なくされたとして、注文者がJVの各構成員に対して共同不法行為に基づき損害賠償請求を請求した事案。異物の混入を知りながらあえて虚偽の報告や説明をしたとは認められないとして請求棄却（瑕疵担保責任は除斥期間が経過して認められなかった。）。

9 独占禁止法違反による増加費用の負担

⑴ 入札手続において談合が認定され措置排除命令等が確定した後、本来の市場価格より高額な費用を負担させられたとして、発注者が受注者であるJV構成員に損害賠償請求を求める事案が増えている。

この法的構成としては民法709条に基づく請求、独禁法25条に基づく請求が考えられるが、他に請負契約の約款に賠償金条項を定めておき、それに基づいて請求が行われることがある。この賠償金条項については、談合が契約締結前に行われ債務不履行と解するのは難があることから、損害賠償額の予定ではなく単なる停止条件付き債務を定めたものと解される。以下、いくつかの裁判例を紹介する。

・最判平成26年12月19日判時2247・27、判例自治393・75

請負人乙に対する公正取引委員会の排除措置命令等が確定した場合「乙」は注文者「甲」に約定の賠償金を支払うとの約款の条項の解釈が問題となっ

た。口頭弁論終結時、JVの構成員Aについては排除措置命令及び課徴金納付命令が確定していたが、構成員Bについては審判請求していたため確定していなかったという事案で、原審は乙を「A又はB」の意味に解し、Aが確定している以上JVは賠償金の支払義務を負い、Bもその支払義務を連帯して負うとしていた。

最高裁は、「乙（共同企業体にあっては、その構成員のいずれかの者をも含む。）」などの工夫がないにも関わらず、排除措置命令等が確定していない構成員についてまで請負金額の10分の2相当額もの賠償金の支払義務を確定的に負わせ、年8.25％の割合による遅延損害金の支払義務も負わせるというのは構成員に不測の不利益を被らせることにもなる等として、乙を本件共同企業体又はA及びBをいうものとする点で合意が成立していると解するのが相当であるとした。

千葉補足意見は、「共同企業体は、構成員間の信頼と協調を基礎として、資金の分担、危険負担の分散、技術力や経験の共有と活用等により協力して円滑な事業の遂行を目的とするものであるから、共同して危険を負担することもその趣旨には含まれてはいる。しかし、個々の契約の場面で、構成員がどのような場合に自己責任を負うかは、このような共同企業体の性格や趣旨のみから直接導かれるものではなく、あくまでも具体的な契約条項の合意内容は何かという意思表示の解釈・適用により決すべき問題であろう。」と述べている。結局のところは意思解釈の問題であり、**1**で言及したが契約内容による。

・**横浜地川崎支判平成24年7月24日TKC25482300**

地方公共団体が、JVの構成員に対する排除措置命令及び課徴金納付命令が確定したことが契約の定める賠償額の定めに抵触するとして、賠償額の支払いを求めた事案。裁判所は賠償金の支払義務を肯定し、約款に基づく契約上の賠償義務の履行を求めるものであることから、商法511条1項により連帯債務を負うとした。また、賠償額の定めにつき損害賠償の予定として定められたものと認定し、談合等の不正行為に対する制裁としての性質を併有するものであるということができるとした。

・**盛岡地判平成27年11月27日TKC25541757**

地方公共団体が、JVに対し県立病院の新築工事を発注したところ、JVの構成員である被告らが他社と入札談合をしたとの審決がされ、その判断が確定したとして、契約所定の賠償金の支払を求めた事案。JVの構成員は契約

書の引用する特定企業体協定書の10条により連帯支払の関係に立つとした。

・**仙台高判令和4年8月31日判例自治503号95頁**

地方公共団体が、JV代表者の専務取締役が談合罪、公契約関係競売入札妨害罪及び贈賄罪で有罪判決を受けたことが契約の定める違約金条項に抵触するとして、違約金の支払を求めた事案。当該地方公共団体の副町長が建設工事等指名業者選定審査会会長であり、指名競争入札において参加業者に予定価格等を教え、賄賂を収受する等したという関与態様から違約金の額を、信義則を根拠に工事ごとに約定の25パーセント及び70パーセントに制限した原審の判断を維持した。

⑵　このほか談合があったことをもって公序良俗による契約無効を主張し不当利得返還請求がなされた事案もあるが、公法上の規制に対する違反が直ちに私法上の無効を導くわけではないことから請求は棄却されている（東京地判平成21年1月20日判時2035・59）。詳細については坂巻陽士「談合関係訴訟の現状と今後の課題」判タ1363号4頁参照。

・**東京地判平成21年1月20日判時2035・59**

JVの一員である原告が他の一員である被告に対し、JV契約に基づき出資割合に応じた損失分担金の支払を求めた事案。各契約が、防衛施設庁からの指示によるいわゆる官製談合を契機として締結されたものであるとしても、そのことの故に、直ちにこれらの契約が公序良俗に反することになるとは解し難い等として、本件各契約の有効性を認定。原告の請求を認容した。

第2部　建築請負代金請求に関連する法律問題

第11章　建築請負契約と倒産処理

1　注文者が破産した場合

(1)　仕事が完成、代金支払未了の場合

①　請負人の立場からの処理

　請負人は原則として、報酬請求権及び費用について、破産債権として行使する。担保権があれば、別除権として優先的な弁済を受けることができる。担保としては、以下のものが考えられる。

　　ア　建物に対する商事留置権（破産法66Ⅰ、商521）

　　イ　不動産工事の先取特権（破産法65、民327）

　　なお、建物所有権の帰属や担保の優劣などの諸問題の詳細については、第6章を参照。

②　注文者の破産管財人の立場からの処理

　管財人は請負人から債権届を受け、債権の認否・配当をすることになる。債権認否の際、仕事が全部完成していることが明白でない場合には、出来高の確定が問題となるが、第4章を参照。

(2)　仕事が未完成、代金支払未了の場合

①　請負人の立場からの処理

ア　当面の工事の進行

　　当面の工事の進行については、工事の現状にもよるが、請負人においてとりあえず工事を中止することになろう。約款には後記のとおり請負人の工事の中止権が認められているが、約款がないときでも工事の中止権が認められるべきである。その根拠は、信義則あるいは事情変更などに基づく不安の抗弁権であろう。実際に工事を中止するか否かは、請負代金の今後の回収可能性、下請負人への指示の可能性、原材料等の搬入状況、工事の進捗率などが検討されることになろう。

イ　請負人が工事の続行を欲しない場合（請負人による契約の解除）

　　工事の続行を欲しない場合、請負人は、契約の解除権を行使することができる（民642Ⅰ）。

ウ　請負人による契約解除後の法律関係

　　(ア)　請負人により解除権が行使された場合、その効果は将来に向かっての

・182・

第11章 建築請負契約と倒産処理

み生ずるので、破産手続開始決定前の出来高部分は注文者の破産財団に帰属し、出来高部分の報酬請求権及び報酬に含まれない費用の請求権は破産債権となる（民642Ⅱ）。そのうえで、前記のとおり、別除権があるときには優先弁済を受けることができる。

　なお、建物請負工事契約において注文者が破産した場合、「請負契約が民法642条1項の規定により解除された場合には、請負人は、すでにした仕事の報酬及びこれに包含されない費用につき、破産財団の配当に加入することができるが、その反面として、すでにされた仕事の結果は破産財団に帰属する」との判例がある（最判昭和53年6月23日裁判集民124・141）。

(イ)　また、請負人は原則として損害賠償を請求することができない（民642Ⅲ）。ただし、民法642条3項は強行法規ではなく、約款に損害賠償の定めがある場合、あるいは違約金の定めがある場合には、それに従って請負人は破産債権として届出をすることになろう。

(ウ)　なお、注文者が官公庁等である公共工事標準請負契約約款には、官公庁等において破産が性質上考えられないことから、破産等の場合についての規定がない。民間（七会）連合協定工事請負契約約款（以下「民間連合約款」）には、下記のとおりの規定がある。

　コンメンタールとして、民間（七会）連合協定工事請負契約約款委員会編著『令和2（2020）年4月改正　民間（七会）連合協定工事請負契約約款の解説』（大成出版社、第6版、2020）203頁参照

第32条　受注者の中止権

(1)　次の各号の一にあたるとき、受注者は、発注者に対し、書面をもって、相当の期間を定めて催告してもなお解消されないときは、この工事を中止することができる。ただし、dの場合は、発注者への催告を要しない。

　a.　発注者が前払又は部分払を遅滞したとき。

　b.　発注者が第2条の敷地及び工事用地などを受注者の使用に供することができないため、受注者が施工できないとき。

　c.　本項a、b又はcのほか、発注者の責めに帰すべき理由によりこの工事が著しく遅延したとき。

　d.　不可抗力のため、受注者が施工できないとき。

(2)　本条(1)における中止事由が解消したときは、受注者は、この工事を再開する。

(3)　本条(2)によりこの工事が再開された場合、受注者は、発注者に対してその

• 183 •

第2部 建築請負代金請求に関連する法律問題

理由を明示して必要と認められる工期の延長を請求することができる。

(4) 発注者が支払を停止する（資金不足による手形、小切手の不渡りを出すなど）等により、請負代金の支払能力を欠くおそれがあると認められるとき（以下本項において「本件事由」という。）は、受注者は、書面をもって発注者に通知してこの工事を中止することができる。この場合において、本件事由が解消したときは、本条(2)及び(3)を適用する。

(5) 本条(1)、(2)、(3)又は(4)に規定するいずれかの手続がとられた場合、受注者は、監理者に書面をもって通知する。

第32条の2　受注者の催告による解除権

(1) 受注者は、発注者がこの契約に違反した場合は、書面をもって、相当の期間を定めてその履行の催告をし、その期間内に履行がないときは、この契約を解除することができる。ただし、その期間を経過した時における債務の不履行がこの契約及び取引上の社会通念に照らして軽微であるときは、この限りでない。

(2) 本条(1)の手続がとられた場合、受注者は、監理者に書面で通知する。

第32条の3　受注者の催告によらない解除権

(1) 受注者は、次の各号のいずれかに該当するときは、書面をもって発注者に通知して直ちにこの契約の解除をすることができる。

　a. 第31条(1)又は第32条(1)による中止期間が、工期の1／4以上になったとき又は2ヶ月以上になったとき。

　b. 発注者が工事を著しく減少したため、請負代金額が2／3以上減少したとき。

　c. 発注者が支払を停止する（資金不足による手形、小切手の不渡りを出すなど）等により、請負代金の支払能力を欠くと認められるとき。

　d. 本項a、b又はcに掲げる場合のほか、工事の完成が不能であるとき又は発注者がその債務の履行をせず、受注者が第32条の2(1)の催告をしてもこの契約をした目的を達するのに足りる履行がされる見込みがないことが明らかであるとき。

(第32条の3(1)e.以下、及び、その他の条項は略)

エ　請負人が工事の続行を欲する場合（履行の選択）

　請負人が工事続行を希望しても、注文者の破産管財人には解除権が認められているので（民642Ⅰ）、今後の工事続行については、管財人と交渉しなければならない。管財人の態度が不明のときには、管財人に対し、解除又は履行の選択を催告し、管財人から確答がないときは解除とみなされる（破産法53Ⅱ・Ⅲ、民642Ⅰ）。

　管財人が履行を選択し請負人が工事を続行して建物を完成させた場合には、完成物は注文者の破産財団に属することになる。この場合、続行後の工

事部分の報酬については財団債権となることは当然であるが（破産法148 I ④）、さらに破産手続開始決定前の出来高部分に対応する報酬請求権も財団債権となるかは必ずしも明らかでない。これについては、建物完成による利益のすべてを管財人が享受できることとの衡平の観点から、仕事全体が不可分であるとして、工事代金全額が財団債権になるとする考え方と出来高による報酬の分割も可能であることなどを理由とする破産債権説とが対立する（伊藤眞ほか『条解破産法（第3版）』429頁（弘文堂、2020）。なお、仕事の完成後引渡しのみ未履行の事案で、注文者が引渡しの履行を選択した場合に報酬全額が財団債権となることを認めた裁判例がある（東京地判平成12年2月24日金商1092・22））。

契約が注文者の破産管財人により解除されたときの処理は、請負人による解除の場合と同様である。この場合、請負人の損害賠償請求権は破産債権となる（民642 III）。

② 注文者の破産管財人の立場からの処理

ア　破産管財人の選択権

注文者の管財人は請負契約につき履行又は解除の選択権を有している（破産法53 I）。一般的には、管財人において工事続行の必要性や利益が認められず、解除を選択することが多いと思われる。

管財人が履行を選択した場合、請負人による解除権行使を防ぐ必要性があるが、請負人との間で協議をして、破産手続開始決定前の出来高部分を含めて請負代金全額を財団債権（破産法148 I ④）として承認し、破産財団から優先弁済をすることも考えられる。ただし、他の財団債権があるため請負代金全額の支払いができない場合があることに注意すべきであり、場合によっては、管財人の善管注意義務違反の問題となる可能性もあろう。

イ　破産法上の相殺の問題

請負人の破産の場合とは異なり、違約金や立替金などとの相殺の問題はほとんど生じないと考えられる。

2　請負人が破産した場合

(1)　仕事が完成している場合

すでに請負契約の目的である仕事が完成し、請負代金のみ未履行の場合には、請負人の有していた報酬請求権は財団に所属し、請負人の破産管財人は、注文者に対して支払請求をして回収を図ることになる。

・185・

第2部 建築請負代金請求に関連する法律問題

(2) 仕事が未完成の場合

① 請負人の破産管財人の立場からの処理

ア 請負契約の継続（仕事の継続）

　建築請負契約の仕事が未完成の場合、管財人としては、そのまま仕事を継続して完成させ、報酬を全額回収する方が破産財団にとって有利な場合もある。

イ 請負契約の解除

　(ア) 請負人破産の場合については、民法642条のような解除の規定が存在しないが、最高裁は「法59条は、請負人が破産宣告を受けた場合であっても、当該請負契約の目的である仕事が破産者以外の者において完成することのできない性質であるため、破産管財人において破産者の債務の履行を選択する余地のないときでない限り、右契約について適用されるものと解するのが相当である」と判示し、請負人破産の場合に法53条が適用されるかという論点に決着がつけられたといわれている。

〈参考判例〉

・最判昭和62年11月26日判時1265・149

　事案は、建築請負会社が建築途中に破産し、注文者が破産法53条の催告をなしたが確答がなかったために破産管財人が解除したものとして、注文者が支払済みの請負報酬内金から工事出来高部分を控除した残額を破産法54条2項の財団債権として請求できるとしたもの。

　(イ) 破産法53条が請負人破産の場合に適用される場合、破産管財人が請負契約を解除すると以下のとおり処理されることになる。

　　① 破産管財人は以後の仕事の義務を免れる。

　　② 破産管財人は、破産手続開始決定前の出来高部分につき報酬等の支払いを注文者に求めることができる場合がある。

　　　なお、出来高と報酬請求については第4章参照。

　　③ 注文者に解除による損害が生じたとしても、損害の賠償については破産債権者としての権利しか有せず、配当等の破産手続によらなければ支払いを受けることができない（破産法54Ⅰ）。

　　④ 注文者において、すでに履行した反対給付がある場合には、それが破産財団中に現存する場合にはその返還を、現存しない場合にはその価額相当額を、財団債権として請求できる（破産法54Ⅱ）。したがって、注文者において、前渡金がある場合にはその返還を、材料を提供していて取戻し等ができない場合はその価額相当額を、財団債権として請求でき

• 186 •

ることになる。ただし、建築請負契約で解除できるのは未履行部分のみ
であるから、前渡金については、出来高部分の報酬と精算され、報酬を
超える部分の返還請求となろう（上記最判昭和62年11月26日参照）。

⑤　また、破産法53条が請負人破産の場合にも適用がある場合、注文者は
破産管財人に対して解除するか履行するかの催告権を有し、一定期間内に
確答が無い場合には、解除したものとみなされることになる（破産法53Ⅱ）。

ウ　出来高に対する報酬請求

(ア)　請負人の破産管財人は、契約を解除し、あるいは注文者から約款等に
基づき契約を解除された場合にも、出来高部分の金員を請求できる場合
がある（なお、出来高の算定については**第4章**参照）。すでに注文者に
おいて履行した反対給付がある場合の処理については、上記イ(イ)④で述
べたとおりである。

(イ)　ところで、直接の報酬請求に関するものではないが、公共工事に関し、
工事を請け負った工事会社が保証事業会社の保証の下に前払金の支払い
を受け、それを預金していた場合に、請負会社の破産管財人は預金の払
戻請求ができるかが、従来から問題となっていた。なお、公共工事の前
払金についての保証契約は「公共工事の前払金保証事業に関する法律」
によりなされたものである。

これについては、下記のとおり、判例は概ね請負人の破産管財人の払
戻請求等を否定している。

①　当該預金は使途について厳格な制限が課されていることに加え、保証
事業法により前払金の使用に厳正な監査が義務付けられており（同法
27条）、約款に使途が適正でないときは払出中止の措置等が規定されて
いることからすれば、前払金が預金口座に振り込まれた時点で、前払金
を信託財産とし、これを当該工事の必要経費の支払いに充てることを目
的とした信託契約が成立したと解するのが相当であり、破産管財人から
の払戻請求はできない（最判平成14年1月17日民集56・1・20）。

②　公共工事を請け負った工事会社が保証業務会社に前払金を引き渡し
た（移管した）場合、破産管財人の否認権の対象とならないとするも
の（大阪高判平成11年4月30日金法1577・36）。

③　保証事業会社が保証債務を履行した場合に工事会社の預金債権に対
し、民法467条の対抗要件を要することなく法定代位を認めたもの（大
阪地判平成7年8月23日判時1562・94）などがある。

• 187 •

第2部 建築請負代金請求に関連する法律問題

② 注文者の立場からの処理
ア 注文者からの催告と解除

(ア) 請負人が破産し、管財人が履行又は解除の選択をしない場合は、相当の期間を定めて管財人に請負契約を解除するか債務の履行をするかについて催告を行い、期間内に管財人から確答がなければ解除されたものとみなされる（破産法53Ⅱ）ので、前述のとおり出来高を上回る前渡金があれば財団債権として請求することができる（破産法54Ⅱ）。

(イ) 上記注文者の催告に対して管財人が履行を選択し工事を続行した場合、工期の遅延や仕事の継続が不可能である場合には、注文者から管財人の債務不履行を理由に契約を解除できる。この解除に基づく損害賠償請求権は、管財人の履行選択に基づくものであるから、財団債権となるであろう（破産法148Ⅰ④）。

(ウ) また、注文者は、管財人が履行又は解除の選択をしない間や、履行を選択した場合でも、損害を賠償していつでも契約を解除できる（民641）が、そのためには履行利益を含む損害を賠償する必要がある。

イ 解除と相殺

(ア) 請負人の支払停止あるいは破産申立後、注文者が債務不履行による損害賠償を請求した場合、注文者が請負代金と相殺できないかが問題になる。これについては、契約時に、債務不履行による損害賠償請求権の発生は不確定であり、注文者において請負代金との相殺による担保機能に対する合理的な期待を有するとも言えないし、相殺を認めることは、破産債権者間の平等を害することから、破産法72条1項3号に該当し相殺は許されないと解される。ただし、出来高評価の方法如何によっては、実質的に相殺を認めたのと同じ結論になる場合もあると思われる（詳細は、出来高の評価の項目（**第4章**）を参照のこと。）。

(イ) ところで、中央建設業審議会制定の「公共工事標準請負契約約款」などには、請負人の責任により、工期内に工事を完成しないとき、又は工期経過後相当の期間内に工事を完成する見込がないと明らかに認められるときは、注文者は請負契約を解除することができ、契約が解除された場合に請負人は約定の違約金を支払わなければならないという内容の定めがされている。

そこで、このような約款に基づき注文者が破産申立後に契約を解除した場合、注文者においてこの違約金請求権と破産管財人からの出来高相当部分についての報酬請求債権とを相殺することは破産法72条1項4号本

• 188 •

文の破産申立以後に取得した破産債権としてできないかが問題となる。

　この点、最高裁は、請負人である破産者の支払の停止前に締結された請負契約に基づく注文者の破産者に対する違約金請求権の取得が、破産法72条2項2号にいう「前に生じた原因」に基づく場合に当たり、上記違約金債権を自働債権とする相殺は許されるとの判断を下した（最判令和2年9月8日民集74・6・1643）。

　下級審の判例においては、このような相殺も有効としているものが多いが、その理由は概ね次のようなものである（東京高判平成13年1月30日訟月48・6・1439）。

①　破産債権とは破産手続開始決定前に生じた財産上の請求権であり（破産法2Ⅴ）、停止条件付債権も含まれるものである（破産法103Ⅳ）。そして、解除違約金条項に基づき生じる注文者の違約金債権は、破産申立前の請負契約締結時にすでに停止条件付債務として成立しており、請負人（破産者）の債務不履行と注文者からの解除という事実にその効力の発生をかからしめたものであるから、破産法72条1項3号本文に該当しない。

②　解除違約金条項（賠償額の予定）の合意をした場合、注文者は、その時点において、請負人に債務不履行があった場合には、その債務不履行に基づき契約を解除し、かつ、その損害の補填を図ることを合理的に期待しており、違約金債権と注文者の請負代金債権との間の担保的機能が保護されるべき関係にあり、それが契約関係における当事者の衡平に合致する。

③　たとえ、注文者が請負人の支払停止又は破産の申立てがあったことを知った後に本件解除違約金条項の効力が発生したとしても、それは請負人の危殆状態を知りつつ駆け込み的に相殺適状を作り上げたものではなく、破産法72条1項3・4号の趣旨に反するものではない。

　なお、違約金が著しく高額に設定された場合、これを設定した契約の全部又は一部が公序良俗に反し無効となる場合には権利の濫用として、相殺が認められない場合があるが、これは別問題である（相殺権濫用を認めた裁判例・大阪地判平成元年9月14日判時1348・100。ただし、事例は豊田商事の元従業員への破産管財人からの不当利得返還請求に対して、従業員が未払給与をもって相殺すると主張したもの）。

ウ　注文者からの催告権とみなし解除

　破産法53条につき、請負人破産の場合にも適用があるというのが、最高裁の見解であり、したがって、注文者は破産管財人に対して解除するか履行

第2部 建築請負代金請求に関連する法律問題

するかの催告権を有し、一定期間内に確答が無い場合には、解除したものとみなされることになる（破産法53Ⅱ）。

この場合の清算は注文者解除の場合と同様である。

3 元請負人が破産した場合

(1) 問題の所在

元請負人が破産した場合には、破産者は、本来の注文者との関係では請負人破産であると同時に、下請負人との関係では注文者の破産ということになり、注文者と請負人との地位を併有することになる。

したがって、元請負人が破産した場合、管財人としては、注文者と請負人という併有する地位を調和させながら破産財団の利益を図って行かなければならないが、下請負人等に過度の不利益を課すおそれもあるので、バランスをいかにとるかが課題となる。詳細は以下のとおりである。

(2) 元請負人（管財人）の立場からの処理

① 仕事が完成している場合

管財人は、請負人としての立場から本来の注文者に対して請負代金債権を請求し、注文者としての立場から下請負人に対して破産債権者として破産債権の届出をしてもらうことになる。

② 仕事が未完成の場合

ア　管財人は、本来の注文者との関係では、未履行部分につき、請負人としての立場から、仕事を完成させて報酬全額を回収するか、あるいは請負契約を解除して（破産法53）、以降の仕事の義務を免れるとともに破産手続開始決定時の出来高部分の報酬を請求することになる。

イ　管財人は、下請負人との関係においては、未履行部分につき、注文者としての立場から、解除及び履行の選択権を有する。

(3) 下請負人の立場からの処理

① 仕事の続行

仕事が未完成の場合、下請負人が残工事を履行した場合は、前記のとおり、破産手続開始決定前の出来高を含めた報酬全額につき財団債権となり、優先的に支払われると解する考え方も存する。そこで、下請負人としては、破産手続開始決定前の出来高が既受領の請負代金を上回り、かつ管財人から請負代金を

・190・

財団債権として支払いを受けることが可能と予想されるような場合は、管財人と交渉して解除せずに工事を続行することが妥当な場合もある。

② 本来の注文者への請求

しかし、上記仕事の続行のみでは下請負人保護としては十分なものとはいえないであろう。そこで、管財人（元請負人）を通り越して、下請負人が本来の注文者に直接何等かの請求ができないか問題となる。

ア　この問題につき、元請負人が破産した場合の注文者と下請負人との紛争の事案で、注文者と元請負人との間で出来高部分の所有権は注文者に帰属する旨の特約があり、元請負人が破産し注文者が契約を解除した場合に、たとえ下請負人が全材料を供給して出来高部分を築造したとしても、注文者と下請負人との間に格別の合意があるなどの特段の事情がない限り、解除された際の出来高部分の所有権は注文者に帰属するとともに、下請負人に民法248条に基づく償金請求権も発生しないとした判例がある（最三小判平成5年10月19日民集47・8・5061）。

イ　確かに、この判例は下請負人から注文者への直接の請求を否定したものではあるが「注文者と下請負人との間に格別の合意があるなどの特段の事情」がある場合に直接請求を認める余地を残しているとも考えられる（第9章6にて下請代金の支払いに関するルール及び不払いへの対応が詳述されている）。最終的には立法的手当てがなされるべき問題ではあるが、注文者と下請負人との間で直接の合意があると認められるような事実関係がある場合や、注文者、元請負人、下請負人等の間に下請負人から注文者へ直接請求を認めないと著しく法的正義に反するような事情等があるような場合には、直接請求が認められても良いのではないか。具体的には次のようなものが考えられる。

㋐　元請負人がいわゆるトンネル会社で、注文者の意向により（注文者の関連会社であることが多い）形式上元請負人となり、工事内容の打合等も注文者と下請負人との間で行われている場合

㋑　元請負人が商社のように本来的に工事を施工する能力がなく、注文者と下請負人との仲介的役割をしているに過ぎない場合

4　会社更生手続又は民事再生手続が開始した場合

⑴　注文者につき会社更生手続又は民事再生手続が開始した場合

① 請負人の立場からの処理

ア　破産の場合と異なり、請負人に解除権はない（ただし、約款に規定があ

る場合は解除できることがある。)。注文者側の管財人（会社更生手続の場合）又は申立人（民事再生手続の場合）側のみが解除か履行かの選択権を持つことになる（更生法61Ⅰ、再生法49Ⅰ）。

　請負人は、管財人又は申立人側に対し、解除又は履行の選択を催告することができる。これに対し確答のないときには、解除権を放棄したものとみなされる（更生法61Ⅱ、再生法49Ⅱ）。

　その他、解除又は履行の場合については破産の場合と同様の規定がある（更生法61Ⅳ・Ⅴ、再生法49Ⅳ・Ⅴ、破産法54・60）。

イ　注文者側の管財人又は申立人側が、履行を選択した場合（解除権を放棄した場合も含む）、請負人の請負代金請求権は、共益債権（更生法61Ⅳ、再生法49Ⅳ）として保護される。

ウ　これに対し、注文者側の管財人又は申立人側が、解除を選択した場合、請負人の出来高に基づく報酬請求権や損害賠償請求権は更生債権又は再生債権となり、十分な満足を得ることはできない。できる限り優先弁済を受ける方法として、次のような方法が考えられるが、いずれも管財人又は再生債務者との交渉を要する。

　㋐　まず、共益債権化により優先弁済を受ける方法である。

　　会社更生手続では、更生会社の事業の継続に欠くことができない費用（共益債権）であるとして、管財人に対し、裁判所の許可を促す上申をすることになる（更生法128Ⅱ）。民事再生手続でも、同様に、共益債権として承認を求めることになる（再生法120Ⅰ）。

　　ただし、いずれも手続開始申立後、同手続開始前になされた会社の事業の継続に欠くことができない行為によって発生する費用が対象で、それ以前に発生した費用は含まれない。

　㋑　次に、債権者に特別な要件が備わる場合に優先弁済を受ける方法である。

　　会社更生法47条2項によれば、下請け等の中小企業の連鎖倒産を防止する趣旨で、当該中小企業が更生会社を主要な取引先とする債権者であり、その有する更生債権の弁済を受けなければ事業の継続に著しい支障を来すおそれがあるときは、裁判所は、管財人の申立てにより又は職権で、当該債権の全部又は一部につき優先弁済の許可をすることができる。

　　債権を共益債権化するものではないが、更生計画認可決定前でも一定の弁済を受けられるとすることで、資金繰りの助けになる。

　　実務的には、管財人の申立てを促す（更生法47Ⅳ）ため、このよう

第11章 建築請負契約と倒産処理

な要件を列挙した上申書を提出する必要がある。上記の事情を裏付ける添付書類としては、決算書（内訳書添付）、取引経過説明書などが考えられる。

同様の規定は、民事再生法85条2項にもある。

② 注文者又はその管財人の立場からの処理

請負人には解除権がないので（ただし、約款に定めがあるときは解除できることがある。）、注文者側の立場から独自に履行又は解除を選択することができる。

(2) 請負人につき会社更生手続又は民事再生手続が開始した場合

① 更生手続開始決定時にすでに請負人が仕事を完成している場合

更生会社の注文者に対する報酬債権は更生会社の財産に属し、管財人は会社財産の管理の一環として支払いを受けることになる。民事再生手続では、再生債務者が報酬債権を行使することになる。

② 請負人が仕事を完成していない場合

請負人の管財人は会社更生法61条1項の解除権又は履行の選択権を有する。一方、注文者には請負契約の解除権は認められていないが、請負人の管財人に対し解除するか履行するかの催告権を有し（更生法61Ⅱ）、確答なきときは解除権を放棄したものとみなすことができる。

その他、解除又は履行の場合については破産の場合と同様の規定があり（更生法61Ⅳ・Ⅴ、破産法60・改正法54）、ほぼ破産と同様に処理されることになる。

民事再生手続では、再生債務者が行うことになる（再生法49Ⅱ・Ⅳ・Ⅴ、破産法54・60）が、その余の点は更生手続と同様である。

5 特別清算手続が開始されたとき

注文者にも請負人にも特別の解除権はなく、債務不履行解除の問題となる。もっとも、保全処分により、解除が制限されることがある（会社法540Ⅰ）。また、協定や個別和解により契約内容が変更されることもある。

6 JVの構成員の倒産

問題点としては、①脱退、②残存構成員の債務、③脱退した構成員に対する清算などであるが、参考文献として次のものがある。

・福永有利「建設業におけるジョイント・ベンチャーと倒産法」判タ643・33
・六川浩明「JV構成員の倒産をめぐる法的問題点」Credit & Law102・6

• 193 •

第3部 建築瑕疵損害賠償請求に関連する法律問題

第1章　建築瑕疵の存否に関する問題

1　はじめに

(1)　民法改正前

①　民法改正前においては、建築請負工事の注文者が請負人等に対し責任追及する一般的な根拠としては、改正前民法634条ないし640条の請負人の瑕疵担保責任のほか、債務不履行（不完全履行）責任（民415）、不法行為責任（民709以下）が考えられた。また、売買の買主が売主等に対し責任追及する一般的な根拠としては改正前民法570条の瑕疵担保責任及び上記不法行為責任が考えられた（**第2章以下　賠償責任に関する問題1ないし4参照**）。

　　このうち請負人の瑕疵担保責任についての通説・判例の基本的な考え方は、これを債務不履行責任の特則とし、仕事の「完成」後は、一般規定である債務不履行（不完全履行）の規定は排除され、請負人は、仕事完成後は瑕疵担保責任を、仕事完成前は債務不履行責任を負うことになるとするものであった（**第2章216頁参照**）。そして、仕事の「完成」についての通説・判例の基本的な考え方は、工事が契約で予定された最終工程まで一応終了している場合をいう（予定の工程終了説）とするものである（**第2部70頁**）。

②　しかし、かかる瑕疵担保責任の適用場面における「瑕疵」―すなわち、工事の未完成とは区別された意味での「完成」後の建築目的物の「瑕疵」あるいは売買の目的物の「瑕疵」について、改正前民法においては、瑕疵担保責任に関する上記各本条は、単に「瑕疵」と記すのみであった。そして、その定義・内容・範囲については何らの規定を設けていなかった。

(2)　改正民法における担保責任

　これに対し、改正民法では、売買契約における売主の担保責任を債務不履行責任の一態様（契約不適合責任）と位置付けてその規定を整理し、引き渡された目的物が種類、品質又は数量に関して契約の内容に適合しないことを売主の債務不履行（不完全履行）の要件として定めた（民562①）。そして、改正民

• 195 •

法では、請負契約における請負人の担保責任についても、請負契約に固有の規定を除いて、売買の規定を包括的に準用することとした（民559）。

「契約の内容に適合しない」（民562①）との文言は、改正前民法における「瑕疵」と同一の意味内容を持つものとして用いられており、従前の解釈運用に変更を生じさせるものではないものと考えられる。なお、民法改正後も、品確法や履行法では引き続き「瑕疵」の文言が用いられているが、一方で、品確法では、民法改正に伴い「『瑕疵』とは、種類又は品質に関して契約の内容に適合しない状態をいう」との定義規定（品確法2Ⅴ）を設け、また、履行法では「『瑕疵』とは、住宅品質確保法第2条第5項に規定する瑕疵をいう。」（履行法2Ⅱ）とこれを引用し、民法改正との整合性を図っている。そのため、品確法における「瑕疵」も、改正民法と同義と考えて問題ないといえる。

そこで、本稿では、上記の民法改正を踏まえ、民法改正前における「瑕疵」に関する議論については要旨に留め、瑕疵（契約不適合と同義）の存否を判断する基準と最近の裁判例の分析について、旧版の考察を深めていくこととする。

2 瑕疵の存否を判断する基準

⑴ 瑕疵＝契約不適合へ

民法改正前において、一般に、請負契約における「瑕疵」とは、完成された仕事が契約で定められたとおりに施工されておらず、使用価値や交換価値が減少したり、当事者が特に求めた点を欠くなど不完全な部分をもっていたりすることだとされていた（主観説、最判平成15年10月10日判時1840・18等）。また、売買の場合もこれと基本的に同義であり、売買の目的物がその種類のものとして通常有すべき品質・性能、あるいは契約上予定した性質を欠いていることなどとされていた。

一方、改正民法では、上述のとおり、売買契約における売主の担保責任を債務不履行責任の一態様（契約不適合責任）と位置付けてその規定を整理し、請負契約における請負人の担保責任についても、請負契約に固有の規定を除いて、売買の規定を包括的に準用することとした（民559）。改正前民法における「瑕疵」と同一の意味内容を持つ契約不適合は、「引き渡された目的物が種類、品質、数量に関して契約の内容に適合しないもの」（民562①、なお民636も参照）とされ、瑕疵の概念、瑕疵の定義に関する論争は決着をみたといえよう。なお、目的物の契約適合性は、危険移転時である引渡時（民567①）を基準に判断するものと解され、引渡時までに発生した不適合について担保責任の対象になる

と解される。

⑵　瑕疵（契約不適合）の存否を判断する基準となるもの

　前記のように、請負における瑕疵の有無は、実際の施工が請負契約で定められた内容に適合しているか否かという観点から判断されるから、その判断のためにはまず、請負契約における当事者間の合意内容を探求し、これを明確にしなければならない。

　上記請負契約の内容を直接・明示的に示すものとしては、契約書・設計図書がある。もっとも、契約書等では品質・性能に関わる事項が明示的に定められていない場合もあり、その場合は何らかの客観的外部的基準により黙示の合意を探求する等契約内容を補完・補充する必要がある。

　そして、客観的外部的基準としては、建築基準関係規定、条理の外、品確法における住宅性能評価書、住宅金融公庫の公庫仕様書（及びそれを引き継いだ住宅金融支援機構のフラット35対応住宅工事仕様書）、日本建築学会の標準仕様書等その他の技術的基準及び品確法所定の「参考となるべき技術的基準」等が判断基準となり得るか実務上問題となっている。以下、これらの各項目について述べる。

①　契約書・設計図書

　　設計図書とは、建築物その他の工作物ないし敷地の工事実施のために必要な図面（現寸図の類は除く。）及び仕様書（図面で表せない点を文章や数値等で表現するもので、品質、成分、性能、精度、製造や施工の方法、部品や材料のメーカー、施工業者などを指定するもの。現場説明書と質問回答書を含む。）をいう（建基法2⑫、建築士法2⑥参照）。この契約書及び設計図書によって、具体的な工事内容及び目的物等契約の内容が特定されることになり、通常その内容は、建築基準関連法令の定める内容を上回る水準であることが多い。

　　なお、この点については、後記の判例分類に掲げたように、旧版刊行までの裁判例では、契約書や設計図書があったとしても、それよりも基準としては緩い建築基準関係規定を瑕疵の判断基準とするものもあった（後述3⑸④）。しかし、旧版刊行と時期を同じくして、事例判断ではあるものの、最高裁判所が、請負契約における瑕疵の内容について、鉄骨の太さが約定され、これが契約の重要な内容になっていたとして、主観説に立つこと（最判平成15年10月10日判時1840・18）を示した。以後、主観説が判例通説

・197・

となり、契約書や設計図書よりも緩やかな規定を瑕疵の判断基準とすることは、筆者の調査の限り見当たらなかった。

② **品確法による住宅性能評価書**

契約時に住宅性能評価書が交付された場合は、反対の意思を表示しない限り、その表示された性能の住宅の完成、引渡しを目的とする契約を締結したものとみなされる（品確法6Ⅰ・Ⅳ）。

したがって、この場合は評価書に記載された内容が契約内容となる。

③ **建築基準関係規定**

ア 建築基準関係規定とは、建築基準法令の規定（建築基準法並びにこれに基づく命令及び条例の規定）のほか、都市計画法、消防法、宅地造成等規制法等の建築物の敷地、構造又は建築設備に関する16種類の法律並びにこれに基づく命令及び条例の規定をいう（建基法6Ⅰ、同令9）。かかる規定はすべて建築確認審査の対象となっており、その全体が建築物の敷地、構造及び設備に関する最低基準を形成している。

イ かかる建築基準関係規定は、一般的に行政取締法規であると考えられている。しかし、その中心である建築基準法は、「建築物の敷地、構造、設備及び用途に関する最低の基準を定めて、国民の生命、健康及び財産の保護を図り、もって公共の福祉の増進に資することを目的とする」と定め（建基法1）、原則としてすべての建築物の新築又は大規模な修繕、増改築にはこの最低限の基準を遵守した設計・施工をなすべきことを要求している。

そして、同法は、この最低限の基準を遵守させるべく、設計段階において、その計画が建築基準関係規定等に適合するものであることについて建築確認を受け、確認済証の交付を受けることを義務づけ、これを受けない工事を禁止し（建基法6Ⅰ・Ⅷ）、違反行為には罰則が定められている。

ウ 以上のような建築基準法の趣旨、内容及び規制からすると、同法を含む建築基準関係規定で定められた建築物に関する最低限の技術的基準はこれを充足することが契約上当然の前提と考えられ、特段の事情がない限り当事者間の黙示の合意の最低限を画するものとして契約内容を補完・補充するものといえる。

④ **住宅金融公庫及びこれを引き継いだ住宅金融支援機構の各仕様書**

住宅金融公庫の住宅工事共通仕様書（いわゆる公庫仕様。正式名称：

第1章　建築瑕疵の存否に関する問題

「住宅金融公庫融資住宅木造住宅工事共通仕様書」）について、公庫融資住宅であればこれを遵守すべきは当然であるが、公庫融資住宅ではない場合においてもこれを法令に準ずる標準的技術基準とみなすことができるかについては裁判例が分かれており、旧版では詳細な検討が行われていた。

その後、2007年3月末に、住宅金融公庫が住宅金融支援機構に引き継がれたことに伴い、公庫仕様書は、フラット35対応住宅工事仕様書へと変更となった。そのため、近年の裁判例では、フラット35の仕様書を瑕疵基準とすることができるかが争点となっている。

⑤　条　理

一般的あるいは地方的な気候風土等からくる要請は、条理上の瑕疵の判断基準となりうる（大内・住宅紛争136頁）。

具体例として、建物の防水性（建築基準法令中に直接個別の定めなし。）がある。また、東京地判昭和44年3月8日判時564・56は、予測される台風に対する耐風性につき「期待するのが通常であり」「保証するのが合理的」とし瑕疵の判断基準としている。

⑥　その他の技術的基準

以上のほかにも、日本建築学会の各種構造設計基準や工事別技術指針、その他の団体の基準類が存在する。

ア　基準類の抜粋（松本光平ほか「建築法規」23頁（実教出版、1995）、東京地裁判事等「建築紛争を巡る建築関係訴訟の実務」参照）

㋐　日本建築学会標準

日本建築学会では、構造設計基準、標準仕様書（JASS1 ～ 27）、技術指針、施工マニュアル等建築全般にわたる各種標準類を発行している。これらの標準類は日本における建築物の設計標準や施工標準等を同学会として、幅広く網羅的に定めたものだが、下記イで取り上げる裁判例のように瑕疵の判断基準に用いられることもある。

かかる各種標準類は、設計図書に特記されない場合であっても、これらが建築実務一般において普遍化した標準仕様と認められるときは、建築実務の社会通念を形成するものとして、瑕疵の重要な判断資料となりうるものである。

㋑　日本建築センター基準類

日本建築センターでは建築基準法に規定のない構造、建築設備、防耐火設計などの基準や指針などを発行している。建築技術の進歩に伴い、建築

物の最低基準を定める建築基準法ではカバーしきれない部分の基準といえるが、上記日本建築学会標準を少し遅れて取り込んでおり同標準と同じような基準といえる。

㈡　品確法所定の「参考となるべき技術的基準」（品確法74）

　同技術的基準が瑕疵の判断基準となりうるか問題となるが、同基準が各不具合事象（傾斜、ひび割れ、欠損、破断又は変形）の程度により構造耐力上主要な部分に瑕疵が存する可能性について目安となる基準を示したものであること、同基準が東京地裁平成24年6月8日、名古屋地裁平成24年12月14日（後述）など、いくつかの裁判例において基準として採用されていることなどから、各技術的基準と同様に瑕疵の判断基準となり得ると考えられる。

㈢　メーカー作成のカタログ・マニュアル

　建築資材、設備機器などの取扱い方や施工要領についてメーカー作成のカタログやマニュアルが施工の瑕疵の判断基準となることがある。当該カタログやマニュアルに示された内容が、他の工法を許容しないものなのか否かは検討の余地があるが、建築訴訟実務においてメーカー作成のカタログやマニュアルは瑕疵の判断基準のひとつとなっている。

㈣　その他の学協会標準

　その他日本には多くの学会や協会があり、これらの学協会が発行している仕様書、技術基準、指針等は必ずしも最低基準を定めたものばかりとはいえないが、当該分野の瑕疵標準として認め得るものは瑕疵判断の基準となり得る。

イ　裁判例において採用された技術基準の抜粋

・大阪地判昭和57年5月27日判タ477・154

　日本軽量鉄骨建築協会作成の軽量鉄骨建築指導基準及び日本建築学会作成の薄板鋼構造設計施工基準に達しない板厚1.6mmの鉄骨を使用した点等において、建物の安全性に欠け、瑕疵があると判示。

・熊本地判平成10年3月25日欠陥住宅1・206

　建築基準法令等の建築関係法令に定められた技術基準の外、住宅金融公庫融資住宅仕様書や日本建築学会の建築工事標準仕様書で指定された技術基準を具備していない場合にも、瑕疵があると判示。

・神戸地判平成10年6月11日欠陥住宅1・320及び大阪地判平成10年12月18日欠陥住宅1・84

日本建築学会の「鋼構造設計基準」所定の完全溶込溶接につき、建築基準法令を遵守する施工方法と判示。

・大阪高判平成11年9月30日欠陥住宅1・200

同学会が発行している「小規模建築物基礎設計の手引き」を木造住宅の布基礎の構造の基準となるべきものと判示。

・京都地判平成17年3月29日欠陥住宅4・168

床面の水平剛性について、財団法人日本住宅・木材技術センター発行の「3階建て木造住宅の構造設計と防火設計の手引き」を参照した。

・仙台地判平成18年8月9日欠陥住宅4・234

公庫融資住宅につき、公庫仕様書以外に、設計図書、建築基準法例、標準的な技術基準が瑕疵の判断基準になるとした上で瑕疵をほぼ認めた一方、JASS違反は直ちに瑕疵とは言えないと判示した。

・仙台地判平成23年1月13日欠陥住宅6・390

建築基準法令（国土交通省告示、日本工業規格、日本建築学会の標準仕様書（JASS）等を含む）に違反する場合には瑕疵があるとした。設計図書と合致しない工事が行われた場合にも原則として瑕疵があるものとした。

・福岡高判平成23年4月15日欠陥住宅6・340

建築工事施工監理指針は、公共建築工事標準仕様書の解説書として権威ある基準であり、一般の民間工事においても指針となるべきものであると判示した。

・東京高判平成24年6月12日欠陥住宅7・412

スロープのタイルの施工について、タイルのメーカーが作成したカタログに記載された規定と異なる施工を行ったことについて施工の瑕疵を認定。

・名古屋地判平成24年12月14日欠陥住宅7・89

日本建築学会が平成20年に制定した「小規模建築物基礎設計指針」につき、「住宅紛争処理の参考となるべき技術的基準」と共に、瑕疵の程度を評価するための一般的な基準として適用しうると判示した。

⑦　構造計算（建基法20）

建築基準法20条の構造計算が必要となる建物において、構造計算の内容が瑕疵の存否を判断する基準となることは当然であるが、同法同条の構造計算が不要な建物であっても、構造計算が瑕疵の判断要素とされることがある。以下、いくつか裁判例を取り上げる。

・仙台地古川支判平成14年8月14日欠陥住宅3・264

梁の厚さ不足について、当該建物規模からは建築基準法20条による構造

第3部 建築瑕疵損害賠償請求に関連する法律問題

計算は不要であったが、建物が特殊な構造であり、安全性の確認のために構造計算をしたところ、梁の厚みが不足していることが判明した。構造計算の性質や、現実の計算結果を踏まえ、瑕疵を認めた。

・大阪地裁堺支判平成18年6月28日欠陥住宅5・68

木造2階建て住宅の構造計算につき、建築基準法20条が規定する構造計算が必要な建築物には当たらないとした。一方で小規模木造住宅に通常備わるべき構造上の安全性を満たすか否かにより、判断するのが相当とし、構造計算を判断基準の1つとして用いることが出来ると判示した。

・仙台地判平成23年1月13日欠陥住宅6・390

原告が、本件建物には構造的安全性を欠く瑕疵がある旨を主張したのに対し、本件建物は鑑定による構造計算、及び被告が実施した本件建物の構造計算によって安全性が確認されていることを理由として、瑕疵を認めなかった。

⑧ **外壁タイルの浮き・剥落に関する瑕疵の判断基準**

ア　大阪地裁において外壁タイル（湿式工法）の浮き・剥落に関する瑕疵の判断基準が検討され、その判断基準が示されたため、紹介する（「外壁タイルの瑕疵と施工者の責任」判タ1438・48）。この検討は、外壁タイルの浮き・剥落の原因の特定が困難であること、外壁タイルの浮き・剥落は施工の瑕疵がなくともディファレンシャルムーブメント（外壁が温湿度変化を受けた際に、外壁タイル仕上げ部分の各構成材の温湿度膨張係数の違いから、各構成材が異なった伸縮の動きをすること（相対ひずみ）。）などの施工外の原因によっても生じうることなどから、どのような場合に施工上の不良が推認されるのか、その目安を模索したものであり、施工後の期間と外壁タイルの全施工面積に対する浮き・剥落の割合の関係から、下記の基準が示された。

施工後の期間	浮き・剥落の割合
5年以内	0%以上
5年超10年以内	3%以上
10年超15年以内	5%以上
15年超20年以内	10%以上

上記基準は、施工後の期間ごとに示された割合以上の浮き・剥落が存すれば外壁タイルの施工上の不良が推認される、という目安を示しているが、同基準は浮きと剥落を区別していないこと、対象となる外壁面の大小を区別していないこと、特定の部分に浮き・剥落が集中している場合を区別し

・202・

ていないことなどに留意が必要である。また、同基準は施工上の不良ある
いは外壁タイルの浮き・剥落の原因を何ら特定するものではなく（それら
を特定していくという原則的な判定方法は否定されない。）、同基準作成に
あたっての専門家の意見にもばらつきがあったことから、本書では参考と
なりうる判断基準の一つとして紹介するにとどめる。

イ　（公社）ロングライフビル推進協会（BELCA）は、建築物のLC評価や
長期修繕計画の作成・診断計画の作成等に使用されることを目的として、
建築物の各部位・各部材に関する各種データを公表しており、その中で、
1年あたりタイル修繕が必要となる割合の目安としての数値（0.5％程度）
を提示している。このことから、1年あたりの浮き発生率が0.5％程度を超
える場合には通常の経年劣化で発生するであろう浮き率を超えるものと
して瑕疵と評価できるのではないか、という考え方がある。裁判例でも、
竣工後約3年9月で2.4％程度のタイルが浮いていても標準と認められると
するものなどがある（東京地判平成29年2月24日TKC25551216、判例秘
書L07230866）。関係機関により年間の浮き率の数値にはばらつきがあり、
また、当該数値が出される目的も長期修繕計画の作成やLCC（ライフサ
イクルコスト）の算出等であって必ずしも瑕疵の判断基準のために示され
た数値ではないことから、注意を要するが、参考となり得る情報であろう。

⑨　**リフォーム工事における瑕疵の判断基準**

リフォーム・改修工事は一般に請負契約とされていることから、リ
フォーム工事における瑕疵についても、定義や判断基準などは、新築工事
と同様の基準が適用されると考えられる。もっとも、新築工事と異なり、
品確法は適用されないため、担保責任の期間や内容は個々の契約に委ねら
れることになろう。

また、リフォーム工事は、既存建物に手を加える工事であり、既存建物
の状況により影響を受けることになる。そのため、既存建物の状況の不確
実性や、その不確実性によって真に必要な工事内容が予測しにくいといっ
た点が、リフォーム工事特有の問題点となりやすい。さらに、リフォーム
工事では、500万円未満の工事は建設業許可を受けていない業者でも行うこ
とができるため、新築工事と比較すると工事業者が多様であることや、金
額が比較的低額なこともあって、契約書類や設計図書類は簡素になりやす
く、書面によって当事者の合意内容が確定しにくいといった問題も生じる。

以下、このようなリフォーム工事特有の問題点を踏まえ、リフォーム工

第3部　建築瑕疵損害賠償請求に関連する法律問題

事における瑕疵を判断した裁判例をいくつか取り上げる。

・大阪高判平成31年4月25日欠陥住宅8・236

　　リフォームにおける追加変更工事契約の成否について、契約当事者間の合意内容が必ずしも明確でない時は、当初の請負契約の合意内容及び当該追加変更工事の内容等のほか、同工事を実施することになった理由、同工事を巡る当事者間のやり取りおよび同工事に要する費用等の諸事情を基に、当事者双方の意思を合理的に解釈してこれを決するのが相当である、と判示した。

・東京地判平成26年12月16日Westlaw2014WLJPCA12168020

　　請負金額160万円、築40年以上の木造アパートの外観塗装工事につき、塗装の下地の割れ・はがれについては修正しなければならないが、旧塗膜を除去することまでは求められていないとして、この点について瑕疵を否定した。判断に際しては、建物の築年数や、請負金額がさほど高額でないことも考慮したものと思われる。

・東京地判平成24年2月13日Westlaw2012WLJPCA02138009

　　外壁補修工事につき、見積書自体には記載がないものの、9階雨漏り部分の補修については、契約締結にあたり相談があり、これを契機に契約締結に至ったことや、その原因調査と補修工事が行われていたこと等から、工事の内容に含まれるとし、工事の瑕疵を認めた。

・東京地判平成19年3月28日判例秘書L06231458・Westlaw2007WLJPCA03288003

　　既存建物の耐火構造違反について、見積書や当事者間のやりとりの内容から、本件改装工事は、老朽化した本件建物の内装、設備等を改装することを主目的としたものであり、既存の違法部分を建築基準法令に適合させることは契約の内容になっていなかったと判断し、同違反部分の瑕疵を否定した。

3　建築瑕疵についての裁判例の分類

⑴　公庫仕様書／フラット35対応住宅工事仕様書の内容が、建築基準関連法令の定める内容を上回る水準であることは疑いなく、既に述べた通り、公庫融資住宅（住宅金融公庫が住宅金融支援機構に引き継がれてからはフラット35利用住宅）であれば、この仕様書の内容に違反しているかが瑕疵の判断基準となる。

　　一方、公庫融資住宅でない場合においても、これを法令に準ずる標準的技術基準とみなすことができるかが問題となるところ、公庫融資住宅でなくても、公庫仕様書の内容に違反しているか否かを瑕疵の判断基準としたものを⑸①

• 204 •

第1章 建築瑕疵の存否に関する問題

に挙げる。また、公庫融資住宅であるにもかかわらず、仕様書ではなく、法令等の内容に違反しているか否かを瑕疵の判断基準としたものを(5)②に挙げる。

(2)　設計・確認図書がある場合、先述のとおり、通常その内容は、建築基準関連法令の定める内容を上回る水準である場合が多く、設計・確認図書についても瑕疵の判断基準となるのが原則である。これらに該当する裁判例を(5)③に挙げる。

　　これに対し、設計・確認図書があるにもかかわらず、設計・確認図書ではなく、法令等の内容に違反しているか否かを瑕疵の判断基準としたものを(5)④で取り上げるが、2(2)①で述べたとおり、これらはいずれも平成15年最高裁以前の裁判例であることに留意する必要がある。さらに、設計・確認図書自体が法令等の内容を下回っている場合に、法令等の水準を維持すべきとした裁判例を、(5)⑤で取り上げる。

(3)　設計・確認図書がない場合に、法令等の内容に違反しているか否かを瑕疵の判断基準としたものを(5)⑥に挙げる。

(4)　なお、建築瑕疵が争われた裁判例の事案には、複数箇所の瑕疵が問題となることが多い。その場合、瑕疵の箇所別によって立つ基準が異なるもの（例えば、基礎については設計図書を基準としているが、筋交いについては法令を根拠としている場合）については、裁判所が「設計図書等や公庫仕様書に法令以上の取決めがあるものはそれによるが、それがない箇所については法令による」という姿勢で判断していると考え、(5)②や(5)④に位置づけることとした。

　　また、瑕疵を認定しているがそのよって立つ基準について何もふれていない判例は、ここでは取り上げていない。

(5)　何を瑕疵の判断基準としたかによる判例の分類
　①　公庫仕様でなくても、公庫仕様書を基準としたもの
・山口地下関支判平成22年2月15日欠陥住宅6・484
　　住宅の壁の横胴縁（横桟）のピッチについて、公共建設工事標準仕様書、公庫仕様書の仕様を参考にして瑕疵を認定した。
・東京地判平成14年1月10日欠陥住宅2・242
　　地盤の不同沈下・基礎構造の欠陥、壁量不足、火打ち材の欠落、アンカー

• 205 •

ボルトの欠落、雨漏り・白蟻被害による部材の腐食が争われた事例。アンカーボルトの必要性・取り付け位置につき、住宅金融公庫の木造工事共通仕様書及び通達「建築物の構造耐力上の安全確保に係る措置について」を根拠に認定し、これを欠いているから、法令に違反し、補修を要する瑕疵に該当するとした。

・長崎地大村支判平成12年12月22日欠陥住宅2・296

　　基礎構造の欠陥、壁につき耐力不足等、木構造につき柱脚と基礎の緊詰不良等、などが争われた事例。公庫の融資を受けていなくても、住宅金融公庫の契約書を利用していること、…実質的に建物の安全性を確保する機能を有してきたことや一般に建築基準法令では具体的な基準が示されていない部分については実質的な規範として運用されていることなどに照らすと、設計図書に公庫仕様書も含まれる旨合意されていると解するのが相当とした。

・札幌地小樽支判平成12年2月8日判タ1089・180

　　大引及び梁の断面寸法、基礎天端ならしの不備等が争われた事案。住宅金融公庫融資住宅木造住宅工事共通仕様書に照らし、それに満たないものを瑕疵と判断した。

・神戸地判平成9年8月26日欠陥住宅1・40

　　筋交いの緊詰不足が争われた事例。「構造上の安全性能の有無を判断するについては、建築基準法施行令を基準として木造住宅に通常備わるべき構造上の安全性能が備わっているかどうかにより判断すべき。」としたうえ、「公庫仕様は、公庫融資対象物件について定められたものであるが、一般的には、木造建物を建築する場合、公庫仕様に基づいて精度を確保するという手法がとられている」とし、公庫仕様は施行令を具体化したものとし、公庫仕様違反なので「瑕疵」ありとした。

・熊本地判平成10年3月25日欠陥住宅1・206

　　火打ち梁の欠落や羽子板ボルトの欠落等全61点の瑕疵が争われた事例。瑕疵の定義を、設計図書と異なる施工、建築基準法令・公庫基準・建築学会の技術基準を具備しない場合と定義し、これらを強弱をつけず並列的に認定した。

・高松高判平成20年2月21日（参照：否定例）欠陥住宅5・386

　　増改築リフォーム工事における瑕疵が争われた事例において、増築部分以外の瑕疵につき、住宅金融公庫の融資を受けていないため、本件では公庫仕様書の技術基準がそのまま妥当するとは認められないとし、また、公庫仕様書の技術基準に準ずるとの明確な合意も成立していないとして、公庫仕様書基準の使用を否定した。

第1章 建築瑕疵の存否に関する問題

　なお、大阪地判平成19年1月16日判タ1355・143も同様に、リフォーム工事における公庫仕様書基準の使用を否定しており、リフォーム工事では適用が否定されやすいものと思われる。

・和歌山地判平成20年6月11日欠陥住宅5・170

　筋交いの緊結につき、建築基準法施行令45条3項には具体的な仕様が明示されていなかったところ、筋交いプレート等を用いる方法を具体的に定める公庫仕様書及び建築工事標準仕様書を参考にして、瑕疵を認めた（ただし、公庫仕様であるかは不明であり、そもそも公庫仕様だった可能性もある）。

・名古屋高判平成23年8月12日（参照：否定例）欠陥住宅6・239〜244

　同様に、「本件建物は住宅金融公庫から融資を受けた建物ではなく、当事者間において、公庫仕様書に適合する内容の工事をする旨の合意がされた事実も認められないことからすれば、公庫仕様書の内容に準じた施工がされていないことをもって直ちに瑕疵に当たるということはできない。」とし、公庫仕様書基準の適用を否定した。

・大阪高判平成25年3月27日欠陥住宅7・4

　住宅金融公庫から融資を受けた建物では無かったものの、販売会社の新聞折り込み広告に、本件建物が「高品質仕様」であり「公庫"新基準"対応住宅」である旨掲載されていたことから、原告及び被告らには、「公庫仕様」で本件建物を施工するとの合意があったものと認定し、公庫仕様書基準が適用されるとした。

②　公庫仕様にもかかわらず、それ以下の基準（法令等）を基準としたもの

・和歌山地判平成12年12月18日欠陥住宅2・486

　開放廊下・バルコニーの床スラブ、手すり、竪樋開口部のひび割れが争われた事案。屋根スラブの配筋状況につき、法令の基準は上回るが、公庫共通仕様書をやや下回っているので、配筋が必ずしも適正になされているとは言えないが、構造計算によると構造耐力上問題があるとは言い難く、耐火性の面でも問題ないので、瑕疵とは言えないとした。

・福岡地小倉支判平成11年3月30日欠陥住宅1・290

　建築途中に建物内部階段の幅が70cm（設計図上90cm）しかないことに注文者が気づき、施工のやり直しを求めたところ、請負人が建物を支える大きな梁や1階鉄骨柱の中心部を切り取り、柱については新柱を設置し溶接するという手直し作業を行ったため、安全性が問題となった事案。公庫仕様であるが、建築基準法上の基準に照らして瑕疵を認定した（注：本事案は建築基

• 207 •

準法違反が明らかでありかつ被告が争わなかったため、公庫仕様を基準とした審理がなされなかったものと思われる)。

③　設計・確認図書がある場合にそれらを基準としたもの

・東京地判平成13年6月27日判時1779・44

床面の傾斜、壁や床面における亀裂の発生などが、地盤沈下によるものかどうかが争われた事案。重要事項説明書に「当該地区の近隣には軟弱地盤地区があるため、新築時には対応できる基礎工事が必要になります（本物件の基礎工事は十分対応できる処置がされています。）。」と記載されていたことを説明告知義務違反とした。

・大阪地判平成12年6月30日欠陥住宅2・172

柱と梁の接合部の溶接不良、耐火性能の欠如、外壁の耐力不足、振動・揺れの伝達・遮音の欠陥、美匠性能の欠如が争われた事案。建築確認図書に、完全溶込溶接を行うものと記載されていること等をもって、「溶接部を完全溶込溶接とすることが重視されていることが窺える」と指摘したことなどから、完全溶込溶接を行う必要があると認めた。

・神戸地尼崎支判平成12年10月27日欠陥住宅2・192

1階天井スラブ・壁梁・地中梁の欠如、ホールダウン金物未施工、耐力壁の厚さ・基礎スラブの堅牢さ不足、防火性能の欠如が争われた事案。1階天井スラブ・壁梁・地中梁の欠如については、建築確認図書違反を認定。

・京都地判平成17年2月24日欠陥住宅4

レストラン外溝工事の瑕疵が問題となった事案。「本件外構工事契約においては、本件ブロックを、その仕様書に従った方法で用いて施工すべきこととされていたと認めるのが相当であり」として仕様書に従うことを判断基準とした。なお、本件土地が宅地造成等規制法の規制区域外であるか否かは問わず、仕様書に従ったかどうかで判断すると判示した。

④　設計・確認図書があっても、法令を基準としたもの

・神戸地判平成13年11月30日欠陥住宅2・468

1階柱の口径について、設計図書よりも細い部材を使用した点につき、鑑定の結果、全体の構造としての許容応力度設計、層間変形角、剛性率及び保有水平耐力の検討結果はそれぞれの規定値を満足するものであるから、構造上の欠陥が生じていると認めることはできないとした。

・大阪地判平成12年9月27日判タ1053・137

構造耐力上必要な軸組長さの不足、軸組配置の釣り合い不良、筋交い及び

火打ち梁の緊詰不良、布基礎のはつり、外壁防火性能の欠如の瑕疵が争われた事案（ただし、この裁判例では、原告は「建築確認図書に記載されている内容が法令の基準を上回るから、建築確認図書の内容に違反している」という主張をしていない。）。

・札幌地小樽支判平成12年2月8日判タ1089・180

　　仕様書は存在するものの、建物完成まで交付されていなかったことから、仕様書は契約内容にすることはできないとして、その余の証拠に基づいて瑕疵を判断した。

・神戸地判平成12年1月26日判タ1045・181

　　設計どおりの施工がされていれば建前は倒壊しなかった可能性が高いとして、阪神淡路大震災による建前の倒壊につき、設計と異なる施工をした請負人に対する損害賠償を請求した事案。本件請負契約において合意した施工内容は契約書図面によるものと認められるとした上で、溶接仕様及び柱脚部の施工内容を変更したことによって、建築基準法及び同施行令によって要求される構造耐力を欠如していた、とした。

・大阪地判昭和62年2月18日判タ646・165、大阪高判平成元年2月17日判時1323・83

　　鉄骨軸組架構体の歪み、鉄骨構造体の部材溶接の不良、基礎構造の不良と不当沈下、耐火・防火上の欠陥が争われた事案。設計図書に記載されたとおりの施工をしなかったことを指摘した上で、それ自体を瑕疵とはせず、法令に適合しないゆえ瑕疵となると判断した。

・福岡地判昭和61年7月16日判タ637・155

　　雨漏り、階段廻り・和室の広縁押・天井等の瑕疵が争われた事案。建築確認通知書添付の設計図面があっても、それが請負契約書に添付されていなければ、いまだ建物の仕様を設計図面のとおりとする旨の合意が成立していたと認めることはできず、社会通念上最低限期付される構造設備を定める建築基準法の基準による意思を有していたものとするのが相当であるとした。

・大阪高判昭和59年12月14日判タ549・187

　　基礎、柱脚と基礎との連結、柱・梁の強度・接合方法、梁の継手工法等の瑕疵が争われた事案。被告が、「建築確認申請書添付図面と現実に建築される建物とが異なるのは建築業界の慣行である」と主張したのに対し、建築基準法の定める基準に適合しない建物が契約の本旨に沿う建物とは認められず、建築基準法に違反する点は工事の瑕疵にあたると言うべきであるとした。

・209・

⑤　設計・確認図書自体が法令等の内容を下回っている場合に、法令等の水準を維持すべきとした判例

・東京地判平成13年1月29日欠陥住宅2・124

　　布基礎幅不足、柱の小径不足、耐力壁線が偏心、防火性能の欠如が争われた事案。被告も不動産の販売及び仲介を業とする会社であり、本件不動産について…認定の瑕疵の内容（本件建物は、建築基準法等の法令の定める安全性の基準を多くの点で満たしていない内容のものである。）、原告との交渉には専ら同被告があたっていたことなどの本件売買契約締結過程における関与の態様に照らすと、被告の販売行為は、売主の代理とはいえ不動産の専門業者として尽くすべき義務を怠ったものと認められるとした。

・神戸地尼崎支判平成11年7月7日欠陥住宅1・396

　　耐火構造の瑕疵、給排水換気設備の瑕疵、消防法上義務づけられた避難器具等の設備未設置が争点の事案。注文主が建築基準法違反の建築を指示したとの被告の抗弁を排斥し、建築基準法に適合する工事を施工する合意をするのが一般的であり、請負人は、注文主が建築基準法に違反することを理解した上で、そのような指示をしたことを立証しない限り免責されないとした。

・大阪高判平成10年12月1日欠陥住宅1・412

　　耐火構造、各住戸界壁、遮音構造の瑕疵が争われた事案。控訴人が本件建物が建築基準法違反の建物であることを了知していたから、本件建物の瑕疵が控訴人の指示に基づくとの趣旨の被控訴人の主張に対し、控訴人が建築基準法上要求される耐火構造等の性状を不要としたとかの事情は全証拠によっても認めることができないとした。

・東京地判平成3年6月14日判タ775・178、判時1413・78

　　原告が使用する乗用車が入出庫可能な車庫を造って欲しいと発注したが、結果的に造られた車庫に入出庫できなかった事案。原告の希望はそもそも建築基準法に違反するものだったのであり、その要望どおり工事が行われたことが発注者の指図と見るとしても、建築工事の専門家たる被告は、より慎重に本件車庫の設置の可否及びその構造等を決すべき注意義務があるとした。

⑥　設計・確認図書がなく、法令を基準としたもの

・長野地諏訪支判平成18年5月11日欠陥住宅4・528

　　設計図やその他の設計図書によって明示されていなくても、建築基準法及びその関連法規によって要求される事柄は建築物に要求される最低限の要素であり、日本建築学会の定める標準仕様書の内容は、慣例上、建築会社にお

第1章　建築瑕疵の存否に関する問題

いて建築工事を行うについての基準とされているものであるから、注文者と
請負人との間では、明示の合意がなくとも、建築されるべき建物が建築基準
法及びその関連法規を遵守し、日本建築学会の定める標準仕様書に合致すべ
きことは黙示に合意しているというべきである。

・大阪地判平成12年9月27日判タ1053・137、大阪高判平成13年11月7日判
　タ1104・216

　　構造耐力上必要な軸組長さの不足、軸組配置の釣り合い不良、筋交い及び
　火打ち石の緊詰不良、布基礎のはつり、外壁防火性能の欠如が争われた事案。

・京都地判平成12年11月22日欠陥住宅2・316

　　軸組長さの不足、筋交い緊詰不良、軸組配置の釣り合い不良、床面の水平
　剛性の欠如、火打ち土台の欠如、柱と基礎の緊詰不良、基礎構造の欠陥、外
　壁の防火性能の欠落が争われた事案。当事者間で、特に法が定める最低基準
　と異なる契約をしたと認められるような特段の事情のない限り、建基法、同
　施行令ないしそれを具体化した技術基準に適合した建築をする旨の合意が
　あったと推認するべきとした。

・京都地判平成13年10月30日欠陥住宅2・344

　　構造上の問題は、床の傾斜の問題1点のみ。品確法70条に基づいて建設大
　臣が定めた「参考となるべき技術水準」のレベル1とし、既存クラックの修
　補のみ必要とした。それ以外では、合意内容に違反した設計・施工をした瑕
　疵と、居住用の建物として当然備えているべき性能が備わっていない瑕疵を
　多々認定しているが、後者につき、具体的な基準の提示はない。

・大阪地判平成13年2月15日欠陥住宅2・366

　　構造上の欠陥として、許容応力度を超える柱の欠陥、筋交い端部の緊詰使
　用の欠陥、構造耐力上必要な軸組の量の欠陥、1階の鉄筋コンクリート造部
　分の背筋量の欠陥が、防火上の安全性能の欠陥として、延焼のおそれのある
　部分の開口部の欠陥、主要構造部である柱及び梁の欠陥、床又は直下の天井
　の欠陥、屋根又はその直下の天井の欠陥が、その他の欠陥として建築階数制
　限違反が争われた事案。

・横浜地川崎支判平成13年12月20日欠陥住宅2・428

　　コンクリートの打ち込み不良、鉄筋に対するコンクリートのかぶり厚さ不
　足、柱の帯筋（フープ）の欠落が争われた事案。

・大阪地判平成3年6月28日判タ774・225、判時1400・95

　　中古住宅の売買で、設計図書が、簡単な「間取り図」を除いて交付されな

• 211 •

第3部　建築瑕疵損害賠償請求に関連する法律問題

かったところ、後に、基礎構造、軸組構造等の欠陥が争われた事案。本件建物の構造上の安全性能の有無を判断するについては、最低限の基準を定める建築基準法及び同施行規則に規定する建物構造に関する基準を用い、本件建物規模程度の一般的な小規模木造住宅に通常備わるべき構造上の安全性能が備わっているか否かにより、これを判断するのが相当であるとした。

・東京高判平成24年6月12日欠陥住宅7・412

　　スロープの勾配の瑕疵が問題となった事案。同勾配は施行令26条の基準は満たしていたものの、東京都福祉のまちづくり条例の基準を満たしていなかったところ、同条例違反を理由として瑕疵を認定した。

4　法令等の基準を下回った事例に対する裁判所の判断

　法令等の基準を下回った事例のうち、法令等の基準には余力があるので、違反しても安全であるとの主張に対し判断をしている裁判例を(1)に、また、法令等の内容に違反しているが、具体的な被害が現実的に発生していないとの主張に対し判断をしている裁判例を(2)に挙げる。

　なお、この点については、最判平成23年7月21日が「『建物としての基本的な安全性を損なう瑕疵』とは、居住者等の生命、身体又は財産を危険にさらすような瑕疵をいい、建物の瑕疵が、居住者等の生命、身体又は財産に対する現実的な危険をもたらしている場合に限らず、当該瑕疵の性質に鑑み、これを放置するといずれは居住者等の生命、身体又は財産に対する危険が現実化することになる場合には、当該瑕疵は、建物としての基本的な安全性を損なう瑕疵に該当すると解するのが相当である」と判示し、いわゆる安全性瑕疵については、具体的な被害が現実的に発生していない場合でも、瑕疵に該当し得るとした。

　同判例は、不法行為責任における判例であるものの、瑕疵についての判断は、契約責任においても同様に当てはまるものと考えられる。そのため、現在では、客観的瑕疵については、具体的な被害が現実的に発生していないと単に主張するだけでは、そもそも主張として不十分であることに留意する必要がある。

(1)　法令等の基準には余力があるので、違反しても安全であるとの主張に対し判断をしている判例

・東京地判平成13年1月29日欠陥住宅2・124

　　布基礎幅不足、柱の小径不足、耐力壁線が偏心、防火性能の欠如が争われた事案。「本件建物の安全基準としては、地上2階建ての建物の基準で足りる。

第1章　建築瑕疵の存否に関する問題

本件建物については、設計と現況との間にごくわずかな地盤面の埋め戻しが
あって、その現況を前提とすると3階建てとの評価がされる可能性があるに
過ぎず、この差は安全性の判定基準を地上2階建てのものから、地上3階建
てのものへと大幅に変更しなければならない程度のものではない」との主張
を、特に言及せず採用しなかった。

・大阪地判平成12年6月30日欠陥住宅2・172

　柱と梁の接合部の溶接不良、耐火性能の欠如、外壁の耐力不足、振動・揺
れの伝達・遮音の欠陥、美匠性能の欠如が争われた事案。補助参加人（施工
業者）は、確認図書どおりの施工がなされていないことが直ちに瑕疵を意味
するものではない、法令は完全溶込溶接を義務づけていない、文献が完全溶
込溶接を当然の前提としているからといってそれが法律上の義務とはならな
いと主張したが、特に言及せず採用しなかった。

・岡山地倉敷支判平成13年5月2日欠陥住宅2・284

　基礎構造上の瑕疵として、割栗厚さ不足・捨てコンクリート欠如、底盤厚
さ不十分、鉄筋へのコンクリート被り厚さ不足等が、軸組構造上の瑕疵とし
て、柱と横架材等について接合金物による緊詰の欠如、火打ち材の欠如等、
その他防腐・防蟻処理の欠如等が争われた事案。基礎につき、被告が構造計
算書を提出して安全性を主張し、また、布基礎工事が一般的な工法であると
主張したのに対し、構造計算書は本件に当てはまるものではなく、また布基
礎工事が一般的な工法であると認定するに足りる証拠はないし、本件の布基
礎工事が杜撰なものであることを指摘して排斥した。

・京都地判平成12年11月22日欠陥住宅2・316

　軸組長さの不足、筋交い緊詰不良、軸組配置の釣り合い不良、床面の水平
剛性の欠如、火打ち土台の欠如、柱と基礎の緊詰不良、基礎構造の欠陥、外
壁の防火性能の欠落が争われた事案。被告は、法令違反があっても倒壊する
危険はなく、行政法規に違反しても、倒壊する危険がない以上瑕疵とはいえ
ないと主張したが、特に言及せず採用しなかった。

・横浜地川崎支判平成13年12月20日欠陥住宅2・428

　コンクリートの打ち込み不良、鉄筋に対するコンクリートのかぶり厚さ不
足、柱の帯筋（フープ）の欠落が争われた事案。構造耐力の計算なども考慮
すると、補強も不要であるとの主張に対し、本件建物の欠陥は建築基準法に
違反しているものであり、建築基準法は、建築物の設備等に関する最低の基
準であることから、被告の構造耐力計算の過程に誤りがなかったとしても、

• 213 •

これをもって本件建物が安全であり、建築基準法違反の欠陥につき補強が不要であるとまで言うことはできない、と指摘した。

・神戸地明石支判平成9年10月20日欠陥住宅1・26

　　2階床の梁の欠陥、断熱材の施工の欠陥、筋交いの緊詰不足、床下木材の防腐処理の欠落、防音材の施工の欠落が争われた事案。被告は、多少の不備はあるが原告主張の瑕疵はいずれも木造住宅としての許容範囲と主張したが、特に言及せず採用しなかった。

・大阪地判平成10年12月18日欠陥住宅1・84

　　基礎構造の欠陥、柱脚の固定方法の欠陥、柱と梁の仕口（溶接部）の欠陥、外壁の耐力不足、消防上の欠陥が争われた事案。

　　「本件建物に建築基準法の基準に欠けるところが一部あることは認めるが、右基準は、原告らが考えているように最低の基準ではなく、現実的な安全性を考慮された基準であり、基準を満たさないことが直ちに現実的危険を発生させるものではない。現に、築後具体的な危険が発生しておらず、かつ、平成7年の兵庫県南部地震を経験しても特に被害も出ていないものである。」との主張を、特に言及せず採用しなかった。

・大阪高判平成11年12月16日欠陥住宅1・106

　　軒高制限違反、防火対策違反、建築確認申請段階図面にあった耐力壁の多数欠落が争われた事案。「本件建物は、木造住宅として十二分な性能、品質を有しており、阪神淡路大震災にも耐えていることをも考慮すれば、通常有すべき価値を依然として有している」との主張を、特に言及せず採用しなかった。

⑵　法令等の内容に違反しているが、具体的な被害が現実的に発生していないとの主張に対し判断をしている判例

・東京地判平成16年5月27日欠陥住宅4・380

　　現在、不同沈下が生じていないのは、本件母屋に荷物が搬入されていないため、その地盤に荷重がかかっていないためであると考えられるし、そもそもガラと空隙で構成された不均質な地盤は、上記機序で不同沈下が生じるため、圧密沈下の場合と異なり、不同沈下か生じる始期と収束期が予測できないことが特徴であって、現在不同沈下が生じていないことは、地盤の欠陥を否定する理由とはならない、と判示し、地盤に致命的な欠陥があるとした。

・大阪地判平成13年2月15日欠陥住宅2・366

　　構造上の欠陥、防火上の安全性能の欠陥、その他の欠陥として建築階数制

第1章　建築瑕疵の存否に関する問題

限違反などが争われた事案。もともと現場施工で建築する旨の合意があり、むしろ建築確認を受けられない建物を建築する強い希望があったから、法令違反だからといって瑕疵があることにはならないとの主張に対し、そのような希望があったとは認定できないし、現場施工であったとしても、法令が予定する安全性を満たさなくてもよいことにはならないと判示した。

・大阪高判平成11年9月30日欠陥住宅1・200

　　基礎構造の欠陥（基礎幅が不十分、鉄筋の被り厚さ不足、基礎の根入れ不十分）、耐火構造上の欠陥、止水防湿対策上の欠陥が争われた事案。阪神・淡路大震災によっても何ら支障が生じておらず瑕疵がない等の控訴理由に対し、（控訴理由に対する付加的説示）という項目を立て、上記地震により建物所在地における震度及び建物にどのような方向からどのような外力が加えられたか不明であり倒壊・破損しないというだけでは耐震構造上問題がないとは言えないとした。

・長崎地判平成元年3月1日欠陥住宅1・252

　　構造耐力（通し柱）、基礎、土台・床、柱、壁（筋交い）、2階床の火打ち梁の瑕疵が争われた事案。建物倒壊の危険を示すような客観的計測結果が示されなくとも、瑕疵の認定に影響なしとした。

・大阪地判平成12年9月27日判タ1053・137

　　構造耐力上必要な軸組長さの不足、軸組配置の釣り合い不良、筋交い及び火打ち梁の緊詰不良、布基礎のはつり、外壁防火性能の欠如の瑕疵が争われた事案。被告が、本件建物の外壁及び内部とも現実的な構造的不具合はないと主張し、一級建築士の意見書・調査報告書を提出したのに対して、それらを根拠薄弱として採用しなかった。

・前掲京都地判平成23年10月20日欠陥住宅7・260

　　不法行為請求における安全性瑕疵の認定が問題となった事案。口頭弁論終結後、判決前に最判平成23年7月21日が出ている。安全性瑕疵につき、「建物としての基本的な安全性が、建築基準法令や標準的技術基準に違反することにより直ちに損なわれると解することはできない」と限定的に解釈した上で、同最判を引用し、具体的なあてはめが行われた。

• 215 •

第3部　建築瑕疵損害賠償請求に関連する法律問題

第2章　賠償責任に関する問題1 ——建築業者の損害賠償責任

　建築瑕疵について建築業者が損害賠償責任を負うべき根拠としては、請負人の契約不適合責任と不法行為責任が考えられる。以下にそれぞれの責任の適用範囲や責任の内容、問題となる点等について詳述する。

1　請負人の契約不適合責任

　改正前民法では、請負人の瑕疵担保責任は債務不履行責任の特則であり、無過失責任とされていた。そして、仕事完成後は、請負人に対しては瑕疵担保責任のみが認められ、債務不履行責任は認められないというのが、通説・判例であった。

　改正民法においては、売主の担保責任を契約不適合の責任として債務不履行責任の一態様と位置づけ、買主は売主に対し、①履行の追完（目的物の修補等）請求、②代金減額請求、③損害賠償請求、④契約の解除をなし得ることが規定され（民562～564）、これらの契約不適合に関する責任規定は、同じく有償契約である請負契約に基づく請負人の担保責任において、準用することとなった（民559）。これにより、仕事の完成前と完成後のいずれの場合も債務不履行責任の規定が適用されることとなり（民559・564・415）、仕事の完成による区別はなくなった。具体的には、改正前民法の請負人の瑕疵担保責任に関する規定は削除ないし改正され、下記の(1)ないし(4)のとおり変更された。特に権利行使の期間制限については、期間の起算点を引渡し時としていたこと等が改められ、注文者が契約不適合を知った時から1年以内にその旨を請負人に通知すればよいこととなった（民637 I）。

(1)　損害賠償請求

①　請求内容

　引き渡された仕事の目的物が種類、品質及び数量に関して契約の内容に適合しない場合には、注文者は、請負人に対し、目的物の修補による履行の追完請求及び報酬の減額請求ができるとともに（民559・562 I・563 I）、債務不履行の一般規定に基づき、債務不履行によって生じた損害の賠償を請求できる（民559・564・415 I）。

第2章 賠償責任に関する問題1—建築業者の損害賠償責任

ア　修補請求の要否

　仕事の目的物に瑕疵がある場合において、瑕疵の修補が可能であっても修補を請求することなく直ちに修補に代わる損害賠償を請求することもできるかについては意見が分かれるところだが、改正前民法下においてこれを肯定した判例として最判昭和54年3月20日判時927・184等がある。

イ　損害賠償請求権の発生時期

　改正前民法下ではあるが、最高裁判例は、損害賠償請求権の発生時期につき、目的物の引渡時とし、かつ、同債権は期限の定めのない債権であるとしている（最判昭和54年3月20日判時927・186）。これは、相殺が問題となる場面において、相殺適状の判断に影響する。

ウ　損害としての修補費用の算定基準時

　いずれも改正前民法下であるが、判例は以下のとおり判示している。

　注文者が請負人に対しあらかじめ修補請求をしたが請負人がこれに応じないので修補に代わる損害賠償請求をした場合につき、最高裁判例は、修補請求が合理的時期に行われている限り、修補請求時を基準時とするのが相当であると判示している（最判昭和36年7月7日民集15・7・1800）。なお、修補請求の時期が合理性を有するかにつき判断した裁判例として名古屋高判昭和57年6月9日判時1051・99がある。

　また、注文者が予め修補請求をすることなく直ちに修補に代わる損害賠償請求をした場合には、最高裁判例は、損害賠償請求時を基準時としている（最判昭和54年2月2日判時924・54）。ただし、東京地判昭和55年4月24日判時981・84は、瑕疵修補に代わる損害賠償請求権の損害額は原則として仕事の目的物である建築物の引渡しがなされたときを基準として考えるべきであるとしつつ、事案の特殊性（瑕疵の認識の困難性）から不公平な結果となるとして「本件建物の瑕疵を認識しえたときを基準とすることが相当である」と判示した。

②　抗　弁

ア　権利行使の期間制限及び消滅時効

　権利行使の期間に関する規定として、契約不適合責任の期間制限（民637Ⅰ）、品確法上の期間制限（同法94）、消滅時効（民166Ⅰ）が挙げられる。

　㋐　注文者は、目的物の種類又は品質に関する契約不適合について、その不適合を知った時から1年以内にその旨を請負人に通知しないときは、契約不適合責任に関する権利行使をすることができない（民637Ⅰ）。

・217・

ただし、請負人が契約不適合について悪意又は重過失があるときは、同期間制限は適用されない（民637Ⅱ）。同期間制限は除斥期間と解される。

「通知」の内容は、単に契約との不適合がある旨を抽象的に伝えるのみでは足りず、細目にわたるまでの必要はないものの、不適合の内容を把握することが可能な程度に、不適合の種類及び範囲を伝えることが想定されている。

「知った」とは具体的に何を指すかについては、後記**第4章2(4)ア**参照。

(イ) 民法改正に伴って改正された住宅の品質確保の促進等に関する法律（品確法）では、住宅新築の建設工事の請負契約について特例を定めており、住宅の構造耐力上主要な部分又は雨水の侵入を防止する部分として政令で定めるものの瑕疵（契約不適合）について、民法上の契約不適合責任の期間を引渡しの時から10年間とし（品確法94Ⅰ）、これに反する特約で注文者に不利なものは無効となるが（品確法94Ⅱ）、この10年を特約により20年以内とすることはできる（品確法97）。

ただし、その場合でも、請負人の責任の期間の制限に関する民法637条1項は適用され（品確法94Ⅲ）、前記（ア）のとおり、注文者が瑕疵（契約不適合）を知った時から1年以内にその旨を請負人に通知しないときは、同責任の追及をすることができない。

(ウ) 契約不適合責任の期間制限とは別に、消滅時効の規定も適用される。注文者が権利行使できることを知った時から5年以内（民166Ⅰ①）、権利を行使することができる時から10年以内（民166Ⅰ②）に権利行使しなければ時効により消滅する。

イ 注文者の指図等によって契約不適合が生じたこと

(ア) 注文者は、種類又は品質に関する不適合が注文者の供した材料の性質又は注文者が与えた指図によって生じた場合には、請負人の担保責任（契約不適合責任）を追及することはできない（民636本文）。

改正前民法下における請負人の担保責任を免除する同様の規定の適用場面について、長崎地判平成元年3月1日欠陥住宅1・16は、請負人には「素人の施主の意匠、外観についての要求を具体化しつつ、同時に建築物として十分な構造強度、耐力を確保」する法的義務があるとし、「ただ施主が要求したから、あるいは施主が承諾したからというだけでは免責されない」と判示している。

また、神戸地尼崎支判平成11年7月7日欠陥住宅1・23は、注文者は

最低限建築基準法規に適合した工事の施工を合意するのが通常であること、また、注文者と請負人との間には建築専門知識に偏りがあることから、注文者が違反建築を理解した上でなお違反を指示したことを請負人側が立証すべきであると判示している。

(イ) 請負人が、注文者の供した材料又は指図が不適当であることを知りながらこれを告げなかった場合には、民法636条本文の担保責任免除条項は適用されない（民636但書）。

改正前民法下における同様の但書を適用して請負人の瑕疵担保責任を肯定した裁判例として東京地判昭和30年10月28日下民6・10・2275が、但書の適用を否定して請負人の瑕疵担保責任を否定した裁判例として名古屋高判昭和49年11月27日判時774・80（告知義務を負わない理由を詳細に認定している。）がある。

ウ 請負報酬請求権との相殺

(ア) 注文者の損害賠償請求権と、請負人の報酬請求権とは、相殺可能である。

相殺を認めた改正前民法下の判例として最判昭和53年9月21日判時907・54は、「（右両債権（請負人の注文者に対する工事代金債権と、注文者の請負人に対する瑕疵修補に代わる損害賠償請求権）は同時履行の関係にある（改正前民634Ⅱ）とはいえ、相互に現実の履行をさせなければならない特別の利益があるものとは認められず、両債権のあいだで相殺を認めても、相手方に対し抗弁権の喪失による不利益を与えることにはならないものと解される。むしろ、このような場合には、相殺により清算的調整を図ることが当事者双方の便宜と公平にかない、法律関係を簡明ならしめるゆえんでもある」と判示している。

なお、担保責任の期間経過後に、請負契約の目的物の瑕疵修補に代わる損害賠償請求権を自働債権として請負代金債権と相殺できるかについても、判例は、民法508条の類推適用により認めている（最判昭和51年3月4日民集30・2・48）。

(イ) 相殺後に報酬債権の一部が残存する場合は、遅延損害金発生の問題が生じるので（特に注文者からの相殺の場合）、念のためにここで述べておく。

前述のように請負代金債権と契約不適合に基づく損害賠償請求権は同時履行の関係にあるため、同時履行の関係が継続する限り請負代金債務は履行遅滞にならない。最判平成9年2月14日民集51・2・337も、請負契約

の目的物に瑕疵がある場合には、注文者は、瑕疵の程度や各契約当事者の交渉態度等に鑑み信義則に反すると認められるときを除き、請負人から瑕疵の修補に代わる損害の賠償を受けるまでは、報酬全額の支払を拒むことができ、これについて履行遅滞の責任も負わない旨判示している。

ただし、請負人の報酬債権に対し注文者がこれと同時履行の関係にある目的物の修補に代わる損害賠償請求権を自働債権とする相殺の意思表示をした場合、相殺後も報酬債権の一部が残存すれば、注文者は、報酬残債務について、相殺の意思表示をした日の翌日から履行遅滞による責任を負うこととなる（最判平成9年7月15日民集51・6・2581）。

したがって、ここは請負人からの相殺の抗弁について論じる項ではあるが、注文者側から相殺を主張する場合には、遅延損害金発生に留意する必要がある。

エ　請負人の帰責性の不存在

損害賠償請求は債務不履行の一般規定に基づく以上、契約不適合が契約その他の債務の発生原因及び取引上の社会通念に照らして債務者である請負人の責めに帰することができない事由によるものであるときは、注文者は損害賠償請求をすることができない（民559・564・415 I 但書）。

オ　免除特約

担保責任を免除する特約は有効であり、同特約の存在が抗弁となり得る。

しかし、そのような特約がある場合であっても、請負人がそのことを知りながら告げなかった事実及び自ら第三者のために設定し又は第三者に譲り渡した権利については、その責任を免れることはできない（民559・572）。

また、消費者契約法により、契約不適合責任のうち損害賠償責任を免除するとの特約については無効とされている（消費契約8 I ①、②）。もっとも、種類又は品質に関する契約不適合について請負人が代金減額や履行追完の責任を負う場合などは、損害賠償責任を免除する特約は有効となる（消費契約8 II）。

そして、品確法は、住宅を新築する建築工事の請負契約においては、請負人は、注文者に引き渡してから10年間、住宅のうち構造耐力上主要な部分または雨水の侵入を防止する部分として政令で定めるもの（「住宅の構造耐力上主要な部分等」）の瑕疵について、契約不適合責任を負うものとされており（品確法94 I）、この規定に反する特約で注文者に不利なものは、無効となる（品確法94 II）。したがって、この強行規定に反する免責特約は無効となる。

第2章 賠償責任に関する問題1―建築業者の損害賠償責任

カ　過失相殺
　　第7章参照。

⑵　修補請求
　改正民法では、売買における履行の追完請求が請負に準用されることで、請負人に対する修補請求が認められている（民559・562）。
　ただし、請負人は、注文者に不相当な負担を課するものではないときは、注文者が請求した方法と異なる方法による履行の追完をすることができる（民559・562Ⅰ但書）。
　また、契約内容の不適合が注文者の責めに帰すべき事由であるときは、注文者は修補請求をすることができない（民559・562Ⅱ）。
　さらに、修補するには過分の費用を要するなど契約及び取引上の社会通念に照らして修補債務の履行が不能であるときは、修補請求は認められない（民412の2Ⅰ）。なお、改正前民法では、瑕疵が重要でなく、かつ、過分の費用を要する場合、瑕疵修補請求はできない旨の規定が存在したが（改正前民634Ⅰ）、改正により削除された。
　もっとも、修補請求において請負人の帰責事由は不要であり、同帰責事由の不存在が抗弁とならない点で損害賠償請求と異なる。

⑶　報酬減額請求
　改正民法において新設されたものであり、仕事の目的物に契約内容の不適合があった場合、注文者は、請負人に対して報酬の減額を請求することができる（民559・563）。この場合、請負人の帰責事由は不要である。
　ただし、注文者の責めに帰すべき事由があるときは、注文者は減額請求をすることができない（民563Ⅲ）。

⑷　請負契約の解除
　①　解除権の根拠
　改正民法では、請負契約においても、債務不履行の一般的規定に基づき、契約の解除をすることができる（民559・564・541・542）。
　したがって、催告解除（民541）、無催告解除（民542）の規定に基づいて判断されることとなる。なお、請負人の帰責事由は、不要である。

・221・

第3部　建築瑕疵損害賠償請求に関連する法律問題

②　解除と既施工部分

改正前民法下では、建物等の建築工事請負契約につき、工事全体が未完成の間に、注文者が請負人の債務不履行を理由に請負契約を解除する場合において、工事内容が可分であり、かつ、当事者が既施工部分の給付に関し利益を有するときは、特段の事情のない限り、既施工部分の契約を解除することができず、ただ未施工部分について契約の一部解除をすることができるにすぎないものと解するのが相当であるとされていた（最判昭和56年2月17日判タ438・91）。

改正民法では、注文者の責めに帰することができない事由によって仕事を完成することができなくなったとき、請負契約が仕事の完成前に解除されたときにおいて、請負人が既にした仕事の結果（既施工部分）のうち可分な部分の給付によって注文者が利益を受けるときは、その部分を仕事の完成とみなし、注文者が受ける利益の割合に応じて報酬を請求できるようにした（民634本文）。請負契約が仕事の完成前に解除されたときに関する部分は、改正前民法下における上記の解釈を明文化したものである。

2　不法行為責任

(1)　民法709条に基づく損害賠償責任

①　契約不適合責任との関係

改正前民法の瑕疵担保責任と不法行為責任との関係については、請求権競合とするのが判例であり、この点は改正民法の契約不適合責任と不法行為責任との関係においても同様に考えられる。

②　不法行為責任が問題となる場面

ア　契約不適合責任の追及が不可能となっている場面

契約不適合責任は、最大でも注文者が権利を行使できることを知ってから5年間あるいは権利を行使できるときから10年間が経過すると消滅時効の対象となる（民166）。品確法が適用される場面においても、期間を延長する特約がない限り引き渡しから10年が存続期間となる。他方、不法行為責任は、消滅時効期間が最大で20年（不法行為のときから）である（民724②）。

そのため、消滅時効により契約不適合責任を追及することができない場合でも、不法行為のときから20年以内であって、損害及び加害者を知ってから3年以内（民724①）というような場合には、不法行為責任は追及できることになる。

イ　契約当事者以外が損害賠償を請求する場合

請負契約の契約不適合責任はあくまでも注文者が請負人に対して請求する

・ 222 ・

第2章 賠償責任に関する問題１—建築業者の損害賠償責任

ものである。そのため、注文者でない第三者が請負人に損害賠償を請求する場合は、不法行為責任に基づく請求を検討することになる。

注文者でない第三者としては、注文者から目的物を買い受けた者や建築された建物に瑕疵があったため、近隣を通行中または当該建物を利用中に落下物等によって怪我をするなどの損害を被った者などが考えられる。

③ 建物としての基本的な安全性を損なう瑕疵がある場合（別府マンション事件）

ア 同事件の概要

賃貸経営用に9階建建物を購入した買主が、当該建物には修補を余儀なくされる多数の瑕疵があるとして建築施工者等に不法行為責任を追及した事件である。建築瑕疵の不法行為責任のリーディングケースとなっている判例である。同事件は一度上告審で破棄差し戻しとなり（第一次上告審）、差戻控訴審判決に対しても上告がされ、同上告審において再度破棄差し戻しとされた（第二次上告審）。

イ 第一次上告審

最二小判平成19年7月6日（第一次上告審、民集61・5・1769）は「建物の建築に携わる設計者・施工者及び工事監理者は、建物の建築に当たり、契約関係にない居住者を含む建物利用者、隣人、通行人等に対する関係でも、当該建物に建物としての基本的な安全性が欠けることがないように配慮すべき注意義務を負うと解するのが相当である。そして、設計・施工者等がこの義務を怠ったために建築された建物に上記安全性を損なう瑕疵があり、それにより居住者等の生命、身体または財産が侵害された場合には、設計者等は、不法行為の成立を主張する者が上記瑕疵の存在を知りながら買い受けていたなど特段の事情がない限り、これによって生じた損害について不法行為による損害賠償責任を負う。」と判示した。

施工者等は「当該建物に建物としての基本的な安全性が欠けることがないように配慮すべき注意義務」を負い、この義務に違背し、基本的な安全性を損なう瑕疵により居住者等の生命、身体または財産が侵害された場合には不法行為責任を負うと判示したものである。

ウ 第二次上告審

最一小判平成23年7月21日（第二次上告審、裁判集民237・293）は、第一次上告審のいう「建物としての基本的な安全性を損なう瑕疵」の内容につき、「居住者等の生命、身体または財産を危険にさらすような瑕疵をいい、建物の瑕疵が、居住者等の生命、身体または財産に対する現実的な危険をも

• 223 •

たらしている場合に限らず、当該瑕疵の性質に鑑み、これを放置するといずれは居住者等の生命、身体または財産に対する危険が現実化することになる場合には、当該瑕疵は、建物としての基本的な安全性を損なう瑕疵に該当すると解するのが相当である。」と判示し、より具体化した。この点については第一次上告審の差し戻し審である福岡高判平成21年2月6日判時2051・74は、居住者等の生命、身体又は財産への現実的な危険性がある場合に限定する判示をしていたが、そのような限定をしなかった点に意義がある。

その上で更に「建物としての基本的な安全性を損なう瑕疵」に当たる具体例を以下のように例示した。

「当該瑕疵を放置した場合に、鉄筋の腐食、劣化、コンクリートの耐力低下等を引き起こし、ひいては建物の全部又は一部の倒壊等に至る建物の構造耐力に関わる瑕疵はもとより、建物に構造耐力に関わらない瑕疵であっても、これを放置した場合に、例えば外壁が剥落して通行人の上に落下したり、開口部、ベランダ、階段等の瑕疵により建物の利用者が転落したりするなどして人身被害につながる危険があるときや、漏水、有害物質の発生等により建物の利用者の健康や財産が損なわれる危険があるときには、建物としての基本的な安全性を損なう瑕疵に該当するが、建物の美観や居住者の居住環境の快適さを損なうにとどまる瑕疵は、これに該当しないものというべきである。」

エ　まとめ

同判例の判示するように、「当該建物に建物としての基本的な安全性が欠けることがないように配慮すべき注意義務」の違背があること及び同義務違反に伴い生じた瑕疵によって損害が生じたことを主張立証することにより、不法行為責任を追及することが可能である。

オ　上記判例の示した規範に対する検討

これら各判例によれば、建物所有者は、居住者等の生命、身体又は財産に対する現実的な危険が発生していないとしても、建物の瑕疵の性質に鑑み、これを放置するといずれこのような危険が現実化することになる場合には当該瑕疵の修補費用相当額の賠償請求ができる。

これに対して、居住者等の生命、身体又は財産が危険にさらされる将来的な可能性を一般化・抽象化することで、軽微な瑕疵であっても将来事故の発生につながる瑕疵に発展する可能性がありさえすれば、その瑕疵は「建物としての基本的な安全性を損なう瑕疵」に該当すると判断され、施工者等に損害賠償のリスクを負わせることは、損害の公平な分担という不法行為法の運用として適

第2章　賠償責任に関する問題1―建築業者の損害賠償責任

切なのかとの疑問を呈する見解がある（最新裁判実務大系(6)179頁参照）。

　上記各判例は、建物の瑕疵を放置するといずれ危険が現実化する場合を例示しているが、危険が現実化する可能性の程度については触れられていない。

　なお、訴訟での審理過程においては、「危険が現実化すること」の主張・立証において、建物の経年劣化の影響や、危険が現実化する前の一般的な修繕計画の履行可能性など、将来の不確実な要素を考慮できるか否かといった新たな問題が生じることが考えられる。

　これらは、今後議論されるべき課題と言えよう。

　また、上記各判例のいう「居住者等」には、建物利用者や隣人、通行人等が含まれているものの、これらの者は、「建物としての基本的な安全性を損なう瑕疵」の修補を行うべき立場にはないし、そもそも独自に瑕疵の修補ができるものでもないことから、これらの者が上記各判例決の判断枠組みの下で施工者に瑕疵修補費用相当額の損害賠償請求できるかについては消極に解するとの見解を示すものもある（最新裁判実務大系(6)185頁参照）。

④　注文者の「承諾」と違法性阻却・過失相殺

・福岡地小倉支判平成11年3月30日欠陥住宅1・17

　「被告（請負人）は建築基準法に違反した部分については原告（注文者）の承諾を得ていたなどと主張するが、本件の証拠を精査しても、原告（注文者）が建築基準法に違反し安全性に問題があることを認識して承諾したとは到底認められず、被告（請負人）による建築工事等の違法性が阻却されないことは明らかである。」

・京都地判平成12年2月3日欠陥住宅2・14

　「本件建物について建築確認がとられていないこと自体は、注文者としてもこれを知り得たとはいうものの、そのことから直ちに、注文者において、自らの住居となるべき本件建物が、右のような安全性を備えない危険なものとなることを容認していたとは到底認め難い。」として、過失相殺の主張を採用しなかった。

⑵　民法715条に基づく使用者等の損害賠償責任

　直接の不法行為者が請負人の被用者である場合には、民法715条の使用者責任により、請負人に対して使用者としての責任を追及することができることは当然である。昨今の建築請負契約にあっては、下請契約や孫請契約が締結されるのが常態である。このような下請契約が存する場合に、下請負業者の不法行

・225・

為により建築物に瑕疵が生じた場合、注文者は、元請負人と下請負人との間に「実質的な使用関係」があれば、元請負人に対して使用者責任（民715Ⅰ）を追及することができる。この場合、元請負人は、下請負人の選任監督について過失のなかったことを立証しない限り、その責任を免れることはできないことになる（民715Ⅰ但書）。

「実質的な使用関係」が認められた判例としては、最判昭和45年2月12日判時591・61、東京地判昭和50年12月24日判時819・59、大阪地判昭和56年3月30日判タ454・132、東京高判昭和53年8月28日判タ372・136等がある。これらの裁判例からすれば、元請負人がその被用者を建築現場に派遣して下請負人を直接指揮監督していたり、元請負人が工事現場付近に現場事務所を設置して工事全般の工程を管理し、下請負人に指示を与えていたりしていた場合や、形式は下請負人であっても下請負人は元請負人の専属的下請負人であるかこれに近い関係である場合、元請負人が作業服や材料、機械、自動車等を下請負人に提供しているような場合には、「実質的な使用関係」が認められている。

「実質的な使用関係」が否定された判例としては、大阪地判昭和49年9月18日判時772・79、大阪地判昭和60年3月1日判時1162・121等がある。

(3) 会社法429条に基づく役員等の損害賠償責任

会社法429条（旧商法266条の3）に基づく役員等の第三者に対する損害賠償責任は、「第三者保護のための法定の特別責任」で、不法行為請求とは訴訟物を異にし、競合する場合は請求権競合の関係にある（大阪高判昭和58年10月27日判時1112・67）（通説判例〜最大判昭和44年11月26日民集23・11・2150）。会社法429条（旧商法266条の3）に基づく請求は、建築業者が株式会社等である場合で、当該会社に資力が乏しい場合に有用である。

大阪地判平成13年2月15日欠陥住宅2・16は、建築基準法に違反した事案において、請負業者である株式会社の代表取締役について「その業務全般を統括する立場にある」とし、同社は「建築基準法を考慮せずに大工の経験で施工するいわゆる現場施工の方法による建築をするのが常態化していたことが認められるから、（代表取締役は）建築基準法違反の建物が建築されることも容易に予見できたというべきであり、その職務を行うについて少なくとも重過失があったものと認められる」と判示して、旧商法266条の3に基づく損害賠償責任を認めた。

旧商法266条の3と同様の旧有限会社法30条の3の責任認定事例としては、東京地判平成3年6月14日判時1413・78などがある。

第3章　賠償責任に関する問題2―建築士及び建築士が属する法人の損害賠償責任

第3章　賠償責任に関する問題2―建築士及び建築士が属する法人の損害賠償責任

1　建築士の種類とその業務

(1)　「建築士」とは、一級建築士、二級建築士及び木造建築士をいい、それぞれ、法が規定する免許を受け、それぞれの名称を用いて、建築物（木造建築士の場合は木造の建築物）に関し、設計、工事監理その他の業務を行う（建築士法2Ⅰ～Ⅳ）。

　一定規模以上の建築物の工事においては、設計及び工事監理を、その規模に応じて法が規定する建築士がしなければならない（建築士法3～3の3、建基法5の6Ⅰ）。

　また、一定の建築物は、国土交通大臣から構造設計一級建築士証又は設備設計一級建築士証の交付を受けた一級建築士（それぞれ「構造設計一級建築士」又は「設備設計一級建築士」という。）による構造設計若しくは設備設計又はその確認が必要となる（建築士法10の3、建基法5の6Ⅱ・Ⅲ）。

　有資格建築士の設計によらず、工事監理をしないで建築工事をすることを内容とする建築請負契約は無効である（建基法5の6Ⅴ）とする裁判例がある（東京高判昭和53年10月12日高民集31・3・509）。

(2)　建築士の主たる業務は設計及び工事監理である（建築士法2Ⅱ～Ⅳ、18）。

　建築物の建築工事実施のために必要な図面（現寸図その他これに類するものを除く。）及び仕様書を「設計図書」といい、その者の責任において設計図書を作成することを「設計」という（建築士法2Ⅵ）。

　その者の責任において、工事を設計図書と照合し、それが設計図書のとおりに実施されているかいないかを確認することを「工事監理」という（建築士法2Ⅷ）。

　建築工事は個別性が高いため、行われるべき工事監理の内容・方法等を一律に定めることは不可能であるものの、国土交通省は工事監理の適正化を図るために、「工事監理ガイドライン」を策定し、建築士法2条8項の工事と設計図書との照合及び確認として行うべき合理的方法について、工事の種別・項目ごとに確認項目を挙げ、それぞれどのような方法で確認すべきか（設計図書に定めのある方法による確認のほか、目視による確認、抽出による確認、

・227・

工事施工者から提出される品質管理記録の確認等）例示している。

　ただし「工事監理ガイドライン」が対象としている工事は、戸建木造住宅（軸組工法及び枠組壁工法によるものに限る）及び戸建木造住宅以外の建造物に係る建築工事、電気設備工事、給排水衛生設備工事、空調換気設備工事及び昇降機等工事（建築物の新築に係るものに限る）である。これ以外の工事については、このガイドラインを参考に、それぞれの工事に即した適切な監理を工事監理者が合理的に判断し、実施することが求められる。

　なお、「工事監理」は建築士法で定義される法定業務である一方、「監理」は建築士法上の用語ではなく、実務上、「工事監理」だけに留まらない、より広い監理者としての業務を指し、その範囲は監理契約によって定められる。

(3)　ほかに、建築士は、法の規制がある事項を除き、建築工事契約に関する事務、建築工事の指導監督、建築物に関する調査又は鑑定及び建築物の建築に関する法令又は条例の規定に基づく手続の代理その他の業務を行うことができる（建築士法21）。

2　建築士事務所と建築士の各責任の関係

　他人の求めに応じ報酬を得て、設計、工事監理等を行うことを業とする建築士又はこれらの者を使用する者は、建築士事務所（一級建築士事務所、二級建築士事務所、木造建築士事務所）を定めて、その登録を受けなければならない（建築士法23）。

　登録申請者は、個人である場合と法人である場合とがある（建築士法23の２Ⅲ）。

　登録を受けた者は「建築士事務所の開設者」となり（建築士法23の５Ⅰ）、業として他人から委託を受け報酬を得て、設計、工事監理等を行うことになる（建築士法23Ⅰ）。

　しかし実際の設計、工事監理等の業務は、契約者としての建築士事務所又は再委託先の建築士事務所に所属する建築士が行わなければならない。したがって、契約当事者となる者（契約当事者としての建築士事務所の開設者）と設計、工事監理等の業務を実際に行う者（設計者・工事監理者としての建築士）が異なる場合がある。

　この場合、契約上の責任を負うのは、契約当事者（事務所の開設者）であり、実際に設計・工事監理を行う建築士（設計者・工事監理者）ではない。

　一方、設計等にミスがあったことにより、他人に損害が発生した場合には、

実際に設計等を行った建築士は、その他人に対し、設計者等として不法行為責任を負う場合があり、この時事務所の開設者は、その他人に対して使用者責任を負うことが考えられる。

なお、設計・工事監理契約の法的性質については、第2部第8章「建築請負契約と設計監理契約」を参照されたい。

3 設計契約上の債務不履行責任と設計業務上の不法行為責任

⑴　設計契約当事者としての設計契約上の債務不履行責任

①　設計契約当事者としての設計契約上の義務

設計契約当事者としての建築士事務所の開設者（建築士個人である場合と建築士を使用する個人又は法人である場合とがある。）は、建築主に対し、設計を行う債務とそれに付随する債務を負う。

設計契約の法的性質には争いがあるが、準委任契約であることを前提とすると、設計契約当事者は、委託者（建築主）に対し、委任の本旨に従い、善良な管理者の注意をもって委任事務を処理する義務を負う（民656・644）。

設計を行う債務とそれに付随する債務の本旨（債務の具体的内容）については、次の②で債務不履行責任が問題となる典型例として説明する。

また、設計を行う債務には建築士がそれを行うことが含まれているから、この債務の本旨には、次の⑵①で説明する実際に設計業務を行う建築士が負う義務が含まれると考えられる。

②　設計契約当事者としての設計契約上の債務不履行責任

設計契約当事者である建築士事務所の開設者は、契約上の債務の本旨に従った履行をしないとき、契約の相手方である建築主に対し、債務不履行責任（民415）を負う。

債務不履行責任が問題となる典型例としては、以下のものがある。

ア　設計内容（建築計画）が建築基準関係規定に反していた場合

建築士は、次項⑵①で述べる建築士法上の義務を負う。

建築計画に建築基準関係規定への不適合がある場合には、確認検査機関に建築確認申請をしても確認済証は交付されない。後述する設計業務の遅滞が問題となる可能性はあるが、確認済証の交付前には不適合は解消されることになる。しかし確認検査機関がその不適合を看過して確認済証を交付して建築工事が着工し、施工途中や竣工後に不適合が発覚した場合には、建築計画の不適合部分を解消するための是正工事が必要となり、その工事方法や費用、

• 229 •

第3部 建築瑕疵損害賠償請求に関連する法律問題

またそれに相当因果関係のある損害を巡る問題となる。設計者が不適合な設計をした過失と確認検査機関がそれを看過して確認済証を交付した過失が重なったことで発生した損害については、建築主に対し、連帯して責任を負うことになる（東京地判平成25年3月22日（D1-Law 29025947）。次章参照）。

イ　設計業務の遅滞

設計契約で期間を定めている場合、それに遅滞すると履行遅滞（民412 I）の問題となる。ただしその遅滞の原因は様々であり、設計契約当事者に帰責されるべき事由があるのかが問題になる。

ウ　設計内容が建築主の要望に反していた場合

設計業務は、建築主の予算、建築基準関係規定や施工上の技術など様々な制約の下で行われるものであり、設計契約当事者は、建築主の要望を聴取した上で、専門家としてその実現可能性を検討し、作成した建築計画を建築主に提示し、その了承を得る必要がある。合理的な根拠もなく建築主の要望に反する設計を行った場合には、債務の本旨に反する設計として債務不履行責任を負う。

エ　設計内容が建築物の品質・性能を害していた場合

建築の専門家である建築士事務所開設者の設計を行う債務には、建築物が備えるべき品質・性能が害されないように設計することが含まれていると考えられるから、それが害される設計を行った場合は、原則として債務の本旨に反すると判断されるであろう。

オ　説明義務違反

設計契約当事者は、善管注意義務の一環として、依頼者に対し設計内容について説明義務を負う。

(2)　実際に設計を行う建築士の設計業務上の不法行為責任

①　建築士が設計業務を行う際の義務

建築士は、設計を行う場合においては、設計に係る建築物が法令又は条例の定める建築物に関する基準に適合するようにしなければならない（建築士法18 I）。

建築士は、設計を行う場合においては、設計の委託者に対し、設計の内容に関して適切な説明を行うように努めなければならない（建築士法18 II）

建築士は、延べ面積が二千平方メートルを超える建築物の建築設備に係る設計又は工事監理を行う場合においては、建築設備士の意見を聴くよう努めなければならない。ただし、設備設計一級建築士が設計を行う場合には、設計に関

• 230 •

しては、この限りでない（建築士法18Ⅳ）。

一級建築士、二級建築士又は木造建築士は、他の一級建築士、二級建築士又は木造建築士の設計した設計図書の一部を変更しようとするときは、当該一級建築士、二級建築士又は木造建築士の承諾を求めなければならない。ただし、承諾を求めることのできない事由があるとき、又は承諾が得られなかったときは、自己の責任において、その設計図書の一部を変更することができる（建築士法19）。

一定の建築物の構造設計や設備設計について、構造設計一級建築士や設備設計一級建築士は、構造関係規定や設備関係規定への適合性について確認しなければならない（建築士法20の2、20の3）。なお、構造については、上記建築物以外の建築物について構造計算によって建築物の安全性を確かめた場合においては、遅滞なく、その旨の証明書を設計の委託者に交付しなければならない（建築士法20Ⅱ）。

建築士には、建築物の設計及び工事監理等の専門家としての特別の地位が与えられていることから、その業務を行うに当たり、新築等の建築物を購入しようとする者に対する関係において、建築士法及び建築基準法の各規定による規制の潜脱を容易にする行為等、その規制の実効性を失わせるような行為をしてはならない法的義務がある（最判平成15年11月14日民集57・10・1561）。

また、建物は、そこに居住する者、そこで働く者、そこを訪問する者等の様々な者によって利用されるとともに、当該建物の周辺には他の建物や道路等が存在しているから、建物は、これらの建物利用者や隣人、通行人等（以下、併せて「居住者等」という。）の生命、身体又は財産を危険にさらすことがないような安全性を備えていなければならず、このような安全性は、建物としての基本的な安全性というべきであるから、建物の建築に携わる設計者、施工者及び工事監理者(このうち設計者及び工事監理者の業務は建築士の業務である。)は、建物の建築に当たり、契約関係にない居住者等に対する関係でも、当該建物に建物としての基本的な安全性が欠けることがないように配慮すべき注意義務を負う（最判平成19年7月6日民集61・5・1769）。

②　注意義務違反による不法行為責任

建築士の注意義務違反により他人に損害が生じた場合は、当該建築士は不法行為責任（民709）を負う。また、当該建築士の使用者は使用者責任（民715）を負う。

実際に設計を行う建築士が、建物に建物としての基本的な安全性が欠けることがないように配慮すべき注意義務を怠ったために、建築された建物に建物としての基本的な安全性を損なう瑕疵があり、それにより居住者等の生命、身体

又は財産が侵害された場合には、建築士は、不法行為の成立を主張する者が上記瑕疵の存在を知りながらこれを前提として当該建物を買い受けていたなど特段の事情がない限り、これによって生じた損害について不法行為による賠償責任を負う（前記最判平成19年7月6日）。

ここにいう「建物としての基本的な安全性を損なう瑕疵」とは、居住者等の生命、身体又は財産を危険にさらすような瑕疵をいい、建物の瑕疵が、居住者等の生命、身体又は財産に対する現実的な危険をもたらしている場合に限らず、当該瑕疵の性質に鑑み、これを放置するといずれは居住者等の生命、身体又は財産に対する危険が現実化することになる場合には、当該瑕疵は、建物としての基本的な安全性を損なう瑕疵に該当する（最判平成23年7月21日判時2129・36）。

(3) 具体例

・**大阪地判昭和62年2月18日判タ646・165、大阪高判平成元年2月17日判時1323・83**

建物の基礎構造を設計するに際し、敷地の地盤調査を怠り誤った地耐力を設定して、建物の構造耐力に関する具体的な技術基準（建基法20 I・36、同施行令36）に適合しない基礎構造とした。これにより基礎構造の不等沈下を生じさせた。

建築士個人については民法709条、この建築士が代表取締役を務める設計監理会社については民法44条（当時）に基づき、損害賠償責任を認めた。

・**大阪地判昭和53年11月2日判時934・81**

建築士法18条2項と建築物の基礎は構造耐力上安全なものとしなければならないとする建基法施行令38条1項を引用し、建築士として設計にあたり、現地を十分調査し、敷地上に完全な建築物が建築されるように基礎構造を十分検討して設計すべき注意義務があるのに、それを怠った旨認定した。

また、建築士法18条3項を引用し、基礎工事中一度も現場に行かなかったため基礎工事の欠陥を発見できず、誠実に監督しなかったため工事の手抜きを発見できなかったから、監理者として工事施工者に対する指導監督義務を怠った過失があると認定した。

建築士個人については民法709条、この建築士を従業員として使用する建築設計事務所については民法715条に基づき、損害賠償責任を認めた。

・**福岡高判平成24年1月10日判時2158・62**

前記最判平成23年7月21日の差戻審の判決。共同住宅・店舗として建築

第3章　賠償責任に関する問題2―建築士及び建築士が属する法人の損害賠償責任

された建物を建築主から買い受けた買主が、建物に瑕疵があることを理由に、設計及び工事監理者と建物工事請負人に対し不法行為に基づく損害賠償請求をした事案につき、本件建物の建物としての基本的な安全性を損なう瑕疵の存在を認め、設計及び工事監理者らには瑕疵の存在につき確認すべき注意義務を怠った過失が認められるとして、損害賠償責任の一部が認められた。

・東京高判平成24年2月28日判時2167・36

　　いわゆる耐震強度偽装事件について、構造計算書を偽装した一級建築士のみならず、マンションの設計及び監理を請け負った建築事務所の一級建築士の、建物の区分所有権購入者らに対する不法行為に基づく損害賠償責任を認めた。

・福岡地判平成28年8月8日欠陥住宅8・12

　　建築士には、当該建築物の安全性のみならず、建築物ががけ崩れ等による被害を受けるおそれがある場合、擁壁の設置その他安全上適当な措置を講じなければならず、擁壁の安全性に問題があること、本件建物を建築した場合に本件擁壁の再築が困難となること等の説明義務があるとして不法行為責任を認めた。

4　工事監理契約上の債務不履行責任と工事監理業務上の不法行為責任

(1)　工事監理契約当事者としての工事監理契約上の債務不履行責任

①　工事監理契約当事者としての工事監理契約上の義務

　工事監理契約当事者としての建築士事務所の開設者（建築士個人である場合と建築士を使用する個人又は法人である場合とがある。）は、建築主に対し、工事監理を行う債務とそれに付随する債務を負う。工事監理契約は準委任契約と解されており、設計契約当事者は、委託者（建築主）に対し、委任の本旨に従い、善良な管理者の注意をもって委任事務を処理する義務を負う（民656・644）。

　工事監理業務の具体的な債務は、契約によって定まる。確認の対象、確認方法、確認の時期等の具体的な方法が契約で定められている場合はその内容が債務となり、具体的な方法が定められていない場合には、工事内容に応じた合理的な方法によって監理を行うことが債務となる。何が合理的な方法かという点については、上述の「工事監理ガイドライン」が検討の指針となるが、個別の契約内容を拘束するものではない。同ガイドラインは、監理業務の報酬の基準（平成21年国土交通省告示第15号）としてそれに対応する標準業務を例示するものであるから、契約上の監理報酬と同基準との比較検討も必要である。

　また、工事監理を行う債務には建築士がそれを行うことが含まれているから、

・233・

この債務の本旨には、次の(2)①で説明する実際に工事監理業務を行う建築士が負う義務が含まれると考えられる。

②　工事監理契約当事者としての工事監理契約上の債務不履行責任

工事監理契約当事者である建築士事務所開設者は、契約上の債務の本旨に従った履行をしないとき、契約の相手方である建築主に対し、債務不履行責任（民415）を負う。

(2)　実際に工事監理を行う建築士の工事監理業務上の不法行為責任

①　建築士が工事監理業務を行う際の義務

建築士は、工事監理を行う場合において、工事が設計図書のとおりに実施されていないと認めるときは、直ちに、工事施工者に対して、その旨を指摘し、当該工事を設計図書のとおりに実施するよう求め、当該工事施工者がこれに従わないときは、その旨を建築主に報告しなければならない（建築士法18Ⅲ）。

建築士は、延べ面積が二千平方メートルを超える建築物の建築設備に係る設計又は工事監理を行う場合においては、建築設備士の意見を聴くよう努めなければならない。ただし、設備設計一級建築士が設計を行う場合には、設計に関しては、この限りでない（建築士法18Ⅳ）。

建築士は、工事監理を終了したときは、直ちに、国土交通省令で定めるところにより、その結果を文書で建築主に報告しなければならない（建築士法20Ⅲ）。

なお、工事監理業務においても、設計業務と同様、建築士は、建物としての基本的な安全性が欠けることがないように配慮すべき注意義務を負う（前記最判平成19年7月6日）。

②　注意義務違反による不法行為責任

建築士が注意義務に違反し、それにより他人に損害を被らせた場合は、当該建築士は不法行為責任（民709）を負う。また、当該建築士の使用者は使用者責任（民715）を負う。

設計を行う場合と同様に、実際に工事監理を行う建築士が、建物に建物としての基本的な安全性が欠けることがないように配慮すべき注意義務を怠ったために、建築された建物に建物としての基本的な安全性を損なう瑕疵があり、それにより居住者等の生命、身体又は財産が侵害された場合には、建築士は、不法行為の成立を主張する者が上記瑕疵の存在を知りながらこれを前提として当該建物を買い受けていたなど特段の事情がない限り、これによって生じた損害について不法行為による賠償責任を負う（前記最判平成19年7月6日）。ここ

第3章　賠償責任に関する問題2―建築士及び建築士が属する法人の損害賠償責任

にいう「建物としての基本的な安全性を損なう瑕疵」の意味も、設計を行う場合と同様である。

(3)　具体例

・横浜地川崎支判平成13年12月20日欠陥住宅2・428

　　鉄筋コンクリート造3階建て建物の設計及び監理業務を行うことを内容とする建築士業務委託契約を締結した一級建築士（被告）が、帯筋について確認を懈怠し、コンクリート打設の日に立ち合わなかった。被告が、設計どおり工事が施工されているかどうかを確認すべき注意義務をつくしていれば、瑕疵（ジャンカなどのコンクリートの一体性の欠如、鉄筋コンクリートのかぶり厚さ不足、帯筋の欠落）は発見でき、建設会社に注意を与えることにより是正できたとし、被告は監理義務の不履行につきその責任を免れず、民法415条又は同法709条に基づき、損害を賠償する責任があるとした。

・福岡高判昭和61年10月1日判タ638・183

　　設計監理契約に基づき工事監理をしていた一級建築士（控訴人）が、建物の棟上時に、施工者が庇の持ち出し梁に設計（設計図書には、軽量鉄骨を使用すべき旨の記載がある。）と異なる重量鉄骨（H型鋼）を使用していることに気付き、施工者の現場責任者に是正するよう指示したが、これが容れられなかったため、建築主（被控訴人）に対し、その旨を告知したところ、かえって被控訴人は、施工者からの求めに応じてH型鋼の使用を承諾し、控訴人の進言を聞き入れなかった。施工者はその後も事前に設計監理者である控訴人の了解を得ずに、樋のジョイント部分にエキスパンションジョイントを使用せず、また、シングルの貼り付けの防水工事の際に、のり付けと釘打ちとを一部併用するなど、設計図書に反する粗雑な施工をなしたが、控訴人は、施工者のこれらの工事ミスを看過した結果、いずれもその旨を被控訴人に報告せず、建築工事の竣工検査に立ち合ったうえ、工事の引渡を容認した。被控訴人が施工者を選任した経緯、工事の過程で控訴人の意向と進言を無視した被控訴人の態度等諸事情を総合勘案し、重量鉄骨（H型鋼）の使用について報告義務を尽くした以上、その後に生じた工事ミスについては、信義則上、これを報告しなかったことをもって、直ちに監理契約に基づく債務不履行を構成するとはいえないとした。

・神戸地姫路支判平成7年1月30日判時1531・92

　　建物について、構造上の瑕疵、耐火の瑕疵、対候性能及び設備仕上げ等の

• 235 •

瑕疵があることを認定し、建築士法18条3項を引用して、建築士個人については、工事監理者としての注意義務を怠ったとして、民法709条に基づき、建築士の使用者（株式会社）については、民法715条に基づき、損害賠償責任を認めた。

・**大阪地判平成3年6月28日判時1400・95**

　　建物の設計監理を担当する建築士に、建築に従事する下請業者に建築基準法令を遵守させ、もって建物の構造上の安全性能を確保させて、第三者に損害を被らせないようにする注意義務（建築士法18参照）が認められるところ、これを怠った結果、下請業者の施工不良、技能不足による欠陥が生じたとして、建築士個人の行為を不法行為であると認定し、その使用者である建設業者兼建築士事務所（株式会社）について、民法715条に基づき、建物の買主に対する損害賠償責任を認めた。

・**名古屋地判昭和48年10月23日判タ302・179**

　　建築士法18条を引用し、設計どおり工事が進行しているか否かにつき監理義務を尽くしておれば、工事の瑕疵は直ちに発見でき、工事請負人に注意を与えることにより是正できた旨認定した。

　　建築士個人については民法709条、この建築士が代表者を務める建築事務所（株式会社）については債務不履行に基づき、損害賠償責任を認めた。

・**大阪地判昭和59年12月26日判タ548・181**

　　瑕疵が木造建築物として重大かつ基礎的なものであるから（基本的、構造的部分に重大な瑕疵があり、特に基礎底盤、構造の仕口、通し柱の瑕疵等について、建築基準法、同施行令に定められている構造耐力を維持するための補修をするには、建物をその当該工事時点まで戻す必要があると事実認定された。）、設計監理及び施工の任にあたっていた一級建築士は、その専門的知識と経験に基づいて適切な指導監督をなすべき義務を有するのに、この義務に違背したものといわざるをえず、過失があるとした。

　　この建築士を従業員として使用していた株式会社について、民法715条に基づく損害賠償責任を認めた。

・**岡山地倉敷支判平成13年5月2日欠陥住宅2・284**

　　建築士個人について、設計監理を行ったのであるから、設計監理者として、判決が認定した瑕疵が生じないよう、設計図書に則った施工がなされているかを監督する責務を負うところ、同責務を怠り、瑕疵による損害を生じさせたものであるから、不法行為（民709）に該当し損害賠償責任を負うとした。

この建築士が代表取締役を務める有限会社については、民法44条（当時）に基づき、損害賠償責任を認めた。

5 いわゆる「代願」（名義貸し）の問題

建築士が、実際には工事監理を行わないにもかかわらず、確認申請書上の工事監理者として名義を貸す行為は、代願と呼ばれている（工事監理者としての名義貸しを含むかどうかに関わりなく建築確認申請の代行業務を代願と呼ぶ場合もある。）。

工事監理が行われていないため建物に欠陥が発生した場合、工事監理者として名義を貸した建築士の責任が問題となる。

この問題を含む事案（法が要求する構造耐力を有しないなど、重大な瑕疵のある建売住宅の事案）について、最二小判平成15年11月14日（判時1842・38、判タ1139・73）は以下のように判示し、名義を貸した一級建築士の行為を違法行為と認定し、同建築士が代表者を務める会社（建築、土木工事の設計及び監理を目的とする有限会社で、当該建物を建築、販売した会社ではない。）が建物購入者に対し不法行為に基づく損害賠償責任を負うことを認めた（建築士が代表者を務める会社の上告を棄却した。）。

「建築士は、その業務を行うに当たり、新築等の建築物を購入しようとする者に対する関係において、建築士法及び建築基準法の上記各規定による規制の潜脱を容易にする行為等、その規制の実効性を失わせるような行為をしてはならない法的義務があるものというべきであり、建築士が故意又は過失によりこれに違反する行為をした場合には、その行為により損害を被った建築物の購入者に対し、不法行為に基づく賠償責任を負うものと解するのが相当である。」

「上告人の代表者であり、一級建築士であるAは、前記1(3)記載のとおり、建築確認申請書にAが本件建物の建築工事について工事監理を行う旨の実体に沿わない記載をしたのであるから、Aには、自己が工事監理を行わないことが明確になった段階で、建築基準関係規定に違反した建築工事が行われないようにするため、本件建物の建築工事が着手されるまでに、B株式会社に工事監理者の変更の届出をさせる等の適切な措置を執るべき法的義務があるものというべきである。ところが、Aは、前記1(5)及び(6)記載のとおり、何らの適切な措置も執らずに放置し、これにより、B株式会社が上記各規定による規制を潜脱することを容易にし、規制の実効性を失わせたものであるから、Aの上記各行為は、上記法的義務に過失により違反した違法行為と解するのが相当である。」

第3部 建築瑕疵損害賠償請求に関連する法律問題

第4章 賠償責任に関する問題3─建築主事及び指定確認検査機関の過誤と損害賠償責任

　建築主事又は指定確認検査機関による建築確認又は検査に過誤があり、建築した建築物について修繕等の措置（最悪の場合は除却）をとらねばならなくなった場合に、建築主が、これによって被った損害につき、損害賠償請求をすることが考えられる。また、建築確認又は検査に過誤があり、建築基準法違反等の違法な状態が生じ、それにより損害を被った建築物購入者や近隣住民等が損害賠償請求するということも考えられる。

　そこで、以下、建築確認及び検査の制度を概観した上で、そのような場合の損害賠償責任について検討する。

1 建築確認及び検査の制度

⑴ 建築確認

① 建築確認

　一定の建築物の建築工事等を実施する場合、建築主は、当該工事に着手する前に、その計画が建築基準関係規定に適合するものであることについて、建築主事又は指定確認検査機関（建基法77の18〜77の21）の確認を受け、確認済証の交付を受けなければならない（建基法6Ⅰ柱書前・6の2Ⅰ）。

　建築確認を受けた建築物の計画の変更、大規模の修繕、大規模の模様替等をする場合も、同様に確認を受け、確認済証の交付を受けなければならない（建基法6Ⅰ柱書後）。

　建築確認のための審査においては、設計図書等が建築基準法等に規定する建築基準に適合するかどうかを審査する。建築基準としては、建築物の安全性確保に係るもの（単体規定）、健全な街づくりに係るもの（集団規定）、その他の建築基準関係規定がある。単体規定としては、敷地(衛生・安全の確保)、構造（地震等による倒壊の防止）、防火・避難（火災からの人命の確保）、一般構造・設備（衛生・安全の確保）が含まれる。集団規定としては、接道規制（避難・消防等の経路確保）、用途規制（土地利用の混乱の防止）、形態規制（市街地の環境の維持）が含まれる。また、その他の建築基準関係規定として、バリアフリー法、消防法、都市計画法等の一部の規定等のうち、建築物の敷地、構造又は建築設備に係るものが含まれる（平成19年告示第835号「確認審査等の指針」）。

• 238 •

② 建築確認を行う者

建築主事は、市町村（建基法4Ⅰ・Ⅱ）又は都道府県（建基法4Ⅴ）に置かれ、建築基準適合判定資格者の登録を受けた建築士（建基法4Ⅵ・77の58Ⅰ）のうちから命じられる。

指定確認検査機関は、国土交通大臣又は都道府県知事が、確認、検査等の業務を行う区域を定めて指定する（建基法77の18Ⅰ・Ⅱ）。指定確認検査機関においては、建築基準適合判定資格者の登録を受けた建築士である確認検査員に確認を実施させる（建基法77の24Ⅰ・Ⅱ、77の58Ⅰ）。

③ 建築確認の目的

「建築確認は、建築基準法六条一項の建築物の建築等の工事が着手される前に、当該建築物の計画が建築関係規定に適合していることを公権的に判断する行為であって、それを受けなければ右工事をすることができないという法的効果が付与されており、建築関係規定に違反する建築物の出現を未然に防止することを目的としたもの」（最判昭和59年10月26日民集38・10・1169）である。

④ 構造計算適合判定

一定規模以上の建築物については、建築確認のための審査において、構造計算基準に適合しているかが審査対象となる。この場合、建築確認のための審査に先立って都道府県知事の構造計算適合性判定を受けねばならないが（建基法6の3Ⅰ本文）、都道府県知事は、国土交通大臣又は都道府県知事が指定する構造計算適合性判定機関に、構造計算適合性判定の全部又は一部を行なわせることができる（建基法18の2Ⅰ）。

ただし、比較的簡易な構造計算である許容応力度等計算（ルート2）について、国土交通省令で定める要件を備える建築主事もしくは確認検査員が建築確認のための審査をする場合は、構造計算適合性判定を受けなくてよい（建基法6の3Ⅰ但書）。

⑵ 中間検査・完了検査

① 中間検査

建築主は、階数三以上の共同住宅の床及びはりに鉄筋を配置する工事の工程等の特定工程に係る工事を終えたときは、その都度、国土交通省令で定めるところにより、建築主事又は指定確認検査機関の検査を受け、検査済証の交付を受ける（建基法7の3Ⅰ・Ⅳ・Ⅴ、7の4Ⅰ・Ⅲ・Ⅳ）。

第3部 建築瑕疵損害賠償請求に関連する法律問題

② 完了検査

建築主は、工事を完了したときは、当該建築物及びその敷地が建築基準関係規定に適合していることについて、建築主事又は指定確認検査機関の検査を受け、検査済証の交付を受ける（建基法7Ⅰ・Ⅳ・Ⅴ、7の2Ⅰ・Ⅳ・Ⅴ）。

建築主は、完了検査の検査済証の交付を受けるまでは、原則として建築物を使用することができない（建基法7の6Ⅰ）。

③ 検査の方法

中間検査、完了検査は、建築基準関係規定に適合することについて、建築確認図書と各種検査結果報告書や工事写真等が適合していることの確認、目視、設計者・工事監理者へのヒアリングを含む現地確認等の方法により行う（平成19年告示第835号「確認審査等の指針」）。

⑶ 指定確認検査機関が確認等及び検査をした場合の特定行政庁への報告書の提出

指定確認検査機関は、建築確認の審査を実施して確認済証を交付したとき、又は申請に係る建築物の計画が建築基準関係規定に適合しない若しくは適合するかどうかを決定できない旨の通知書の交付をしたときは、確認審査報告書を作成し、特定行政庁に提出しなければならない（建基法6の2Ⅴ）。

指定確認検査機関は、中間検査をしたときは、中間検査報告書を作成し、特定行政庁に提出しなければならない（建基法7の4Ⅵ）。

指定確認検査機関は、完了検査をしたときは、完了検査報告書を作成し、特定行政庁に提出しなければならない（建基法7の2Ⅵ）。

⑷ 違反建築物に対する措置等

特定行政庁は、建築基準法令の規定又は建築基準法に基づく許可に付した条件に違反した建築物又は建築物の敷地については、建築主、工事請負人等に対して、当該工事の施工の停止を命じ、又は、相当の猶予期限を付けて、当該建築物の除却、移転、改築、増築、修繕、模様替、使用禁止、使用制限その他これらの規定又は条件に対する違反を是正するために必要な措置をとることを命ずることができる（建基法9Ⅰ）。

また、確認済証が交付されていても、当該確認に違法があるとして、当該建築物により被害を受ける近隣住民等が建築確認処分取消請求訴訟を提起し、建築確認処分が取り消される場合もある。

・240・

第4章　賠償責任に関する問題3—建築主事及び指定確認検査機関の過誤と損害賠償責任

2　建築主事及び指定確認検査機関の過誤と賠償責任

⑴　建築主事の確認事務に過誤があった場合の賠償責任

　①　建築主事は都道府県または市町村の職員であり、建築確認審査に過誤が
　　あり違法に他人に損害を加えた場合には、当該建築主事が属する特定行政
　　庁の帰属する都道府県または市町村が損害賠償責任を負う（国賠法1）（裁
　　判例として静岡地判平成24年12月7日（判時2173・62）、東京高判平成26
　　年5月15日（D1-Law 28222149））。

　②　問題は、どのような場合に建築確認審査の過誤が国家賠償法上の違法と
　　評価されるかであるが、平成25年の最高裁判決は次のように判示している。
　　　「建築主事のする確認は、建築主からの委託を受けた建築士により法令
　　又は条例の定める基準に適合するように設計されたものとして当該建築主
　　により申請された当該計画についての建築基準関係規定との適合性の審査
　　を内容とするものであり、建築士は建築士法に基づき当該計画が上記基準
　　に適合するように設計を行うべき義務及びその業務を誠実に行い建築物の
　　質の向上に努めるべき義務を負うものであることからすると、当該計画に
　　基づき建築される建築物の安全性は、第一次的には建築士のこれらの義務
　　に従った業務の遂行によって確保されるべきものであり、建築主事は、当
　　該計画が建築士により上記の義務に従って設計されるものであることを前
　　提として審査をすることが予定されているものというべきである。」「建築
　　主事による当該計画に係る建築確認は、例えば、当該計画の内容が建築基
　　準関係規定に明示的に定められた要件に適合しないものであるときに、申
　　請書類の記載事項における誤りが明らかで、当該事項の審査を担当する者
　　として他の記載内容や資料と符合するか否かを当然に照合すべきであった
　　にもかかわらずその照合がされなかったなど、建築主事が職務上通常払う
　　べき注意をもって申請書類の記載を確認していればその記載から当該計画
　　の建築基準関係規定への不適合を発見することができたにもかかわらずそ
　　の注意を怠って漫然とその不適合を看過した結果当該計画につき建築確認
　　を行ったと認められる場合に、国家賠償法1条1項の適用上違法となる」（最
　　判平成25年3月26日（裁判集民243・101））。
　　　「建築主事が職務上通常払うべき注意をもって申請書類の記載を確認し
　　ていればその記載から当該計画の建築基準関係規定への不適合を発見する
　　ことができた」か否かは、個々の事案ごとに判断されるが、例えば前掲東

• 241 •

京高判平成26年5月15日（D1-Law 28222149）は、当初提出された構造計算書には法令の基準を満たしているか否かの結論を表示している判定表の記載された最終頁が欠落しており、それに気づいて追完させた最終頁には結論部分の数値の異常及び不整合があり、審査担当職員が構造審査チェックリストに従い確認作業をしていれば数値異常に当然気づいたはずであり、数値不整合にも気づいたものと考えられるとして、注意義務違反があると認定している。

⑵ 指定確認検査機関の確認事務に過誤があった場合の賠償責任
① 建築主に対して

建築主と指定確認検査機関は、指定確認検査機関が建築確認検査を実施することを内容とする（準）委任契約を締結する。指定確認検査機関の確認事務に過誤があった場合には、指定確認検査機関は建築主に対して善管注意義務違反による債務不履行として損害賠償責任を負うものと解される。

指定確認検査機関が建築確認の審査を実施する場合、実際に審査を行うのは確認検査員である。確認検査員は、建築主事と同等の資格（建築基準適合判定資格）を有し、建築確認審査業務を実施するものであるから、指定確認検査機関は、建築確認検査において、建築主事と同様に、職務上通常払うべき注意をもって申請書類の記載等を確認する善管注意義務を負うと解される。

裁判例には、不法行為（民709）を根拠とするものもある。

・東京地判平成21年5月27日（判時2047・128）

指定確認検査機関は、その業務の性質上、法律上の規定がなくとも、善管注意義務の一内容として、区から指摘を受けた当該建物の建築の可否に関係する事項については、建築主に対して確認するなどして、適法な建築確認をすることが当然期待され、指摘事項を建築主に通知して適切に対処すべき義務を負うと判示した。建築主と指定確認検査機関との間で締結された確認検査業務委託契約の善管注意義務違反による債務不履行に基づき、指定確認検査機関の損害賠償責任を認めた。

・東京地判平成25年3月22日（D1-Law 29025947）

建築主である原告が、設計監理業務を委託した設計会社がY1区（建築主事が置かれた地方公共団体）の第三種高度地区における北側斜線制限規定に違反した設計をし、指定確認検査機関がこれを看過して建築確認等をし、Y1区も同指定確認検査機関に対する監督を怠ったため、当初建築確認済み

の建物の建築工事が相当程度進行した後に上記違反が発覚し、設計・仕様の変更を余儀なくされ、工事費の増大、工期遅れ、床面積減少などの損害を被ったとして、債務不履行（設計会社）、民法709条（設計会社及び指定確認検査機関）及び国賠法1条1項（Y1区）に基づく損害賠償を請求した事案。

本判決は、設計会社について債務不履行に基づく損害賠償責任を、指定確認検査機関について不法行為責任（民709）に基づく損害賠償責任を、それぞれ認め、Y1区に対する請求は棄却した。

② 建築主以外の者（建築物購入者、近隣住民等）に対して

ア 指定確認検査機関の確認事務に過誤があり違法に他人に損害を加えた場合に、誰が国賠法上の損害賠償責任を負うのかという問題がある。指定確認検査機関が負うのか、地方公共団体が負うのか、どちらも負うのか、この点について直接判断した最高裁判例は見当たらず、下級審裁判例においても統一されていない（最新裁判実務大系(6)522頁以下）。

ただし、行政事件訴訟法21条1項に基づく訴えの変更（取消訴訟から国又は地方公共団体に対する請求への変更）の事案で、最決平成17年6月24日（裁判集民217・277）は、「指定確認検査機関の確認に係る建築物について確認をする権限を有する建築主事が置かれた地方公共団体は、指定確認検査機関の当該確認につき行政事件訴訟法21条1項所定の『当該処分又は裁決に係る事務の帰属する国又は公共団体』に当たる」と判示し、指定確認検査機関を被告とする建築確認の取消訴訟を、地方公共団体を被告とする国家賠償請求訴訟に変更することを認めた。この平成17年決定が示した法理をどう理解するかについては各説あるが、下級審裁判例の中には、同決定を援用して地方公共団体が国賠法上の責任を負うと判示したものがある（最新裁判実務大系(6)527頁以下）。

以下、下級審裁判例を紹介する。

イ 地方公共団体が国賠法上の責任を負うとした裁判例

・横浜地判平成17年11月30日（判例自治277・31）

建設地周辺に居住する原告らが、建築確認処分及び建築計画変更確認処分を行った指定確認検査機関に対して、各確認処分が違法であるとして、各確認処分の取消しを求めるとともに、同処分に基づく建築物の建築によって損失を被ったとして、当該建築確認事務が帰属するとする横浜市に対して国賠法1条に基づき損害賠償を求めた。本判決は、国賠法上の責任を負う者について、次のとおり判示した。

「以上の法の定めからすると、同法は、建築物の計画が建築基準関係規定に適合するものであることについての確認に関する事務を地方公共団体の事務とする前提に立った上で、指定確認検査機関をして、上記の確認に関する事務を特定行政庁の監督下において行わせることとしたということができる。そうすると、指定確認検査機関による確認に関する事務は、建築主事による確認の事務の場合と同様に、地方公共団体の事務であり、その事務の帰属する行政主体は、当該確認に係る建築物について確認をする権限を有する建築主事が置かれた地方公共団体であると解するのが相当である（最高裁判所平成17年6月24日第二小法廷決定参照）。そうすると、指定確認検査機関による建築確認処分は、当該確認に係る建築物について確認をする権限を有する建築主事が置かれた地方公共団体の公権力の行使であるといえるから、当該地方公共団体は、指定確認検査機関による建築確認処分に係る事務の違法それ自体を理由として、国家賠償法1条1項の「公共団体」として賠償責任を負うと解するのが相当である。」

　ただし、本判決は、各確認処分について、違法であるとして取り消したが、国賠法1条に基づく地方公共団体に対する損害賠償請求については、指定確認検査機関に故意又は過失が存しないとして、棄却した。

ウ　指定確認検査機関が国賠法上の責任を負うとした裁判例
・横浜地判平成24年1月31日（判時2146・91）

　分譲マンションの区分所有権の購入者らが原告となって請求した事案で、指定確認検査機関は、行政とは独立して、公権力の行使である建築確認業務を行っているのであって、指定確認検査機関の行った建築確認に瑕疵がある場合には、その国賠法上の責任は指定確認検査機関が負うと判示した。原告らは、指定確認検査機関に対して、不法行為責任を主張していたが、裁判所は国賠法1条1項に基づく請求が含まれているものと解した上で、同項に基づく損害賠償責任として請求を認容した。

　なお、特定行政庁においても、一定の監督権限は与えられているから、特定行政庁が同権限の行使を怠った場合には、特定行政庁が属する地方公共団体も、国賠法上の責任を負うと判示したが、特定行政庁において監督権限の行使を怠ったとは認められないとして、地方公共団体に対する国家賠償請求は棄却した。

エ　国賠法上の責任主体の判断に至らなかった裁判例
・東京地判平成23年5月25日（判タ1392・169）

　構造計算書が偽装された分譲マンションの区分所有権の購入者らである原

第4章　賠償責任に関する問題3─建築主事及び指定確認検査機関の過誤と損害賠償責任

告らが指定確認検査機関に対し不法行為（民709又は715）に基づく損害賠償請求をしたが、指定確認検査機関の過失（義務違反）を否定し、確認検査員の過失（義務違反）についても、設計図書中に構造計算書の偽装を疑わせる明らかな徴表があったとは認められないか、その徴表が本件耐力不足の要因となっていたとは認められないとの理由で否定し、指定確認検査機関の不法行為責任（民709と民715のいずれも）を認めなかった。

　指定確認検査機関又はその確認検査員の行為の国家賠償法上の違法性の有無、指定確認検査機関又はその確認検査員の違法行為の責任帰属主体が地方公共団体であるか否かという争点も立てられていたが、それらについては判断するまでもなく、原告らの被告指定確認検査機関及び被告地方公共団体に対する各請求はいずれも理由がないとされた。

・**大阪地判令和3年5月20日（判例自治486・78、D1-Law 28301767）**

　近隣住民又は隣接地所有者である原告らが、指定確認検査機関が行った建築確認は建基法48条5項に違反する違法な処分であり、漫然と建築確認をした指定確認検査機関に過失があり、また、仮に、指定確認検査機関が国賠法1条1項の「公共団体」に該当しないとしても、同法3条1項所定の費用負担者としての責任を負うなどと主張して、指定確認検査機関に対しては同法1条1項又は3条1項に基づき、また、本件建築物について建築確認をする権限を有する建築主事が置かれた地方公共団体に対しては同法1条1項に基づき、損害賠償を請求した事案である。

　原告らの請求を不適法であるとはしなかったが、指定確認検査機関のした建築確認は適法であると判示し、請求を棄却した。

⑶　建築主事・指定確認検査機関による検査に過誤があった場合の賠償責任

　完了検査における建築主事の注意義務について、東京地判平成22年11月25日（判時2108・79）は、マンション所有者が、建築主事等の所属する地方公共団体に対し、建築主事等が完了検査においてマンションの構造計算書の瑕疵を看過したと主張して国家賠償請求をした事案であるが、完了検査は、「目視等により判定できる範囲で行うことが求められ、」また、平成10年改正後の建築基準法において、「完了検査申請において工事監理者の事前のチェックが行われていることから、建築主事としては、完了検査申請書に記載された工事監理状況に基づき、適正な監理が行われていることを前提として建築基準関係規定に違反しているか否かについて判断すれば足りる」と判示した。

・245・

第3部　建築瑕疵損害賠償請求に関連する法律問題

　その上で、同判決は、建築確認検査後に設計変更があったとしても、これによる耐震性能への影響について建築主事が疑義を持ち、「設計変更を踏まえた再度の構造計算を行った上で安全性を確認したか説明を求めるべき注意義務を負っていたということはできない」として請求を棄却した。

　中間検査についての裁判例は、見当たらなかった。

⑷　損害賠償の範囲

・横浜地判平成24年1月31日（判時2146・91）（前掲）

　分譲マンションの区分所有権の購入者らが原告となって請求した事案で、建築物が「実質的にみて価値のない建物であり、耐震強度不足という建物の基本的な安全性を欠如した建物であり、このままでは原告らが安全に生活していくことのできない建物である。」「耐震強度不足を是正する本件補強工事案が相当であるとは認められない。そうすると、原告らの損害を回復するためには、建替えを行う必要がある」として建築物の建替の必要性が認められ、同建築物の建築確認を行った指定確認検査機関に対して、建替費用相当額（解体撤去工事費用、建築工事費用、設計・工事管理費用）、引っ越し費用、仮住居費用等、その他印紙代や登記費用等が相当因果関係のある損害と認められ、これに加えて、訴訟のために一級建築士に依頼した調査費用、弁護士費用も損害として認められた。

・静岡地判平成24年12月7日（判時2173・62）、東京高判平成26年5月15日（D1-Law 28222149）（前掲）

　耐震強度不足により買主からの全戸買取を余儀なくされた分譲マンションの建築主が、構造計算書及び構造図の誤り等を理由に、建築確認を行った建築主事の所属する地方公共団体、原告が設計業務を委託した設計事務所（株式会社）の代表取締役、取締役及び従業員、同設計事務所から構造設計業務を委託された構造研究所（有限会社）及びその取締役、施工を依頼した建設会社に対し、損害賠償を求めた事案（地方公共団体に対しては国賠法1条1項に基づく請求）。これらの被告のうち、建設会社に対する請求は棄却されたが、それ以外の被告に対する請求が一部認容された。

　解体費、解体に先立ってマンション住民から各室を買い取った代金、買取の際の不動産取得税、各室を所有することとなった期間の固定資産税等、登記費用、マンション住民の引越費用、トランクルーム費用、引越支度金、仮住居の家賃、敷金礼金仲介料、解体工事における近隣対策費、耐震強度不足

を検討するための再度の構造計算等の費用、住民の引越し等の手配の事務費用（外部委託費用）、本件建物の解体に伴う電波障害対策費用、その他住民説明会等のための経費が相当因果関係のある損害と認められた。

一方、賃貸で住んでいたマンション住民の家賃と各住民の仮住居家賃との差額については立証不十分として損害と認めなかった。また、記者会見費用、記者会見における臨時駐車場費用も必要性の立証がなく損害と認められないとした。原告従業員の人件費、一部の部屋のエアコンクリーニング費用についても、原告の損害とは認めなかった。

一審判決は、その上で、損益相殺を行い、さらに被告地方公共団体との関係では3割の過失相殺を行い、請求が認容された被告らの債務を共同不法行為（民719Ⅰ前段）による連帯債務であるとした。

二審判決は、一審で認定された損害額を前提に一審と同額の損益相殺を行った上で、地方公共団体との関係での過失相殺を3割から7割に変更し、さらに設計事務所の従業員について、不法行為責任を認めることはできないとの理由で、同人の敗訴部分を取り消した。二審判決が過失相殺を7割に変更するにあたり斟酌した事情は、①建築士が設計した計画に基づいて建築される建築物の安全性は第一次的には建築士法上の規律に従った建築士の業務の遂行によって確保されるべきものであり、建築主事は、建築士が上記の義務に従って設計するものであることを前提として審査するものであるところ、構造設計業務を委託された構造研究所の取締役の故意による偽装行為の責任は大きいものであり、これと対比すると、特定行政庁の審査担当職員の責任は軽度というべきであること、②建築主は、自ら委託をした建築士の設計した建築物の計画につき、建築基準関係規定に適合するものとして建築確認を求めて建築主事に対して申請をするものであるところ、本件においても一審原告（同人は、建物の建設や不動産の売買等も業としており、約14名の一級建築士が所属している。）は、設計業務を委託した設計事務所を介して構造研究所に構造計算を依頼した建築主自身であることであった。

第3部 建築瑕疵損害賠償請求に関連する法律問題

第5章 賠償責任に関する問題4―売主等の損害賠償責任

1 本章の趣旨

　本書は、建築請負契約をめぐる問題を対象とするが、住宅等を取得する方法としては、請負契約による場合のほか、売買契約による場合が一般的である。中古住宅の取得はほとんどが売買契約であろうが、新築住宅の取得であっても、マンションの購入はもちろん、戸建て住宅の建売り（売買契約を締結後に建築する場合―いわゆる「売建て」を含む。）は典型的な方法である。

　このような、売買という契約形式によって取得された住宅等に瑕疵があった場合について、旧民法下では、瑕疵担保責任の法的性質に関する「法定責任説」の立場から、売主の責任は請負人のそれと性質上の差異があり、民法の瑕疵担保責任規定も旧民法634条以下の請負に関する規定ではなく、同570条の売買に関する規定となることから、売買の場合には、買主は明文上存在しない瑕疵修補や瑕疵修補費用相当額の請求ができないのではないかが問題となった。

　しかしながら、改正民法においては、売主は一般に種類、品質及び数量に関して売買契約の内容に適合した目的物を引き渡す債務を負うことを前提に、引き渡された目的物が契約の内容に適合しない場合には債務は未履行である（旧民法下の瑕疵担保責任に関する「契約責任説」の採用）との整理がなされ、売主の担保責任を契約不適合の責任として債務不履行責任の一態様と位置づけ、買主は売主に対し、①履行の追完（目的物の修補等）請求、②代金減額請求、③損害賠償請求、④契約の解除をなし得ることが規定された（民562～564。これらの契約不適合に関する責任規定は、民559を介して他の有償契約である請負契約にも準用される。）。

　なお、売買によって取得した住宅の契約不適合の損害賠償を請求するに当たっては、売主に対する請求と、直接の契約当事者ではない建築業者に対する請求とを同時に起こすことも、実務上、少なくない。

　さらに、売買契約の場合、宅地建物取引業者等の仲介業者が関与することが多く、併せて、又は独自に、その責任が問題となることもある。

　そこで本章では、建築物の買主が売主に対して契約不適合の責任を追及しうる場合の要件効果を概括的に整理するとともに、売主の不法行為責任、宅地建物取引業者等の仲介業者の責任について、裁判実務を中心に概観しておくことにする。

• 248 •

第5章　賠償責任に関する問題4―売主等の損害賠償責任

2　売主の契約不適合責任

⑴　履行の追完請求権

　買主は、引き渡された目的物が種類、品質又は数量に関して契約の内容に適合しないものであるとき（契約不適合があるとき）は、売主に対し、目的物の修補、代替物の引渡し又は不足分の引渡しによる履行の追完を請求することができる（民562Ⅰ）。契約不適合について、旧法570条の「隠れた（瑕疵）」の要件は不要である。当該建物自体を売買契約の対象として合意する建物売買契約においては、現実には修補請求を検討するケースが多いであろう。

　追完方法を選択するのは原則として買主であり、売主は、買主に不相当な負担を課するものでないときに、買主が請求した方法と異なる方法による履行の追完をすることができる（民562Ⅰ但書）。

　なお、契約不適合について、買主に帰責性がある場合には、買主は履行の追完を請求できない（民562Ⅱ）。

⑵　代金の減額請求権

　旧法では認められていなかった代金減額請求権が新設された。これは契約の一部解除の機能を営む規定であることから、催告解除の原則（民541）に対応し、買主は売主に対して、相当の期間を定めて履行の追完の催告をし、その期間内に履行の追完がないときは、その不適合の程度に応じて、代金の減額を請求することができることとされた（民563Ⅰ）。

　ただし、無催告解除（民542）に対応し、①履行の追完が不能であるとき、②売主が履行の追完を拒絶する意思を明確に表示したとき、③定期行為において、売主が履行の追完をしないでその時期を経過したとき、④買主が催告をしても履行の追完を受ける見込みがないことが明らかであるときは、買主は催告をすることなく、直ちに代金の減額を請求することができることとされている（民563Ⅱ）。

　なお、契約不適合について買主に帰責性がある場合に代金減額請求をすることができないのは、上記⑴と同様である（民563Ⅲ。民543に対応。）。

⑶　損害賠償請求権及び契約の解除

ア　損害賠償請求

　改正民法において、契約不適合の責任は債務不履行責任と位置づけられる

・249・

第3部 建築瑕疵損害賠償請求に関連する法律問題

ことから、買主は売主に対して、債務不履行の一般的なルールに従い、損害
賠償請求及び契約の解除をすることができる（民564・415・541・542）。

　買主から売主に損害賠償請求をするためには、売主に帰責事由があること
が必要であり（民415Ⅰ）、契約不適合により通常生ずべき損害及び当事者が
予見すべき特別の事情によって生じた損害の賠償請求が認められる（民416）。

　なお、旧民法下での売主の瑕疵担保責任における損害賠償の範囲について
は、学説が、同責任の法的性質に関する「法定責任説」と「契約責任説」と
の違いを背景に、信頼利益説（買主が瑕疵がないと信頼したことにより被っ
た損害の範囲で認める）と履行利益説（瑕疵がなければ得られたであろう利
益の範囲まで認める）に分かれていたが、多くの裁判例では信頼利益の賠償
を前提とした判断がなされていた（瑕疵修補費用は損害として認めるのが一
般的であった。信頼利益説では、売買代金額と客観的な建物価格との差額を
損害と捉え、その金額の認定根拠を修補費用に求めることになる。）。改正民
法下では、前記のとおり、債務不履行による損害賠償責任の一般準則による
こととなったので、履行利益のみならずいわゆる拡大損害の賠償責任も認め
られる可能性がある。

　以下では、参考までに、旧民法下で瑕疵修補費用を損害として認めた裁判
例を、いくつか紹介する。

①　横浜地判昭和60年2月27日判タ554・238

地盤沈下・建物傾斜。居住用の目的であることを主な理由に、瑕疵担保責任
として建物・塀の補修・復旧費用を認容している。

②　千葉地松戸支判平成6年8月25日判時1543・149

不等沈下・建物傾斜。契約解除をしないで瑕疵の修補に代わる損害賠償を求
める場合には、修補費用は「瑕疵を知ったならば被ることがなかった損害」（信
頼利益）にも該当する、ただし、賠償額は売買代金額を超えることはできない、
として一部認容している。

③　東京地判平成25年1月31日判時2200・86

中古住宅と敷地の売買において、倒壊のおそれのある擁壁の存在、ブロック
塀の所有権の帰属の不明、隣地への越境の可能性が隠れた瑕疵に該当するとし、
売主の瑕疵担保責任として、擁壁補修費用、ブロック塀の解体費用を認容（弁
護士費用は否定）。

④　東京地判平成24年6月8日判時2169・26

中古建物と敷地の売買において建物が傾斜していたことにつき、建物の基礎

の隠れた瑕疵を認め、売主の瑕疵担保責任を肯定。解除はできないとしたものの、建物をジャッキアップすることによる補修費用、調査費用、弁護士費用を認容。

⑤　**東京地判平成18年1月20日判時1957・67、判タ1240・284**

土地建物の売買において、建物に白ありの侵食による隠れた瑕疵があるとし、客観的価値がほとんどないのに約500万円と評価される建物に同額程度の代金を支払ったといえること、本件建物には同額程度の補修費用を要することから500万円を損害と認め、補修に伴う引越し費用、仮住まい費用も認定。

　イ　契約の解除

　解除については、催告解除（民541）、無催告解除（民542）の規定に従い判断されることとなる。売主の帰責事由は不要である。

⑷　契約不適合の責任の期間制限

　ア　旧法において、瑕疵担保責任は買主が事実を知った時（瑕疵を知った時）から1年以内に行使しなければならないとされていた（旧法570、566Ⅲ）。改正民法においても、目的物の種類や品質に関する契約不適合については、一般的な消滅時効期間とは別に、買主が目的物の引渡しを受け、契約不適合を知った時から1年以内にその旨を売主に通知しないときは、買主は、契約不適合を理由として、履行の追完の請求、代金の減額の請求、損害賠償の請求及び契約の解除をすることができないとされ、ただし、売主が引渡しの時に契約不適合を知り、又は重大な過失によって知らなかったときは、この限りでないとされた（民566）。建物の不具合の多くは「品質」に関する契約不適合にあたるから、この期間については注意が必要である。

　実務上は、具体的に何を知った時が、事実を知った時（瑕疵を知った時）又は契約不適合を知った時に該当するのかが問題となる。買主が引渡しを受けた建物に些細なクラックを見つけたが、乾燥によるものだろうと考えて放置していたところ、数年経過後に実は基礎の問題に起因する建物の不同沈下が生じていたことが判明した場合、いつの時点を「知った時」とするべきか。従来の判例では、旧法566条3項の「知った時」について、「担保責任を追及し得る程度に確実な事実関係を認識した時」とされ（最判平成13年2月22日判時1745・85）、解除権の除斥期間については、「契約解除ができる程度の重大な瑕疵を知った時」とされており（東京地判平成4年9月16日判時1458・87）、改正民法下においても同様の解釈がなされる

・251・

第3部 建築瑕疵損害賠償請求に関連する法律問題

べきである。

イ 民法改正に伴って改正された住宅の品質確保の促進等に関する法律（品確法）は、新築住宅（建設工事完了後1年以内の未居住住宅（品確法2Ⅱ））の売主の瑕疵担保責任を定めており、住宅の構造耐力上主要な部分又は雨水の侵入を防止する部分として政令で定めるものの瑕疵（契約不適合）について、売主は、買主に引き渡した時（当該新築住宅が住宅新築請負契約に基づき請負人から当該売主に引き渡されたものである場合にあっては、その引渡しの時）から10年間（特約により20年以内とすることができる（品確法97）。）、民法上の履行の追完、代金減額、損害賠償、契約解除の責任を負い（品確法95Ⅰ）、これに反する特約で買主に不利なものは無効となる（品確法95Ⅱ）。

この場合も、売主の責任の期間の制限に関する民法566条は適用され（品確法95Ⅲ）、前記アのとおり、買主が瑕疵（契約不適合）を知った時から1年以内にその旨を売主に通知しないときは、同責任の追及をすることができず、ただし、売主が引渡しの時に契約不適合を知り、又は重大な過失によって知らなかったときは、この限りでない。

なお、平成17年に発覚したいわゆる耐震偽装問題を契機に、品確法だけでは消費者の保護として不十分であることが明らかになったことから、品確法で定められた瑕疵担保責任の履行を確保するため、特定住宅瑕疵担保責任の履行の確保等に関する法律（住宅瑕疵担保履行法）が制定され、平成21年10月1日以降に引き渡す新築住宅について、請負人となる建設業者や売主となる宅地建物取引業者には「保険の加入」又は「保証金の供託」の資力確保が義務づけられている。

3 売主の不法行為責任

(1) 瑕疵（契約不適合）がある建物の売主の故意又は過失によって、買主の権利又は保護法益が侵害され、それにより買主に損害が生じた場合、売主の不法行為責任が生じることは、一般の場合と同様である。問題は、どのような場合に売主のどのような注意義務（ここでは契約に基づかない注意義務である。）に対する懈怠・違反（過失）が認められるのかである。裁判例の中には、具体的事案における売主の立場や役割、売主と設計者、施工者等との関係、売主の具体的行動等をもとに、売主の具体的な注意義務を認定し、同義務に対する懈怠・違反を過失と認定し、買主に対する不法行為責任を認めた

ものがあるので、以下でそれらを紹介する。

なお、売主会社の不法行為責任が認められるようなケースでは、代表者等役員個人の不法行為責任や会社法429条による責任（悪意・重過失による職務の懈怠に基づく第三者に対する法定責任）が問われることもありうる。

⑵ 売主の不法行為責任を認めた裁判例

① 東京地判平成2年2月27日判タ743・180

敷地として予定されていた土地の一部が確保されず建ぺい率違反の状態になった分譲マンションについて、建築主と建築主から販売の委託を受けた売主（販売代行者）のそれぞれの不法行為責任を認め、確保されなかった土地の使用借権相当額を損害とした。遅くとも行政庁から指摘があった後も建ぺい率違反の事実を買主に告知せず漫然と販売を継続し登記手続を行ったことを、売主（販売代行者）の不法行為とした。

② 東京地判平成5年3月24日判時1489・127

地下室の防水工事不全、擁壁崩壊のケースについて、建築施工業者兼売主に対し、ずさんな工事や安全検査の不備等のまま販売した不法行為を理由に、擁壁修復費用、建物建替費用、慰謝料、弁護士費用を認めた。

地下室の防水工事不全の点については、「地下室を構築したうえで売却する者は、地下室に防水処理を行い、湿気に伴う右のような人的物的損害を回避すべき注意義務を有しているといえる。ところが、被告○○建設が本件土地建物の売主としてなすべき防水・防湿処理は不十分であったことが認められる。」、「被告○○建設には、本件地下室に十分な防水・防湿処理を施さないまま、これを付置した本件建物を売却した過失が認められる。」と判示している。

また、擁壁崩壊の点については、「被告○○建設は、昭和五七年頃に販売目的で本件建物等を建築したものであるが、本件擁壁は、早くも昭和六一年頃には板橋区から崩壊の危険のある擁壁であるとの指摘を受け、改善勧告がなされるような崩壊の危険の高い擁壁であったというべきであるから、右建築に当たっては、本件擁壁に崩壊の危険がないかどうかについて十分に調査を尽くし、その結果崩壊の危険があるならば改めて十分な強度を有する擁壁工事を施行すべき注意義務があったというべきである。しかるに、被告○○建設は、自ら本件擁壁の強度等の検査を全く行わず、かつ右工事を請け負わせた山田がこれを履行したことの確認もしないで、本件土地建物を原告に売却したものであるから、被告○○建設には、右の点の注意義務を怠った過失がある。」と判示して

第3部　建築瑕疵損害賠償請求に関連する法律問題

いる。

③　札幌地判平成13年1月29日欠陥住宅2・74

基礎・緊結不良等多数の瑕疵ある建売住宅について、建築施工業者兼売主であるＴ社の破産管財人（提訴後に被告Ｔ社が破産し管財人が訴訟を受継）に対し、瑕疵の存在を知り、又は漫然と見逃して販売した不法行為を理由に、建替費用、慰謝料、弁護士費用等の損害賠償責任を認めた。「Ｔ社は、実質的にX1邸及びX3邸の設計・監理及び施工を全て自ら行っているところ、前記認定の諸事実に照らすと、X1邸及びX3邸の前記認定の瑕疵は、建築工事の段階において、建設業法にいう工事管理についても、建築士法にいう工事監理についても、いずれも責任者・担当者が定められず、実質的な工事管理及び工事監理が行われていなかったことにより生じたことが認められる。そして、Ｔ社は、前記の要因により瑕疵の生じた建物について、これらの瑕疵の存在を知りながら、あるいは、漫然とこれを見逃して原告らに販売し、原告らに損害を与えたのであるから、Ｔ社は、原告らに対し、民法709条の不法行為責任に基づき、原告らに生じた損害を賠償する義務がある。」と判示している。

④　京都地判平成23年12月6日D1-Law 28230111

Xが、建物設計監理業者Y2が設計及び監理し、建築請負業者Y3が施工し、宅地建物取引業者兼建設業者Y1がXに売却した建物に瑕疵が存在し、Y2・Y3が設計監理及び施工上の注意義務違反により当該瑕疵を発生させたこと、Y1が重大な過失により当該瑕疵を確認せずXとの間で売買契約を締結したことが、不法行為であるとして、Yらに対し、連帯して、共同不法行為に基づく損害賠償を求めた件につき、Xの請求が一部認容された。

Y1については、次のように判示して、建築して他人に売却する建築主としての不法行為責任を認定しており、単純な売主としての不法行為責任を認めたものではない。

・「建物の持つ社会的性格を踏まえれば、建物を建築し、これを建売住宅として他人に売却しようとする建築主は、当該建物を建築主から取得する者及びその者から順次転売を受ける者に対し、その建築主としての地位にあって可能な範囲において、当該建物が建物としての基本的な安全性を欠くことがないように注意を払う義務を負っているというべきである。」

・「建築主が、いったんは法所定の資格を有する者が設計し、これに基づ

いて建築確認を取得した建築物について、この内容を自ら変更したにも関わらず、法所定の資格を有する者に対して、変更後の建築物が建物としての基本的な安全性を損なう結果となっていないかの確認を行わず、かつ、法所定の資格を有する者に対して工事監理を行わせることをも行わないまま、この変更内容のとおりに施工をさせた場合においては、建築主は、上記の建築主の地位として可能な範囲における注意義務に違反したものというべきであり、これにより、変更後の建築物が建物としての基本的な安全性を損なう結果が生じ、これに起因する損害が発生した場合には、建築主は、当該建物を取得した者に対し、不法行為に基づく損害賠償責任を負うというべきである。」

・「被告Y1は、当初より、本件建物を建売住宅として建築し、これを他人に対して売却する意思を有していたのであるから、本件建物を被告Y1から購入する者又はその者から順次転売を受ける者に対して、本件建物が、建物としての基本的な安全性を損なうことのないように注意すべき義務を負っていたというべきである。」

・「被告Y1は、一級建築士の資格を有する被告Y2が設計し、これに基づいて建築確認を取得した本件建物について、その内容を被告Y2の設計した内容から変更し、被告Y3に対してこの変更内容のとおりの施工をさせたものであるところ、被告Y1が、この変更内容について被告Y2又はその他の一級建築士若しくは二級建築士の資格を有する者に対し、改めて確認を求めたことを認めるに足りる証拠はなく、被告Y1がこれらの者との間で本件建物についての監理契約を締結していたとも認められないから、被告Y1は、上記の注意義務に違反したものと認められ、この意味において過失があったというべきである。」

・「上記認定に照らせば、被告Y1のこの過失と、本件建物が本件瑕疵を含んで建築されたこととの間には、相当因果関係があると認められ、その責任を限定すべき事情は何ら存在しないから、被告Y1は、本件建物が本件瑕疵を含むことにより原告に生じた全損害について賠償責任を負うというべきである。」

4 不動産仲介業者の責任

(1) 宅地建物取引業法の規定と媒介・仲介の意味

宅地建物取引業法は、宅地・建物の売買・交換、又は宅地・建物の売買・交

換・賃借の代理若しくは媒介の業務（宅地建物取引業）を行う者について、国土交通大臣又は知事の免許制度を採り（免許を受けて宅地建物取引業を営む者を宅地建物取引業者という。）、その事務所等ごとに所定の宅地建物取引士を置かなければならないこととしている。この中の媒介の意味については、岡本正治・宇仁美咲「逐条解説　宅地建物取引業法　三訂版」73頁以下（大成出版社、2020）に詳しく解説されている。それによれば次のとおりである。媒介とは、他人間の法律行為の成立に尽力する行為をいい、仲介、周旋・あっせんともいう。売買・賃借の媒介は、当事者（売主・買主、貸主・借主）の間に立って売買、賃借の契約の成立に向けてあっせん尽力する事務行為をいう。媒介契約は、当事者の一方又は双方が宅地建物取引業者（以下「宅建業者」という）に対し売買等の契約の成立に向けてあっせん尽力することを委託し、宅建業者がこれを受託するものである。媒介を受託した宅建業者を媒介業者といい、仲介業者と呼ばれることが多い。取引実務においては、一方のみからの委託は片手媒介、双方からの委託は両手媒介と呼ばれている。そこで、以下では、媒介と仲介が同義であることを前提にして説明する。

　また、同法は、宅建業者の業務処理について、次のような義務規定を設けている（ただし、15条は宅地建物取引士のための規定。）。

15条　公平かつ誠実に事務を行う義務
31条　取引の関係者に対する信義誠実義務
32条　物件の状況・代金等について著しく事実に相違したり、著しく優良・有利であると誤認させるような表示の広告の禁止
34条　契約の当事者か、代理か、媒介かの取引態様の明示
34条の2及び3　媒介契約・代理契約書面の交付
35条　契約の相手方を含め、物件を取得・賃借しようとしている当事者に対する重要事項説明書の交付・説明義務
47条　相手方等に対し、重要な事項についての不告知又は不実告知等の禁止
47条の2　利益を生じるべき断定的判断の提供による勧誘の禁止等

⑵　不動産媒介契約の委託者に対する責任

　不動産媒介契約は、法律行為でない事務の委託であるから民法656条の準委任契約であるとするのが通説・判例（最判昭和44年6月26日民集23・7・1264）である。

　そのため、受任者である宅建業者は委託者に対し、一般の善管注意義務を負

うのはもちろんであるが、宅建業者は免許を受けて業務を行う専門家であるから、媒介事務につき専門家を標準とする高度の注意義務を負うものと解される（東京地判昭和61年7月29日判タ634・160、澤野順彦編「不動産売買（現代裁判法大系2）」357頁〔塩崎勤「不動産仲介業者の注意義務」〕（新日本法規、1998）、大内・住宅紛争255頁〔中園浩一郎「不動産仲介業者の注意義務」〕など）。

　宅地建物取引業法の上記規定は、行政的な取締規定であると同時に、購入者の利益保護等の同法の目的からしても、この高度な善管注意義務の具体的な内容の一部を構成すると解される（塩崎勤・前掲論文358頁など）。

　したがって、宅建業者である不動産仲介業者が不動産媒介契約を受託者として締結し、その後これらの注意義務に違反し、委託者に損害が生じたときは、委託者に対する債務不履行責任が生じることになる。宅建業者は、委託を受けた相手方に対し、準委任関係に立ち、善良な管理者として、目的不動産の瑕疵、権利者の真偽等につき格段の注意をもって取引上の過誤による不測の損害を生じさせないように配慮すべき高度な注意義務があるところ、これを怠ったとして債務不履行による損害賠償が認められた事例として東京地判平成8年7月12日判タ926・197がある。

　また、このような債務不履行責任だけでなく、同時に業務上の一般的な注意義務にも違反したとして、委託者に対する不法行為責任も生じうる。

(3)　不動産媒介契約の委託者ではない者に対する責任

　宅建業者である不動産仲介業者は、不動産の売買、賃貸借等の契約当事者の一方だけから委託を受けた場合、他方当事者に対しても、専門家としての注意義務を負っている。すなわち、「免許登録を受けて不動産の売買貸借等の仲介業を営む者は、これら取引に関し専門の知識経験を有する者として委託者は勿論一般第三者もこれを信頼し、これら業者の介入によって取引に過誤のないことを期待するものであるから、この社会的要請にも鑑み、…直接にはかかる委託関係がなくても、これら業者の介入に信頼して取引をなすに至った第三者一般に対しても、信義誠実を旨とし、目的不動産の瑕疵、権利者の真偽等につき格段の注意を払い、以て取引上の過誤による不測の損害を生ぜしめないよう配慮すべき業務上の一般的な注意義務があり、もしこの注意義務懈怠の結果これを信頼して取引をなし因って損害を蒙った者が生じたときは、一般不法行為の原則に則りその賠償の責を負うものと解する」（東京高判昭和32年11月29日下民8・11・2219。この判決は最判昭和36年5月26日民集15・5・1440によっ

て支持されている。）。

この第三者に対する注意義務の程度については、委託者に対する注意義務の方がより高度であるとする見解（塩崎勤編「不動産訴訟法（裁判実務大系11）」428頁〔河田貢「不動産仲介業者の責任」〕（青林書院、1987）など）と、両者を峻別せず連続的に把握すべきだとする見解（中園浩一郎・前掲論文257頁など）がある。

宅建業者である不動産仲介業者がこの注意義務に違反し、不動産媒介契約の委託者の取引相手等（不動産の売買、賃貸借等の契約の相手方当事者等）に損害が生じたときは、同不動産仲介業者が不法行為責任を負うことになる。

⑷ 宅建業者である不動産仲介業者の注意義務の具体的内容

宅建業者である不動産仲介業者は、不動産売買の媒介を受託し、媒介業務を行うにあたり、当該物件の権利関係、すなわち売主等の権限に関する事項（所有権・賃貸権限・代理権限等）、権利の瑕疵に関する事項（制限物権・占有状況・法令上の制限等）などについては、専門家として高度の調査・説明義務を負う。

この点、宅建業者は、宅建業法35条（重要事項説明）に規定された事項に限らず、購入者等が売買契約を締結するか否かを決定付けたり、価格等の取引条件に相応の影響を及ぼし得るような重要な事項について知り得た事実については、信義則上購入者等に説明・告知する義務を負うとされており、法令上義務付けられた事項以外についても説明する義務を負うと解されている（東京地判令和2年6月11日 D1-Law 29060474）。

また、宅建業者が説明すべき程度内容は、個々の取引の経緯、説明を受ける者の職業、取引の知識、経験の有無、程度を勘案して、買主が当該契約を締結するか否かについて的確に判断、意思決定できる程度のものである必要があるとされている（東京地判平成27年6月16日 D1-Law 29022030）。

例えば、上記東京地判令和2年6月11日においては、土壌に一定の濃度の油が含まれている土壌汚染の場合において、調査・告知義務があるとされている。

また、登記簿は最新のものを調査すべきで、1か月前のものを軽信して権利者を誤れば過失があるとされる（東京地判昭和59年2月24日判時1131・115）。さらに、所有名義人と貸主が異なる場合には、貸主が自己に権原があると説明していたとしても、貸主に貸借の権原があるか調査して確認する義務があるとされている（東京地判昭和62年1月29日判時1259・72）。

第5章 賠償責任に関する問題4―売主等の損害賠償責任

　権利関係の瑕疵に関しては、例えば接道要件を満たさない土地について義務違反が認められた裁判例は少なくない（東京高判昭和57年4月28日判タ476・98、東京地判昭和59年12月26日判時1152・148、大阪高判平成11年9月30日判時1724・60、判タ1042・168など）。また、公道に接するための私道通行承諾の調査及び土地の境界の明示により「買主に土地建物買受の目的を達成させ損害の発生を未然に防止すべき義務がある」との裁判例も参考になる（大阪高判昭和61年11月18日判タ642・204）。

　これに対し、物的・心理的な瑕疵については、宅建業者が自ら知り、又は容易に知り得た瑕疵の範囲で、注意義務違反が認められることが多いように思われる。以下、参考となる裁判例を紹介する。

①　大阪地判平成11年6月30日民集57・10・1578

　鉄骨の構造強度不足。売主の責任は認めたが、売主から依頼されて仲介業務を行った宅建業者については、瑕疵の存在を知っていたにもかかわらずこれを告げずに仲介した等の事実まで認めるに足りる証拠はないとして、債務不履行責任と不法行為責任を共に否定している。

②　神戸地判平成11年7月30日判時1715・64

　中古木造住宅の天井裏にコウモリが棲みついていたケース。売主に補修費用等を瑕疵担保責任として認めたが、不動産仲介業者については、買主から委託された仲介業者の債務不履行責任と、売主から委託された仲介業者の不法行為責任のいずれも否定している。その際、原告である買主から委託された仲介業者については、善管注意義務・状況調査義務があるが、コウモリ等が居住の妨げになるほど棲息しているかどうかを天井裏まで確認調査すべき義務までは、それを「疑うべき特段の事情」がない限り負わないとし、売主から委託された仲介業者については、業務上、取引関係者に対して一般的注意義務を負うとしても、「一見して明らかにこれを疑うべき特段の事情」のない限り、居住の妨げとなるほど多数のコウモリが棲息しているかどうかを確認するために天井裏等まで調査すべきとはいえないとして、両者で注意義務の内容を区別している。

③　東京地判平成13年6月27日判時1779・44

　軟弱地盤の基礎工事不良による不等沈下。委託関係にある不動産仲介業者について、「不動産の仲介業務を委託された者は、委託の本旨に従って善良な管理者の注意義務をもって誠実に仲介事務を処理すべきであり、信義則上、不動産売買契約における買主に対しては、買主が当該物件を購入するかどうかの意思決定を行うに際して重要な意義を有する情報について説明告知する義務を

・259・

第3部 建築瑕疵損害賠償請求に関連する法律問題

負っており（宅建業法35、47参照）、これに違反して買主に損害を与えた場合には、説明告知義務違反としてこれを賠償する責任があると解するのが相当である。そして、上記の見地からすれば、不動産仲介業者は、消費者の立場にある買主が物件購入の意思決定をするに当たって過不足のない情報を提供すべきであるから、説明告知する義務を負う事項は宅地建物取引業法35条に規定されている事項には限られないということはいうまでもない。」とし、本件土地が軟弱地盤であることを認識しながらその説明をせず、又はこれを否定する説明をしたのは不法行為に当たるとして、慰謝料と弁護士費用を認容し、その余の損害賠償は否定した。なお、売主については瑕疵担保責任として、解除による代金返還のほか諸費用の損害賠償を認めたが、慰謝料と弁護士費用の損害賠償については信頼利益でないとの理由で否定している。

④ 東京地判平成16年4月23日判時1866・65

過去に建物に火災事故があったとして心理的な瑕疵を認めた事例。建物に売買当時説明を受けなかった火災による焼損、冠水があるとして、買主である原告らが、売主に対しては、瑕疵担保ないし不法行為を原因として、これらによる減価分等の損害賠償を、不動産仲介業者に対しては、仲介契約上の債務不履行を原因として、仲介手数料相当額の損害賠償を請求した事件。不動産仲介業者について、「売主と買主の双方から仲介を依頼された仲介業者は、売主の提供する情報のみに頼ることなく、自ら通常の注意を尽くせば仲介物件の外観（建物内部を含む。）から認識することができる範囲で、物件の瑕疵の有無を調査して、その情報を買主に提供すべき契約上の義務を負うと解すべきである。」、「被告会社は、本件焼損等を被告Yから知らされていなかったが、注意して見分すれば本件建物の外観から本件焼損の存在を認識することができたということができ、その上で被告Yに問いただせば、本件火災や消防車出動の事実も知り得たと認められる。したがって、被告会社は、本件焼損等を確認した上で、原告らに情報提供すべきであったのに、これを怠ったというのが相当である。」として、債務不履行責任を認めた。

・260・

第6章 損害賠償額算定に関する問題1―建替費用相当損害と損益相殺

第6章　損害賠償額算定に関する問題１ ―建替費用相当損害と損益相殺

1 建替費用相当損害を認めた平成14年最判とその後に残った 損益相殺の可否の問題

(1)　最判平成14年9月24日（裁判集民207・289、判時1801・77）は、請負契約の目的物である建物に建替えを要する瑕疵（契約不適合。本章では、過去の判例・学説の引用の都合上、「瑕疵」の表現を用いる。）がある場合に、建替費用相当額の損害賠償請求が認められるか否かについて、積極説を採用し、建替費用相当の損害賠償を認めた。

(2)　建替費用相当額の損害賠償請求を認める積極説に対しては、それを認めない消極説の側から、(i)注文者が建替費用相当額の賠償を受けるまでに瑕疵のある建物を使用していた場合には、使用利益を得ることになるから、瑕疵のある建物の賃料相当額を不当に利得することになる（使用利益論）、(ii)新築建物は経年によって減価するはずなのに、建替費用相当額の賠償を認めた場合には、注文者は新しく建物を建築し直すことになるから、当初の建物の引渡しから5年も10年も経過してから全く新しい建物を取得できることになり、かつ、それだけ耐用年数の延びた建物を取得することになって、その分不当に利得を得ることになる（経年減価論）との批判があった。

(3)　以上の批判に対しては、積極説から(i)建替を要する瑕疵がある建物の使用は利益とは言えない、(ii)注文者から引渡しを受けた建物は瑕疵のある建物であるから、瑕疵のない建物の引渡しを受けた場合と同視できない等と反論されていた。

(4)　このような議論があるなか、前掲最判平成14年9月24日の原審（高裁判決）では、建物の使用利益として600万円が控除されていたところ、同最判では、その判断の是非については、審理の対象となっていなかったため、同最判が出た後も、建替費用相当の損害から使用利益・建物の耐用年数が伸長することの利益を控除できるか否かの問題が残った。

・261・

第3部　建築瑕疵損害賠償請求に関連する法律問題

2 建替費用相当損害と居住利益の損益相殺の可否について （平成22年最判をもとに）

(1)　そうしたなか、最判平成22年6月17日（民集64・4・1197、判時2082・55。以下本章において「平成22年最判」という。）は、建物の買主が、工事施工者等に対して、不法行為に基づく建替費用相当の損害賠償請求をした事案について、「売買の目的物である新築建物に重大な瑕疵があり、これを建て替えざるを得ない場合において、当該瑕疵が構造耐力上の安全性にかかわるものであり建物が倒壊する具体的なおそれがあるなど、社会通念上、建物自体が社会経済的な価値を有しないと評価すべきものであるときは、上記建物の買主がこれに居住していたという利益については、当該買主からの工事施工者等に対する建て替え費用相当額の損害賠償請求においては損益相殺ないし損益相殺的な調整として損害額から控除することはできない」とした。

　　また、以下のとおり裁判官宮川光治の補足意見が付された。

　　「建物の瑕疵は容易に発見できないことが多く、また瑕疵の内容を特定するには時間を要する。賠償を求めても売主等が争って応じない場合も多い。通常は、その間においても、買主は経済的理由等から安全性を欠いた建物であってもやむなく居住し続ける。そのような場合に、居住していることを利益と考え、あるいは売主等からの賠償金により建物を建て替えると耐用年数が伸長した新築建物を取得することになるとして、そのことを利益と考え、損益相殺ないし損益相殺的な調整を行うとすると、賠償が遅れれば遅れるほど賠償額は少なくなることになる。これは、誠意なき売主等を利するという事態を招き、公平ではない。重大な欠陥があり危険を伴う建物に居住することを法的利益と考えること及び建物には交換価値がないのに建て替えれば耐用年数が伸長するなどと考えることは、いずれも相当でないと思われる。」

(2)　居住用建物について、建物の安全性を損なう構造上の瑕疵が存在し、建替を要する場合について、その建物の引渡しを受けた注文者が、当該建物に居住できずに、仮住まいを強いられた場合、その仮住まい費用（賃料等）については、請負契約の瑕疵担保責任（契約不適合責任）による損害賠償請求が認められることには異論が無いものと思われる。

　　そうすると、建替費用相当損害と居住利益の損益相殺を認める説に立った場合、我慢して瑕疵物件に居住した者は、その居住の利益を損益相殺によっ

• 262 •

第6章 損害賠償額算定に関する問題1―建替費用相当損害と損益相殺

て控除されるが、仮住まいを選択した者は、仮住まい費用の賠償を受けられることとなり、同じ瑕疵物件の引渡しを受けた者の間で、被害者の対応によって賠償額が大きく異なることになるという問題が生じる。

　前掲平成22年最高裁判決が指摘した点に加え、上記の不均衡の問題からも、居住利益控除説を採用することは難しいと言えよう。

3　建替費用相当損害と賃料収入の損益相殺の可否について

(1)　平成22年最判は、建て替えを要する瑕疵がある建物に「居住したことによる利益」と建替費用相当の損害の損益相殺を否定したものであり、建て替えを要する瑕疵がある建物を賃貸して賃料収入を得ていた場合に、建物所有者が取得した賃料収入そのものを損益相殺の対象とできるか否かについて判断したものではない。

(2)　平成22年最判は、判決理由において「社会通念上、建物自体が社会経済的な価値を有しないと評価すべき場合」に、「建物に居住していたという利益」を損益相殺の対象とすることはできないと判示したのであって、直ちに使用利益全般についての損益相殺までを否定したものとまでは解せないであろう。

(3)　もっとも、平成22年最判は、「社会通念上、建物自体が社会経済的な価値を有しないと評価すべき場合」の例として、「当該瑕疵が構造耐力上の安全性にかかわるものであるため建物が倒壊する具体的なおそれがある」場合をあげている。

　この規範によれば、建物の重要な部分に構造上の瑕疵が認められ、その補修が不可能で倒壊の恐れが認められるとされると、「社会的経済的価値を有しない建物」であって、その使用利益は、賃料収入が生じている場合も含め、およそ損害から控除できないとの考え方もあり得る。

　一方、その考え方によったとして、仮に構造上の瑕疵が存在し、修復が困難な場合でも、直ちに倒壊する具体的な危険があるとまでは言えないような場合は、当該建物の社会経済的価値を有しないとは言えないことから、賃料収入の利益の控除を認めるという結論も導きうるものと思われる。

(4)　もう一つの議論として、そもそも、実際に賃料収入が生じている建物について、構造上の瑕疵が存在し、安全性を欠いていて、修復不能であるとしても、「社会経済的価値」が存在しないと言えるかという問題がある。

・263・

第3部　建築瑕疵損害賠償請求に関連する法律問題

　　これまでの議論では、使用利益の控除を認める積極説において、居住の利益に関しては、安全性を欠く建物であっても、一応雨露を避けることができ、また、住居についての賃料負担を免れているのだから、事実上の使用利益は存在するため、使用利益の控除を認めるべきと主張されてきたのに対して、控除を認めない消極説は、(i)建物の引渡を受けて居住する者は、建物の安全性について不安を抱きながらやむを得ず居住していること、(ii)争いが長引けば、請負人が賠償すべき損害が減少し、建替に必要な費用が補填されなくなることが解決として相当でないこと等と主張されており、この消極説の主張は、相応の説得力を持つものと考える。

　　しかし、問題は、現に賃料収入が生じている場合には、単なる「事実上の使用利益」とは異なり、損益相殺又は損益相殺的な調整の対象とすることが、むしろ、損害の公平な分担という損害賠償制度全体の趣旨に適うのではないかとの点である。

(5)　なお、平成22年最判の最高裁判例解説（平成22年民事編（上）393頁）においても「本判決は、建替費用相当額の賠償が認められる場合にはおよそ使用利益の控除は許されないことをいうものでもない。本判決のいう『社会経済的価値を有しない』と評価すべき場合の具体的内容については、今後の検討に委ねられた課題である。」として、今後の事例の集積によって、平成22年最判の射程範囲が画されるものとしている。

(6)　賃貸物件として計画されていた建物を賃貸できなかった場合と比較して考えてみる。

　　賃貸マンションに建物の安全性を損なう瑕疵が存在し、その瑕疵が修復不可能で建替えを要する場合に、その物件の引渡しを受けた注文者は、請負人に対し、賃貸できずに賃料収入が得られない期間について、逸失利益の損害賠償を求めることになる。

　　賃貸マンションを建築する場合、契約前に建物完成後の収支計画が注文者・請負人・設計者で共有されているケースも多く、また、少なくとも注文者が当該建物を賃貸して相場賃料程度の収入を得ることを目的としていることは請負人も認識していることから、一般的には、請負人は、建物完成引渡し後の賃料収入の内容について予見できる立場にあると言って良いであろう。

　　そうすると、注文者が引き渡しを受けた賃貸マンションが、瑕疵によって

• 264 •

第6章　損害賠償額算定に関する問題1─建替費用相当損害と損益相殺

賃貸できない場合の逸失利益についても、相当因果関係のある損害として賠償が認められるものと考える。

　具体的には、引渡しから、瑕疵物件の解体・建替えを経て、その後の賃貸開始に至るまでの賃料収入について、損害賠償の対象になるものと考える。

　そうだとすると、瑕疵物件の引渡しを受けた者が、賃貸しなかった場合は、損益相殺の問題は生じず、むしろ、逸失利益の賠償を受けられるが、賃貸した場合は、その賃料収入が、損益相殺の対象となるということは、建替費用相当の損害から居住利益の控除を認める積極説について、前記**2**(1)で指摘した居住できず仮住まいした場合の問題と同様の不均衡が生じる。

(7)　そもそも、損益相殺とは民法に明文の規定がないものの、加害行為により、被害者が不利益を受けると同時に、利益を受ける場合に、不利益から利益分を控除した残額が、賠償を要する損害になる、あるいは、不法行為の被害者が、損害を被ったのと同一の原因によって利益を受けた場合に、公平の見地から、その利益の額を賠償額から控除する法理である等と説明される（奥田昌道編「新版注釈民法(10)Ⅱ」504頁（有斐閣、2011）、内田貴「民法Ⅱ（第3版）」447頁（東京大学出版会、2011））。

　瑕疵のある建物から生じた賃料収入は、建物の引渡を受けた者が第三者との間で賃貸借契約を締結したことによって生じたものであって、建物に修復不能な構造上の欠陥がある建物の引渡を受けたことによって生じた収入ではない。

　そうだとすると、注文者が賃料収入を得たとしても、不法行為ないし債務不履行により損害を被った者が、「同一の原因によって利益を受けた場合」には該当しないものとして、損益相殺の対象とはならないと説明することができそうである。

(8)　ただ、居住利益の控除の場合と異なるのは、注文者が実際に収入（利益）を手にしており、その意味では、請負契約の目的が一部実現されているという点である。その場合でも、損益相殺ないし損益相殺的調整が全くなされないということが、果たして公平妥当かという点である。

(9)　なお、損益相殺を「債権者が債務不履行を契機として利得をしてはならない」とする理念（利得禁止の理念）と結びつけられた制度と捉え、「損害賠償法が原状回復（＝権利の価値の回復）の理念と結びつけて『損害』要件のもとで考慮しようとしていたのとは異質の観点からの規範的な評価」である

• 265 •

第3部 建築瑕疵損害賠償請求に関連する法律問題

と整理する見解がある。

　この見解は、損益相殺の対象となる債権者の利益について、①債務不履行を契機として債権者が得た「利益」ではあるものの、債権が有する価値を体現していないものを債権者が保持することが正当化されるか否かの判断と、②その「利益」保持が正当化されない場合に、これを「損害」からの「利益」控除（＝損益相殺）の方法により債務者に移転することの正当性が肯定されて初めて、損益相殺の対象となる利益であることが認められるとする（前掲・奥田・新版注釈民法⑽Ⅱ512頁）。

　このような見解からは、注文者が得た賃料収入相当の利益が瑕疵物件を引き渡した請負人（債務者）に、移転することを正当化する理由を見出し難いと指摘されるであろう。

⑽　以上の検討によれば、やはり、賃料収入相当額を損益相殺ないし損益相殺的な調整の対象とすることは難しいと言えよう。

　参考までに、賃料収入等との損益相殺を否定した下級審判決で、平成22年最判より後に出た仙台地判平成27年3月30日（判例秘書L07050195）を紹介しておく。

　原告は、本件マンションを約17年間賃貸し、月額賃料238万円、月額駐車場使用料20万円の収入を得ていたが、同判決は、前掲最判平成22年6月17日の判旨を引用し、賃料収入に相当する使用利益の控除は認めない旨を判示した。なお、賃料収入と居住の利益の違いについては、判決理由で詳細な検討はされていないものの、「その他の使用収益の利益についても、賃借人との間の清算の可能性などに鑑みれば、居住の利益と同様に解するのが相当」と指摘している。これは、倒壊の危険のある建物を貸して賃料収入を得ていたとしても、後日危険な建物を使用していたことを知った賃借人から賃料相当額について不当利得返還請求若しくは損害賠償請求がなされる可能性があることから、原告の賃料収入の利益は確定的なものではないということを指摘したものと思われる。

⑾　そこで、収益物件については、建替費用相当の損害が認められた場合、建替えによって新たに新築建物の引渡を受け、当初計画よりも、長期間賃料収入が得られる物件を取得したのと等しい状況になることを利益と捉え、伸長された建物利用期間に相当する経年減価分について、損害からの控除を認めることで、公平妥当な解決が図れるのではないかとの点を、次項（**4　建替**

・266・

第6章　損害賠償額算定に関する問題1―建替費用相当損害と損益相殺

費用相当損害と建物の経年減価の損益相殺の可否について）で検討する。

4　建替費用相当損害と建物の経年減価の損益相殺の可否について

(1)　平成22年最判は、居住用建物の新築の事例について、「本件建物には、…のような構造耐力上の安全性にかかわる重大な瑕疵があるというのであるから、これが倒壊する具体的なおそれがあるというべきであって、社会通念上、本件建物は社会経済的な価値を有しないと評価すべきものであることは明らかである。」との前提のもとで、「上告人らが、社会経済的な価値を有しない本件建物を建て替えることによって、当初から瑕疵のない建物の引渡しを受けていた場合に比べて結果的に耐用年数の伸長した新築建物を取得することになったとしても、これを利益とみることはできず、そのことを理由に損益相殺ないし損益相殺的な調整をすべきものと解することはできない。」として、損益相殺における経年減価の控除の主張をも排斥した。

(2)　経年減価控除説

経年減価控除説は、「修補に代わる損害賠償は、最初に修補ないし損害賠償を請求した時点を基準として算定されるところ、本来の瑕疵のない建物が建築された場合であっても、引っ越し後、上記時点までに建物の価値は経済的に低下しており、またその耐用年数は、引き渡しから一定の年限に限られていたはずである。しかるに、引き渡し後相当期間が経過してから修補請求等があった場合に、損害算定の基準時に建物の建て替え・新築費用全額の賠償を認めると、上記の価値低下や耐用年数の経過を無視することになって妥当ではない。この場合には、建て替えに要する費用から、上記のような経済的価値の上昇や耐用年数の延長による利益を損益相殺するのが適切であろう。」とする（大内・住宅紛争145頁〔青山邦夫＝夏目明徳「工事の瑕疵」〕）。

(3)　経年減価控除否定説

①　経年減価控除否定説は、(i)建物を使用する者は、やむなく瑕疵がある状態のなか、使用を継続しており、倒壊の危険におびえて使用しているに過ぎない、(ii)損耗減価を認めると、施工業者が争えば争うほど損害が減額されることになり、妥当ではないとして、建物の使用期間が延びることによる経年減価に相当する利益についての損益相殺を否定する。

②　平成22年最判の判例解説においても、経年減価控除説にいう「耐用年数

• 267 •

の伸長」とは、瑕疵のない建物の引き渡しが遅れた結果生じるものにすぎないこと、当該建物が社会経済的価値を有しないと評価すべきものである場合には、その引渡しを受け所有権を取得したこと、すなわち当該建物を自由に使用収益できる地位を取得したことをもって損益相殺等の対象となる利益ということは困難であると指摘しており、経年減価控除否定説を支持している。

⑷ 収益物件の建替費用相当損害と経年減価控除の可否

前述のとおり、居住利益・賃料収入のいずれについても、これらを建物の使用利益として注文者の損害から控除することを認める説（使用利益控除説）は、不法行為ないし債務不履行といった損害を被ったのと同一の原因によって生じた利益とは言えないのではないか、また、注文者（被害者）の対応によって賠償内容に不均衡が生じるのではないかといった問題があり、採用することは難しいように思われる。

一方で、賃料収入を得るための収益物件については、建物の価値の一部を賃料収入ないし逸失利益の補填という形で注文者も得ていることから、建替費用相当の損害から経年減価分を控除することによって、注文者と請負人間の損害の公平な分担を図ることができるものと考えられないであろうか。

経年減価控除の否定説からは、経年減価の控除を認めた場合、裁判が長引けば、損害賠償額から控除される金額が増加し、請負人の責任が減少するのではないかとの批判がある。

しかし、賃貸による収益物件の建替費用相当の賠償が問題となる事案では、注文者が逸失利益の補償を受けた、若しくは実際に賃貸収入を確定的に得た場合を考えると、補償ないし収入を得た期間については、注文者のあるべき財産状況と実際の財産状況の差額（損害）は生じないので、建物の使用期間による経年減価分の控除を認めたとしても、請負人の責任が不当に減少するとまでは言えないと説明することができる。

なお、個人が住宅を新築した例については、消費者が住宅ローンと仮住まい費用の二重の負担を免れるために、やむを得ず瑕疵物件に居住し続けたという例も多いと考えられることや、賠償を受ける際に、実際に建替え可能な金額の賠償を受けられないと、当該消費者が危険な瑕疵物件に居住し続けなければならない状況に陥るので、前掲平成22年最判のとおり、経年減価については損益相殺を認めないことが妥当な事案が多いと思われる。

今後の裁判例の集積により、平成22年最判が賃貸用物件のような収益物件についてそのまま妥当するのか、その射程が明らかになることを期待したい。

第7章　損害賠償額算定に関する問題2―建築瑕疵と慰謝料

第7章　損害賠償額算定に関する問題2
―建築瑕疵と慰謝料

1　はじめに

　慰謝料は、財産的損害だけでなく、被害者が被った精神的苦痛等の無形的損害を填補するという性質のものであるが、一般的に、被侵害利益が財産権にとどまる場合には、「その財産的損害が賠償されれば、特段の事情がない限り、精神的損害も回復するので、慰謝料請求することはできない」（大阪高判平成13年11月7日判タ1104・216。同旨、後藤・請負実務102頁）と考えられてきており、「そのほかになお慰藉を要する精神上の損害もあわせて生じたといい得るためには、被害者が侵害された利益に対し、財産価値以外に考慮に値する主観的精神的価値をも認めていたような特別の事情が存在しなければならない」（最判昭和42年4月27日裁判集民87・305）とされていた。こうした点を踏まえ、建築訴訟において被侵害利益が財産権にとどまる場合に慰謝料が認められるのは、ごく例外的な事例に限られるという指摘もある（田中一彦ほか「建築訴訟の審理モデル～不法行為（第三者侵害型）編～」判タ1495・5）。

　他方で、建築瑕疵は、当該建物の購入者の平穏・安全・快適な日常生活を継続的に侵害し、また、多くの人にとっての長年の夢・期待の実現を阻害するものであって、さらに、建築瑕疵の原因である債務不履行・不法行為の態様が悪質だったり、建築業者等の事後の対応が不誠実、悪質な場合もあることから、それによる被害は財産的な交換価値の回復に解消されない被害であるという意見もある。そうすると、財産的損害が回復されれば精神的損害も回復されるという単純な定式化に対しては、建築瑕疵による被害を正しく捉えているのかという疑問も出てくる（同旨、松本克美「欠陥住宅被害における損害論」立命館法学280・26）。

　このような状況の下、裁判例の中には慰謝料を肯定するものも次々と現れているので、以下では、建築瑕疵による慰謝料請求が認容された近時の裁判例について概観し、その傾向を分析する（ただし、本章で検討するのは、瑕疵による被侵害利益が財産権にとどまる事例のみとし、具体的に健康被害等が生じているなど生命・身体等の権利・法益侵害が考慮されていると思われる事例は除外した）。

・269・

第3部 建築瑕疵損害賠償請求に関連する法律問題

2 建築瑕疵による慰謝料請求が認容された裁判例

・**和歌山地判平成12年12月18日欠陥住宅2・486**

慰謝料認容額200万円

　鉄筋コンクリート造りのマンションの建築工事において、開放廊下・バルコニーの床スラブ及び手すり壁（ひび割れ部分）、竪樋開口部、屋根のシングル瓦葺の浮きや飛散、屋根と樋の隙間の水切り、外壁タイルのひび割れ、エレベーター昇降路内のジャンカについて、施工上の瑕疵と認めた事案。

　それらの中には修補不可能な部分があり、今後ともひび割れの発生に注意を払って通常の建物以上に維持管理を行っていく必要があることや、万一の火災の場合に耐火性の面でも通常の機能を果たし得ないおそれがあることなどを考慮した。

・**東京地判平成16年5月27日判例秘書L05932240**

慰謝料認容額200万円

　建設会社が耐震性に配慮した建物の建築を要望されて請け負いながら、地盤の工事においてガラ（コンクリートガラやモルタル片）を用いたことは、契約違反かつ欠陥工事であり、その結果、建物の地盤として成り立ち得ない致命的な欠陥があるとされた事案。

　欠陥の是正には、地盤中のガラをすべて撤去したり建物の再施工が必要であるなどと判断されている。

　ガラの投入行為が地業工事に当たって許されるべきでない悪質かつ違法な行為であるとした上で、本件に顕れた一切の事情を考慮した。

・**札幌地判平成17年10月28日判例秘書L06050361**

慰謝料認容額200万円

　建築会社が工事請負契約に基づいて建築した建物について、構造耐力上主要な部分に瑕疵があるとされた事案。

　補修方法として、コンクリートをはつり取り、鉄筋を配筋しなおし、コンクリートを打ち増しする等の工事が必要と判断されている。

　神奈川県から北海道に移り住んで本件建物で生活することを考えていたにもかかわらず、多数かつ広範囲にわたる瑕疵があったこと、当該瑕疵が建物構造耐力上の問題に係る箇所のものであったこと、それにもかかわらず本件建物で生活をしなければならないことなどの事情を考慮した。

第7章 損害賠償額算定に関する問題2─建築瑕疵と慰謝料

・東京地判平成18年7月24日判例秘書L06132898

慰謝料認容額300万円

　購入建物が建築確認申請図面と異なり、十分な強度がないとされた事案。

　自宅という高額な商品の購入にあたり、建築確認申請によって法令上の基準を満たしているという前提を覆されたこと、特に瑕疵が最も基本的な安全性に関わる強度不足に係るものであったこと、これまでの不安や、今後行われるべき補修工事に伴う諸々の負担等を考慮した。

　なお、補修工事期間中の引越し費用等が定かではなく、慰謝料算定においてはそれらの点も補完的に考慮している。

・京都地判平成19年10月18日判例秘書L06250295

慰謝料認容額50万円、各150万円

　建築業者が排水路に隣接する一団の土地上に11軒の建物を建設するのに際し、必要な軟弱地盤対策を怠ったことによりひび割れや傾き等の損傷が生じ、かつ、被告市が排水路改良工事において不適切な工法を選択したことにより建物の損傷が拡大したという事案。

　補修方法として、薬液注入工法等の地盤改良が必要と判断されている。

　建物に生じた亀裂やその拡大等によって不安な日常生活を送ってきたこと、各種のストレスや体調不良等を感じてきたことなど、原告毎の個別事情を考慮した。

・名古屋地判平成22年5月18日欠陥住宅6・304

慰謝料認容額100万円

　建築された鉄骨造建物について、建物の柱梁接合部の溶接に欠陥があって法令上必要とされる構造耐力を有しない状態となっているとされた事案。

　当該瑕疵につき、技術的及び経済的観点において適切といえる補修方法が存在せず、建物を取り壊した上で建て直すほかないと判断されている。

　施工業者、施工業者代表者、建築士に対する損害賠償請求が認められた。

　慰謝料の請求者は発注者（法人）の代表取締役で同建物（1階が事務所）の3階に居住する個人であるところ、同人が1日の大半を同建物にて過ごしており、建物の致命的な構造欠陥の判明によって、自身の生命・身体の安全はもとより、従業員の生命・身体に対する重大な懸念を抱えながら日々の生活を送ることとなったことや、不法行為が故意によるもので、本来必要とされる施工を行わず偽装鉄骨と称されて建替えを余儀なくされるほどのものであったこと、施工業者らが重大性を真摯に受け止めずにおよそ非現実的な補

• 271 •

第3部 建築瑕疵損害賠償請求に関連する法律問題

修案を繰り返し提示して訴訟を遅延させたことなどを考慮した。

・**福岡地判平成23年3月24日判時2119・86**

慰謝料認容額各50万円

マンションの構造計算を担当した建築士が、誤った構造計算を行い、その結果、大規模な地震等により崩壊、破壊または重大な変形等を起こす危険性があるとされた事案。

なお、限界耐力計算をして補修することが現実的に可能と判断されている。

本件マンションには建物としての基本的な安全性を損なう瑕疵があるといえ、各区分所有者は、大規模な地震等によって本件マンションが大きく毀損するのではないかと不安を抱えて生活せざるを得ず、また補修工事に伴い代替住居における生活を余儀なくされるなどの事情を考慮した。

・**東京地判平成23年3月30日判タ1365・150**

慰謝料認容額各200万円

元一級建築士が分譲マンションの構造計算書を偽装したことにより、耐震強度の不足する本件建物が建築され、建物が無価値となったとされた事案。

建物は解体されて新たに建築された。

本件建物が除却を命じられるほどの耐震強度の不足を生じることとなって実際に解体され持ち家を失ったこと、新築マンションの購入後わずか一年前後で耐震偽装の問題に巻き込まれたこと、居住することの不安、世間から注目され誹謗中傷を受けたことによる心労、本件建物の使用禁止及び建替えに伴う仮住まいの確保やその生活等によって被った多大な精神的負担、事実調査や情報収集、建て替えのための協議、訴訟提起及び追行のための準備などに多大の時間と労力を費やしたことについての心的物的負担の大きさなどを考慮した。

・**京都地判平成23年12月6日欠陥住宅6・22**

慰謝料認容額100万円

購入した新築建物について、建築基準法及び同施行令等が規定する構造耐力上の要件や防火性能上の要件を充足していないとされた事案。

生命及び身体の安全に関係する主要な構造部分について基本的な構造耐力性能及び防火性能を欠いており、しかも瑕疵が多岐にわたって存在するために、補修工事で対応することが技術的に困難で経済的観点からも不相当であると判断された。

上記瑕疵の程度に加え、欠陥の存在を知ってから建物での居住継続に不安

を感じ、その結果仮住居建物における居住を余儀なくされたこと、今後も建物の取壊建替工事の期間には仮住居建物における居住を余儀なくされると見込まれることなどを考慮した。

・**東京地判平成25年12月4日TKC25516537**

慰謝料認容額180万円

　　所有土地上の建物建築工事等に関し、ハウスメーカーとの間で請負契約を締結し完成引渡しを受けたが、建物に付属する駐車場の設計や水道メーターの設置位置等に瑕疵があった事案。

　　本件建物の建築を終の住みかとして大きな期待を持っていたが、駐車場に車両を入庫することができなかったこと、車両を駐車場に入庫させるには相当の運転技術を要し、本来不必要な緊張を強いられること、他方、業者側で跳ね上げ式扉の設置費用や外壁コーティング費用を負担していることなどを考慮した。

・**大阪高判平成26年1月17日欠陥住宅7・168**

慰謝料認容額200万円

　　建築された戸建て住宅について、建物の基礎に関し、鉄筋に対するコンクリートのかぶり厚さの大幅不足、ガレージ部分にベタ基礎が施工されていないこと、建物の基礎開口周辺の補強が十分にされていないこと、地中梁の本数に不足等があって梁の曲げ強度が設計強度を大きく下回っているなどの種々の欠陥があるとされた事案。

　　建物の基礎について長期荷重に対する耐力不足を補うための適切かつ実現可能な補修工事を行うことは現実問題として不可能であり、建築基準法及びその関係法令において要求される建物の強度を満たすためには建替えを行う以外に方法はないと判断されている。

　　設計事務所、監理建築士、施工業者、施工業者の代表者に対する損害賠償請求が認められた。

　　瑕疵が建物の構造耐力上の安全性に関わる極めて重大なものであること、交渉及び訴訟が相当程度長期間にわたり、生命、身体及び財産に対する危険にさらされ続けたことなどを考慮した。

・**東京地判平成26年1月21日TKC25517353**

慰謝料認容額100万円

　　発注して建築された自宅建物に施工の瑕疵があった事案。

　　転居を伴う補修が必要となること、漏水による生活の不便が生じているこ

と、他方、生命、身体に危険が加えられた事案でないことなどを考慮した。

・**名古屋高判平成26年10月30日欠陥住宅7・108**

慰謝料認容額150万円

　建築工事請負等を目的とする会社から居住目的で購入した土地建物につき、盛土後の土地の地盤強度を計測して改良措置等を講ぜず、その地盤強度にふさわしい建物基礎を選択しなかった結果、地盤沈下による傾斜を生じさせやすい状態となっており、結果的に土地が地盤沈下して建物が傾斜した事案。

　建築から約7年が経過して定年退職した後に本件建物での居住を開始したところで、その直後から本件建物が傾斜していることが発覚し、その後長期間にわたって支障を感じながら生活しているという事情を考慮した。

・**仙台地判平成27年3月30日判例秘書L07050195**

慰謝料認容額120万円

　請負人、下請け人、孫請け人業者に対し、集合住宅のコンクリート圧縮強度不足等の瑕疵を理由として損害賠償を求めた事案。

　瑕疵を根本から是正するためには建て替えを要すると認定。

　本件建物に重大な瑕疵があったことで、本件建物に発生するひび割れに悩まされ、断続的な補修工事の実施に追われるなどの精神的苦痛を被ったことを考慮した。

・**東京地判平成27年7月8日TKC25531269**

慰謝料認容額30万円

　物置設置工事及び外構工事の瑕疵に関する事案。

　設計段階での調査不十分によって契約の部分解約をすることになったが、土間コンクリートが途中までしか打たれていないために増し打ちを要し、通常よりも手間や時間がかかったことなどを考慮した。

・**東京地判平成28年3月30日判例秘書L07130911**

慰謝料認容額30万円

　マンションの一室のリフォームに際し、建築会社、建築設計会社によって欠陥工事が行われた事案。

　瑕疵とまでは認められないものの、天井・壁等に美観の問題があり、現状の床の状態について不快感を覚えるのは当然であるなどの事情を考慮した。

・**東京地判平成28年6月16日判例秘書L07131540**

慰謝料認容額各50万円

　購入したマンションのカーテンウォールから発生する音に悩まされている

第7章　損害賠償額算定に関する問題2—建築瑕疵と慰謝料

として販売業者に損害賠償を求めた事案。

音の実態調査、担当者とのやり取り、調査や補修工事への対応、補修工事に伴う転居などに相当程度の労力を費やしたこと、新築物件への期待、度重なる補修工事への期待が裏切られてきた側面があること、今後も本件カーテンウォールから発生する音と付き合っていかなければならないこと等の事情を考慮した。

・福岡地判平成28年8月8日欠陥住宅8・282

慰謝料認容額50万円

購入した土地上に建設会社との請負契約に基づいて建物が新築されたが、土地の擁壁について通常有すべき品質・性能を有していないことが一見して明らかであったにもかかわらず、同会社が敷地内の構造的な安全性についてより慎重かつ詳細な調査を行うことを怠ったとされた事案。

余生を過ごす場所として本件建物を建築したにもかかわらず、計画位置に建物が建築されたことによって擁壁の再築が困難となり、長期間にわたり、擁壁の崩壊等により第三者を含む人的・物的被害が生じる不安を抱えながら生活せざるを得なかったことなどの事情を考慮した。

・東京地判平成28年11月30日判例秘書L07133095

慰謝料認容額10万円

建設業の許可を有していない法人にマンションの内装工事を依頼したところ、排水機能の不良が生じたという事案。

建物内での日常生活において、日々不便を感じさせる度合いが強い瑕疵と評価でき、引き渡し時から転居までの2年間その不便を被ってきたこと、他方で、自身による瑕疵修補が一定程度想定しうる状況であったことを考慮した。

・東京地判平成29年3月24日判タ1459・231

慰謝料認容額各100万円

建築会社が施工した新築住宅を購入したところ、その敷地が軟弱地盤であったにもかかわらず、地盤改良工事が不十分であった上に適切な建物の基礎選定を行っていなかったために、周辺で発生した地盤沈下に対処できず住宅が不同沈下したという事案。

アンダーピニング工法による補修工事が必要と認定。

美観上の瑕疵などとは異なり、基礎という建物の機能に直結する最重要部位に瑕疵があるため、その影響が建物の広範囲に及び、居住者に不安を与え、生活を送る上で快適さが相当程度失われたといえること、被告が自らの責任

・275・

第3部 建築瑕疵損害賠償請求に関連する法律問題

を認めなかったために建物の是正工事が放置され、不利益を被っている期間が長期化したこと、実態調査や担当者とのやり取り、調査への対応にも相当程度の労力を費やしたこと、今後大掛かりな補修工事を行う必要があり、その対応にも相当程度の労力を費やすことが見込まれることなどを考慮した。

・東京地判令和2年3月17日判例秘書L07530752

慰謝料認容額60万円

　住居であるマンションの一室のリノベーション工事の設計及び施工を目的とする請負契約を内装工事業者と締結したところ、防水ないし漏水対策の検討を十分にせず従来工法によって浴室工事を行い、その結果、浴室から階下への漏水を生じさせた事案。

　本件漏水後約5カ月間、管理組合によって浴室の使用を禁じられ、外出して他の入浴施設を利用したり別室の浴室を月額3万円で借りて使用せざるを得なかったことなどを考慮した。

・横浜地判令和2年6月5日欠陥住宅8・368

慰謝料認容額75万円

　業者より購入した土地建物について、同業者が設計・施工した建物の地盤及び基礎工事に地盤の締固め不足があったことにより、物件に最大8.6／1000の沈下傾斜が生じたという事案。

　建物の引渡しを受けた後で家族で居住していたことや、物件の傾斜の程度などを考慮した。

・東京地判令和3年9月14日判例秘書L07631323

慰謝料認容額10万円

　建築会社が請け負って実施した外壁リフォームにおいてずさんな工事が実施された事案。

　着工直後から種々の問題点が発生しており、これを指摘されていたにもかかわらず十分な対応をしないまま工事が問題なく完了したかのような報告をしていたこと、その後も工事の未施工部分があることが判明して追加工事が行われるなどしたこと、本来必要のなかった追加工事が行われることによって、自宅において騒音・振動等の不利益をより長期間甘受せざるを得なくなったことなどを考慮した。

・東京地判令和4年3月22日判例秘書L07731165

慰謝料認容額50万円

　交通事故により遷延性意識障害を抱える重度の障害者となった（亡）家族

• 276 •

のために車いすを利用して生活することができるバリアフリーの自宅建物を新築することとし、不動産会社である被告との間で自宅建物の設計及び建築を内容とする工事請負契約を締結したものの、「完全なバリアフリー建物」を設計・建築するという契約の内容に適合しない建物が建築された。

亡家族が生前に本件建物に入居することができなかったこと、本件契約で想定されていた「完全なバリアフリー」の建物に修補するとしても、自動車1台分の駐車場を本件建物の敷地の外に確保する必要が生ずるほか、車いすにより本件建物へ出入りするには著しく長大なスロープを用いなければならないという不利益が残存することからして、亡家族は多大な精神的苦痛を被ったと認められること、被告担当者が原告らの要望に誠実に対応しようとせず、その対応が著しく不適切であったことなどを考慮した。

3 慰謝料についての判断要素

慰謝料請求を認容している裁判例を見ると、事案の中に、
- ・瑕疵の重大性
- ・とりわけ建物の安全性を害する瑕疵
- ・建築主・買主の計画や期待（特に新築の場合の長年の夢、待望、念願といった事情）の阻害
- ・瑕疵による著しい（長期間にわたる）不安・不快・不便・心労
- ・瑕疵を生じさせた行為の悪質性
- ・不誠実な交渉態度
- ・補修後も残る不備、不良、不便、負担（完全な補修ができない事案）
- ・金額算定が困難な財産的損害の存在

等といった要素を拾うことができる。

慰謝料の認容額としては、概ね10万円〜200万円の範囲で推移しているが、特に100万円以上の高額慰謝料を認容している裁判例の事案では、瑕疵・欠陥が重大であって大規模かつ長期間にわたる修補や建替えを要し、その間の生活への影響が大きいといった傾向が見られる。

第3部　建築瑕疵損害賠償請求に関連する法律問題

第8章　損害賠償額算定に関する問題3
―その他の損害費目、過失相殺

Ⅰ　その他の損害費目

1　建物価値減少

　補修費とは別に、または補修費に代えて、建物価値減少が損害として認められた例がある。

・**横浜地判昭和50年5月23日判タ327・236**

　　基礎工事の不完全等による木造2階建建物の不同沈下の事案。修補工事に要する額を不完全履行による損害として認めるとともに、修補を可能な限り施したとしても新築住宅としての正常性を完全には補正回復できず、建物価額は不完全履行のない場合に対比して減価を免れないとし、減価額は新築工事の適式見積額をまず算定した上でその1割と評価することが合理的であるとして、38万円余の減価額を財産上の損害として認めた。

・**福岡地判昭和61年7月16日判タ637・155**

　　建物について、構造上、性状上及び日常の生活上から最低限必要な瑕疵補修を認定し、その補修費を瑕疵修補に代えて賠償請求できる損害として認めるとともに、それらの補修をしたとしても残存する瑕疵（斜線制限を約60cm超過し建築基準法違反の状態。内部仕上げ、外部仕上げの不良。階段廻り等の間取りの悪さのための使用上の不便）による減価を考慮した建物評価額と請負人に払った工事代金との差額を、残存瑕疵及び代金相当額の工事がなされなかったために原告が被った損害と認めた。

　　請負人に払った工事代金額を基準にして、それと減価を考慮した建物評価額（同工事代金額を下回っている）との差額を損害と認めている。原告が請求原因において、建物を2300万円以上の客観的価値を有するものとして仕上げていると誤信して、2300万円を請負工事代金として支払ったと主張し、減価を考慮した建物評価額と請負人に払った工事代金との差額を工事瑕疵による建物の価値逸失損害であると主張したことが作用していると思われる（ただし、判決文では誤信の存否について何も認定されていない。）。

・**東京高判昭和44年2月10日判時555・50**

　　工事途上の住宅用ビルを分譲するにあたり当該ビル中の1区画を分譲業者

により残工事を行うこととして分譲をうけた事案につき、契約後の分譲業者の設計変更によって当該区画の脇に非常階段が設けられたことから、区画の床面積が2.1㎡減少し利用しづらい区画となったという事案。契約の種別は製作物供給契約であるとして民法634条の適用を認め、床面積減少による利用価値減少は瑕疵に該当し、事実上不可能な瑕疵修補に代えて損害賠償を請求することができるとして、居宅部分の売買代金を基準にして算出した減少面積についての代金相当額を損害として認めた。

2　営業損害・逸失利益

営業用建物や賃貸用建物において建築瑕疵により営業損害・逸失利益が発生する場合、それが損害として認められることは争いないものと思われる。問題は、建築瑕疵との相当因果関係が認められる範囲である。

・仙台地判平成27年3月30日Westlaw2015WLJPCA03306001

賃貸用マンションのコンクリート圧縮強度不足の瑕疵によりこれを是正するには建て替える以外にないとされた事案において、①21室分の賃料及び駐車場使用料につき、入居者の立退きに3か月、解体・新築工事に13か月かかるとして計16か月分（ただし空室率として2割を減額）の3310万円余、②各賃借人に対する立退費用（退去通知後の賃料及び駐車場使用料免除額、引越し費用、引越し仲介料及び賃料3か月分の立退料）として1196万円余を損害と認めた。

・広島地判平成29年10月13日民集74・6・1702、金商1610・39

美容師として自宅の増築部分で自ら美容室を開業していたが当該増築部分に瑕疵があり修補工事が必要と認められた事案において、美容室の1日当たりの営業利益を9584円としつつ補修工事には少なくとも20日間を要するとして計19万1680円を営業損害と認めた。

3　登記費用

建物の建替えが必要と認められる場合においては、これに関連する登記費用も損害として認められる。

・和歌山地判平成20年6月11日消費者法ニュース79・255

建物の基礎構造等に瑕疵がありこれを補修するには再築するよりほかないとされた事案において、建物の滅失登記及び再築建物の保存登記費用30万円を損害と認めた。

第3部　建築瑕疵損害賠償請求に関連する法律問題

・名古屋地判平成20年11月6日民集64・4・1204

　　建物の基礎構造に重大な瑕疵がありこれを修補するには再築する以外に方
法がないとされた事案において、再築建物の表示登記・保存登記費用及び登
録免許税の合計12万円余を損害と認めた。

4　住宅ローン手数料・金利、印紙、固定資産税等（住宅取得関連費用）

(1)　建築瑕疵の程度が重大で建物としての価値を有していなかった等と評価さ
れ建替費用が損害として認められた場合、その住宅を取得するために要した
費用についても損害と認められる例がある。

・京都地判平成23年12月6日Westlaw2011WLJPCA12066006

　　「引渡しを受けた時点から、生命及び身体の安全に関係する主要な構造
部分について、基本的な構造耐力性能及び防火性能を欠いていたものであ
るから、社会通念上、建物としての価値を有していなかったと評価すべ
きである」として、建替費用に加えて、登録免許税、印紙税、司法書士報
酬、土地家屋調査士に支払った費用、売買仲介手数料、建物に付した火
災保険料、住宅ローン金利及び固定資産税・都市計画税として、合計828
万余を損害と認めた（なお、控訴審である大阪高判平成24年10月25日
Westlaw2012WLJPCA10256012もこの判断を維持した）。

・横浜地判平成24年1月31日判時2146・91

　　耐震強度が不足しているマンションにつき建替えを余儀なくされた事案に
おいて、建築確認を行った指定確認検査機関の不法行為責任として、建替費
用に加えて、マンションの購入に伴う登記費用、オプション代（追加設備費
用）、売買契約書の印紙代、火災保険料・地震保険料、住宅ローン関連費用
等を損害と認めた。

(2)　また、瑕疵によって売買契約の目的が達成できないと認められる場合にお
いて、売買代金相当額に加えて住宅取得関連費用を損害と認定した例もある。

・大阪地判平成12年9月27日判タ1053・137

　　木造新築建売住宅の売買契約において構造耐力上必要な軸組長さの不足、
軸組配置の釣り合い不良等の構造的欠陥があり、契約解除が認められたケース
において、売買代金相当額3193万円及び売買諸費用（登録免許税、印紙税、
司法書士報酬、火災保険料、住宅ローン保証金、住宅ローン金利及び固定資
産税）295万円余を損害と認めた。

・280・

第8章　損害賠償額算定に関する問題3─その他の損害費目、過失相殺

・大阪地判平成25年4月16日消費者法ニュース99・311

　　構造耐力上主要な部分であるパネルゾーン（梁柱接合部）の溶接の欠陥という建物としての基本的な安全性を損なう瑕疵があり、修補可能性が認められない事案において、売買代金相当額2880万円及び売買諸費用（登記費用、仲介手数料、火災保険料、保証料及び固定資産税）210万円余を損害と認めた。

5 代替住居費用・引越し費用・仲介手数料等

　　修補ないし再築工事のために、住居居住者が転居を要する場合、工事期間相当分の代替住居費用（賃料）及び往復分の引越し費用が損害として認められる。代替住居の賃貸借契約を結ぶのに必要な仲介手数料、敷金（一部）、礼金を損害として認めた例もある。

・福岡地裁平成23年3月24日判時2119・86

　　建築士の構造計算書に誤りがありマンションの基本的な安全性を損なう瑕疵があると認められた事例において、入居者42戸分の代替住居の6か月分の家賃及び駐車場代、仲介手数料、敷金（ただしある程度返還されることを理由として25%の限度で認定）、移転通知等に伴う雑費及び往復分の引越し費用として合計6716万円余りを損害と認めた。

　　なお、原告はマンションの管理組合の管理者であり、当事者として訴訟追行できるのは共用部分等について生じた損害に限られるが（区分所有法26条4項、2項後段）、本件の補修計画はマンションの全体にわたる大規模なものであり、上記の各費用は共用部分の補修に必然的に伴うものとみることもできるから、これらも含めて管理組合が損害賠償請求権を行使することができるとされた。

・大津地彦根支判平成23年6月30日判時2286・65

　　建物の基礎及び天井裏工事に瑕疵があり建替えを要するとされた事案において、6か月の建替工事期間中、原告とその家族が同等の建物を賃借する費用60万円及び引越し費用（2回分）40万円を損害と認めた。

・京都地判平成24年7月20日欠陥住宅7・146

　　建物の基礎配筋等に瑕疵があり建物を再築するのが相当とされた事案において、6か月の工事期間中の仮住まいの借家料として、建物と同等の借家の近隣相場月額9万円、礼金9万円及び仲介手数料4万5000円並びに引越し費用（2回分）37万円余を損害と認めた（なお敷金は本来明渡し時に返還されるものであるとして否定された）。

・281・

第3部　建築瑕疵損害賠償請求に関連する法律問題

・名古屋地判平成24年12月14日欠陥住宅7・70

　　擁壁兼基礎の地盤の地耐力不足による不同沈下が認定された事案において、原告が補修工事中の仮住まい費用（月20万円×6か月＝120万円）及び引越し費用（2回分60万円）を損害として主張したところ、当該工事には床の補修が含まれ居住しながらの工事が困難であることから必要性を認めたものの、工事内容や建物の大きさから過大であるとして、仮住まい費用40万円、引越し費用20万円の限度で認めた。

・津地判平成29年3月30日消費者法ニュース112・325

　　建物の窓からの雨漏り、建具の組付け不良等により補修工事が必要とされた例において、補修工事中の仮住まい費用として3か月分30万円、2回分の引越し費用として43万円余を損害と認めた。

6　鑑定調査費用

(1)　一級建築士等の専門家及び調査会社等に建物の鑑定調査を依頼することは建築訴訟の準備、提起、追行において必須である。それに要した費用については、概ね損害として認められている。

・和歌山地判平成20年6月11日消費者法ニュース79・255（前掲）

　　建物の基礎構造に瑕疵があった事案において、調査鑑定費用として150万円を損害と認めた。

・名古屋地判平成20年11月6日民集64・4・1204（前掲）

　　建物の基礎構造に重大な瑕疵があり再築する以外に方法がないとされた事案において、原告が専門家に依頼して実施した建物現況調査（構造計算を含む。）、溶接検査、ボーリング調査費用133万円余を損害と認めた。

・佐賀地判平成22年9月24日判時2118・81

　　建物の基礎に瑕疵があった事案において、地盤等調査費用として107万円余を損害と認めた。

・静岡地判平成24年5月29日欠陥住宅7・230

　　構造計算に基づく建物の強度不足の存在を認定し補修相当とされた事案において、一級建築士の調査費用、意見書作成費用、裁判出廷費用等として現実に支出した369万円余のうち200万円を相当因果関係のある損害と認めた。

第8章 損害賠償額算定に関する問題3─その他の損害費目、過失相殺

(2) 否定された例としては、以下のようなものがある。

・東京地判昭和44年3月8日判時564・56

　　基礎工事及び柱工事の不具合により建物にひずみが生じ、台風により屋根が飛ばされるなどの結果を生じた瑕疵について修繕費相当額の損害賠償を認めたが、工務店に修繕見積りのために支払った「現場写真撮影費」について修復工事のために必ずしも必要とは言えないとして認めなかった。

・東京地判平成4年12月21日判時1485・41

　　タイルのひび割れ、雨漏りの事案において、原告が調査費用を損害として請求したが、本訴提起以前から請負人が補修を約束していたにもかかわらず原告がその履行を拒絶していたとして、瑕疵との因果関係を否定した。

7　弁護士費用

(1) 弁護士費用については多くのケースにおいて認められている傾向にある。不法行為構成において相当な弁護士費用が認められることは交通事故等の他の不法行為事件と同様であるが、債務不履行あるいは瑕疵担保構成により請求を認容した裁判例においても弁護士費用を認める例も多く、実質的には法律構成によりそれほど大きな差はないと思われる。

・神戸地判平成11年7月30日判時1715・64

　　天井裏に多数の蝙蝠が巣食っていた住宅について「一般人の感覚でも、本件建物は右価格に見合う使用性（清潔さ・快適さ）を備えたものといえないことは明らかである」として売主の瑕疵担保責任を認定した上、当該住宅に多数の蝙蝠が生息していることを認識していながら買主に「ムカデやゴキブリは見たことがない」などと述べて売却したことが不法行為にも匹敵するとして、弁護士費用15万円を損害と認めた。

・京都地判平成12年11月22日欠陥住宅2・314

　　「一般に債務不履行によって損害賠償を請求する場合に弁護士費用の賠償を求めうるか否かについては議論があり、本件の被告会社の責任は、まして故意過失を要件としない担保責任である。しかしながら、本件建物の瑕疵は重大で且つ広範に及んでおり、その内容に照らすと、被告会社に重大な過失があるのは勿論のこと、故意すら否定し難いこと、原告が自己の権利を擁護するためには、訴えを提起することが必要であったこと、本訴訟は高度に技術的専門的であって、提訴のためには弁護士への委任が必要であったこと等に鑑みると」、不法行為責任に準じて相当な弁護士費用も請求できると認めた。

• 283 •

第3部　建築瑕疵損害賠償請求に関連する法律問題

・大津地彦根支判平成23年6月30日判時2286・65（前掲）

　　建物の基礎及び天井裏工事に瑕疵があり建替えを要するとされた事案において、瑕疵担保構成を採りつつ、「被告の応訴態度及び弁論の全趣旨によれば」原告が本訴において主張している損害賠償請求権の実現のためには弁護士に訴訟追行を依頼することが必要であったと認められるとして、弁護士費用160万円を損害と認めた。

⑵　ただし、他方で弁護士費用の請求を棄却している裁判例も一部見られ、そこでは次のような判示がなされている。

・神戸地判明石支判平成9年10月20日欠陥住宅1・24

　　中古マンション売買において、室内に大量のアリ（シロアリではなくイエヒメアリ）が生息していたため瑕疵担保による解除を行ったケースにおいて、売買契約の瑕疵担保責任に基づく損害賠償の範囲は信頼利益に限られるが、弁護士費用は信頼利益に含まれないとして弁護士費用の請求を退けた。

・大阪地判平成11年2月8日欠陥住宅1・150、和歌山地判平成12年12月18日欠陥住宅2・484

　　訴訟費用に弁護士費用を含めず、弁護士強制の制度をとっていない民事訴訟法の趣旨からは売主の行為に強度の違法性があってはじめて弁護士に委任して訴訟追行することが社会通念上相当な行為であるとしたうえで、本件瑕疵は売主である被告において強度の違法性があるとは認められないとして相当因果関係にないとした。

・東京地判平成13年6月27日判時1779・44、欠陥住宅2・32

　　木造2階建ての新築売買において軟弱地盤であることにより基礎工事の抜本的やり直しが必要であるという重大瑕疵の事案で、売主については瑕疵担保責任を理由とする契約解除に基づく原状回復及び損害賠償を認めつつ、瑕疵担保責任に基づく損害賠償は信頼利益に限られるとして弁護士費用の請求を認めなかった。他方、仲介業者については、説明告知義務違反を理由とする不法行為責任に基づく損害賠償（原告4名のそれぞれについて慰謝料480万円から510万円）を認めるとともに、原告1名あたり50万円の弁護士費用を認めた。

・京都地判平成12年10月16日判時1755・118

　　同じ造成地内の複数の物件の瑕疵が問題となった訴訟で、土地付き住宅分譲事業を行った事業者ら（会社）が売主となった物件については、同事業者

・284・

第8章　損害賠償額算定に関する問題3―その他の損害費目、過失相殺

らの負う責任は不法行為責任にも匹敵すべきであるとして弁護士費用の請求を認めたが、一般人が事業者から購入後に売主となって転売した物件については、特段の事情のない限り、契約責任に基づく損害賠償請求においては弁護士費用は損害に含まれないと解すべきであるからとの理由で、弁護士費用の請求を認めなかった。

Ⅱ　過失相殺

1　認められた事例

不法行為構成のみならず瑕疵担保構成においても、いわゆる過失相殺の法理を及ぼして損害の何割かを減じる例が見られる。注文主や買主（あるいはそれらの者が委託した業者）の言動や態度等が考慮される例が典型的である。

・大阪地判平成13年2月15日欠陥住宅2・364

被告の標準仕様書では防火上の安全性能のある仕様になっていないことから原告は当初から防火上の安全性能に関する費用を免れていたこと、違法な小屋裏物置は原告の希望に基づき設置したこと等の事情から当事者間の公平な損害の分担を図るため3割を控除した。

・前橋地判平成16年1月23日裁判所ウェブサイト

建物の排水桝等の排水設備の瑕疵が認められた事案において、建替費用相当額の損害が認められる一方で、注文主が建物の雨漏り状態を修繕しようとせず長期間放置したことが損害の拡大に寄与したことは否定できないとして、損害の負担について公平を図る見地から3割を減じた。

・福岡高判平成17年1月27日判タ1198・182

基礎工事の不備により建物の不同沈下が生じた事案につき、建築請負業者が地盤調査や情報資料等により敷地地盤の状態を検討する義務を怠ったことが不法行為に当たるとされ補修工事費用及び調査費用を損害として認めた一方で、不同沈下に与えた影響は建物の荷重よりも注文主が後に行った盛土等の荷重の方が大きいこと、敷地の地盤の性状について注文主らから情報提供がなかったこと、地盤調査や杭工事を行うことで請負代金額が増加するため資金の蓄えのなかった注文主にこれらの調査・工事を提案しにくい状況にあったこと等諸般の事情を考慮して、過失相殺の規定を類推適用して全損害額（弁護士費用を除く。）から4割を減じるのが相当と認めた。

• 285 •

第3部 建築瑕疵損害賠償請求に関連する法律問題

・大阪地判平成20年5月20日判タ1291・279

　　売主から仲介の委託を受けた宅地建物取引業者には、買主に対し、シロア
リらしき虫の死骸を発見したこと、腐食部分があること、雨漏り箇所が複
数あることなどを説明し、更なる調査を尽くすよう促す業務上の一般的注意
義務があったのにこれを怠ったとして宅地建物取引業者の不法行為責任が認
められた一方で、買主が委託していた宅地建物取引業者も腐食の存在を認識
していながら自ら細かいところまで見ていなかったことを認めるなど買主か
ら委託された専門家として必要な注意を著しく欠如させた状態であったとし
て、被害者側の過失として2割を減じた。

・東京高判平成25年5月8日判時2196・12

　　新築住宅の建設に際して、木製窓・木枠サッシュを設置後、雨漏りにより
内部に雨水が浸入し、窓に腐食や変色等が生じた事案につき、設置上の瑕疵
を認めて工事代金相当額を損害と認める一方で、雨水の侵入により接合部等
に変色等が生じたにもかかわらず買主においてそれを放置していたという面
があったことを否定することはできないとして、「過失相殺的な処理」とし
て工事代金相当額から5%を減じた。

・東京地判平成26年3月26日判時2243・56

　　宅地建物取引業者である売主から購入した給油所施設に建築基準法・都市
計画法の違反や排水設備の未設置があることが判明した事案において、売主
の調査説明義務違反を理由とする不法行為責任を認めた一方で、買主も複数
の給油所を経営しており、建築確認申請の手続の必要性や、都市計画法上、
排水施設を整備する必要性などを認識していたにも関わらず何も調査をして
いなかったことを理由に過失相殺として3割を減じた。

2　否定された事例

・大阪地判平成11年6月30日欠陥住宅1・62

　　新築売買の事案であるが、原告が売買契約の締結にあたり建物の構造上の
安全性について点検・調査するのに十分な時間と機会を有していたにもかか
わらずこれを怠ったとする過失相殺の主張について、本件各建物の瑕疵がい
ずれも建築の専門家でない通常人が普通の注意を用いても発見できない隠れ
た瑕疵にあたるものであるから、売買契約の締結にあたり原告には何らの落
ち度もないとして排斥した。

第8章 損害賠償額算定に関する問題3—その他の損害費目、過失相殺

・京都地判平成12年2月3日欠陥住宅2・334

　　原告が違法建築であることを覚悟の上で1500万円の予算の中で木造3階建て居宅の建築に固執したのであるから大幅な過失相殺は免れないとの被告主張について、建築確認が取られていないこと自体は、原告としても知り得たものの、そのことから直ちに、原告において住居となるべき本件建物が安全性を備えない危険なものとなることを容認していたとは到底認めがたいとして、過失相殺の主張を排斥した。

・横浜地川崎支判平成13年12月20日欠陥住宅2・428

　　残工事代金を支払わないまま本件建物全体を不法に占拠し、和解契約後も約定期日に残金の支払を履行しない上に、被告との残代金支払交渉の場に暴力団員2名を呼び寄せ交渉を不能にしたので5割を減額すべきとの被告主張について、不法に占拠したと認められない上、工事代金の支払交渉が不能になったことを認めるに足りる証拠がないとして、排斥した。

3　その他の事例

　原告が請求した損害額の一部について、原告の行為態様を理由に相当因果関係を否定した例がある。

・京都地判平成10年6月16日欠陥住宅1・194

　　建て替える必要があることを前提に新築時の工事代金額と同額を損害として認定しつつ、被告が建設業の許可を受けておらず建築士の資格もないことについて原告が何らの調査もせず安易に被告との間で新築工事請負契約を締結したことが本件損害発生にある程度影響を及ぼしていることを考慮すると、原告が請求する損害額（慰謝料、弁護士費用等を含む。）のうち、認定した損害額を上回る部分は、不法行為との関係では相当因果関係を欠くとした（控訴審である大阪高判平成11年9月30日欠陥住宅1・200は、この点を維持した。）。

• 287 •

第4部 建築紛争解決の手引き

第1章　建築関係訴訟

1　建築関係訴訟の実情

(1)　特徴

　裁判所に係属する民事事件のうち、建築物の瑕疵等を争点とするいわゆる建築関係訴訟（本書における「建築関係訴訟」の意味は後述**2**参照）は、審理期間が1年を超えることが珍しいことではなく、他の事件に比して長期化する傾向が顕著である。

　建築は、建築主・施主が建築計画を立て、建築士がその要望を踏まえて設計し、建築確認を得た後に、施行者が設計図書に従い施工し、監理者は設計図通りに施工されているか否か工事監理を行い、建物完成後、施主に引き渡される。このようなプロセスの中で、複数の者が建築に関与する[1]。そのため、責任の所在の特定に困難を伴うことがある。その上、以下の①～③の建築関係訴訟の特徴があるため、紛争は長期化する傾向にある。

①　複雑性

　建築に関わる紛争においては、その対象となる建築物が住居や店舗として使用されていることから施主にとって極めて重要な財産であり、一度瑕疵が発見されればそこから厳しい感情的対立が生じることが多い。

　また、訴訟において主張される瑕疵は多数に上り、紛争を複雑化させる。そして、建築において瑕疵が存する場合、各瑕疵が独立して生じることは少なく、互いに関連し合うことが多い[2]。

　こうした性格は建築関係訴訟の複雑さを増幅し、紛争解決の長期化を招いている。

---

[1]　このようなプロセスを「建築生産システム」という。建築生産システムの意義と「設計」「施工」「工事監理」それぞれの責任の所在に関して、大森文彦「建築瑕疵と建築生産システムの概要」判タ1117・4（2003年）、専門講座(2)222頁以下参照。

[2]　近年は、瑕疵の判断において、建築基準法例の定める技術的基準との対比で厳密に検討しなければならない事案が増えてきていることや、消費者の建物の性能に対する関心の高さを反映して契約において特に定めた性能・品質を具備しているか否かが問題とされることが増えてきていることも複雑性の要因として指摘されている（専門講座(2)218頁）。

第4部 建築紛争解決の手引き

② 専門性

建築関係訴訟の対象となる建築それ自体が専門性を有している。しかし、それを訴訟において扱う当事者、代理人弁護士及び裁判官はいわば建築の素人であるので用語の定義の確定や建築の専門的知見の理解などを争点整理の前提として（あるいは並行して）行う必要があり、裁判を長期化させる一因となる。

③ 証拠の不足

建築契約においては、契約内容が不明確な場合が多い。契約書が作成されていたとしてもその内容は極めて簡単である場合が多く、追加工事契約やリフォーム契約においては契約書自体作成されないことも少なくない。

建築物の瑕疵が存在するか否かの判断をするにあたってはその基礎となった契約内容を確定することが重要であるが、そのためのもっとも重要な証拠と言うべき契約書等証拠書類が欠けることがしばしばみられ、こうした慣行もまた建築関係訴訟の長期化に大きな影響を与えていると言える。

以上のような建築関係訴訟の特質を踏まえ、解決までの期間が長期化しないような方策が必要とされている。その方策の一つとして提唱されているのが、後述の東京地裁がとりまとめた「審理モデル」である（後述 **4** 参照）。

2 建築関係訴訟の概況

⑴ 東京地裁民事第22部の概況[3]

東京地裁では、民事第22部が建築専門部として建築関係訴訟の審理を担当している。同部に配てんされる事件は次のとおりである[4]。新築物件の建物売

---

3 以下の東京地裁民事第22部の概況は、特に脚注において別の文献を引用した部分を除き、本書改訂にあたって神奈川県弁護士会が東京地裁に対し行った照会に対する東京地裁の回答と、安見章「東京地方裁判所民事第22部（建築・調停・借地非訟部）の事件の概況」法曹時報75・12・49以下による（ただし建築訴訟の定義については注4 参照）。

4 神奈川県弁護士会から東京地方裁判所に対して行った照会に対する回答による。安見前掲注3）50頁において建築訴訟の定義が示されていたが、平成29年法律第44号による民法改正を踏まえてこれを改訂したものである（改定箇所は本文下線部）。また、ここでいう「建物」とは、建築基準法の適用がある建築物及び工作物を指し、鉄道、ダム等の施設は含まれない。したがって、東京地裁民事22部に配てんされるのは、建物の設計、施工又は監理に関する紛争や、建物が第三者の工事に伴う振動又は地盤沈下により被害を受けたことを内容とする紛争（いわゆる第三者被害型の紛争）等であり、宅地造成工事等、土地そのものの施工等に関する紛争は同部に配てんされない（安見・前掲注3）50-51頁）。

・ 290 ・

買契約における契約不適合に基づく損害賠償請求は同部に配てんされるとのことである（中古物件にかかるものは配てんされない）[5]。なお、本書の「建築関係訴訟」の用語には中古物件における契約不適合の問題なども含まれており、下記配てん基準よりも広い概念として「建築関係訴訟」の用語を用いている。

ア　建物（土地の工作物を含む。以下同じ。）に関する請負代金（設計料及び監理料を含む。）又は売買代金の請求の事件のうち次に掲げる事項のいずれかが争点となるもの
　(ア)　設計、施工又は監理の契約不適合（瑕疵）
　(イ)　工事の完成
　(ウ)　工事の追加又は変更
　(エ)　設計又は監理の出来高
イ　建物の設計、施工若しくは監理の契約不適合（瑕疵）を理由とする履行の追完請求、報酬（代金）の減額請求若しくは損害賠償請求又は建物の工事の未完成を原因とする損害賠償請求事件
ウ　工事に伴う振動又は地盤沈下に基づく建物に関する損害賠償請求事件

　東京地裁民事第22部における令和4年度の新受件数は317件であり、令和3年度と比較して同程度の件数であり、平成30年以降4年連続で前年度を下回っている[6]。東京地裁の民事事件の新受事件全体のうちの割合としては1%に満たない程度とのことである。

　令和4年度の既済件数は364件で、令和3年度と比較して4%の微増であり、新型コロナウイルス感染症の感染拡大及び緊急事態宣言の発出並びにこれらに伴う裁判所の業務の縮小による審理の停滞の影響は概ね解消されたようである[7]。既済の内訳は、判決によるものが約16%、和解によるものが約13%、調停が成立し、又は民事調停法17条の決定が確定したことにより訴え取り下げがあったとみなされたものが約69%、その他が約2%である[8]。

　また、建築調停事件の統計をみると、令和4年度の既済件数は220件であり、そのうち、調停成立が約83%、調停不成立が約8%、民事調停法17条に基づく

5　「東京地裁書記官に訊く―建築関係訴訟・借地非訟編（2022年版）―」LIBRA2022年9月号2頁、3頁。なお、通常部に配てんされた後に、被告の反論において契約不適合の主張が現れた場合などに民事第22部に配てん替えが行われることがある（同文献3頁）。
6　安見・前掲注3）51頁。
7　安見・前掲注3）51頁。
8　安見・前掲注3）51頁。全国の司法統計に比べ、調停による解決の割合が大きい点に特徴があるという（同頁）。

• 291 •

第4部 建築紛争解決の手引き

決定が約6%、調停中の訴え取り下げが約3%であり、多くの調停に付された事件が調停成立により終局的解決に至っている[9]。

令和元年以降、東京地裁22部の裁判官らを中心に、建築訴訟の審理モデルが提唱された。東京地裁への照会の結果、同審理モデルに沿った運用が行われているとのことであり、審理モデルを踏まえた審理の流れの要点については、後記4を参照されたい（もっとも、様々な要因により、審理モデルとおりの運用を行うことができず、2年以内に審理が終わっていない事件があるのが実情とのことである）。

後記4のとおり、調停に付され、手続を併進（「併進」の意義については4(6)⑤を参照）している例が多いことを背景に、鑑定の実施件数は極めて少ない（令和元年から令和4年度まで実施件数0件）。調停に付されて専門家調停委員が選任されている事件において、仮に鑑定を実施するとすれば、鑑定人候補者の専門分野、鑑定事項の決定等について、当該専門家調停委員の助言を得ることになると思われるが、鑑定の実施件数が極めて少ないため、そのような実例はほとんどない。なお、鑑定を実施する場合には、比較的簡易な鑑定でも数十万円を要することになる。

手続を併進している調停が不成立になった場合には、調停の不成立後、訴訟事件の弁論に争点整理の結果を移行させる必要があるところ、東京地裁では、事案にもよるが、不成立時の調停調書に専門家調停委員意見書を付したり、民事調停法17条に定める「調停に代わる決定」（以下、「17条決定」という）に意見書の内容を記載したりする運用が多い。17条決定は、調停が成立する見込みがないと判断されたときに裁判所が事件の解決のために行う民事調停法17条に基づく決定である。裁判所が争点整理に関する結果を内容とする決定をすると、これが双方に送達されるので、当事者はその結果を証拠として提出することができる。これにより争点整理の結果が訴訟資料化されるのである。

東京地裁より、代理人弁護士の訴訟活動に関して、審理モデルを踏まえ、一覧表による争点整理を行うこと及び書面の提出期限を順守するよう要望が出されている（特に、付調停事件の場合には、期日までに調停委員が検討する時間も必要になるため、提出期限を順守してもらいたいとのことである）ため、留意されたい。

---

9 安見・前掲注3) 55頁。

第1章 建築関係訴訟

⑵ 横浜地裁民事第9部の概況[10]

横浜地裁は、民事第9部が建築集中部である。同部に配てんされる事件は次のとおりである。表現は異なる部分があるが、東京地裁民事第22部の配てん基準と概ね一致しているようである。

⑴ 建物（土地の工作物を含む。以下同じ。）に関する請負工事（外壁工事、内装工事、リフォーム工事を含む。⑵において同じ。）代金、設計料、監理料又は売買代金の請求事件。ただし、次のいずれかを争点とするものに限る。
　ア　設計、監理、請負工事の瑕疵、債務不履行又は契約不適合
　イ　請負工事の完成の有無
　ウ　請負工事の追加又は変更
　エ　設計、監理又は請負工事の出来高
⑵ 建物の設計、監理、請負工事の瑕疵、債務不履行又は契約不適合を原因とする損害賠償・代金減額・修補請求事件
⑶ 解体工事を含む請負工事に伴う振動・地盤沈下に基づく建物に関する損害賠償請求事件

近年における、横浜地裁の民事事件の新受事件に占める建築の瑕疵（契約不適合）等が争点となる事件の割合は、令和2年では1.31%、令和3年では1.43%、令和4年では1.37%と推移している。

横浜地裁でも、下記の紛争類型モデルを参考にして、これに沿った審理が行われているため、横浜地裁に提訴する際にも東京地裁同様、同モデルを参照すべきである。建築関係事件の多くが調停に付される。瑕疵、追加変更工事、出来高など、争点整理や判断に専門家の知見が必要な事件類型で、ある程度主張や証拠が出て争点整理の方向が見えてきた段階で調停に付される場合が多い。事案の内容、主張、証拠の提出状況等を考慮し、必要があれば、より早い段階で調停に付される場合もあるが、このような場合はそれほど多くはない。

手続を併進している調停が不成立になった場合には、横浜地裁では17条決定と弁論調書を活用する方法とが用いられているが、弁論調書を活用する場合の方が多い。

横浜地裁より、代理人弁護士の訴訟活動において改善してほしい点、注意してほしい点として以下の指摘がされている。代理人としては、この点に留意し

10　以下の横浜地裁の実情は、本書改訂にあたって、神奈川県弁護士会が横浜地裁に対し行った照会に対する回答による。

第4部　建築紛争解決の手引き

て事案に応じた訴訟活動をすべきである。

> ・訴状には、訴訟物を条文とともに明示してください。
> ・調停委員に事前に書面を渡さないと期日前の事前評議において実質的な評議ができないため、建築事件の書面の提出期限はより一層厳守してください。
> ・提訴の段階で、一覧表を添付してください。
> ・一覧表の作成に当たっては、記載例をしっかり参照してください。
> ・建築事件の事前照会書に回答してください。
> ・調停に付した際にそれまでに提出されている書面の調停委員用の写しの提出をお願いしていますが、その後、続行期日において新たに書面を提出する場合においても、その都度、調停委員用の写しの提出をお願いします。

3　建築関係訴訟提訴のための準備活動

　提訴のための準備は、基本的には一般の民事事件と変わるところはない。しかし、建築関係訴訟は、前記「1　建築関係訴訟の実情」に述べたような特質がある。訴訟の円滑な進行と充実化のための準備活動について以下検討する。

(1)　事案の把握と専門家との連携

　当事者の説明をもとに事案を把握して主張を組み立てることは、一般の民事事件と変わりないが、建築事件においては、「現地の確認」と「専門家との連携」が特徴的であり、かつ重要である。

　まず、「現状」を主張立証するために、現地にて状況を確認する必要がある案件が多いと思われる。代理人弁護士としては、現場に赴き、「現状」の把握をすべきであろう。

　また、専門家の関与も重要である。例えば、工事の瑕疵（契約不適合）に関する事案であれば、契約不適合の結果生じている「現象」を特定するのでは足りず、その「原因」を特定する必要がある。「原因」を特定するには、現地の調査と専門家の関与が不可欠になる場合が多い。また、その「原因」が契約不適合に当たることを主張・立証するためには、「あるべき状態」と「現状」を特定する必要がある。契約不適合には、当該目的物が通常有する品質を欠く場合（客観的契約内容不適合—客観的瑕疵）と契約で特に定めた品質を欠く場合（主観的契約内容不適合—主観的瑕疵）があり[11]、客観的契約内容不適合には、建築

11　専門講座(2)7頁。

・294・

基準法違反、施工水準違反、美観違反があるところ、これらの類型における「あるべき状態」は、建築基準法令等の法令、施工水準（施工精度水準）、美観である[12]。このような、当該建築物の工事において適合が求められる法令、通常有すべき施工水準[13]、あるいは通常有すべき美観については、専門家が関与して（建築士に関与してもらうことが多い）、その意見を求めたうえで、確定する。また、主観的契約内容不適合の典型は、設計図（設計図書）に反した施工であり、基本的には、設計図が「あるべき状態」になるところ、設計図を読み解く際にも、専門家の協力が肝要である。そして、専門家よりアドバイスを受けるのみでなく、専門家に調査報告書（私的鑑定書）を作成してもらう場合が多い。当該報告書を踏まえて、訴状を起案する。もっとも、専門家の技術的意見をそのまま主張に反映させるのではなく、それを法律家として法律構成することが肝要であり、専門家の意見を法的主張にまで昇華させることに留意する必要がある。

工事の契約不適合以外にも、修補方法の特定、修補費用相当額（損害）の算定、出来高の算定などにおいて、専門家の意見が必要となる。

調査報告書は、客観性のある記述に留意して作成しなければならない。客観性のある鑑定書とするには次の点に留意する必要がある。

- ・判断の拠り所となる法令や文献を明示する。
- ・記載内容は、欠陥現象とその部位、欠陥の原因、建築基準法令や一般的な技術水準とその違反の有無、修補方法とその金額等であり、法律判断である契約不適合か否かの判断はしない。
- ・地震が起きた場合の倒壊の可能性など実際に実験しなければわからない推測に基づく事項は基本的に記載しない。

⑵　主張の組み立てと留意点

事案を把握すると、次はそれを法的に組み立てて構成していくことになる。その際には、次の点に留意する必要がある。

① 請求権が何かを特定する。例えば施主の立場であれば、不法行為、債務不履行、契約不適合責任から選択する必要がある。

② 誰を被告とするかを特定する（後記❺と関連）。施主の立場であれば設

12　専門講座⑵735頁。
13　施工水準の根拠となるものとして、日本建築学会が発行する建築工事標準仕様書（JASSと呼ばれるもの）、公共建築工事標準仕様書、部材のメーカーが公表している説明書などがある。

第4部 建築紛争解決の手引き

計者、施工者、監理者、仲介業者、建売住宅の売主が考えられる。

③ 請求の原因は、不具合の現象・原因、契約不適合の内容となる「あるべき状態」と「現状」、責任（違法性）の法的根拠、損害を区別して構成する。

④ 契約不適合の主張に当たっては、「杜撰な工事である」等の感情的な主張を先行させることなく客観的・技術的な根拠を明示することに留意する。

⑤ 不具合の原因は、⑦設計上の瑕疵（契約不適合）か、施工上の瑕疵（契約不適合）か（設計契約と建築契約が別々の場合に問題となる。）、①施工上の瑕疵（契約不適合）については、技術的な問題（例えば雨漏り）か、当事者の合意内容（通常有すべき機能は備えているが合意した機能を備えていない。）か、などの点に留意する。

⑥ 技術的な問題については、施工技術のばらつきの範囲内として許容される単なる不具合なのか、法的責任が発生する「瑕疵（契約不適合）」なのかを吟味する。

⑦ 主観的契約内容不適合の主張の場合には、合意内容を特定して確定する。

⑧ 過失について検索的な主張をするのではなく、過失の内容（注意義務違反）を確定する。

⑨ 損害額の算定に当たっては、瑕疵（契約不適合）の修補するためにどこまで工事をやり直すのか、どのような瑕疵修補方法を選択するか等に留意する。

⑩ 主張整理において、後記「4 各紛争類型モデルの訴訟活動」記載の一覧表を活用すると主張と証拠の整理が可能となるので、これを活用することも考えられる。

⑶ 主張の取捨選択

建築紛争事件では、争点瑕疵が多数にのぼって審理が長期化する傾向がある。建築紛争事件では依頼者が感情的になっている場合も多いだけに、依頼者と十分な打合せをしながら主張の取捨選択をすることも必要であろう。

⑷ 立証準備

① 必要となる証拠書類

ア 事件の内容によって、必要な証拠が異なる（後記「4 各紛争類型モデルの訴訟活動」を参照）が、以下の書証は、大多数の事件に共通して必要

• 296 •

となる証拠である。

契約書：民間（七会）連合協定工事請負契約約款、ハウスメーカーが作成する独自の約款、住宅金融公庫・フラット35の融資を受ける際の約款等

設計図書：仕様書、意匠図、設計図、構造図（現場説明書及び質問回答書を含む。）

注文書・注文請書

見積書（内訳書）

補修工事見積書（内訳書）

見積要項書：建築主より予め示される見積りに対する設計図書以外の条件、工事費の支払条件、工期、支給材料の有無など見積り内容に影響のある重要事項を示したもので、発注者が現場説明等において施工者に配布する資料。

工事代金内訳書：工事の細目別に数量と単価から金額を求め、それらの合計として総工事費を表した書類。一般的には工種別標準書式と部分別内訳書標準書式が用いられている。

打合せ議事録

現況写真

イ　加えて、建築瑕疵紛争においては、瑕疵の内容にもよるが、以下の書類は、利用頻度が高い。

・通常作成されていることが多いもの

　構造計算書、建築確認通知書、工程表、施工図、工事日報、工程写真、監理報告書、検査済証

・常に作成されるわけではないが補足的な資料となるもの

　工事台帳、保証書、念書、覚書、専門機関調査報告書（私的鑑定書）

② 証拠整理と証拠提出の工夫

ア　書証一般

　上記の書証の大半は、裁判所における審理に必要不可欠なものであるから、早期に一括提出することが望ましい。

　そして、膨大な書証を提出するのであるから、検索・閲覧が容易となるよう、分類・整理し、索引情報を付加するなど工夫が必要となる。

　分類・整理の視点としては、以下のものが考えられる。

・契約関係の書類（契約書・見積書・注文書など）、実施関係の書類（設

計図書・建築確認関係の書類など）、契約不適合等を立証する書類（私的鑑定書・写真撮影報告書など）、その他の書類（陳述書など）に分類
・時系列に従って整理
・瑕疵（契約不適合）ごとに、契約・設計・施工内容に関するもの、不具合の存否及び態様に関するもの、不具合の発生原因に関するもの、不具合が瑕疵に該当するか否かの判断基準に関するもの、修補の方法及び損害額に関するものに分類・整理

最終的には、主張内容との関連や証拠のボリュームなどとの兼ね合いで適宜工夫すべきである。

索引情報としては、以下のものが考えられる。
・該当部分が建物全体のどの箇所であるのかを一覧できる図面を作成する。
・該当部分・重要部分の記載については、（写しに）マーカーで明示した上簡潔な説明を付記する。

併せて、証拠説明書においても、要証事実、当該証拠の注目すべき箇所・重要部分、両者の関連性を、具体的に記載すれば、相互に視認性が増し、検索が容易になる。

また、一見些細なことではあるが、書証のサイズをそろえる、図面の向きをそろえる（上に北がくるようにする。）ことなどにも気を配るべきであろう。

イ　準文書

写真、動画などの準文書は、特に瑕疵（契約不適合）の存否や態様を直截的に把握できる証拠としてきわめて重要である。

写真については、証拠説明書等において、撮影者、撮影時期、撮影場所、撮影方向などについて記載し、さらに、写真そのものにおいて、写真データを加工して印をつけるなど、瑕疵（契約不適合）と主張する箇所を特定する工夫が望まれる。

動画については、静止画像として写真化し、一覧性のある形での証拠も提出することが考えられる。

ウ　文献・用語集

特殊・難解な専門的概念・用語などについては、平易な文献や用語集を作成して提出することも必要である。その際もやはり、重要部分を明示するなどの配慮が必要である。

第1章 建築関係訴訟

⑸ 一覧表

裁判所からの指摘にあるとおり、事案にもよるが、争点整理の円滑化、紛争解決の早期化のため、提訴の際に基本的に一覧表を訴状に添付すべきである。

4 各紛争類型モデルの訴訟活動

⑴ 建築訴訟の審理モデル

① 経緯

建築関係訴訟においては、審理期間が長期化しやすく、また、建築関係訴訟の専門部や集中部が設置されていない裁判所においては建築関係訴訟に関するノウハウが必ずしも十分ではないという実情がみられた。このような実情を解消する方策として、令和元年以降、東京地裁建築専門部所属の裁判官が中心となって建築訴訟の審理モデルが提唱された。

この審理モデルでは、審理期間を2年以内で終わらせるための審理スケジュールと審理のノウハウが示されている。建築訴訟においては、今後、東京地裁以外の各裁判所においても、この審理モデルに基づき訴訟手続が進んでいくことが予想され、実務的に参考となろう。

以下に建築訴訟の審理モデルの要点を紹介するが、詳細については判タ1453・5、判タ1455・5、判タ1490・5を参照願いたい。

② 審理スケジュール[14]

建築訴訟は多様な事件類型に分類できるが、基本的な審理スケジュールは、次のようなものとなる。

ア	訴状審査	1か月程度
イ	主張整理	最長8か月程度
ウ	調停	6か月～10か月程度
エ	人証調べ	5か月程度
オ	判決	2か月程度

このうち特筆されるべきは主張整理である。今までは、一覧表の作成に膨大な時間を要しており、一覧表の作成自体が目的化してしまいがちであったが、審理モデルでは、原告と被告において二往復程度のやりとりで一覧表の作成を打ちとめることを基本にし、当事者が所定の方法に則って無駄な作業をせずに、

---

14 岸日出夫ほか「建築訴訟の審理モデル～追加変更工事編～」判タ1453・8（2018年）。

・299・

効率的に主張を進めることを提案している[15]。

③ 審理のノウハウ

審理のノウハウについては、事件類型別に詳細な提案がなされているが、本書においては、基本三類型（工事の瑕疵に関する類型、追加変更に関する類型、出来高に関する類型）に加え、設計・監理の債務不履行・不法行為に関する類型について記載する。

(2) 工事の瑕疵に関する紛争モデル[16]

工事の瑕疵に関する事件では、瑕疵該当性、瑕疵の修補方法や費用等を判断する必要があるが、瑕疵の数だけその判断が必要になり争点が膨大になる可能性がある。そのため、判断の枠組みやポイントを意識した主張立証が求められる。

早期に確認すべき基本的事実関係としては、設計者と施工者が同一であるかどうかや、設計者や監理者の関与の程度などが結論に影響を及ぼすため、これらの事件関係者間における契約関係を整理することが重要である。

また、瑕疵に基づく損害賠償請求は、請負代金請求権と同時履行の関係に立ち、残代金が残っている場合には相殺による処理も考えらえるため、請負報酬支払の有無とその時期を確認する。

(3) 追加変更工事に関する紛争モデル[17]

追加変更工事に関する事件では、問題となる工事項目が多岐に及ぶことが多いことに加え、工事途中でのやりとりを裏付ける的確な証拠が乏しい事案が少なくないため、工事項目ごとに争点を意識することが重要となる。

早期に確認すべき基本的事実関係としては、請負人が追加変更工事を多数主張するのに対し、注文者が施工や合意の有無を争いつつ多数の工事についての未施工又は施工の瑕疵を主張する場合などが想定されることから、追加変更工事と施工瑕疵の関係などを確認する。

(4) 出来高に関する紛争モデル[18]

工事の出来高が問題となる事件では、注文者と請負人との間の請負契約に

---

15 岸・前掲注14) 9頁。

16 岸日出夫ほか「建築訴訟の審理モデル〜工事の瑕疵編〜」判タ1454・5、18（2019年）。

17 岸・前掲注14) 8頁、15頁。

18 岸日出夫ほか「建築訴訟の審理モデル〜出来高編〜」判タ1455・5、17（2019年）。

第1章　建築関係訴訟

よって合意された工事のうち、どこまでが実際に施工され、当該既施工部分に相当する報酬がいくらであるかが問題となる。事案としては、既施工部分を裏付ける的確な証拠が乏しい事案や出来高報酬額の認定に専門的知見を踏まえた判断が必要となる事案が多い。そのため、中途終了事由ごとに法律関係や書証等を意識することが重要である。

早期に確認すべき基本的事実関係としては、当該請負契約で合意された工事内容、請負契約が中途で終了するに至った経緯に関する事実やその法的評価、出来高部分と施工瑕疵との関係の整理などを把握することが重要である。

⑸　設計監理の債務不履行・不法行為に関する紛争モデル[19]

設計・監理の債務不履行に関する事件では、設計・監理契約における予算管理、工事に瑕疵が発生した場合の責任の所在等が争点となる場合が多く、他方、設計・監理の不法行為に関する事件では建物の基本的安全性をめぐって争われる場合が多い。

早期に確認すべき基本的事実関係としては、建築主と設計者及び監理者との間の契約関係を把握する必要がある。設計業務は専門分化が進んでおり、建物の設計に当たり、意匠設計者が構造設計や設備設計を専門の設計者に委ねることがある。このような場合には、建築主に対してだれが責任を負うのかという問題も生じ得るので、設計の業務体制についても早期に把握する必要がある。

また、設計・監理の不法行為に関する事件では、請求をする者が、建物の所有者なのか、それとも居住者等にすぎないのかによって、どのような要件のもと、どのような内容の賠償請求が認められるかが異なるため、当該建物に対してどのような権利関係を有しているかを確認する必要がある（最判平成19年7月6日民集61・5・1769、最判平成23年7月21日判時2129・36。前掲223～225頁、231頁参照）。

⑹　各紛争類型モデルにおける訴訟上の留意点

①　早期に提出する書証

ア　工事の瑕疵の事案においては、①実際の施工内容と②契約で合意された施工内容を具体的に主張することになる。①との関係では、引渡時の状態

19　田中一彦ほか「建築訴訟の審理モデル～設計・監理の債務不履行・不法行為編～」判タ1490・5、6、22、23、24（2022年）。

• 301 •

第4部 建築紛争解決の手引き

を撮影した写真や施工写真・施工図・竣工図などが、②との関係では、契
約書・設計図書・見積書、それ以外にも打合せ議事録や当事者間でのメー
ルなど、合意内容を認定する資料を提出することになる[20]。

イ　追加変更工事の事案においては、見積書、注文書、注文請書、契約書、
各種設計図書、工程表、打合せ議事録、工事監理報告書、竣工図等が早期
に提出する書証である。もっとも、設計図書や工程表、打ち合わせ議事録
等は、建築工程の進捗に応じて新たに作成されたり、改定されたりするの
が通常であるから、手持ち資料の全容を把握したうえで、争点との関係で
必要十分なものを提出し、証拠の提出が五月雨式にならないように留意す
る[21]。

ウ　出来高に関する事案においては、工事中断に至る経緯の認定に関し、注
文者と請負人とのやりとりを記録した打合せ記録、業務日誌、電子メール、
FAX、契約解除通知等が重要となる。合意されていた工事内容を認定す
る書証としては、請負契約書や注文書のほか、各種設計図書、見積書など
が重要となる。合意されていた工事内容のうちどこまでが工事されたかを
認定する書証としては、施工状況の写真、工程表、施工図、打合せ議事録、
納品伝票、下請業者からの請求書、下請業者に対する支払いにかかる領収
書、請負人の工事中断時における写真等があげられる。また、既に後継業
者が残工事を施工している場合には、残工事に関する設計図面、見積書等
が重要となる[22]。

エ　設計・監理の債務不履行が問題となる事案においては、設計者が最終的
に作成した設計図書が双方の主張の出発点となるから、当該証拠を早期に
提出すべきである。契約の成立を認定するための書証としては、契約書や
これに添付される約款などである。これらがない場合には、当事者間の交
渉経過や打合せ内容を示す議事録や打合せメモ、設計者が作成した設計図
書やこれに準ずる図面、監理者名が記載された建築確認申請書、報酬の請
求書、その他、事情を知る者の陳述書などで設計又は監理契約締結の経緯
を説明することが考えられる[23]。

契約内容を認定する書証としては、契約書や約款が存在すればこれが重

20　岸・前掲注16）18頁。
21　岸・前掲注14）15頁。
22　岸・前掲注18）18頁。
23　田中・前掲注19）24頁。

要な証拠となる。契約書が存在しないような場合には、民間（七会）連合協定工事請負約款、当事者や担当者の陳述書などが手掛かりとなる[24]。

設計の債務不履行に関する書証としては、最終的に作成された設計図が重要となる。予算超過が主張される事案では、建設業者による工事見積書のほか、設計業務のための協議内容を記録したもの、最終的な設計条件を形成する過程で作成された図面等が重要になる[25]。

監理の債務不履行に関する書証としては、実際の施工を示す写真、あるべき施工を示す設計図書及び見積書等が考えられる[26]。

② 書証提出時の留意点

書証の提出に際しては、他方当事者や裁判所が問題となる箇所を容易に特定できるようにすることが必要であり、一覧表の並び順に留意して証拠番号を付けたり、図面等の重要箇所にラインマーカーを引く、頁数が入っていない書証などは頁数を付す、などの工夫をするとよい。写真を提出する場合には、撮影方向や、全体像を把握できるように遠い距離からの写真と近い距離からの写真を提出するとよい[27]。

③ 共通認識の形成と審理計画の策定

裁判所と当事者間において、基本的書証をベースにしつつ、各自の主張立証がそれぞれどの争点との関係でいかなる意味を持つかについて共通認識を持ち、判断枠組みや主張立証の要点について共通認識を形成する。その上で、争点整理の要となる一覧表を確定する期間・現地調査の要否・専門家関与の見通し・尋問の要否などを検討し、全体の審理計画を共有することが重要となる[28]。

特に、設計・監理の債務不履行が主張される事案においては、設計図書や合理的な監理業務の理解のために専門的知見が必要であり、法的な整理がないままの主張により争点が拡散しやすい傾向がある。そのため、争点を含む紛争の構造や、専門家の関与時期やその形態などについて、裁判所及び当事者間において認識を共有することが重要である[29]。

④ 一覧表の作成

一覧表は、要件事実の的確な把握、争点の把握の容易化及び専門家の事案把

---

24 田中・前掲注19）24頁。
25 田中・前掲注19）24頁、25頁。
26 田中・前掲注19）25頁。
27 岸・前掲注18）18頁。
28 岸・前掲注16）18頁、19頁。
29 田中・前掲注19）26頁。

握・現地調査の円滑化などに有益であるだけでなく、審理計画を策定するうえでも重要になる。そのため、一覧表は早期に作成されることが望ましく、原則として、訴え提起の時点で提出すべきであるし、また、当事者間における2往復程度のやりとりでの完成が望まれる。とはいえ、一覧表の作成には相応の労力を要することから、裁判所と補正すべき点などを打合せしながら作成することが望ましい[30]。

一覧表は、各類型の一覧表に基づき各項目の要点に絞って記載し、総論的なことや時系列的なこと、一覧表に記載すると一覧性を損なうような事柄については、準備書面に記載するとよい[31]。

出来高一覧表に関しては、見積書における工事名ごとに、予定されていた工事の単位、数量、単価、金額を記載した上、実際に施工された工事の数量、単価、出来高割合、証拠、金額、補足主張に関する当事者双方の主張を整理し、争点を明確化することが重要である[32]。

設計瑕疵一覧表は、実際の設計内容、契約で合意された設計内容、瑕疵ごとの修補方法及び金額を記載し、監理瑕疵一覧表には、実際の施工内容、契約で合意された施工内容及び監理方法、瑕疵ごとの修補方法及び金額を記載する[33]。

一覧表の具体的記載内容については、東京地方裁判所のホームページ（民事第22部、建築訴訟事件について）に類型ごとの一覧表が掲載されている。施工瑕疵についての一覧表記載例を後掲するので参考にされたい。

なお、一覧表の訴訟手続における扱いは、作成中においては事実上のやり取りのみとし、完成時に陳述した上で調書添付等をする扱いがなされることが多い[34]。

⑤ 専門家の関与

建築訴訟においては、専門家の関与が求められる場面が多い。関与する時期としては、当事者が互いに一覧表において一応の主張をした段階からが多い。専門的知見を補充することで、判断に必要な資料の提出や当事者の主張の誤解などが判明し、一覧表の補充・修正等が必要になることもあるからである。専門家の関与形態としては、専門委員・専門家調停委員・鑑定人としての関与が

---

30 岸・前掲注16) 19頁。
31 岸・前掲注14) 16頁。
32 岸・前掲注18) 19頁。
33 田中・前掲注19) 26頁、27頁。
34 岸・前掲注16) 19頁。

考えられる[35]。

東京地裁建築部では、調停に付し、専門家調停委員の関与を得て事案の解決を図ることが多い。付調停の時期は、付調停とする目的次第であるが、必要となる専門的知見の内容と争点整理の進捗度、当事者の意見等を考慮して決定される。当事者の主張を理解すること自体に困難を伴う地盤や基礎、構造耐力といった事項が争点となる事案では早期に付調停となることが多い。

付調停後に訴訟手続を中断せず、訴訟手続の期日と調停手続を同日同時刻に指定し同時開催する運用を（手続の）「併進」と呼び、調停委員の専門的知見をスムーズに訴訟手続に反映させる手続運用も行われている[36]。

出来高の査定が問題となる事案では、出来高割合方式を中心とした算定方法によって既施工部分に係る相当な報酬額を検討することになるが、このような査定の判断の合理性を確保するために、調停や専門委員制度を活用することを検討すべきである[37]。

予算超過が問題となる事案では、予算の超過の要因や建築主の要求に応じながら工事費用を予算の範囲内に収めることが可能であるか、設計者は最終的な設計を確定させるまでの打合せの過程で建築主に対してどこまでの説明をするべきか等について、専門的知見が必要となる[38]。

設計瑕疵の損害が問題となる事案では、建築物の完成前であれば設計図書の訂正費用について、建築物の完成後であれば、当該建築物の修補の可能性や修補方法や修補を要する費用について専門家の知見が必要となる[39]。

各事案に応じて、付調停や専門委員制度を活用し専門的知見を得ることが重要である。

なお、東京地裁建築専門部の事件においては、ほとんどの事件で専門家調停委員が関与している[40]。

⑥ 現地調査

現地調査は、民事調停法12条の4に基づき、問題となっている物件等に実際に赴き、物件等の実際の状況や当事者の主張立証内容の確認を行うものである。図面や写真では理解が難しい問題などが一見して理解でき、調停・和解につな

---

35 岸・前掲注16) 19頁、20頁。
36 岸・前掲注14) 17頁。
37 岸・前掲注18) 19頁、20頁。
38 田中・前掲注19) 27頁。
39 田中・前掲注19) 27頁。
40 岸・前掲注16) 20頁。

がりやすいという副次的効果もある[41]。

現地調査は、当時者の主張が一通り出そろい、心証がある程度固まった段階で行うことが多い。実施に当たっては、調査の目的や方法などについて、裁判所及び当事者間で認識を共有しておくことが重要である[42]。

出来高が争点となる事案では、後継業者において残工事の施工が進んでしまう場合もあるので、工事が中断された後の状態で建物が保存されている場合には、早期に現地調査を実施し施工の有無等を確認することが有用である[43]。

5 マンション（区分所有建物）紛争における原告適格

マンション（以下、「区分所有建物」を指して「マンション」の用語を用いる）の共用部分や専有部分の不具合について、訴訟提起する場合、マンション関係紛争に関わる主体が複数あるため（区分所有者個人、管理組合、管理者、管理組合法人）、原告の選定に迷うことがある。これは原告適格の問題であるので、誤ると、訴え却下判決となる。代理人弁護士としては絶対に避けなければならない事態であるので、原告適格について以下整理する。

(1) 分譲時の不具合を根拠とする共用部分について生じた損害賠償請求に関する原告適格

マンションの共用部分（躯体・エレベーター・エントランスなど）において不具合があった場合、契約不適合責任を追及したり、建物の基本的な安全性を損なう瑕疵を根拠に不法行為に基づく損害賠償請求を追及したりすることがある。

マンションの共用部分は、区分所有者が共有するものであり（区分所有法11Ⅰ本文）、そこから生じた請求権は、可分債権であると解されている[44]。また、共用部分に関する契約不適合責任を追及する場合には、請求の根拠となる契約は区分所有者各自が締結したものであるため原則的には各区分所有者に帰属する契約上の請求権となる。そのため、上記の契約不適合に基づく損害賠償請求権や不法行為に基づく損害賠償請求権は、各区分所有者に、共有持分に応じて

---

41 岸・前掲注14）17頁、18頁。
42 岸・前掲注14）18頁。
43 岸・前掲注18）20頁。
44 吉田徹『一問一答改正マンション法』30頁（商事法務、2003年）。不当利得返還請求権につき最判平成27年9月18日民集69・6・1711参照

分割帰属することになる。

区分所有法26条は、管理者の権限を定めているところ、管理者に、上記分割帰属する債権の行使権限を認めている。すなわち、同条2項は、「管理者は、職務に関し、区分所有者を代理する。…共用部分等について生じた損害賠償金…の請求及び受領についても、同様とする。」と定めており、管理者が共用部分について生じた損害賠償請求権を実体法上行使しうる旨定める。この「損害賠償請求権」には、契約不適合に基づく請求も、不法行為に基づく請求も含まれる[45]。さらに、同条4項は、これらの請求権について、管理者が、規約又は集会の決議により、訴訟上行使できる旨（訴訟追行権）も定めている（任意的訴訟担当）。

したがって、管理者は、共用部分について生じた上記の損害賠償請求権について、区分所有者を代理して実体法上行使することができ、かつ、訴訟上も訴訟担当として、訴訟提起することができることになる。

なお、いわゆるマンション管理組合が、共用部分について生じた請求権についての当事者適格を有するかどうかには、注意しなければならない。マンション管理組合が訴訟上当事者として行使できる権利は、理論的には他の考え方もありうるものの、現在の裁判実務上、いわゆる「総有的に（団体的に）」帰属する債権であると解されており[46]、共用部分について生じた請求権は「総有的に（団体的に）」帰属する債権であるとは解されていないからである。共用部分について生じた契約不適合に基づく損害賠償請求や不法行為に基づく請求については、それを、団体として権利行使する場合には、原告を「管理者」とするようにし、マンション管理組合を原告とすると「却下判決」となりうるので注意されたい。

マンションの共用部分に不具合があることが明らかになった後に、専有部分が譲渡され、区分所有者が交代することがある。この場合、契約不適合責任に基づく請求権はあくまでも契約責任に基づく請求権であるので、区分所有権の譲渡人である旧区分所有者に帰属し、区分所有権の譲渡に伴って、当然には当該請求権が新所有者である譲受人に承継されないという問題がある[47]。

この点に関しての裁判例として、東京地判平成28年7月29日判例秘書

---

45 吉田・前掲44）30頁参照

46 志田原信三ほか「マンションの管理に関する訴訟をめぐる諸問題(1)」判タ1383・29、30（2013年）。

47 この点についての近時の文献として、平野裕之「マンションの共用部分をめぐる債権の帰属と行使」山野目章夫ほか編著『マンション区分所有法の課題と展開』43頁（日本評論社、2023）がある。

L07133997がある。この事案は、マンションの管理者である原告が、共用部分にかかる売買契約の瑕疵担保責任に基づく損害賠償請求等を、分譲業者に対し求めたものであり、同マンションにおいては、分譲後に84戸のうち、9戸の区分所有権が転売されており、旧区分所有者が有する損害賠償請求権を管理者が行使しうるのかどうかが争点となったものである。裁判所は、区分所有法26条4項の「区分所有者のために」とは「区分所有者全員のために」（現在の区分所有者全員の趣旨）を意味し、管理者が（現在の）区分所有者全員を代理できる場合に限り、原告適格を認めるものと解すべきであるとして、損害賠償請求権の一部が旧区分所有者に帰属し、現在の区分所有者がそれを有していない場合には、管理者は現在の区分所有者全員を代理することができないとして、当該事案においても一部損害賠償請求権を有しない区分所有者がいたことから、管理者に原告適格が認められないとして、訴えを却下した。

法制審議会における区分所有法改正の検討においては、上記東京地判が問題であるとして、区分所有法26条の規律を改める方向で、要綱が取りまとめられた[48]。

---

6 共用部分等に係る請求権の行使の円滑化

区分所有建物の共用部分等に係る請求権等の行使に関する区分所有法第26条第2項、第4項、第5項につき、次のような規律を設ける。

① 管理者は、区分所有法第18条第4項（第21条において準用する場合を含む。）の規定による損害保険契約に基づく保険金並びに共用部分等について生じた損害賠償金及び不当利得による返還金（以下「保険金等」という。）の請求及び受領について、保険金等の請求権を有する者（区分所有者又は区分所有者であった者（以下「旧区分所有者」という。）に限る。以下同じ。）を代理する。

② 管理者は、規約又は集会の決議により、①に規律する事項に関し、保険金等の請求権を有する者のために、原告又は被告となることができる。

③ ①及び②の規律は、管理者に対して書面又は電磁的方法により別段の意思表示をした旧区分所有者には適用しない。

④ 管理者は、②の規約により原告又は被告となったときは、遅滞なく、保険金等の請求権を有する者にその旨を通知しなければならない。管理者が②の

---

48 法制審議会第199回総会において、区分所有法制の見直しに関する要綱が取りまとめられた（要綱の内容は、法制審議会ウェブサイト https://www.moj.go.jp/content/001413270.pdfを参照）。令和6年秋以降に国会にて改正区分所有法が成立する見通しである。

第1章　建築関係訴訟

集会の決議により原告又は被告となった場合において、保険金等の請求権を有する者が旧区分所有者であるときも、同様とする。
⑤　④前段の場合において、保険金等の請求権を有する者が区分所有者であるときは、区分所有法第35条第2項から第4項までの規定を準用する。

　上記①、②の結果、管理者は、旧区分所有者に帰属する請求権についても併せて、訴訟担当として訴訟上請求できることとなり、区分所有権の転売があったとしても、上記東京地判のように「却下判決」となることはなくなった。

　管理組合法人の場合には、管理者は存在しないので（区分所有法47）、管理者ではなく、管理組合法人が原告となる（区分所有法47Ⅵ）。

　なお、訴訟以外の手続については、管理組合が手続を進めている場合もある。民事調停における調停当事者適格は、理論上は訴訟の当事者適格と同様の概念であるので、上記と同様の説明が当てはまるが、実際の手続では、調停主任となる裁判官・民事調停官にもよるが、緩やかな運用がされており、管理組合が申立人となって手続を進めることを許容している例もある。もっとも、調停が不成立となった後に、訴訟を申し立てる場合の手数料（収入印紙）の流用については、当事者が異なる（調停は管理組合を申立人としたが、訴訟は管理者を原告とする場合）と、基本的には認められないことに注意を要する。

　また、住宅紛争審査会の手続では管理組合を申請人とすることを求めている場合がある[49]。個々の区分所有者が修補請求や損害賠償請求を行った場合において、それが管理組合全体の意向と合致していない場合にはトラブルになり得るためにこのような運用をしているものと思われるが、共用部分について生じた請求権は、前記のとおり、現在の裁判実務上は「管理組合」ではなく、「管理者」が訴訟上請求しうるものと解されているので、このような運用に関しては、（住宅紛争審査会の手続と訴訟手続との違いを踏まえた当事者設定の差異等も含めて）検討の余地があると思われる。特に、「仲裁」や「調停」において時効の完成猶予効が認められているところ、「管理組合」の申請では、（そもそも管理組合が区分所有者の「代理権」を有しないので）時効の完成猶予効が認められない可能性もあることから、誰を申請人とするかよく検討す

49　住まいるダイヤルウェブサイト（https://www.chord.or.jp/trouble/funso.html）では、分譲マンション（評価住宅、1号保険付き住宅及び2号保険付き住宅）の売買契約に関する紛争のうち、共用部分に関する紛争について「管理組合」を通じての申請をお願いする場合があるとされている。

• 309 •

第4部 建築紛争解決の手引き

る必要がある。

⑵ 共用部分の修繕工事（大規模修繕工事等）について生じた損害賠償請求に関する原告適格

共用部分に関して、法人格なき管理組合が、大規模修繕工事や小修繕工事を請負業者に発注する場合には、通常、「管理組合」名義でこれらの工事の請負契約を締結する。これらの工事に不具合があった場合において、契約不適合責任を請負人に対し追及するときは、「管理組合」が訴訟上原告となり得る。契約上の請求権は契約当事者である「管理組合」に団体的に帰属しているからである。もちろん、決議又は規約に基づいて管理者が原告となって、請負人に対して、このような契約不適合責任を追及することもできる（区分所有法26Ⅳ）。管理組合が法人化している場合には、（管理者は存在しないので）管理組合法人が原告となる（区分所有法47Ⅵ）。

⑶ 専有部分について生じた損害賠償請求に関する原告適格

専有部分の契約不適合責任に基づく損害賠償請求など、専有部分に関する請求権は各区分所有者に帰属するため、各区分所有者が原告となる。逆に、専有部分に関する請求権について、管理組合、管理者又は管理組合法人は、何らの権限も有していないため、原告となることはできない[50]。

---

50 最新裁判実務大系(6)390頁、391-395頁〔鈴木拓磨「マンションの共用部分に関する請求に係る原告適格」〕。

第2章 建設工事紛争審査会

第2章　建設工事紛争審査会

1　建設工事紛争審査会

　建設工事紛争審査会（以下「審査会」という。）は、昭和31年の建設業法の一部改正に伴い、建設工事の請負契約に関する紛争の解決のために設置された行政による裁判外紛争解決機関（ADR）の一つである（建設法25）。

2　建設工事紛争審査会の特色

(1)　建設工事請負契約に関する紛争を、迅速・適正に解決するためには、建設工事に関する技術的・専門的知識、請負契約に関する実務上の慣行等についての知識を要する。そのため審査会による紛争解決には、かかる技術的・専門的知見を有し、紛争解決に習熟した専門家である建築士、技術士、弁護士、建築行政専門家があたっている。

(2)　審査会による紛争解決方法として、あっせん、調停、仲裁が用意されている。仲裁手続は、原則として、訴訟手続と同じく、法令に基づいて判断される（仲裁法36Ⅰ・Ⅱ）。なお、仲裁手続において、実体法に拘束されず具体的事情に則した衡平の見地から妥当な解決を導ける余地があるものの、予測可能性及び判断基準の明確性から、このような「衡平と善による仲裁」ができるのは、当事者双方が、あえて明示してこれを求めた場合に限られる（仲裁法36Ⅲ）。

(3)　紛争解決に要する期間につき、あっせんは期日の回数をおおよそ3回以内、調停は通常の事件で調停成立を目指す場合は5回以内、争点の多い事件でも10回以内におさめることが目安とされ、また仲裁は通常の事件であれば十数回程度の審理で仲裁判断が行われるなど訴訟手続に比較して短期間となっている。特に調停事件では、調停委員が早期に当事者双方とともに工事現場等に実際に赴いて確認することで、早い段階から契約不適合（瑕疵）の有無等、争点の整理・絞込みが可能となり、紛争の迅速な解決が期待できる。

3　建設工事紛争審査会の構成

　審査会には、国土交通省に属する中央建設工事紛争審査会（以下「中央審査

• 311 •

第4部 建築紛争解決の手引き

会」という。）と各都道府県に属する都道府県建設工事紛争審査会（以下「都道府県審査会」という。）がある。両者の間に審級関係はない。

中央審査会は国土交通大臣の一般的監督に服し、都道府県審査会は各都道府県知事の一般的監督に服するが、具体的な事件の紛争処理については独立して行う。審査会の委員は、中央審査会については国土交通大臣が選任し、各都道府県については都道府県知事が選任する。

具体的事件にあたっては、それぞれの事件ごとに、あっせんと調停の場合は、審査会の会長から指名された委員が行う（建設法25の12Ⅱ・25の13Ⅱ）。また、仲裁の場合は、委員又は特別委員のなかから当事者の合意によって選定され、審査会の会長から指名された仲裁委員が行う（建設法25の19Ⅱ本文）。もっとも、実務上、紛争状態にある当事者において合意による選定が行われることは稀であり、法定の期間内に合意による選定の通知が審査会になかったときは、当事者の合意による選定がなされなかったものとして、会長が職権で仲裁委員を指名する（建設法25の19Ⅱ但書、建設令18Ⅲ）。

平成25年度から令和4年度までの10年間の申請件数は、以下一覧表のとおりである。割合としてはいずれの審査会も調停が最も多いが、仲裁も比較的申立件数がみられる。

【中央審査会】	H25	H26	H27	H28	H29	H30	R1	R2	R3	R4
あっせん	4	7	2	6	6	4	6	4	4	3
調　停	43	27	34	23	19	23	30	22	21	22
仲　裁	6	6	3	4	9	12	4	6	10	5

【都道府県審査会】	H25	H26	H27	H28	H29	H30	R1	R2	R3	R4
あっせん	13	9	15	19	20	16	12	16	18	11
調　停	64	56	55	63	53	68	54	52	51	41
仲　裁	15	21	24	17	23	18	20	21	18	19

【神奈川県審査会】	H25	H26	H27	H28	H29	H30	R1	R2	R3	R4
あっせん	3	4	2	1	3	0	0	3	2	0
調　停	8	7	9	3	3	6	2	9	3	2
仲　裁	0	2	4	1	0	1	2	0	2	2

• 312 •

第2章 建設工事紛争審査会

4 対象となる紛争

　審査会が扱う対象は、「建設工事の請負契約に関する紛争」、すなわち、原則として注文者と請負人との間の建設工事の請負契約に基づいて生じた権利・義務に関する紛争である（建設法25Ⅰ）。

　この「建設工事」は、建設業法2条1項に定められており、土木建築に関する工事で別表第一の上欄に掲げるものをいう。具体的には、土木一式工事、建築一式工事等29種類の工事が掲げられている（平成26年の改正により、新たに解体工事が追加され、29種類となった）。

　請負契約の意義につき、建設業法は、委託その他いかなる名義をもってするかを問わず、報酬を得て建設工事の完成を目的として締結する契約は、建設工事の請負契約とみなして、この法律の規定を適用するとされている（建設法24）。その他、神奈川県建設工事審査会において、不法行為に基づく損害賠償請求を仲裁事件で扱った例や、監理契約の相手方（設計会社）についても請負会社と併せて双方を被申請人としてあっせん事件で扱った例がある。

5 当事者

　審査会が対象とする紛争は、注文者と請負人との建設工事の請負契約に関する紛争であるため、原則として紛争処理の当事者は注文者と請負人である。そのため、建設工事による騒音、日照等について被害を受けた者が損害賠償等を請求する目的で審査会を利用することはできない。他方、設計監理を担当したにすぎない設計工事監理者については、裁判例は分かれているものの、通常は設計工事監理者との間で仲裁合意の成立が認められないため、仲裁においては当事者として認められないことになる（大阪高判昭和51年3月10日判タ339・287参照）。

6 紛争処理の申請

(1)　申請方法

　審査会に対する紛争処理の申請は、政令の定めるところにより、書面をもって、中央審査会に対するものにあっては国土交通大臣を、都道府県審査会に対するものにあっては当該都道府県知事を経由して行う（建設法25の10）。この場合、申請手数料を納付しなければならない。中央審査会に係る申請手数料については建設業法に定めがあり（建設法25の24、建設令26）、都道府県審査会に係る申請手数料については、別途、それぞれの都道府県の条例で定められる

• 313 •

第4部 建築紛争解決の手引き

（自治法228Ⅰ）。

(2) 紛争処理の手続に要する費用

紛争処理の手続に要する費用は、当事者が別段の定めをしない限り各自が負担し、これを予納しなければならない（建設法25の23）。

(3) 管　轄

① 法定管轄

建設業者には、2つ以上の都道府県に営業所を設置している国土交通大臣許可の業者と、同一都道府県内だけに営業所を設置している都道府県知事許可の業者がある。なお、当事者である建設業者が無許可業者（許可を受けないで建設業を営む者）の場合、紛争に係る建設工事の現場を区域内に有する都道府県の審査会が原則として管轄を有する。

　ア　中央審査会の管轄に属する場合

　　①　当事者双方が国土交通大臣の許可を受けた建設業者であるとき。

　　②　当事者双方が建設業者であって、許可をした行政庁が異なるとき。

　　③　当事者の一方のみが建設業者であって、国土交通大臣の許可を受けたものであるとき

　イ　都道府県審査会の管轄に属する場合

　　①　当事者双方が当該都道府県の知事の許可を受けた建設業者であるとき。

　　②　当事者の一方のみが建設業者であって、当該都道府県の知事の許可を受けたものであるとき。

　　③　当事者の双方が許可を受けないで建設業を営む者である場合であって、その紛争に係る建設工事の現場が当該都道府県の区域内にあるとき。

　　④　ア③及びイ②の場合のほか、当事者の一方のみが許可を受けないで建設業を営む者である場合であって、その紛争に係る建設工事の現場が当該都道府県の区域内にあるとき。

② 合意管轄

紛争当事者の合意により任意の管轄審査会を定めることもできる（建設法25の9Ⅲ）。なお、「紛争について、仲裁すべき紛争審査会をA県建設工事紛争審査会とすることに合意する。」との記載は、法定管轄に付加して、競合的にA県建設工事紛争審査会を管轄審査会とすることに合意した趣旨であるとの判断例がある（中央建審判断昭和61年8月13日）。

• 314 •

第2章　建設工事紛争審査会

③　管轄の基準時

管轄を定める基準時は、民事訴訟法15条に準じて紛争処理申請の時とされる。

④　移送について

管轄を誤って申請した場合、民事訴訟法16条1項のような移送の規定がないため、その申請は却下されることになる（建設法25の9参照。なお、公害紛争処理法に基づく公害調整委員会の紛争処理については、同法25条に移送規定がある）。そのため、かかる場合は、本来の管轄審査会に改めて申請し直す他ないと解されている。

7　紛争処理の方法

審査会による紛争処理方法には、あっせん、調停、仲裁がある。

⑴　あっせん、調停

あっせんは、あっせん委員がその紛争処理にあたり、双方の主張の要点を整理し、あっせん案を提示する等して紛争の解決をはかる（建設法25の12）。争点が少ない比較的簡易な紛争の処理に適する方法とされている。あっせん委員は1人であるのが原則であるが、法律面・技術面双方の専門的知見が必要であるとの観点から、神奈川県建設工事紛争審査会ではあっせん委員を2人とする運用がされている。

調停は、調停委員が当事者双方の意見を聞くなどして調停案を作成し、当事者にその受諾を勧告する等して紛争の解決をはかる（建設法25の13）。調停委員は3人からなり（建設法25Ⅰ）、法定されてはいないが運用として弁護士資格を有する1人と、技術的専門家2人があたることが多い。そのため調停は、あっせんに比べ、事実関係が複雑で技術的な争点が存するような紛争の処理に適する方法とされている。

あっせん及び調停は、いずれも当事者間に合意が成立すると和解協定書を作成する。この合意は、民法上の和解契約に相当するものであり、そのままでは債務名義たりえないため、後に強制的な履行を要する場合には即決和解（訴え提起前の和解）などの方法により債務名義とする必要がある。

時効の完成猶予について、建設業法25条の16は、あっせん又は調停が打ち切られた場合において、あっせん又は調停の申請をした者が同条25条の15第2項の打ち切りの通知を受けた日から1か月以内にあっせん又は調停の目的と

• 315 •

なった請求について訴えを提起したときは、あっせん又は調停の申請の時に、訴えの提起があつたものとみなすとされている。同規定は、裁判外紛争解決手続の利用の促進に関する法律（ADR法）における紛争解決手続が時効の完成猶予を定めているところ、これと同様に、建設工事紛争審査会のあっせん及び調停の手続を利用した場合にも時効の完成猶予を認めるものとしたものとされている。

　なお、強制執行については、ADR法改正により、法務省から認証を受けた民間ADR事業者（認証紛争解決事業者）のもとで行う調停等において成立した和解であって、当該和解に基づいて民事執行をすることができる旨の合意（執行合意）がされた「特定和解」については、裁判所の執行決定を受けることで強制執行できることとなった（令和6年4月1日施行。ADR法27の2Ⅰ、民執法22⑥の5）。これは、執行決定を受けることで強制執行できるという点で、仲裁判断における強制執行と同様である（複合的債務名義）。審査会は、民間ADR事業者ではないことから、同法改正による影響はないものの、時効の完成猶予を定める建設法25条の16がADR法における時効の完成猶予と平仄を合わせて規定されたものであることから、今後、強制執行についてもADR法と平仄を合わる形で建設業法の改正により規定されることも考えられる。

⑵　仲　裁

　仲裁は、当事者の合意（仲裁契約）に基づき、3人の仲裁委員で構成される審査会が、建設業法や仲裁法の規定により必要な証拠調べなどの審理をして仲裁判断を行い、この仲裁判断に当事者が服することにより紛争を解決するものである。この仲裁判断は、当事者間においては確定判決と同一の効力が認められている（建設法25の19Ⅳ、仲裁法45Ⅰ）。なお、かつては、審査会は仲裁判断前に当事者を審訊することを要するとされ（旧民訴法794Ⅰ前段）、当事者に審訊を省略するとの合意が成立していない限り、審訊しなかった場合には仲裁判断の取消し事由になるとされていたが（旧民訴法801Ⅰ④・Ⅱ）、現行法においてはこのような拘束はない。

　仲裁は3人の仲裁委員によって行われるが（建設法25の19Ⅰ）、このうち1人は弁護士となる資格を有するものでなければならない（建設法25の19Ⅲ）。

①　仲裁合意

ア　仲裁合意の要件・方式

　仲裁をするためには、当事者が和解をすることができる民事上の紛争につ

き、仲裁により解決を図ることについて、当事者の全部が署名した文書、当事者が交換した書簡又は電報（ファクシミリ装置その他の隔地者間の通信手段で文字による通信内容の記録が受信者に提供されるものを用いて送信されたものを含む。）その他の書面による合意が必要となる（仲裁法13Ⅱ）。なお、仲裁合意がその内容を記録した電磁的記録によってされたときも、その仲裁合意は、書面によってされたものとされる（仲裁法13Ⅲ）。

　「公示催告手続及ビ仲裁手続ニ関スル法律」（以下「旧仲裁法」という。）のもとでは、仲裁合意を締結するにあたり一般に特別の方式は定められておらず、書面に限らず口頭による契約も認められ、また黙示のうちに仲裁合意の成立が認められる場合があったのに対し、仲裁法は明文で書面性を要件とした。

イ　仲裁合意の抗弁

　仲裁法14条1項は、「仲裁合意の対象となる民事上の紛争について訴えが提起されたときは、受訴裁判所は、被告の申立てにより、訴えを却下しなければならない。ただし、次に掲げる場合は、この限りでない。①仲裁合意が無効、取消その他の事由により効力を有しないとき。②仲裁合意に基づく仲裁手続を行うことができないとき。③当該申立てが、本案について、被告が弁論をし、又は弁論準備手続において申述をした後にされたものであるとき。」と規定する。旧仲裁法のもとで解釈上認められていた仲裁合意の抗弁を明文化したものである。この仲裁合意は、訴えの利益を阻却する「不起訴の合意」（妨訴抗弁）の趣旨を含み、当事者から裁判を受ける権利を奪うという重大な効果があることから、安易に仲裁合意の成立を認めるべきではなく、慎重に決せられるべきとされている。

ウ　仲裁合意の成否をめぐる判例

　旧仲裁法のもとでは、仲裁合意に妨訴抗弁としての効果が認められる一方、仲裁制度が世間一般に十分に浸透していないこと、請負契約の当事者（とりわけ注文者）が約款の仲裁条項の存在を必ずしも意識していないことに関連して、民間連合協定工事請負契約約款（旧四会連合約款）などの約款の仲裁条項による仲裁合意の成否が問題となり、多数の判決例がある（肯定した事案：最判昭和55年6月26日判時979・53、判タ424・77、名古屋地判昭和57年11月19日判時1073・127、判タ491・108、東京地判昭和57年3月5日判タ475・120等。否定した事案：東京地判昭和57年10月25日判タ490・100、東京高判昭和54年11月26日判時954・39、判タ407・86等）。比較的近時の裁

・317・

判例である東京高判平成25年7月10日（判タ1394・200）は、請負契約の内容は、本件約款の定めによるものとされ、同約款に、「①この約款の各条項においてXY協議して定めるものにつき協議がととのわない場合その他この契約に関してXY間に紛争を生じた場合には、X又はYは、当事者の双方の合意により選定した第三者又は建設業法による建設工事紛争審査会のあっせん又は調停により解決を図る。②あっせん又は調停により紛争を解決する見込みがないと認めたときは、XY双方の合意に基づいて審査会の仲裁に付し、その仲裁判断に服する」旨の条項が定められていた事案について、原審が仲裁合意の成立を認めて訴えを却下したのに対し、「仲裁合意をすれば、その範囲において、当該合意をした当事者は、当該合意の対象となっている紛争につき、裁判を受ける機会を失うことになるので、その合意の効力については、慎重に検討する必要がある」等とし、本件約款は、あくまでもXとYが約款それ自体とは別個に仲裁合意が必要であり、その仲裁合意をした範囲で、その効力が認められる旨を注意的に規定したものと解するほかなく、本件約款に上記条項のあることをもって直ちにXとYとの間に仲裁合意があったと解することはできないとして、仲裁合意の成立を否定した。

仲裁法は、書面によってされた契約において、仲裁合意を内容とする条項が記載された文書が当該契約の一部を構成するものとして引用されているときは、その仲裁合意は、書面によってされたものとすると規定しているものの（仲裁法13Ⅲ）、建設工事請負契約に付された約款ないし契約書に仲裁条項が存するとしても、それによる契約締結の一事から直ちに仲裁契約の成立を認めることはできないとの指摘があり（田尾桃二『最高裁判例解説民事昭和47年度』18事件、滝井繁男『逐条解説工事請負契約約款』239頁（酒井書店・育英堂、1998）等）、この東京高判平成25年7月10日もかかる見解に沿うものと言える。

ちなみに、四会連合約款は、昭和56年9月の改正において、①「当事者の双方または一方が前項により紛争を解決する見込みがないと認めたとき、もしくは審査会が斡旋または調停をしないものとしたとき、または打ち切ったときは、当事者は仲裁合意書にもとづいて審査会の仲裁に付することができる。」と改められ、②　約款とは別に、仲裁合意書を添付し、それに管轄審査会名を記載することとされた。そして、③　管轄審査会名記載欄の下段に、括弧書きで、「管轄審査会名の記入してない場合は建設業法第25条の9第1項または第2項に定める建設工事紛争審査会を管轄審査会とする」との

文言が挿入され、④　仲裁合意書の裏面に、適法になされた審査会の仲裁判断は、裁判所の確定判決と同一の効力を有し、たとえその仲裁判断の内容に不服があっても裁判所で争うことはできなくなる。」との注意書きが入れられた。

　なお、仲裁法では、後述のとおり注文者が消費者契約法にいう消費者に該当する場合は、消費者たる注文者に仲裁合意の解除権が認められたことで、一定の保護が立法的にも図られている。

エ　消費者と事業者との間に成立した仲裁合意に関する特例

　仲裁法附則3条は、消費者と事業者との間に成立した仲裁合意（以下「消費者仲裁合意」という。）に関する特例を定めており、これは、建設工事請負契約において注文者が消費者契約法2条1項に規定する消費者に該当し、請負人が同条2項に規定する事業者に該当する場合に適用される。

㋐　消費者である注文者は、原則として、仲裁法施行後に締結された消費者仲裁合意をいつでも解除することができる（仲裁法附則3Ⅱ）。これは、前述のとおり、仲裁合意がある場合、その対象となる紛争につき訴訟による解決ができなくなるという重大な効果が生ずるが、我が国では仲裁の意義を理解している消費者は少ないこと等による。これにより、消費者は、紛争発生後、紛争解決手段として仲裁又は訴訟その他の手段のいずれによるかを選択することができる。なお、将来の消費者仲裁合意を一律無効とすると、これまで消費者が利用できた仲裁手続の利用を制限することになり、かえって消費者の利益にならない場合があると考えられるため、仲裁手続を利用するか否かの選択権を消費者に与えたものである。

㋑　事業者が仲裁に付する旨の申出をした場合において、消費者が仲裁廷から口頭で仲裁合意の意義及び効力並びに消費者の解除権について説明を受けた上で、仲裁合意の解除権を放棄する旨の意思を明示したとき（仲裁法附則3Ⅵ）、消費者が自ら仲裁に付する旨の申出をしたとき（仲裁法附則3Ⅱ但書）は、消費者が真意に基づいて仲裁を利用する意思が明らかであることから、消費者仲裁合意を確定的なものとし、これに基づいて仲裁を行うべきものとされる。また、これらの場合以外であっても、解釈上、事業者が提起した訴訟において消費者が仲裁合意の抗弁をした場合など、事案により、事業者が申し立てた仲裁手続において信義則上解除権を行使することができないと解される場合も考えられる。

• 319 •

第4部　建築紛争解決の手引き

②　仲裁手続

審査会が仲裁判断をする場合は、必要とする限り紛争の原因となった事実関係を探知しなければならず、双方の主張を聞いた上、必要な場合は職権で事実関係の調査をしなければならない。審査会は、事実関係の調査を終了した場合は、仲裁判断を書面により示さなければならない。

仲裁判断は、当事者間において確定判決と同一の効力を有する（仲裁法45Ⅰ）。仲裁判断は、そのままでは執行力はないが、執行決定を得て強制執行をすることができる（仲裁法46）。これは、仲裁が、当事者の合意に基づく私人の判断による紛争の終局的解決手続であり、国家が仲裁判断に基づき民事執行を認めるには、裁判所に仲裁判断の成立手続や内容について審査、判断させる必要があるためとされており、仲裁判断と執行決定とが合体して債務名義となる（複合的債務名義。民執法22⑥の2）。なお、意思表示を命じる仲裁判断は、民事執行法177条1項により、執行決定の確定があって初めて債務者が意思表示をしたものとみなされるため、仲裁判断に基づき登記を申請するには、仲裁判断について執行決定を要する（最判昭和54年1月25日判時917・52）。また、仲裁法の改正により、仲裁判断までの間に権利・証拠を保全するための仲裁廷の命令（暫定保全措置命令）に基づく強制執行も可能となったが（令和6年4月1日施行）、この強制執行をする場合も裁判所の決定を得ることが必要である（執行等認可決定。仲裁法47）。

③　仲裁判断に不服がある場合

仲裁合意は、仲裁人に紛争の判断をさせ、かかる判断により紛争を解決させるものであることから、これに対する不服申立ては予定されておらず、建設業法にも不服申立てについての定めはない。

したがって、仲裁判断についての取消事由（仲裁法44）がない限り、仲裁判断の内容を争うことはできない。

④　仲裁申請と時効の完成猶予等

旧仲裁法のもと、審査会のような機関仲裁における仲裁申請には、消滅時効中断の効力があると一般に解釈されていたが、仲裁法は、明文で、「仲裁手続における請求は、時効の完成猶予及び更新の効力を生ずる。ただし、当該仲裁手続が仲裁判断によらずに終了したときは、この限りでない。」（仲裁法29Ⅱ）と規定している。

・ 320 ・

第3章　住宅の契約不適合責任の特例及び手続

第3章　住宅の契約不適合責任の特例及び手続

1　住宅の契約不適合責任の全体構造

　民法では、契約不適合責任は任意規定である一方、住宅の契約不適合については、相当期間居住しないと発覚しない場合や、甚大な損害が生じる場合がある。さらに、契約不適合により損害が生じたとしても、民事訴訟では基本的に住宅取得者側が損害の内容や因果関係、相手方の過失を主張立証する必要がある。そのため、住宅の契約不適合責任については、住宅取得者保護のための強行規定や、損害の回復、主張立証、紛争解決の助けとなる手続が用意されている。

　新築住宅について、「住宅の品質確保の促進等に関する法律」（以下「品確法」という。）は、取得者を保護するため、重要部分の契約不適合責任を10年とする強行規定を設けるなど、民法の契約不適合責任に関する規定につき特例を定めた。

　また、見えにくく分かりにくい住宅の性能について、品確法に基づき登録住宅性能評価機関から一定の検査等を経て、建築基準法が定める基準より広い範囲の性能項目かつ高いレベルの性能表示基準に基づいて評価された住宅性能評価書の交付を受けることができる。そして、新築住宅の住宅供給者が住宅取得者に住宅性能評価書を交付した場合、原則として、住宅性能評価書の内容が請負契約又は売買契約の内容とみなされる。

　そのうえ、建設住宅性能評価書が交付された住宅（新築住宅及び中古住宅）に関する契約について紛争が生じた場合には、当事者は、品確法に基づく住宅紛争審査会によるあっせん、調停又は仲裁判断を求めることができる。住宅紛争審査会は、住宅性能評価書、住宅紛争処理技術関連資料集、住宅紛争の参考となるべき技術的基準等を参考資料とし、迅速な解決を図ることができる。

　また、請負人又は売主の財産状態が悪化した場合でも住宅取得者が補償を受けられるよう、住宅瑕疵履行確保法により、新築住宅については瑕疵保険への加入が義務付けられ、中古住宅についても瑕疵保険への加入が可能となった。

2　新築住宅の契約不適合責任の特例（品確法94・95）

(1)　適用の対象となる契約

　契約不適合責任の特例の対象となる契約は、新築住宅の請負契約又は売買契約である。

　非居住用建物（部分）の請負・売買契約、居住用建物でも増築・改築の請負

・321・

契約には、契約不適合責任の特例は適用されない。他方、新築住宅のいわゆる分離発注の場合で、新築住宅の建物全体ではなく、一部のみの施工を請け負った業者との請負契約についても、品確法が適用される（東京高判平成25年5月8日判タ1395・180）。

(2) 住宅の定義

「住宅」とは、「人の居住の用に供する家屋又は家屋の部分（人の居住の用以外の用に供する家屋の部分との共用に供する部分を含む。）」をいう（品確法2Ⅰ）。

人の居住の用に供する一棟の家屋、集合住宅の居住部分のほか、居住と非居住（事務所、店舗等）の併用建物の共用部分も含まれる。いわゆる投資用物件や、寮、グループホームなど、住宅取得者自身の居住の用に供するものでなくとも、「住宅」に該当する。

(3) 新築住宅の定義

「新築住宅」とは、建設工事の完了から1年以内の、未入居（一度も人が居住の用に供したことがない）の住宅をいう（品確法2Ⅱ）。

建設工事の完了とは、通常、完了検査終了時点と考えられる。また、売買契約の場合、契約時が建設工事の完了から1年以内であれば、引渡しが1年を超えても新築住宅の売買に該当する。

モデルルームや一時的な宿泊程度の使用であれば、「居住の用に供した」に当たらない。集合住宅の1棟を取得する場合、「居住の用に供した」ことがあるかは、各戸ごとに判断する。

(4) 瑕 疵

品確法の適用対象となる瑕疵は、構造耐力又は雨水の浸入防止に関係する重要部分の瑕疵に限られ、具体的には次のいずれかに該当する必要がある（品確法施行令5。以下、本章において「特定住宅瑕疵」という。）。

① 構造耐力上主要な部分の瑕疵

「住宅の基礎、基礎ぐい、壁、柱、小屋組、土台、斜材（筋かい、方づえ、火打材その他これらに類するものをいう。）床版、屋根版又は横架材（はり、けたその他これらに類するものをいう。）で、当該住宅の自重若しくは積載荷重、積雪、風圧、土圧若しくは水圧又は地震その他の震動若しくは衝撃を支えるもの」（品確令5Ⅰ）「の瑕疵（構造耐力…に影響のないものを除く…）」（品確法94Ⅰ）である。

• 322 •

第3章 住宅の契約不適合責任の特例及び手続

　例えば、ベタ基礎自体の施工不良がなくとも、地盤の強度に照らし根本的な地盤改良工事をするか、杭基礎を選択すべきであった場合、基礎の瑕疵にあたる（東京地判平成29年3月24日判タ1459・231）。また、鉄筋のかぶり厚さが建築基準法上の最低基準を満たさないが、実質的には危険がないことを理由に損害の発生を否定した裁判例（札幌地判平成29年2月15日公刊物未登載）もあり、若干のかぶり厚さの不足については「構造耐力…に影響のないもの」として特定住宅瑕疵に当たらないと考える余地もあると思われる。

　なお、「構造耐力…に影響のないものを除く」の解釈について、法文上は、当該瑕疵が構造耐力に何ら影響しないもののみを除くとも、当該瑕疵によっても規定の耐力性能を満たしているものを除くとも捉えられる。この点、特定住宅瑕疵担保責任の履行を確保するための実質的な強制保険である住宅瑕疵担保責任保険法人の保険約款では、保険事故の定義として、「構造耐力…に影響のないものを除く」を、品確法94条の定める瑕疵「に起因して…基本的な耐力性能…を満たさない場合」と言い換えており、保険実務上は通常、建築基準法上要求される耐力性能を満たさない場合と捉えられているようである。

②　雨水の浸入を防止する部分の瑕疵

　「住宅の屋根若しくは外壁又はこれらの開口部に設ける戸、わくその他の建具」・「雨水を排除するため住宅に設ける排水管のうち、当該住宅の屋根若しくは外壁の内部又は屋内にある部分」（品確令5Ⅱ）「の瑕疵（…雨水の浸入…に影響のないものを除く…）」（品確法94Ⅰ）である。

　窓や窓枠そのものに瑕疵はないが、接着や取付などの設置上の瑕疵のために雨水が浸入した場合は、この瑕疵に当たる（東京高判平成25年5月8日判タ1395・180）。屋根や戸、窓そのものに問題はなくとも、取付方法や留め具に問題がある場合は、この瑕疵の問題となりうる。

　外壁にクラックを生じたが、防水シートにより躯体内への浸水が防止されているという場合、外壁のクラックは「雨水の浸入…に影響のない」に当たり、品確法の適用がないと考えることも可能だろう。

　地下室内への地下水の浸入については、「地下水」は「雨水」ではないため、この瑕疵には当たらない（東京地判平成27年4月8日D1-Law 29022678）。これは、地下水は完全な浸入防止が技術的に困難な場合があり、躯体内への浸入を許容しつつ排水のための空間や設備により居室への影響を避けるやり方も一般的だからとされる（匠総合法律事務所編「建物漏水をめぐる法律実務」120頁（新日本法規出版、2017））。ただし、状況によっては、建物としての基本的

• 323 •

安全性を欠くとして、不法行為責任の問題が生じる余地はある。

⑸　瑕疵担保責任（無過失責任）の内容

　注文者又は買主は、請負人又は売主に対し、次の請求ができることについて
は、民法の定めと同様である。

　ア　瑕疵修補請求
　イ　損害賠償請求・代金又は報酬の減額請求
　ウ　解除

⑹　瑕疵担保責任の除斥期間

①　品確法における瑕疵担保責任の特例

ア　瑕疵担保責任の除斥期間は10年間（品確法94Ⅰ・95Ⅰ）

　住宅の新築工事の請負人（品確法94Ⅰ）や新築住宅の売主（品確法95Ⅰ）
の瑕疵担保責任の除斥期間は、注文者や買主に引き渡した時から10年間で
ある。ただし、新築住宅の売買において、施工業者（請負人）と分譲業者（注
文者）が異なり、売主が分譲業者の場合、売主（分譲業者）が買主に引き渡
した時ではなく、施工業者（請負人）が分譲業者（注文者、売主）に引き渡
した時から起算する。これは、分譲業者から施工業者へも品確法に基づく責
任追及ができるため、期間をそろえたものと考えられる。

　また、特定住宅瑕疵についても、民法のみが適用される通常の契約不適合
と同様、瑕疵を知ったときから1年以内に相手方に瑕疵の事実を通知する必要
がある（民566・637Ⅰ）。これは、瑕疵の事実の通知で足り、契約解除や損害
賠償請求の意思表示をする必要はなく、裁判上の権利行使をする必要もない。

イ　注文者や買主に不利な特約は無効（品確法94Ⅱ・95Ⅱ）

　品確法の瑕疵担保責任の除斥期間の定めは強行規定であり、請負人や売主
の瑕疵担保責任の除斥期間を10年未満とする特約は、無効となる。

　これは、事後的な合意についても同様である。例えば、建築訴訟の和解条項
において清算条項や住宅供給者の義務の免除を定めたとしても、原則として、
引渡しから10年経過するまでは特定住宅瑕疵の担保責任は免責されない（実務
上、住宅供給者の定期巡回義務や契約上の延長保証に係る義務を免除しつつ、
特定住宅瑕疵の担保責任を免責対象から外す旨を注意的に記載する例が多い。）。

ウ　特約による瑕疵担保責任期間の延長（品確法97）

　特約により、請負人や売主の瑕疵担保責任の除斥期間を、引き渡した時か

第3章 住宅の契約不適合責任の特例及び手続

ら10年以上20年以内に延長することができる。

② 他の法令との関係

　宅地建物取引業者が売主である場合、新築住宅の特定住宅瑕疵以外の瑕疵や、中古住宅や住宅以外を含む建物一般について、民法566条の定める売主の瑕疵担保責任の存続期間に関する特約は、引渡しから2年以上の期間を定めないと無効となる（宅建業法40）。また、消費者契約法が適用される契約の場合、特定住宅瑕疵以外の瑕疵について損害賠償責任を全部免除する特約は、原則として無効である（消費契約8Ⅰ①）。

(7) 旧民法の規定及び経過措置

　現行民法の施行日（令和2年4月1日）前に締結された住宅の売買契約及び請負契約については、改正前の民法（以下「旧民法」という。）が適用される（附則34）。旧民法の瑕疵担保責任であっても、新築住宅の瑕疵について品確法が適用され、特定住宅瑕疵の除斥期間が引渡しから10年となることや、特定住宅瑕疵の範囲は変わらないが、品確法と関係する範囲では次の点が現行民法の規定と異なる。

① 旧民法では、瑕疵担保責任の権利行使方法について、1年以内に契約解除又は損害賠償請求までする必要があり、瑕疵の事実の通知では足りない（旧民566Ⅲ、旧民570本文）。

② 旧民法では、売買契約における瑕疵は、「隠れた」瑕疵である必要があり、具体的には買主が善意無過失である必要がある（旧民570本文）。

③ 旧民法法上、売買契約の瑕疵担保責任に基づく修補請求は認められず、品確法による必要がある（旧民566Ⅰ、旧品確法95、旧民634Ⅰ）。

④ 旧民法では、土地の工作物が、工作物又は地盤の瑕疵により滅失又は毀損した場合は、滅失又は毀損した時から、1年以内に請負人に対し権利を行使しなければならない（旧民638Ⅱ）。

⑤ 旧民法では、請負契約における土地の工作物又は地盤の瑕疵の除斥期間は、引渡しから5年（石造、土造、煉瓦造又は金属造りの工作物は10年）となる（旧民638。ただし、任意規定）。

3 住宅性能評価

(1) 住宅性能表示制度

　住宅性能表示制度は、品確法に基づき、住宅の性能に関する表示の適正化を

・325・

第4部　建築紛争解決の手引き

図るための共通ルール（表示の方法、評価の方法の基準）を設け、住宅の性能の相互比較を可能にする制度である。新築住宅だけではなく、瑕疵担保責任の特例が適用されない中古住宅も住宅性能表示制度を利用できる。なお、全ての住宅に義務付けられるものではなく、制度を利用するか否かは、住宅取得者、住宅供給者や中古住宅の取引者等の選択に委ねられる。住宅性能評価を取得した住宅は、免震・耐震性能に応じた地震保険料の割引や、住宅ローン金利の優遇などを受けることができる。

　また、評価を受けた住宅の建設工事の請負契約又は売買契約に関する紛争につき、非公開の手続による国土交通大臣が指定した指定住宅紛争処理機関のあっせん、調停及び仲裁を利用することができる（品確法67）。

⑵　住宅性能評価書

①　申請者

　登録住宅性能評価機関に住宅性能評価書の交付の申請を行う申請者については、法律上、特に限定していない（品確法5Ⅰ）。

②　日本住宅性能表示基準

　建築基準法は、構造の安定や火災時の安全などの最低基準を定める。これに対し、品確法に基づき国土交通大臣が制定した住宅性能表示基準が定める性能項目は、維持管理への配慮、温熱環境、高齢者等配慮対策など広い範囲の性能項目にわたり、性能のレベルが高いものであることを表示する。

③　設計住宅性能評価書

　登録住宅性能評価機関は、申請者から提出された設計図書（設計図、仕様書など）を、国土交通大臣が制定した住宅の性能に関しての表示事項（性能項目の記述の仕方）や表示方法（性能を表す方法、等級、数値など）の基準を定めた日本住宅性能表示基準（品確法3）及び表示された性能が設計段階や完成段階で実現されているか否かを確実なものとするための評価方法を定めた評価方法基準（品確法3の2）に基づいて評価し、その結果を設計住宅性能評価書に記載し、特別の標章（マーク）を付した設計住宅性能評価書を申請者に交付する。

　住宅の建築工事を注文しようとする者は、設計住宅性能評価書に記載された性能を検討した上で、請負契約を締結するか否かを判断することになる。

④　建設住宅性能評価書

　登録住宅性能評価機関は、中間検査・完成物検査を行い、前項の基準に基づき評価して、その結果を建設住宅性能評価書に記載し、特別の標章（マーク）

• 326 •

を付した建設住宅性能評価書を申請者に交付する。

⑤　**住宅性能評価書等と契約内容**

住宅性能評価書（設計住宅性能評価書又は建設住宅性能評価書）若しくはその写しを、

A　請負契約書ないし売買契約書に添附し、

又は

B　注文者ないし買主に交付した場合においては、

その法的効果として、住宅性能評価書（設計住宅性能評価書又は建設住宅性能評価書）若しくはその写しに表示された性能を有する住宅の建設工事を行うこと又は新築住宅を引き渡すことを契約したものとみなされる（品確法6Ⅰ・Ⅱ・Ⅲ）。他方で、請負契約書又は売買契約書において反対の意思を表示した場合には住宅性能評価書は契約内容とはならない（品確法6Ⅳ）。

契約内容となった場合、設計住宅性能評価書よりも建設住宅性能評価書の性能に関する評価が劣っているときは、注文者又は買主は、契約不適合責任を追及できることになる。

ただし、中古住宅の売買契約には、本条は適用されないので、契約内容とみなされるという法的効果は生じない（もっとも、事実認定において、住宅性能評価書の性能が契約内容である旨認定される可能性を否定するものではない）。

4　住宅瑕疵担保責任保険

⑴　資力確保措置の義務

平成17年の「構造計算書偽装問題」の際、住宅事業者の倒産により瑕疵担保責任が履行されない事例が発生した。瑕疵担保責任の履行に必要な資力確保がなされていない場合、住宅取得者が不安定な状態に置かれることが明らかとなり、こうした問題点をふまえ、品確法に定める瑕疵担保責任の履行を確保するため、「特定住宅瑕疵担保責任の履行の確保等に関する法律（履行法）」が制定された。

履行法により、新築住宅の供給事業者（建設業者・宅建業者）は、保証金の供託又は保険への加入が義務付けられる（履行法3Ⅰ・11Ⅰ）。他方、中古住宅については、資力確保措置の義務付けの対象とならない（任意で保険に加入することはできる）。

なお、引き渡す相手が宅建業者である場合には、新築住宅であっても建設業者は資力確保が義務付けられない（履行法2Ⅵ②ロかっこ書・2Ⅶ②ロかっこ書）。

・327・

第4部 建築紛争解決の手引き

⑵ 住宅瑕疵担保責任保険法人の指定

　資力確保措置として、保証金の供託又は住宅瑕疵担保責任保険への加入が義務付けられたことにより、住宅瑕疵担保責任保険の引受主体の整備が必要となった。そこで、これまで住宅性能保証等を行ってきた法人を中心に6法人が指定された。

⑶ 住宅瑕疵担保責任保険（１号保険）

　住宅瑕疵担保責任保険（1号保険）は、履行法19条1号の規定に基づき、資力確保義務のある建設業者または宅建業者が、建設工事の完了の日から1年以内、かつ、新築の住宅を対象として加入する保険である。

　保険の対象となるのは、品確法94条1項に規定する「構造耐力上主要な部分」と「雨水の浸入を防止する部分」で、構造耐力性能または防水性能における瑕疵である。支払われる保険金の内容は、①修補費用、②調査費用、③仮住居費用等で、保険期間は10年である。保険料は個々の保険法人が設定しており、保険金の支払限度額は2000万円である（オプションにより増額される）。填補率は、事業者（請負人・売主）へは80％、住宅取得者（発注者・買主）へは100％（事業者倒産時等）である。

⑷ 瑕疵担保責任任意保険（２号保険）

　瑕疵担保責任任意保険（2号保険）は、資力確保義務がない場合（1号保険に該当しない場合）に、履行法19条2号に基づき、任意で加入することができる保険である。2号保険は中古住宅も対象となり、主に請負契約に伴う保険（リフォーム瑕疵保険、大規模修繕瑕疵保険）、売買契約に伴う保険（既存売買瑕疵保険）がある。

⑸ 保険法人に対する直接請求
① １号保険付き住宅

　被保険者である建設業者等の倒産等の事情により、被保険者による特定住宅瑕疵担保責任の履行が期待できない場合には、発注者等が、直接保険法人に対し、特定住宅瑕疵の補修費用等について保険金を請求することができる（履行法2Ⅵ②ロ・2Ⅶ②ロ参照）。
② ２号保険付き住宅

　1号保険付き住宅と同様に、被保険者による2号保険契約対象責任の履行が

期待できない場合には、発注者等は、直接保険法人に対し、保険金の請求をすることができる（各保険契約の約款を参照）。

③　なお、特定住宅瑕疵又は2号保険契約対象責任に係る瑕疵以外の瑕疵による損害は、保険金支払の対象とはならないので注意を要する。

5　指定住宅紛争処理機関による紛争の処理

⑴　紛争処理の対象となる住宅

①　評価住宅

品確法に基づく「建設」住宅性能評価書の交付を受けた住宅（「評価住宅」）は、住宅に関する紛争で指定住宅紛争処理機関を利用することができる。

そのため、「設計」住宅性能評価書の交付を受けただけでは、指定住宅紛争処理機関を利用できない。

なお、新築住宅だけでなく、建設住宅性能評価書の交付を受けた中古住宅も、指定住宅紛争処理機関を利用することができる。

②　1号保険付き住宅

履行法に基づく住宅瑕疵担保責任保険に加入した新築住宅（「1号保険付き住宅」）も指定住宅紛争処理機関の利用が可能である。

③　2号保険付き住宅

保険付き住宅のうち、1号保険付き住宅以外の住宅（「2号保険付き住宅」）については、もともと指定住宅紛争処理機関の利用対象外であったが、令和3年の履行法改正（令和4年10月1日施行）により、指定住宅紛争処理機関の紛争処理の対象に追加された。例えば、リフォーム工事の請負契約に関する紛争について、指定住宅紛争処理機関の利用が可能となる。

⑵　申請権者

①　評価住宅の建設工事の請負契約又は売買契約に関する紛争の当事者の双方又は一方は、指定住宅紛争処理機関に対し、あっせん、調停又は仲裁の申請をすることができる（品確法67 I）。

②　また、住宅瑕疵担保責任保険契約に係る新築住宅（評価住宅を除く）又は履行法19条2号に規定する保険契約に係る住宅の建設工事の請負契約又は売買契約に関する紛争の当事者の双方又は一方は、指定住宅紛争処理機関に対し、あっせん、調停又は仲裁の申請をすることができる（履行法33 I）。

• 329 •

第4部 建築紛争解決の手引き

⑶　申請手数料

申請手数料は、1万円である（品確法73、品確法規則114Ⅱ）。

ただし、当事者の申立てによる鑑定、証人の出頭費用などで指定住宅紛争処理機関の長が相当と認めるものは、当事者に負担させることができる（同規則115）。

なお、履行法の改正法全部施行前（令和4年9月30日以前）に保険の申込みがされた2号保険付き住宅については、申請手数料は1万4000円である。

⑷　対象となる紛争

指定住宅紛争処理機関の対象となる紛争には、住宅の瑕疵だけではなく、代金支払に関する紛争など契約に関する紛争が含まれる。

⑸　指定住宅紛争処理機関

国土交通大臣は、主に弁護士会を住宅専門の紛争処理機関として指定し（品確法66Ⅰ）、指定された弁護士会が、紛争処理の業務を行わせるために住宅紛争審査会を設立している。例えば、神奈川県弁護士会は、神奈川住宅紛争審査会を設立している。

⑹　住宅紛争審査会の構成

住宅紛争審査会は、あらかじめ紛争処理委員として弁護士、建築士、学識経験者を任命する。

任命された紛争処理委員は、住宅紛争処理が専門的な知識を必要とするため、紛争処理支援センター主催の研修を受けることになっている（品確法83Ⅰ④）。

具体的な紛争を担当する紛争処理委員は、申請者の希望なども踏まえて、住宅紛争審査会の会長（弁護士会の会長）が指名する。

具体的な紛争を処理する紛争処理員は3人以内とされ（品確法規則106Ⅰ・107Ⅰ）、最低1人は弁護士が入っていなければならない（品確法68Ⅲ）。

⑺　住宅紛争審査会の権限

住宅紛争審査会は、登録住宅性能評価機関などに対し、性能評価の申請書類（設計図書）など紛争の対象となっている住宅に関する資料の提出を求めることができる（品確法71）。

・330・

第3章　住宅の契約不適合責任の特例及び手続

⑻　住宅紛争処理の手続
　住宅紛争処理は、非公開の手続で行われる（品確法72本文）。
　ただし、住宅紛争審査会は、相当と認める者に傍聴を許すことができる（同条ただし書）。

⑼　住宅紛争処理の参考となるべき技術的基準
　国土交通大臣は、指定住宅紛争処理機関による住宅に係る紛争の迅速かつ適正な解決に資するため、住宅紛争処理の参考となるべき技術的基準を定めるとされている（品確法74）。
　これに基づき「住宅紛争処理の参考となるべき技術的基準」（平成12年7月19日建設省告示1653号）が定められた。
　この告示は、住宅紛争処理の参考となるべき技術的基準として、不具合事象の発生と構造耐力上主要な部分に瑕疵が存する可能性との相関関係について定めている。例えば、床について、6／1000以上の勾配の傾斜が認められる場合、構造耐力上主要な部分に瑕疵が存する可能性が高いとされている（平成12年7月19日建設省告示1653号第3.1.⑵）。

⑽　住宅紛争審査会の秘密保持義務
　住宅紛争審査会の紛争処理委員並びにその役員及び職員並びにこれらの職にあった人は、秘密保持義務を負い（品確法69Ⅰ）、この秘密保持義務に違反した場合、違反者には刑罰が科される（品確法104①）。

⑾　法的効力
①　時効の完成猶予効
　紛争処理手続には、時効の完成猶予効が付与される。すなわち、あっせん又は調停が打ち切られた場合、当事者がその旨の通知を受けた日から1ヵ月以内に訴えを提起したときは、時効の完成猶予に関しては、あっせん又は調停の申請の時に、訴えの提起があったものとみなされる（履行法33Ⅱ、品確法73の2Ⅰ等）。また、請求内容の追加・変更があった際には、当該日が「申請の時」となり時効の完成猶予効発生日となる。
②　あっせん、調停及び仲裁判断の効力
　仲裁判断は、当事者間において確定判決と同じ効力を与えられる（仲裁法45Ⅰ、仲裁法に基づく仲裁手続等については、316頁参照）。

・331・

第4部 建築紛争解決の手引き

　しかし、あっせんと調停により和解が成立しても民法上の和解の効力はあるが、確定判決と同じ効力は与えられない。

⑿　住宅紛争審査会の現状

①　全国における現状

　平成12年の制度開始から令和4年度までの住宅紛争処理の申請件数は合計2150件であり、申請人内訳は、消費者からの申請が90.5%（1946件）、事業者からの申請が9.5%（204件）である。また、96.9%（2084件）が調停によって紛争処理が行われている。

　令和5年3月31日までの終結事件（2019件）について、紛争処理の平均期間は、終結事件全体では7.6ヵ月、調停等により成立した事件では8.4ヵ月となっている。紛争処理の平均審理回数は、終結事件全体では4.7回、調停等により成立した事件では5.7回となっている。

　なお、上記の住宅相談と紛争処理の集計・分析については、公益財団法人住宅リフォーム・紛争処理支援センターのホームページにおいて公表されている。

②　神奈川住宅紛争審査会における現状

　神奈川住宅紛争審査会における平成14年度から令和5年度までの住宅紛争処理の申請件数は合計163件である。申請人内訳は、消費者からの申請が95%（155件）、事業者からの申請が5%（8件）である。また、上記のうち、調停が160件、仲裁が2件、あっせんが1件である。

　調停が成立した事件について、平均審理期間は9.3ヵ月（申請後1ヵ月以内に取下げがあったものを除く）、平均審理回数は6.2回（審理開始前に取下げがあったものを除く）である。

　なお、紛争処理手続の中で鑑定が行われた場合、費用目安は鑑定内容によって異なり、費用負担者は審理の中で決定する。費用は申請人や被申請人が負担する場合のほか、住宅紛争審査会が負担する場合もある。

6　住宅紛争処理支援センター

　東京都千代田区にある公益財団法人住宅リフォーム・紛争処理支援センター（電話03-3556-5147）は、住宅に関する相談業務等を行っている（品確法83Ⅰ⑥⑦）。

（参考資料）

令和○○年（ワ）第○○○号民事第22部○係
原告○○○／被告○○○
令和○○年○月○日○○作成

施工瑕疵一覧表

番号	項目	実際の施工				あるべき施工とその瑕疵					損害					
		施主側（原告）		施工者側（被告）		施主側（原告）			施工者側（被告）		施主側（原告）			施工者側（被告）		
		主張	証拠	主張	証拠	あるべき施工	その根拠	証拠	主張	証拠	主張	金額	証拠	主張	金額	証拠
1																
2																
3																
4																
合計												0円			0円	

＊1　基礎、外壁、1階玄関、洋室1、和室1、…、2階、屋根というように、検分順序を想定し、主張する瑕疵の部位ごとの順番で記載するようにお願いします。

＊2　証拠は、証拠番号及び具体的な頁に加え、必要に応じて該当箇所のラインマーカーによる特定をお願いします。

＊3　「あるべき施工とその根拠」欄には、なされるべきであった施工と主張する施工の内容とその根拠（明示の合意、住宅金融公庫基準、技術水準等の法令、又は建築基準法等の内容及びそれが契約内容となっていたものといえる根拠）を具体的に記載してください。

※本一覧表は、裁判所の下記WEBに掲載されているものを、一部修正したものです。その他にも各種一覧表がありますので、詳しくは裁判所の下記WEBをご参照ください。
https://www.courts.go.jp/tokyo/saiban/13/vcms3_0000560.html

事項別索引

あ

雨水の侵入を防止する部分‥‥‥‥ 323
安全性瑕疵‥‥‥‥‥‥‥‥‥‥‥ 212

い

慰謝料‥‥‥‥‥‥‥‥‥‥‥‥‥ 269
慰謝料についての判断要素‥‥‥‥ 277
一覧表‥‥‥‥‥‥‥‥‥‥‥‥‥ 303
一括競売‥‥‥‥‥‥‥‥‥‥ 112, 119
一括売却‥‥‥‥‥‥‥‥‥‥‥‥ 119
逸失利益‥‥‥‥‥‥‥‥‥‥‥‥ 279
インフレ条項‥‥‥‥‥‥‥‥‥‥ 103

う

請負契約の成立‥‥‥‥‥‥‥‥‥‥ 2
請負代金債権の発生時期‥‥‥‥‥‥ 3
請負代金支払請求の可否‥‥‥‥‥ 86
請負代金の支払時期‥‥‥‥‥‥‥‥ 3
請負人の契約不適合責任‥‥‥‥‥ 216
請負人の損害賠償義務‥‥‥‥‥‥ 85
請負人の担保責任‥‥‥‥‥‥‥‥ 196
請負人の破産‥‥‥‥‥‥‥‥‥‥ 185
売主の契約不適合責任‥‥‥‥‥‥ 249
売主の不法行為責任‥‥‥‥‥‥‥ 252

え

営業損害‥‥‥‥‥‥‥‥‥‥‥‥ 279

か

概算契約‥‥‥‥‥‥‥‥‥‥‥‥ 59
会社更生手続‥‥‥‥‥‥‥‥‥‥ 191
解除の可否‥‥‥‥‥‥‥‥‥‥‥ 86
外壁タイル‥‥‥‥‥‥‥‥‥‥‥ 202

確認検査員‥‥‥‥‥‥‥‥‥ 239, 242
確認検査機関‥‥‥‥‥‥‥‥‥‥ 229
確認審査等の指針‥‥‥‥‥‥ 238, 240
確認審査報告書‥‥‥‥‥‥‥‥‥ 240
確認済証‥‥‥‥‥‥‥‥‥‥‥‥ 238
瑕疵‥‥‥‥‥‥‥‥‥‥‥‥‥‥ 195
過失相殺‥‥‥‥‥‥‥‥‥‥‥‥ 285
管轄（建設工事紛争審査会）‥‥‥ 314
完成擬制‥‥‥‥‥‥‥‥‥‥‥‥‥ 6
完成建物の所有権‥‥‥‥‥‥‥‥ 110
鑑定調査費用‥‥‥‥‥‥‥‥‥‥ 282
監理‥‥‥‥‥‥‥‥‥‥‥‥‥‥ 138
完了検査‥‥‥‥‥‥‥‥‥‥ 240, 245
完了検査報告書‥‥‥‥‥‥‥‥‥ 240

き

既施工部分‥‥‥‥‥‥‥‥‥‥‥ 222
居住利益‥‥‥‥‥‥‥‥‥‥‥‥ 262
許容応力等計算‥‥‥‥‥‥‥‥‥ 239

け

経年減価控除説‥‥‥‥‥‥‥‥‥ 267
経年減価論‥‥‥‥‥‥‥‥‥‥‥ 261
契約締結上の過失‥‥‥‥‥‥‥‥ 66
契約不適合責任‥‥‥‥‥‥‥ 195, 321
契約不適合責任の期間制限‥‥‥ 217, 251
契約不適合の通知‥‥‥‥‥‥‥‥ 21
契約不適合の通知懈怠‥‥‥‥‥‥ 20
建設共同企業体‥‥‥‥‥‥‥‥‥ 160
建設業の下請取引に関する不公正な取
　引方法の認定基準‥‥‥‥‥‥‥ 143
建設業法‥‥‥‥‥‥‥‥ 62, 147, 151
建設業法令遵守ガイドライン‥‥ 147, 151

• 334 •

事項別索引

建設工事紛争審査会・・・・・・・・・・・・ 311
建設住宅性能評価書・・・・・・・・・・・・ 326
建築確認・・・・・・・・・・・・・・・ 198, 238
建築確認処分取消請求訴訟・・・・・・・ 240
建築基準関係規定・・・・・・・・・・・ 198, 229
建築基準法・・・・・・・・・・・・・・・・・ 198
建築士・・・・・・・・・・・・・・・・・・・・・ 227
建築士事務所・・・・・・・・・・・・・・・・ 228
建築主事・・・・・・・・・ 238, 239, 241, 245
建築訴訟の審理モデル・・・・・・・・・・ 299
現場代理人・・・・・・・・・・・・・・・・・ 149

こ

公益財団法人住宅リフォーム・紛争処
　理支援センター・・・・・・・・・・・・・・ 332
公庫仕様書・・・・・・・・・・・・・・ 198, 204
工事監理・・・・・・・・・・・・・・・・・・ 227
工事監理ガイドライン・・・・・・・・・・・ 227
工事監理契約・・・・・・・・・・・・・・・・ 233
控除方式・・・・・・・・・・・・・・・・・ 90, 94
構造計算適合判定・・・・・・・・・・・・・ 239
構造計算・・・・・・・・・・・・・・・・・・ 201
構造設計・・・・・・・・・・・・・・・・・・ 231
構造耐力上主要な部分・・・・・・・・・・ 322
国家賠償法・・・・・・・・・・・・・・・・・ 241

さ

催告による解除・・・・・・・・・・・・・・・ 28
債務引受・・・・・・・・・・・・・・・・・・ 157
債務不履行解除・・・・・・・・・・・・・・・ 85

し

JV・・・・・・・・・・・・・・・・・・・ 160, 193
時効の完成猶予効・・・・・・・・・・・・・ 331
仕事の完成・・・・・・・・・・・・・・・・・ 69
事情変更の原則・・・・・・・・・・・・・・ 102

下請・・・・・・・・・・・・・・・・・・・・・ 147
下請契約・・・・・・・・・・・・・・・・・・ 225
下請代金の減額・・・・・・・・・・・・・・ 158
下請代金の支払い・・・・・・・・・・・・・ 151
下請けと建物所有権・・・・・・・・・・・・ 111
下請けと留置権・・・・・・・・・・・・・・・ 122
下請法・・・・・・・・・・・・・・・・・・・・ 159
実質的な使用関係・・・・・・・・・・・・・ 226
実費清算方式・・・・・・・・・・・・・・・・ 60
実費積上方式・・・・・・・・・・・・・・ 90, 93
指定確認検査機関・・・・・・・ 238, 239, 242,
　245
指定住宅紛争処理機関・・・・・・・・・・・ 329
指導監督義務・・・・・・・・・・・・・・・・ 232
社会的経済的価値・・・・・・・・・・・・・ 263
住宅・・・・・・・・・・・・・・・・・・・・・ 322
住宅瑕疵担保責任保険・・・・・・・・・・・ 328
住宅工事共通仕様書・・・・・・・・・・・・ 198
住宅取得関連費用・・・・・・・・・・・・・ 280
住宅性能評価・・・・・・・・・・・・・・・・ 326
住宅性能評価書・・・・・・・・・・・・・・ 326
住宅性能表示制度・・・・・・・・・・・・・ 325
住宅の品質確保の促進等に関する法律
　・・・・・・・・・・・・・・・・・・・・・・・ 321
住宅紛争処理の参考となるべき技術的
　基準・・・・・・・・・・・・・・・・・・・・ 331
住宅紛争審査会・・・・・・・・・・・・・・・ 330
集団規定・・・・・・・・・・・・・・・・・・ 238
修補請求・・・・・・・・・・・・・・・・・・ 221
修補請求とともにする損害賠償の請求
　・・・・・・・・・・・・・・・・・・・・・・・ 27
修補に代えて損害賠償の請求・・・・・・・ 23
使用者責任・・・・・・・・・・・・・・・・・ 225
商事留置権・・・・・・・・・・・・・・ 113, 115
使用利益論・・・・・・・・・・・・・・・・・ 261
書面性の要件・・・・・・・・・・・・・・・・ 157

• 335 •

事項別索引

資力確保措置・・・・・・・・・・・・・・・・・・・ 327
信義則違反・・・・・・・・・・・・・・・・・・・・ 26
新築住宅・・・・・・・・・・・・・・・・・・ 321, 322

す

スライド条項・・・・・・・・・・・・・・・・・・ 103

せ

清算条項・・・・・・・・・・・・・・・・・・・・・ 324
施工・・・・・・・・・・・・・・・・・・・・・・・ 138
設計・・・・・・・・・・・・・・・・・・・ 138, 227
設計契約・・・・・・・・・・・・・・・・・・・・・ 229
設計住宅性能評価書・・・・・・・・・・・・ 326
設計図書・・・・・・・・・・・・・・・ 197, 227
設備設計・・・・・・・・・・・・・・・・・・・・ 231
説明義務・・・・・・・・・・・・・・・ 100, 230

そ

相当な報酬・・・・・・・・・・・・・・・・・・・・ 8
措置排除命令・・・・・・・・・・・・・・・・・ 179
損益相殺・・・・・・・・・・・・・・・・・・・・ 261
損害賠償に代えて修補請求・・・・・・・・ 15

た

代願・・・・・・・・・・・・・・・・・・・・・・・ 237
代金減額請求・・・・・・・・・・・・・・・・・ 249
第三者弁済・・・・・・・・・・・・・・・・・・ 156
代替住居費用・・・・・・・・・・・・・・・・・ 281
宅地建物取引業法・・・・・・・・・・・・・・ 255
宅建業者・・・・・・・・・・・・・・・・・・・・ 258
立替払い・・・・・・・・・・・・・・・・・・・・ 153
建替費用相当損害・・・・・・・・・・・・・・ 261
建物価値減少・・・・・・・・・・・・・・・・・ 278
建物としての基本的な安全性を損なう
　瑕疵・・・・・・・・・・・・・・・・・ 223, 232
単体規定・・・・・・・・・・・・・・・・・・・・ 238

単価方式・・・・・・・・・・・・・・・・・・・・ 60
担保責任を負わない特約・・・・・・・・・ 21

ち

遅延損害金・・・・・・・・・・・・・・・・・・・・ 9
仲介業者・・・・・・・・・・・・・・・・・・・・ 256
中間検査・・・・・・・・・・・・・・・・・・・・ 239
中間検査報告書・・・・・・・・・・・・・・・ 240
仲裁合意・・・・・・・・・・・・・・・・・・・・ 316
仲裁合意の抗弁・・・・・・・・・・・・・・・ 317
注文者の危険負担・・・・・・・・・・・・・・ 8
注文者の指図・・・・・・・・・・・・・・・・・ 218
注文者の破産・・・・・・・・・・・・・・・・・ 182
調査費用・・・・・・・・・・・・・・・・・・・・ 282
賃料収入・・・・・・・・・・・・・・・・・・・・ 263

つ

追加変更契約・・・・・・・・・・・・・・・・・ 97
追加・変更工事・・・・・・・・・・・・・・・ 96
追加・変更代金・・・・・・・・・・・・・・・ 96
追完請求・・・・・・・・・・・・・・・・・・・・ 221
追認・・・・・・・・・・・・・・・・・・・・・・・ 150

て

定額請負・・・・・・・・・・・・・・・・・・・・ 59
定型約款・・・・・・・・・・・・・・・・・・・・ 125
出来形・・・・・・・・・・・・・・・・・・・・・ 89
出来高・・・・・・・・・・・・・・・・・・・・・ 89
出来高一覧表・・・・・・・・・・・・・・・・・ 90
出来高割合方式・・・・・・・・・・・・・・・ 90

と

登記費用・・・・・・・・・・・・・・・・・・・・ 279
倒産手続における相殺禁止条項・・・・ 154
登録住宅性能評価機関・・・・・・・・・・・ 326
特定行政庁・・・・・・・・・・・・・・・・・・ 241

特定住宅瑕疵担保責任の履行の確保等
　　に関する法律（履行法）・・・・・・・・ 327
特別清算手続・・・・・・・・・・・・・・・・・・・ 193
独禁法・・・・・・・・・・・・・・・・・・・・・・・・・ 159

に
入金リンク条項・・・・・・・・・・・・・・・・・ 152

は
媒介業者・・・・・・・・・・・・・・・・・・・・・・・ 256
媒介契約・・・・・・・・・・・・・・・・・・・・・・・ 256
媒介・仲介・・・・・・・・・・・・・・・・・・・・・ 255
発注者・・・・・・・・・・・・・・・・・・・・・・・・・ 149

ひ
引越し費用・・・・・・・・・・・・・・・・・・・・・ 281
評価住宅・・・・・・・・・・・・・・・・・・・・・・・ 329
品確法上の期間制限・・・・・・・・・・・・・ 217

ふ
不動産工事先取特権・・・・・・・・・・・・・ 122
不動産仲介業者・・・・・・・・・・・・・・・・・ 255
不動産媒介契約・・・・・・・・・・・・・・・・・ 256

へ
別府マンション事件・・・・・・・・・・・・・ 223
弁護士費用・・・・・・・　・・・・・・・・・・・ 283

ほ
報酬額・・・・・・・・・・・・・・・・・・・・・・・・・ 2
報酬減額請求・・・・・・・・・・・・・・・・・・・ 221

ま
孫請・・・・・・・・・・・・・・・・・・・・・・・・・・・ 147
孫請契約・・・・・・・・・・・・・・・・・・・・・・・ 225

み
民間建設工事標準請負契約約款・・・・・ 99
民事再生手続・・・・・・・・・・・・・・・・・・・ 191
民事留置権・・・・・・・・・・・・・・・・・・・・・ 113

め
名義貸し・・・・・・・・・・・・・・・・・・・・・・・ 237

も
目的物の引渡し・・・・・・・・・・・・・・・・・ 3

や
役員等の第三者に対する損害賠償責任
　　・・・・・・・・・・・・・・・・・・・・・・・・・・・ 226
約款の拘束力・・・・・・・・・・・・・・・・・・・ 125
約款の法的性質・・・・・・・・・・・・・・・・・ 124

よ
予定工程終了説（判例）・・・・・・・・・・・ 70

り
履行の追完請求・・・・・・・・・・・・・・・・・ 249
リフォーム工事・・・・・・・・・・・・・・・・・ 203

る
ルート2・・・・・・・・・・・・・・・・・・・・・・・ 239

わ
和解条項・・・・・・・・・・・・・・・・・・・・・・・ 324

✦ あとがき ✦

　神奈川県弁護士会では、2024年度関東十県会夏期研究会の準備のためのワーキングチームを2022年9月に立ち上げ、チーム内での検討を経て、2004年に発刊した「建築請負・建築瑕疵の法律実務」を全面的に改訂することが決まりました。

　他に候補となったテーマには触れませんが、類書のない新しい分野に積極的に取り組むのはどうかとの意見も出た中、2020年に施行された改正民法において「瑕疵担保責任」が「契約不適合責任」となるなど、いくつかの法改正や多くの重要判例を踏まえて、前書を、実務法曹にとって役立つさらに有意なものへと改訂する上で、この20年は、絶好の熟成期間ではないかとの意見が多数となりました。

　さて、一昔前は、何でも屋的に幅広い事件を受任する弁護士が多かったようですが、近時は専門性がより重視されるようになりました。

　専門性が重視される分野の一つが本書のメインテーマである建築関係訴訟ですが、施主が個人の場合、人生の一大事となることが多いですし、請負人側にとっても、経営に影響する重大な結果をもたらすことも多く、受任する弁護士としては、やり甲斐もプレッシャーも大きくなります。

　そこで、どの立場からの受任であっても、建築関係訴訟等に関わる法曹実務にとって、本書が役立つものとなることを願って、今回の発刊に至りました。

　この場を借りまして、副委員長、編集委員をはじめとして、執筆担当者など実行委員会の全委員に対し、心から感謝の意を表します。

　また、ご協力いただいた東京地方裁判所民事第22部、横浜地方裁判所第9民事部、そして、株式会社ぎょうせいのご担当者にも深く御礼申し上げます。

2024（令和6）年8月

神奈川県弁護士会
関東十県会夏期研究会実行委員会

委員長　劔　持　京　助

建築請負・建築紛争の法律実務
―複雑化する建築問題解決のための手引き―

令和6年9月4日　第1刷発行
令和6年11月5日　第2刷発行

編　集　神奈川県弁護士会

発　行　株式会社ぎょうせい

〒136-8575　東京都江東区新木場1-18-11
URL：https://gyosei.jp

フリーコール　0120-953-431

ぎょうせい　お問い合わせ　検索　https://gyosei.jp/inquiry/

〈検印省略〉

印刷　ぎょうせいデジタル株式会社　　　　　　ⓒ2024　Printed in Japan
※乱丁・落丁本はお取り替えいたします。
ISBN978-4-324-11305-9
(5108888-00-000)
〔略号：建築請負紛争〕